일본문화사

한국인을 위한 일본사 개설서는 몇 가지 조건을 갖춰야 한다고 생각하고 있다.
첫째, 역사의 전 과정을 빠짐없이 서술해야 한다.
둘째, 질적인 면분만 아니라 양적인 면에서도 사실이 풍부하게 제시되어야 한다.
셋째, 한국사와 관련이 있는 부분은 더욱 자세하게 묘사되어야 한다.
요컨대, 일본 역사나 문화를 구체적으로 학습할 기회가 없었던 한국인
독자들이 읽기에 적당한 책이어야 한다.

일본 문화사

구 태 훈

책을 내면서

 필자가 생각하는 한국인을 위한 일본사 개설서 집필기준은 다음과 같다. 첫째, 역사의 전 과정을 빠짐없이 서술해야 한다. 둘째, 무엇보다도 사실이 풍부하게 제시되어야 한다. 셋째, 한국사와 관련이 있는 부분은 더욱 자세하게 묘사되어야 한다. 요컨대, 일본 역사나 문화를 구체적으로 학습할 기회가 없었던 한국인 독자들이 읽기에 적당한 책이어야 한다.
 이 책은 위의 조건을 염두에 두면서 일본의 문화를 역사 발전단계에 따라 통관한 책이다. 개설서라는 한계가 있기 때문에 꼭 필요한 고유명사를 생략할 수는 없었지만, 독자들이 부담감 없이 읽을 수 있도록 문장을 매끄럽게 다듬었다. 독자들이 지적 호기심을 만족시킬 수 있도록 각 장마다 될 수 있는 한 많은 그림 자료를 제시하려고 노력했다. 이미 알고 있는 정치사 지식을 배경으로 읽는다면 일본사의 전체상이 입체적으로 드러날 것이다.
 필자는 이미 2011년에 『일본문화사』를 집필한 적이 있다. 그때의 집필범위는 원시시대에서 에도江戸 시대, 즉 1868년 메이지明治 정부가 수립되기 전까지였다. 근현대 문화 부분의 집필은 다음 기회로 미루어 두었다. 그것이 항상 아쉬움으로 남아 있었다.
 근년에 필자는 재팬리서치21 출판사에서 『일본고중세사』(2016.08),

『일본근세사』(2016.03), 『일본근대사』(2017.03) 등 일본 통사를 연이어 출간했다. 통사를 집필하면서 2011년에 집필한 『일본문화사』의 장절을 다시 구성하고, 내용을 전면적으로 수정하고 보완하는 작업을 병행했다. 집필범위도 현대 일본까지 확대했다. 각 장의 맨 앞 절에 그 시대의 정치를 간략하게 소개했다. 일본사 지식이 충분히 축적되어 있지 않은 독자들을 위해서였다. 그림 자료도 보완했다. 그래서 이 책을 (주)히스토리메이커에서 신간으로 간행하게 되었다.

한 나라의 문화를 한 사람이 역사 발전단계에 따라서 통관한다는 것은 매우 어렵고 두려운 일이다. 오랫동안 망설이다가 마침내 용기를 내어 방대한 작업을 감당했지만, 여러 부분에서 전문 연구자의 연구 성과를 이용했다. 일일이 주석을 달 수 없었지만, 지면을 빌려서 여러 연구자들에게 감사의 말씀을 전하고 싶다.

필자는 최선을 다 했지만, 아직 부족한 점이 많을 것이다. 아마도 여러 면에서 각 시대별 전공자, 특히 문화사 전공자 여러분의 비판을 면할 수 없는 부분이 있을 것이라고 생각한다. 잘못된 부분이나 미진한 부분이 있다면 고치거나 보완해서 조금이라도 좋은 내용이 될 수 있도록 노력하겠다.

2018년 2월

구 태 훈

차례

책을 내면서 ··· 5

제1장 일본 문화의 여명 ································· 19
  1. 구석기 시대의 문화 / 19
  2. 조몬 문화 / 20
    1) 원시인의 생활 / 21
    2) 신앙과 습속 / 23
  3. 야요이 문화 / 25
    1) 소국의 분립 / 25
    2) 대륙 문화의 전래 / 26
    3) 생활과 습속 / 28
    4) 계급의 발생 / 30
    5) 원시신도의 성립 / 31

제2장 고분 문화 ·· 34
  1. 왜 왕권의 성장 / 34
  2. 도래인과 일본 문화 / 35
  3. 고분의 출현 / 36

4. 고분의 발전 / 38
5. 생활과 습속 / 40
6. 신앙과 의례 / 41

제3장 아스카 문화 ·· 44
1. 7세기 전반의 정치 / 44
2. 불교와 유학의 전래 / 46
3. 사원의 건설 / 48
4. 쇼토쿠 태자와 대륙 문화 / 50
5. 불교문화의 융성 / 52

제4장 하쿠호 문화 ·· 56
1. 대왕에서 천황으로 / 56
2. 도교와 천황 / 58
3. 일본 최초의 도성 / 59
4. 하쿠호 문화와 불교 / 61
5. 국가불교의 성립 / 63
6. 율령과 역사의 편찬 / 64
7. 전통문화의 전개 / 66

제5장 덴표 문화 ·· 68
1. 나라 시대의 정치 / 68
2. 헤이조쿄 조영 / 71
3. 역사 편찬 / 72
4. 불교 정책의 발전 / 74
5. 남도 불교와 그 사상적 성격 / 76

6. 민간 불교의 형성 / 78
　　7. 건축과 미술 / 79

제6장 고닌 · 조간 문화 ·················· 83
　　1. 9세기의 정치 / 83
　　2. 교토의 건설 / 85
　　3. 사이초와 구카이 / 87
　　4. 천태종과 진언종 / 89
　　5. 토속 신앙과 밀교 예술 / 91

제7장 국풍 문화 ························· 95
　　1. 섭관정치 시대의 정치 / 95
　　2. 일본적 문화의 형성 / 97
　　3. 건축 · 미술 · 공예 / 99
　　4. 정토교 예술 / 101
　　5. 음양도 / 105
　　6. 생활과 의례 / 106

제8장 원정기의 문화 ···················· 109
　　1. 원정기의 정치 / 109
　　2. 법황과 승려 / 111
　　3. 설화와 역사 / 113
　　4. 이마요와 에마키모노 / 115
　　5. 교토 문화의 지방 전파 / 118

제9장 가마쿠라 무사와 그 정신세계 ·················· 125

1. 가마쿠라 시대의 정치 / 125

2. 쇼군과 무사 / 129

3. 무사의 생활 / 131

4. 무사와 전투 / 133

5. 무사의 정신세계 / 136

제10장 가마쿠라 문화와 종교 ························ 141

1. 가마쿠라 문화 / 141

　1) 학문과 사상 / 141

　2) 역사와 군기물 / 143

　3) 회화와 서예 / 144

　4) 건축 · 조각 · 공예 / 145

2. 신불교의 성립 / 149

　1) 호넨과 정토종 / 149

　2) 신란과 정토진종 / 151

　3) 잇펜과 시종 / 152

　4) 니치렌과 법화종 / 153

　5) 에이사이와 임제종 / 154

　6) 도겐과 조동종 / 156

제11장 무로마치 시대 문화 ··························· 158

1. 무로마치 시대의 정치 / 158

2. 남북조 문화 / 161

3. 기타야마 문화 / 164

4. 히가시야마 문화와 종교 / 167

1) 문예와 예능 / 167
   2) 건축과 정원 / 169
   3) 미술과 공예 / 171
   4) 서민문화의 발달과 보급 / 173
   5) 종교의 발전 / 176

제12장 아즈치·모모야마 문화····················181
   1. 오다·도요토미 시대의 정치 / 181
   2. 성곽과 미술 / 185
   3. 다도와 꽃꽂이 / 189
   4. 바둑·장기·스모 / 193
   5. 크리스트교 전래 / 195
   6. 남만문화 / 197

제13장 강에이 문화··························201
   1. 17세기 전반의 정치 / 201
   2. 건축과 정원 / 204
   3. 미술 / 208
   4. 크리스트교의 탄압과 쇄국 / 210
   5. 불교의 세속화 / 214
   6. 신도사상의 변천 / 217

제14장 봉건사회와 유학 ·····················220
   1. 무단통치에서 문치정치로 / 220
   2. 에도 막부와 유학 / 222
   3. 주자학 / 225

4. 양명학 / 227

   5. 고학 / 230

제15장 겐로쿠 문화 ·································· 234

   1. 17세기 후반의 정치 / 234

   2. 조닌의 시대 / 236

      1) 경제적 실력 / 236

      2) 일상생활 / 238

      3) 조닌과 유예 / 240

   3. 유곽과 유녀 / 242

   4. 연극 / 246

      1) 닌교조루리 / 246

      2) 가부키 / 248

   5. 미술 / 251

제16장 무사와 무사도 ······························ 255

   1. 18세기의 정치 / 255

   2. 무사사회의 구조 / 258

      1) 무사의 특권 / 258

      2) 신분 서열 / 260

      3) 의무와 부담 / 262

   3. 무사도의 형성 / 264

      1) 야마가 소코의 사도론 / 264

      2) 야마모토 쓰네토모의 『하가쿠레』 / 265

      3) 다이도지 유잔의 『부도쇼신슈』 / 267

4. 무사의 정신세계 / 269

   1) 충성 / 269

   2) 의리 / 271

   3) 용기 / 275

5. 무사의 관행 / 279

   1) 복수 / 279

   2) 할복 / 283

제17장 가세이 문화 ······ 287

1. 19세기 초·중반의 정치 / 287
2. 국학의 발전 / 289
3. 양학의 발전 / 292
4. 무예 / 295
5. 연극 / 298
6. 미술 / 300
7. 서민의 생활 / 304

제18장 메이지 문화 ······ 311

1. 메이지 시대의 정치 / 311
2. 서양문화의 수용 / 316

   1) 문명개화 / 316

   2) 국제교류 / 318

   3) 외국사상의 소개 / 320

3. 계몽사상 / 322

   1) 후쿠자와 유키치의 사상 / 322

   2) 가토 히로유키의 사상 / 326

4. 종교 / 327

　1) 신도 / 327

　2) 불교 / 329

　3) 크리스트교 / 330

　4) 신흥종교 / 331

5. 학술 / 334

　1) 인문과학 / 334

　2) 자연과학 / 335

6. 예술 / 338

　1) 미술 / 338

　2) 음악 / 340

　3) 연극 / 341

7. 사회운동과 반체제 지식인 / 342

　1) 사회문제와 노동운동 / 342

　2) 사회운동과 사회주의자 / 344

제19장 다이쇼 문화 ·· 347

1. 다이쇼 시대의 정치 / 347

2. 다이쇼 데모크라시 / 350

3. 사상과 학문 / 353

　1) 사상의 신경향 / 353

　2) 국가사회주의의 대두 / 355

　3) 학문의 발달 / 358

4. 문학과 예술 / 361

　1) 문학의 신경향 / 361

　2) 미술과 연극 / 363

5. 문화의 상업화 · 대중화 / 365

　1) 서적과 잡지 / 365

　2) 영화와 음악 / 367

　3) 신문과 라디오 / 368

6. 식민지 조선의 문화통치 / 370

　1) 문화통치의 실상 / 370

　2) 신사의 건립 / 372

제20장 쇼와 문화 ································ 376

1. 쇼와 시대의 정치 / 376
2. 태평양 전쟁 전의 일본사회 / 381

　1) 국가사회주의의 발흥과 우익세력의 동향 / 381

　2) 사상 · 학문의 자유 탄압 / 384

　3) 군부파시즘의 확립 / 387

　4) 전시체제 강화 / 389

3. 천황과 일본인 / 391

　1) 1945년 이전의 천황 / 391

　2) 1945년 이후의 천황 / 394

4. 헌법과 일본인 / 400

　1) 1945년 이전의 대일본제국헌법 / 400

　2) 1945년 이후의 일본국헌법 / 402

5. 학교교육과 일본인 / 410

　1) 1945년 이전의 교육 / 410

　2) 1945년 이후의 교육 / 414

6. 축제와 스포츠 / 421

　1) 마쓰리 / 421

2) 스모 / 431

참고문헌 …………………………………………435

연표 ……………………………………………450

찾아보기 ………………………………………460

제 1 부

고대의 문화

제1장

일본 문화의 여명

1. 구석기 시대의 문화

 태평양 전쟁 이전까지 일본에서 가장 오래된 문화는 조몬 문화繩文文化로 알려져 있었다. 그러나 1949년 군마 현群馬縣 이와주쿠岩宿에서 구석기가 발견되면서 일본에서 구석기 시대의 존재가 처음 확인되었다. 그런데 이와주쿠 유적지에서 토기가 출토되지 않았다. 그래서 그 문화를 무토기문화無土器文化, 또는 조몬 문화 이전의 문화라는 의미에서 선토기문화先土器文化라고도 한다.
 이와주쿠에서 구석기가 발견되면서 구석기 시대 연구가 활발하게 진행되었다. 그 후 일본 각지에서 여러 종류의 구석기와 화석화된 인골이 출토되었다. 현재 일본의 구석기 시대 유적은 1,000여 곳에 달하고 있다. 유물이 출토된 지층과 구석기를 면밀히 검토한 결과 후기 구석기

석기 시대 주거지 발굴 현장(좌) 복원한 석기 시대 주거(우)

시대의 유물로 확정되었다.

후기 구석기 시대라고 해도 수만 년에 걸친 기간이었다. 시간이 지나면서 문화에 변천이 있었고, 석기의 형태와 종류 면에서 시대적 차이가 있었다. 석기의 끝 부분에 마모된 흔적이 있는 석기나 타격용 주먹도끼와 같이 둔탁한 석기를 사용하던 시대에서 점차로 인공을 가한 흔적이 많은 석기를 사용하는 시대로 발전했다.

구석기 시대 원시인들은 주로 동물을 사냥하면서 생활했다. 수렵기술이 발달했다. 올가미나 함정을 이용한 사냥 방법이 개발되었다. 어로기술도 발달했다. 낚시, 작살, 그물 등이 개발되었다. 통나무배도 이용되었다. 원시인들은 도구를 사용해 식물의 열매를 채취하기도 했다. 하지만 구석기 시대 원시인들은 씨를 뿌려 열매를 거두거나 가축을 길러 고기나 젖을 이용할 줄 몰랐다.

2. 조몬 문화

지금부터 약 1만 년 전부터 일본 열도에서 토기가 제작되기 시작했다. 그 유적은 홋카이도北海道에서 오키나와沖縄까지 광범위하게 분포되어 있다. 출토된 토기의 표면에 새끼줄 문양이 새겨져 있었다. 그래서 출토된 토기를 조몬繩文 토기라 하고, 그 시대의 문화를 조몬 문화라고 한다. 하지만 이 시대에 만들어진 모든 토기에 새끼줄 문양이 새겨졌던 것은 아니다. 만들어진 시기에 따라, 제작된 지역에 따라, 새끼줄 모양의 문양이 전혀 없는 토기도 있었다.

일본에서는 신석기 시대 문화를 일반적으로 조몬 문화라고 한다. 신석기 시대는 토기와 마제석기磨製石器, 즉 석기의 표면을 갈아서 가공한 석기를 사용한 시기였다. 조몬 문화 시대는 상당한 시대 차와 지역 차가 인정되지만, 기원전 3세기경에 야요이 문화弥生文化로 교대하기까지 수천 년간 지속되었다.

1) 원시인의 생활

조몬 토기는 그릇 표면에 문양을 새겨 넣은 것과 눌러서 문양을 만든 것으로 크게 구별된다. 전자는 주로 동북 지방, 후자는 주로 서부 일본 지역에서 많이 출토되었다. 문양에 따라 지역차가 있었다는 것을 알 수 있다. 하지만 어느 지역에서나 그릇의 밑 부분이 좁아지면서 뾰족해 물이나 음식을 끓이기에 편리하게 제작되었다. 시대가 발전하면서 문양이 커지거나 아예 문양이 없는 토기가 생산되는 경향이 있었다.

조몬 토기는 저온에서 구운 갈색 토기로 그다지 견고하지 않고 모양도 조잡했다. 토기는 육류, 어패류, 식물류 등 다양한 식품을 저장하고 조리하는 도구로 이용되었다. 조몬 시대 중기 이후에는 식료와 물을 담아 보관할 수 있는 항아리형, 술을 담는 호리병형 등 용도에 따라 토기의 종류가 다양해졌다.

유럽이나 아시아의 다른 세계에서는 신석기 시대에 이미 농경과 목축이 시작되었다. 그러나 조몬 시대에는 농경이 행해진 흔적이 없다. 각지의 조몬 시대 유적에서 당시 사람들이 식량으로 이용했을 것으로 추정되는 식물이 발견되었는데, 그것들은 밤, 도토리, 호두 등 야생식물의 씨였다. 재배식물이라고 여겨지는 것들은 발견되지 않았다.

또 산돼지·사슴과 같은 짐승, 대합·굴·모시조개·가막조개의 껍질, 참치·도미·복어·농어와 같은 물고기의 뼈가 패총貝塚에서 출토되었다. 동북 지방에는 거대한 패총

조몬 토기

이 많이 산재하는데, 동부 일본 지역에서 조몬 문화가 번영했다는 사실에 주목할 필요가 있다. 일본의 신석기 문화는 농경과 목축이 행해졌던 다른 세계와는 달리 수렵·어로를 위주로 하는 채집생활 형태였던 것이다.

채집생활 단계의 원시인들은 먹을 것을 구하기 위해 주거를 자주 옮기는 것이 일반적이었지만, 조몬 시대 사람들은 한 장소에 오랫동안 정착했다. 식료가 풍부해졌기 때문이다. 주거 환경도 변했다. 그들은 점차로 먹을 것을 구하기 쉬운 해안이나 강가, 또는 산기슭에 수혈식竪穴式 주거지를 마련하고 집단을 이루어 생활했다.

수혈식 집은 광장을 중심으로 배치되었다. 주거지 주변에 우물·분묘·창고·쓰레기장이 있었다. 집회소나 작업장으로 사용되었을 것으로 추정되는 건물도 있었다. 집은 땅을 50센티미터 정도 파내고, 주위에 여러 개의 기둥을 세운 다음 지붕을 덮어 완성했다. 집 주변에 배수

구를 팠다. 한 집에 적게는 4~5명, 많게는 10여 명이 생활했다. 집 내부 중앙에 난방과 취사를 겸한 화로를 설치했다.

조몬 시대 사람들은 족장을 중심으로 협동하면서 생활했다. 구석기 시대 보다 기술이 발달했지만 아직 유치한 수준이었다. 수확물은 공평하게 분배했을 것으로 여겨진다. 그들은 자급자족을 원칙으로 했으나 부족한 물자는 교역을 통해 충당했다. 상당히 먼 거리에 있는 마을과도 교역했다.

불꽃 모양의 제기

2) 신앙과 습속

조몬 시대 원시인들은 사람이 죽어도 특별히 분묘를 마련하지 않고 주거지 주변이나 패총에 매장하는 경우가 많았다. 실제로 한 패총에서 100여 구의 인골이 발견되기도 했다. 시신의 손발을 구부려서 매장하는 굴장屈葬 풍습이 있었다. 시신의 배와 가슴 그리고 머리에 돌을 올려놓기도 했다.

조몬 시대에는 부장품을 매장하지 않았다. 시신만 겨우 매장하는 정도였다. 분묘의 규모나 매장 방법은 거의 같았다. 주거지 유적에서도 규모가 특별히 크거나 다른 것과 구별되는 집이 발견되지 않았다. 어느 것도 거의 동일한 규모였다. 조몬 시대에는 아직 계급분화가 일어나지 않은 사회였다는 것을 알 수 있다.

　수렵·어로를 주로 하는 생활은 자연 조건에 크게 좌우되었다. 특히 천재지변으로 식량이 부족하게 되면 생활에 큰 타격을 입었다. 그들의 생활은 자연현상에 규제될 수밖에 없었다. 건강도 식료 획득도 자력으로 해결할 수 있는 것은 매우 한정되어 있었다. 그래서 조몬 시대 사람들은 다른 세계의 원시인과 마찬가지로 신령을 숭배했다. 주술에 의지해 재앙을 피하고 풍요로운 수확을 기원했다.

　주술적인 습속을 엿볼 수 있는 대표적인 유물이 토우土偶이다. 토우는 흙으로 빚은 인형이었다. 크기는 아주 작은 것이 있는가 하면 30센티미터가 넘는 것도 있었다. 형태는 동물의 모양을 본뜬 것도 있었지만 대부분이 인간의 모양 특히 여성의 형체를 본뜬 것이 많이 출토되었다. 여성 형상의 토우는 가슴과 둔부를 크게 만든 것이 많았다. 임신한 여성의 형상을 하고 있는 것도 적지 않았다. 토우는 신령에게 종족의 번성과 풍성한 수확물을 기원하기 위해 제작되었을 것이다.

임산부 토우

　토우는 거의 깨뜨려진 채로 묻혀 있었다. 그것은 원시인들의 생사관과 깊은 관련이 있었다. 그들은 죽음으로부터 새로운 생명의 탄생을 기원했다. 즉 여성으로 상징되는 대지의 풍요로운 혜택을 기대했던 것이다. 그 밖에 주술적인 성격을 지닌 토판土版·토면土面·석봉石棒 등이 제작되었다. 특히 석봉은 생식력을 상징하는 것이었다.

조몬 시대 중·후기에 이르면 이빨을 뽑는 발치 풍속과 그것에 깊고 정교하게 홈을 파는 연치研歯 풍속이 정착했다. 이런 풍속은 성년식 의례의 일종이었을 것으로 여겨진다. 한 패총에서 발견된 100여 구의 인골에서 발치 흔적이 확인되었다.

3. 야요이 문화

1) 소국의 분립

중국의 역사 기록에 따르면, 일본은 기원전 1세기경부터 왜倭라고 불렸으며 100여 개의 소국으로 나뉘어져 있었다. 소국의 수장 중에는 한사군의 하나인 낙랑군樂浪郡에 사신을 보내 조공하는 자도 있었다. 57년에 왜의 나노국奴国 왕이 후한後漢에 사신을 보내어 조공했다. 나노국은 지금의 규슈九州 후쿠오카福岡 지역의 소국이었을 것으로 추정된다. 107년에 또 다른 왜의 소국이 후한에 160명의 노예를 바쳤다.

2세기 후반에 중국의 후한 왕조가 쇠퇴하면서 주변 세계에 대한 영향력이 약화되었다. 북아시아 세계에서는 고구려가 성장했다. 한반도에서도 여러 국가가 세력을 형성하고 있었다. 일본 열도도 변동기를 맞이했다.

일본의 규슈 지역에서 28개의 소국을 통괄하는 지배자가 출현했다. 야마타이국邪馬台国의 히미코卑弥呼였다. 히미코는 신녀神女였다. 독신이었던 히미코는 직접 통치하지 않고 남동생을 통해 간접적으로 통치권을 행사했다. 히미코는 강력한 군사력을 배경으로 여러 소국에 관리를 파견해 정치를 감독했다. 중국에 사신을 보내기도 했다.

3세기에 들어서면서 일본 열도는 동란의 시기를 맞이했다. 규슈 남쪽의 구노국狗奴國과 야마타이국이 전쟁을 시작했다. 히미코는 전쟁 중에 죽었을 것으로 여겨진다. 그 후 연맹체는 남성을 왕으로 추대했으나 사회가 다시 어지러워졌다. 그래서 히미코와 혈연관계가 있는 이요壱与라는 소녀를 왕으로 세우니 비로소 혼란이 진정되었다.

266년에 이요로 추정되는 왜의 여왕이 중국의 진晉에 사신을 보냈다. 이 기록을 마지막으로 150여 년 동안 중국의 역사서에서 왜의 기록이 사라졌다. 물론 야마타이국의 기록도 보이지 않는다.

2) 대륙 문화의 전래

기원전 3세기는 조몬 시대에서 야요이弥生 시대로 전환된 시기였다. 야요이 시대는 기원전 3세기경부터 3세기까지 약 600년간 지속되었다. 이 시대를 특징짓는 야요이 토기 생산, 벼농사의 확대, 금속기 보급, 계급의 발생 등은 일본 사회 내부의 역사적 발전을 전제로 하면서도 동아시아 여러 종족, 특히 한반도에 살던 종족의 영향을 받았다.

규슈 북부에 뿌리내리기 시작한 벼농사는 일본 사회를 크게 변화시켰다. 야요이 시대 일본에서 널리 재배된 벼의 품종은 한반도는 물론 중국에서도 재배되던 품종이었다. 특히 양자강 유역에서 사천四川·운남雲南 지역까지 분포되었던 품종이었다. 그 품종이 한반도 남부 지역으로 들어왔고, 그것이 다시 일본으로 전해졌을 것으로 추정된다.

후쿠오카 현福岡県 이타즈케板付 유적은 일본에서 가장 오래된 농촌이었다. 마을은 비교적 낮은 들판에 조성되었다. 마을에는 수혈식 주거와 저장용 창고가 있었다. 수로를 내고 물을 끌어들여 벼농사를 지었다. 시즈오카 현静岡県에 있는 도로登呂 유적과 나라 현奈良県에 있는 가라코

唐古 유적에서도 경작지가 발굴되었다. 야요이 시대부터 벼농사가 보급되었다는 것을 알 수 있다.

규슈에서 시작된 벼농사는 기원전 2세기에 이르러 중부 일본 지역으로 보급되었다. 기원 전후에 관동 지방에서 동북 지방 남부까지 보급되었고, 2~3세기에는 동북 지방 북부까지 확산되었다. 홋카이도를 제외한 일본 전역에서 농경이 행해지게 되었다.

농경지의 개발에는 주로 목제 농구와 석기가 사용되었다. 경작 도구로 호미, 괭이, 가래, 삽 등이 사용되었다. 논에서 일할 때는 커다란 나막신을 신었다. 벼가 익으면 돌 칼, 돌 낫 등을 사용해 벼이삭을 베었다.

벼이삭은 창고에 보관했다. 창고는 바닥이 땅에서 120~150센티미터 떨어지게 설치했다. 쥐들이 쉽게 들어갈 수 없도록 하기 위해서였다. 탈곡할 때는 절구를 이용했다. 벼농사가 보급되면서 야요이 시대 사람들은 점차로 농경에 전념했다. 경작지가 확대되고 농업 기술이 발달했다.

야요이 시대에 이르러 금속기가 사용되었다. 중국·한반도의 금속기 문화는 청동기 시대에서 철기 시대로 발전했지만, 일본에는 청동기와 철기가 거의 같은 시기에 전래되었다. 오히려 청동기보다 철기가 먼저 전래되었을 가능성이 크다.

야요이 전기에 도끼나 작은 칼과 같은 철제 도구가 한반도에서 일본으로 전래되었다. 야요이 시대 중기부터 철제 농구나 무기가 제작되었다. 일본인들은 주로 한반도 남부에서 수입된 철로 각종 무기나 농구를 제작했을 것으로 여겨진다. 야요이 시대 후기에는 동부 일본에서도 철기를 사용했다. 철제 농구의 사용으로 농업 기술이 더욱 발달했다.

청동기는 주로 한반도에서 제작된 것이 수입되었다. 종류로는 동경銅鏡·동검·동모銅鉾·동과銅戈·동탁銅鐸이 있었다. 동모는 창의 일종

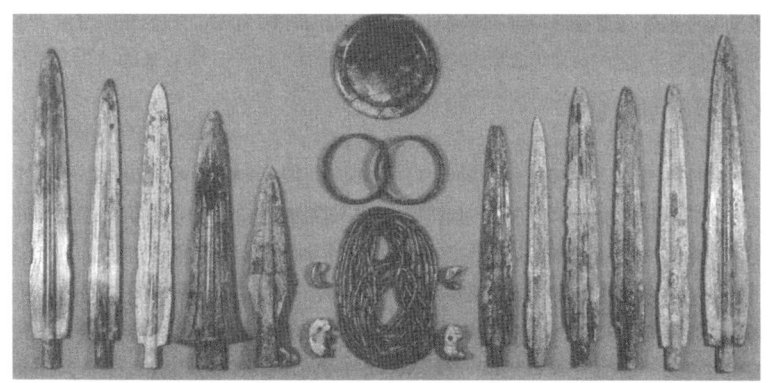
야요이 시대 청동기들

으로 찌르는 데 사용한 청동제 무기였다. 동과도 창의 일종인데, 창의 끝 부분에 나무를 끼워서 사용했다. 동탁은 의식용으로 사용했던 청동제 종이었다.

동탁은 주로 일본에서 제작된 청동기였다. 크기는 약 10센티미터 정도의 작은 것부터 130센티미터가 넘는 것까지 다양했다. 동탁은 야요이 시대 중기에서 후기에 걸쳐 제작되었을 것으로 추정된다. 일반적으로 작고 두꺼운 것에서 크고 얇은 것으로 변화되었다. 그것은 악기에서 제사용 보물로 변화하는 과정이기도 했을 것이다.

3) 생활과 습속

농경의 발달은 일본 사회를 크게 변화시켰다. 이전의 수렵·채집·어로에 의한 자연경제에서 생산경제로 전환되었다. 농경이 발달하면서 야요이 시대 사람들은 농경지에서 가까운 들이나 산기슭에 정착했다. 협동 작업이 필요한 벼농사가 보급되면서 마을의 규모도 점차로 커졌다. 사람들은 수십 명이 함께 생활했다. 마을 주변에 방어벽을 쌓거나 해자를 설치하기도 했다.

집은 기둥을 땅에 고정시키고 지붕을 완만하게 늘어뜨리는 형태였다. 집 내부에 화로를 설치했다. 시간이 지날수록 집의 규모나 형태가 다양해졌다. 마루를 높게 올려서 지은 고상식高床式 건물도 있었다. 이것은 주로 창고로 이용되었을 것으로 추정된다.

야요이 시대는 적갈색을 띠는 토기를 주로 사용했다. 이 토기는 조몬 토기보다 높은 온도에서 구워서 그릇의 두께가 얇고 단단했다. 토기에는 문양이 거의 없었고, 있다고 해도 매우 단수했다. 이러한 토기를 사용하던 시대의 문화를 야요이 문화弥生文化라고 한다. 야요이 토기는 서부 일본에서 동부 일본까지 널리 분포되었다.

얼굴 모습이 새겨진 야요이 토기

구석기 시대에서 조몬 시대까지 일본 열도의 역사는 지역차가 그다지 크지 않았다. 일본 열도 전역에서 거의 동일한 역사 발전 단계를 거쳤다. 그러나 야요이 시대부터 혼슈本州·시코쿠四国·규슈 지역과 다른 지역의 역사는 큰 차이를 보이기 시작했다. 특히 홋카이도北海道에서는 야요이 문화가 전혀 발달하지 못했고, 여전히 채취와 수렵을 주로 하는 일상이 지속되었다.

벼의 생산량이 증가하면서 생활에도 변화가 있었다. 항아리 모양의 저장용 그릇, 옹기 모양의 취사용 그릇, 음식물을 찔 수 있는 시루, 제사용 잔 모양의 그릇 등 용도에 따라서 다양한 모양의 토기가 제작되었다. 토기·농구 이외에도 공구·직조 기구 등과 같은 생활 용구가 제작되었다.

돌로 만든 공구로는 돌도끼가 대표적인 것이었다. 철제 공구로는 칼·대패·쐐기·끌·송곳이 있었다. 철제 공구로 나무를 가공할 수 있게 되었다. 각종 목제 농구와 다양한 생활용구가 제작되었다. 특히 찰흙을 돌려가면서 그릇의 모양을 만들 수 있는 회전대가 발명되면서 토기의 모양이 정교해졌다.

4) 계급의 발생

벼농사가 발달하면서 공동체의 수장은 특권 신분이 되었다. 생산이 향상되면서 부를 축적하는 자가 출현했고, 부가 축적되면서 계급 분화가 촉진되었다. 공동체 내부는 물론 마을 간에도 빈부의 격차가 생겼다.

1세기 전후에 지역 집단을 통솔하는 수장이 출현했다. 농경생활에는 계절의 변화나 기후, 특히 일조량이 중요했다. 그런 자연 현상은 인간의 능력으로 어찌할 수 없는 것이었다. 그래서 자연을 지배하는 신들을 달랠 수 있는 주술력을 지닌 자가 수장으로 추대되었을 것이다. 수장은 주술로 농경의례를 관장하고, 용수로를 중심으로 지역 주민을 통솔하고, 다른 집단과의 교섭을 주도하면서 권력을 강화했다. 유력한 수장은 보다 큰 집단을 형성하면서 지배자로 부상했다.

규슈 북부를 중심으로 발달한 분묘제도를 살펴보면 계급이 발생했다는 것을 알 수 있다. 그동안 규슈에서 여러 형태의 분묘가 발굴되었다. 옹기 두개를 서로 맞대어 연결하고 그 안에 시체를 안치한 옹관묘, 구덩이에 판석을 두르고 그 안에 시체를 안치한 상자식 분묘, 3~4개의 지석 위에 크고 넓은 돌을 덮은 지석묘 등이었다. 특히 일본에서 가장 오래된 왕의 분묘로 추정되는 후쿠오카 현 다카기高木 유적에서 청동제 무기와 동경이 출토되었다.

1세기경에 조성되었을 것으로 추정되는 후쿠오카 현 스구須玖 유적에서도 다량의 청동기가 출토되었다. 유물은 여러 개의 옹관묘 중 한 곳에서 출토되었다. 그 분묘에서 동경·동검·동모, 유리로 만든 구슬 등 많은 부장품이 출토되었다. 동경은 중국에서 제작된 것이고, 동검과 동모는 한반도에서 제작된 것이었다. 당시 일본에서도 다른 세계와 교류하면서 풍부한 물자를 소유한 정치권력이 출현했다는 것을 알 수 있다.

5) 원시신도의 성립

벼농사에서 파종을 하는 봄과 추수를 하는 가을이 가장 중요한 시기였다. 야요이 시대 사람들은 자연스럽게 파종 때 풍작을 기원하고 추수 때 수확에 감사했다. 그런 과정에서 자연스럽게 지신地神 신앙이 싹트고 농경의례가 행해지게 되었다.

야요이 시대 사람들은 큰 바위와 같은 자연물에 신령이 깃들어 있다고 생각했던 것 같다. 그런 곳에서 여러 개의 동탁이 함께 발견되었다. 동탁의 대부분은 일정한 원칙에 따라서 의도적으로 매립되었다. 얕은 구덩이를 파고 그 속에 동탁의 돌출부가 수직이 되도록 묻었다. 동탁을 세워서 묻은 예는 없었다.

신이 깃들어 있는 신성한 곳에 동탁을 묻는 것 자체가 중요한 의식이었다. 땅에 묻은 동탁은 버려진 것이 아니었다. 동탁의 표면에서 타종한 흔적이 발견되는 것에서도 알 수 있듯이, 의식을 거행할 때 사용한 동탁을 땅에 묻었다가 다시 꺼내어 사용했을 가능성이 크다. 이것은 지신 신앙과 밀접한 관련이 있다. 야요이 시대 사람들은 어떤 것을 땅 속에 묻어 둠으로써 신성한 땅의 기운을 받으려고 했다. 땅에 생명력과 회복력이 있다고 생각했던 것이다.

원시신도原始神道에서는 주로 농경과 공동체의 번영을 위해 제사를 지냈다. 신들 중에 산악·바위·바다·물·땅·바람·천둥과 같은 자연 현상을 신격화한 자연신이 압도적으로 많았다. 농경과 깊은 관련이 있는 자연 현상을 신격화한 것이라는 것을 알 수 있다. 오늘날까지 산악·바위·섬·나무와 같은 자연물이 제사 유적으로 남아 있는 곳이 많다.

원시신도에서 예배의 대상을 보통 가미神라고 했다. 신의 작용을 신격화한 것으로는 창조를 의미하는 신, 생식력을 의미하는 신, 힘을 의미하는 신 등이 있었다. 원시시대 사람들은 이러한 삼신三神이 천지만물을 창조했다고 믿었다.

인격신은 특정한 인물을 신격화한 것이다. 인격신은 인간 사회에서 활동한 이력이 있는 신이다. 실제로 일본신화에는 인격신이 많이 등장한다. 인격신과 같이 인간을 신격화한 것이 조상신이다. 조상신은 우지가미氏神의 원형이었다. 혈연신血緣神인 동시에 지연신地緣神의 성격을 띠고 있었다.

원시신도에서는 인간이 신을 받들거나 신의 뜻을 헤아리기 위해 죄를 짓지 말고, 부정한 일을 하지 말고, 몸을 청정하게 유지해야 했다. 청정한 상태를 유지하기 위해 일정 기간 금기사항을 지키는 생활을 했다. 만약 죄를 지었거나 부정을 탔으면 정화하는 의식을 거행했다.

제사를 지낼 때는 먼저 일정한 지역을 신성한 구역으로 정하고, 그곳에 신성한 나무를 세우고 신을 불렀다. 또 바위에 신이 깃들기를 기다려 제사를 드리기도 했다. 주로 밤에 제사를 드렸다. 공동체의 수장이기도 한 제사장이 신에게 기도를 드리고 소원을 빌었다. 그리고 신과 사람이 함께 먹고 마시고 제사를 마쳤다. 제사가 끝나면 제사 용구는 부수거나 땅에 묻었다.

　원시신도에서는 신이 제사를 지내는 동안에만 특정한 곳에 강림하고, 제사가 끝나면 본래의 곳으로 돌아가는 것으로 생각했다. 그래서 신을 위한 특정한 시설물을 세우지 않았다. 신이 강림하는 특정한 장소 주위에 돌로 담을 쌓거나 금줄을 쳐서 성역임을 표시했다. 훗날 제사 규모가 커지면서 신을 모시는 건물을 세우기도 했으나 건물을 세우지 않은 신사가 가장 오랜 전통을 지닌 곳이라고 할 수 있다. 신사를 세우면 거울이나 돌과 같은 자연물을 신체로 모셨다.

제2장

고분 문화

1. 왜 왕권의 성장

4세기에 들어서면서 한반도에서 국가가 형성되었다. 북아시아 세계에 근거지를 둔 고구려는 한반도 북부로 영토를 확장했다. 313년 고구려는 낙랑군을 멸망시키고 동북아시아 지배의 발판을 마련했다. 한반도 남부에서도 마한馬韓 지역에서 백제, 진한辰韓 지역에서 신라, 변한弁韓 지역에서 가야가 제각기 국가를 형성했다.

이 시기에 일본 열도에서 어떠한 움직임이 있었는지 구체적으로 알 수 없다. 하지만 대륙의 사회변동을 염두에 두고 생각해 보면, 4세기에 들어서면서 오사카大阪를 중심으로 하는 지역에서 왜 왕권이 성장했을 것으로 추정된다. 왜 왕권은 점차로 규슈의 북부에서 혼슈本州 중부에 이르는 지역의 호족들과 정치적 연합을 모색했을 것이다. 그런 과정을 거치면서 왜 왕권은 여러 지역 정권 중에서 가장 유력한 정권으로 성장했을 것이다. 한편 규슈의 북부, 게노毛野, 기비吉備, 이즈모出雲 등의 지역에서도 유력한 지역 정권이 성장했다. 지역 정권의 수장들은 한반도의 여러 국가와 교류했다.

4세기 말에 고구려가 남하하면서 한반도는 전란의 소용돌이에 휘말리게 되었다. 한반도 남부의 세력 균형이 깨어졌다. 이런 정세 속에서 백제는 왜·가야와 연합해 고구려·신라의 동맹 세력과 대립했다. 고구려 광개토대왕 비문에 보이는 한반도 남부의 정세와 관련된 기사는 바로 이 시기에 형성된 긴장관계를 보여 주는 것이다.

중국 역사서에는 5세기에 왜의 다섯 왕이 중국 남조에 조공하면서 높은 작위를 요구했다는 기록이 있다. 왜왕은 중국 황제의 권위를 빌어 백제와 신라에 대한 정치적인 입지를 강화하려고 부단히 노력했다. 하지만 한반도 정세는 왜왕의 기대와는 정반대로 전개되었다. 고구려의 남하정책으로 왜 왕권과 긴밀한 관계를 유지하던 백제가 수세에 몰렸다. 신라는 비약적으로 발전했다. 자연히 한반도에 대한 왜 왕권의 영향력이 감소했다. 일본 열도 내에서도 왜 왕권의 절대적인 지배력이 여전히 확립되지 않고 있었다.

왜왕의 계보를 살펴보면, 왕위는 이미 남자에 세습되었다. 왜왕은 종교적 지도자였을 뿐만 아니라 정치·군사적 지도자였다. 왜왕은 7세기 말에 천황을 칭하기 전까지 대왕을 칭했다.

2. 도래인과 일본 문화

고구려의 남하정책으로 한반도 정세가 불안해지자, 한반도에서 일본으로 건너오는 도래인渡來人이 급증했다. 도래인은 씨족 단위로 바다를 건넜다. 도래인은 대륙의 선진 기술과 문화를 일본에 전했다. 도래인은 문필·재정 등의 행정 실무와 방직·제련·무기 제조·도자기·토목·건축 등의 생산 분야, 동물 사육 등의 분야에서 능력을 발휘했다. 왜 왕권은 도래인 중에서 특수한 기능을 보유한 기술 집단을 조직했다. 왜 왕권은 도래인 기술 집단을 교토·오사카 지방에 거주하게 했다.

6세기까지 일본에서 한문을 해독하고 문장을 작성할 수 있는 능력을 보유한 자들은 거의 도래인이었다고 해도 과언이 아니다. 대규모 관개 사업이나 토목공사에 관여하고 광대한 농지를 개간한 것도 도래인이었다. 도래인은 정치·경제·사회·문화 전 분야에 걸쳐 왜 왕권의 발전에 크게 기여했다.

3. 고분의 출현

4세기 초반부터 일본 열도에서 고분이 축조되기 시작했다. 고분의 봉분은 매우 크고 높았다. 그것은 고분의 피장자가 공동체의 구성원과 구별되는 매우 특수한 신분이라는 것을 과시하기 위해서였다. 그런 의미에서 고분은 단순히 권력자의 무덤이 아니었다. 새로운 권력자가 죽은 권력자에게 제사를 드리고, 지배권의 정당한 승계를 선언하는 장소이기도 했다. 실제로 고분 앞에서 즉위식을 거행하기도 했다.

고분의 조성에는 많은 노동력과 고도의 토목기술이 요구되었다. 예를 들어 닌토쿠릉仁德陵이라고 전해지는 다이센大山 고분은 넓이가 46만 제곱미터, 전체 길이가 480미터, 높이가 33미터이다. 평지에 조성되는 고분의 흙을 운반하는 데 하루 1,000명의 인부를 동원한다고 해도 4년이 걸렸다. 고분은 권력·재력·기술력의 집합체였던 것이다.

닌토쿠릉으로 알려진 전방후원분

4세기에 교토·오사카를 중심으로 한 지역과 세도瀨戶 내해의 일부 지역에 전방후원분前方後圓墳이라는 독특한 형태의 고분이 축조되기 시작했다. 이것은 마치 열쇠 구멍을 연상시키는 일본의 독특한 고분 형태였다. 고분의 피장자는 왜 왕권의 대왕·왕족 또는 지방의 유력한 호족이었을 것으로 추정된다.

초기 전방후원분 형식을 갖춘 고분 중에서 유명한 것은 나라 현奈良県 덴리 시天理市에 있는 고분과 시부타니渋谷에 있는 고분이다. 전자는 스진崇神의 왕릉이고, 후자는 게이코景行의 왕릉으로 추정되는 고분이다. 전자는 전체 길이가 약 237미터, 후원부의 지름이 약 135미터, 높이가 약 23미터, 전방부의 폭이 약 96미터, 높이가 약 12미터이다. 후자는 전체 길이가 약 284미터, 후원부의 지름이 155미터, 높이는 약 23미터이다. 모두 산기슭에 조성되었다.

거대한 고분이 단순한 묘지가 아니라 피장자의 권위를 과시하기 위한 정치적 조영물이었다면, 5세기 게노, 기비, 이즈모, 휴가日向 등 서부 일본의 여러 지역에 거대한 규모의 고분이 많이 축조되었다는 점에 주목하지 않을 수 없다. 기비 지역에 전체 길이가 각각 270미터, 350미터나 되는 대형 전방후원분이 있다. 휴가 지역에 전체 길이가 219미터인 오사호男狹穗 고분을 비롯한 32기의 전방후원분이 있다. 그리고 이즈모 지역에도 거대한 전방후원분이 다수 확인된다. 고분들은 왜 왕권의 대왕릉과 같은 규모이다. 당시 일본 열도에 왜 왕권에 필적하는 강력한 정치세력이 다수 존재했음을 알 수 있다.

4. 고분의 발전

고분 시대는 고분의 형태와 규모, 그리고 석실 구조와 부장품의 차이로 시기를 구분하는데, 일반적으로 전기·중기·후기로 구분한다. 전기는 4세기 중기는 5세기 후기는 6세기에 조성된 고분을 말한다.

전기의 전방후원분은 마을과 경작지가 내려다보이는 산기슭에 조성되었다. 고분의 피장자는 후원부의 상단에 안치되었다. 봉분의 주위를 돌로 에워싸고 봉분 주변에 원통형으로 만든 하니와埴輪라는 장식물을 묻었다. 하니와는 흙으로 빚은 장식용 제품이었다. 크게 원통형 하니와와 형상 하니와로 구분한다. 인물·무구·가옥·동물의 형상을 본뜬 하니와도 있었다.

유해를 안치하는 시설은 수혈식竪穴式 석실이나 점토곽으로 되어 있는 경우가 많았다. 수혈식 석실은 관의 주위에 돌을 쌓아 방을 만들고 천정석을 덮는 방식의 구조물이었다. 관은 통나무를 파내어 마치 배와 같은 형태로 만들었다. 관의 외면에는 점토를 발랐다. 부장품은 주술적 색채가 짙게 풍기는 동경, 옥으로 만든 귀고리나 팔찌와 같은 장신구, 철제 도검이나 화살촉과 같은 금속제 무기였다.

4세기에서 5세기에 걸

춤추는 사람 하니와

무관 하니와

쳐 고분의 규모가 갑자기 거대해졌다. 닌토쿠릉 이외에 가와치河內에 있는 오진릉応神陵은 전체 길이가 430미터, 이즈미和泉에 있는 리추릉履中陵은 전체 길이가 360미터, 오카야마 현岡山県 비추備中에 있는 쓰쿠리야마造山는 전체 길이가 350미터이다. 전체 길이가 300미터 이상인 고분이 현재 확인된 것만도 7개소이다. 대형 고분은 평야에 조성된 것이 대부분이었다.

중기의 고분도 봉분의 상단에 유해가 안치되었다. 중후한 느낌을 주는 석관이 제작되었다. 부장품 내용도 크게 변화했다. 갑주와 마구가 선호되었고, 관冠, 금・은 장신구, 철제 무기, 철제 농구 등이 부장품으로 매장되었다. 전기의 그것과 비교해 보았을 때 부장품으로 중국과 한반도에서 전래된 것, 권력을 상징하는 것, 실용적인 것이 많아졌다. 피장자가 주술적인 지도자로서의 이미지를 벗고, 정치・군사 지도자로 변화했음을 알 수 있다.

고분의 규모는 5세기 중엽을 정점으로 축소되었다. 또 평지뿐만 아니라 산기슭에도 조영되었다. 횡혈식橫穴式 석실이 조성되었다. 석실의 내부에 피장자의 관을 안치하고 주위에 부장품을 배치했다. 부장품으로 무구, 마구, 동경, 금·은제 장신구 등이 있었다. 그릇을 비롯한 생활용구가 함께 매장되었다. 한반도에서 건너온 스에키須惠器라는 그릇을 매장하기도 했다. 고분 내부에 벽화를 그리기도 했다.

고분 시대 후기에 횡혈식 석실이 널리 조성되었다. 고분의 수도 급격하게 증가했다. 산간이나 도서 지방에서도 고분이 조성되었다. 한 곳에 5~6기 또는 수십 기씩 밀집된 소형 분묘들이 전국 각지에 조성되었다. 수백기의 고분이 군집을 이루고 있는 경우도 있었다. 규슈에 있는 고분 중에는 석인石人·석마石馬와 같은 조형물이 그 주변에 세워지고 석실 내부에 벽화가 그려진 것도 있었다.

호족은 거대한 고분을 조성해 자신의 권위를 과시하고자 했다. 그러나 불교가 전래되면서 고분 시대가 종말을 고했다. 불교라는 새로운 권위가 등장했기 때문이다. 7세기에 교토·오사카 지역에서 고분이 사라졌다. 8세기에 이르러 동부 일본에서도 고분이 자취를 감추게 되었다.

5. 생활과 습속

야요이 시대부터 일본인은 단순한 형태의 직조기를 이용해 옷감을 생산했다. 조잡한 마포가 의류로 이용되었다. 옷감이 화폐 대용으로 사용되면서 각지에서 생산되었다. 옷은 옷감을 재단해서 바늘로 꿰매는 방식으로 지었다. 전문적으로 옷을 만드는 기능인이 있었다. 몸의 형태에 맞추어 옷을 지었고 각종 장식도 발달했다. 신분이나 직업에 따라 옷의 형태가 달랐다.

5세기 이후 신분이나 성별에 따라서 입는 옷이 구별되었다. 지배층에 속하는 사람들은 남녀 모두 목깃과 소매가 있는 옷을 입었다. 남자의 하의는 넉넉하고 긴 바지로 활동하기 편하도록 무릎 아래 품을 약간 조여 입었다. 여자는 발끝까지 덮이는 주름진 치마를 입었다. 남녀 모두 허리띠를 맸다. 남자는 관이나 모자를 쓰고 신발을 신었다.

  식생활도 향상되었다. 쌀에 해초나 나물을 섞어서 죽을 끓여 먹는 사람들이 늘어났다. 물론 벼농사를 지으면서도 채취와 수렵을 계속했다. 조개와 물고기를 잡고 해초를 채취했다. 사슴, 산돼지, 원숭이, 너구리, 기러기 등을 사냥해 식용으로 했다

  6세기에 이르러 집 내부에 화덕이 설치되었다. 시루도 보급되었다. 시루의 보급은 쪄서 먹는 음식이 많아졌음을 의미한다. 쌀을 찌거나 떡을 만들어 먹었을 것으로 여겨진다. 음식은 그릇에 담아서 손으로 먹었다.

  거주는 세대 공동체를 기본으로 하는 형태였다. 가족 수는 20~30명이 보통이었다. 부부 동거제도가 정착했지만, 형제와 그 가족, 숙부와 그 가족 등 현연관계를 중심으로 방계 혈족이 한 집안을 형성했다. 호족은 방계 혈족 이외에 예속민과 그 가족 그리고 노비들을 포함하는 집안을 구성했다. 가족은 결코 소비생활의 단위가 아니고 생산노동의 단위였으며 경작지를 점유하는 단위였다는 것을 알 수 있다.

6. 신앙과 의례

  고대 일본인은 모든 자연 현상에 신령이 깃들어 있으며, 신령을 섬기면 은혜를 입을 수 있다고 생각했다. 경작에 필수적인 물이나 태양, 기타 자연 현상에 깃든 신령을 특별한 장소에 모시게 되었다. 농경의례도

점차로 천신과 지신에게 제사를 드리는 신앙 형태를 띠게 되었다. 외래문화가 수용되고 불교가 전래된 후에도 신령 숭배 사상은 일본인의 전통적인 종교로서 일본 사회에 큰 영향을 미쳤다.

수장 권력이 강화되면서 신들의 위계질서가 재편되었다. 수장 권력의 재편을 보여 주는 것이 각 지역에 산재한 고분이었다. 신들의 서열은 『고지키古事記』와 『니혼쇼키日本書紀』에 표현된 신화, 즉 기기신화記紀神話에 반영되었다.

기기신화에 따르면 다카마가하라高天原라는 '하늘'은 천황의 조상신이며 태양신인 아마테라스오미카미天照大神가 다스리는 세계였다. 아마테라스오미카미는 자기 자손을 일본 열도에 강림하게 했다. '하늘'에서 강림한 천손이 인간과 혼인하면서 천황의 혈통이 성립되었다. 기기신화는 고대 천황제 국가가 정리한 노골적인 정치 신화인데, 그 배경에 다카마가하라계高天原系, 이즈모계出雲系, 휴가계日向系 등 계통을 달리하는 신화가 있었다. 왜 왕권은 아마테라스오미카미의 아우 스사노오素戔嗚가 다카마가하라에서 쫓겨나 나카쓰쿠니中国, 즉 이즈모 지방에 내려와서 나라를 열었는데, 그 자손 오쿠니누시大国主가 천황의 자손에게 복속한다는 정치 신화를 만들어 왜 왕권의 일본 지배를 종교적으로 정당화했다.

이즈모 계열의 신들이 왜 왕권의 신에게 복속했다는 이야기는 원시신도의 신들이 왜 왕권이 받드는 신들의 계보에 흡수되는 과정을 반영하고 있다. 다카마가하라에 사는 아마테라스오미카미를 비롯한 왜 왕권의 신들은 아마쓰카미天神라고 칭하고, 왜 왕권에 복속한 여러 씨족의 신들은 구니쓰카미国神라고 칭해 구별했다. 아마쓰카미는 구니쓰카미보다 높은 신으로 자리매김 되었다. 수많은 신들 중에 천황의 조상신 아마테라스오미카미가 일본의 최고신 지위를 차지했다.

왜 왕권이 지방 호족들을 복속시키는 과정을 거치며 호족들이 받드는 신들의 서열이 보다 구체적으로 정해졌다. 해와 달의 신처럼 만물의 생성 및 창조와 관련된 신들이 최상위에 자리하고, 자연물이나 자연현상 즉 산·강·평야의 신들이 그 다음에 자리했다. 그 밑에 인간의 일상생활과 직접 관련되는 불·농업·어업의 신들이 자리했다.

신들 중에서 가장 높은 신 아마테라스오미카미를 받드는 왜 왕권의 대왕은 가장 강력한 제사장이기도 했다. 『고지키』와 『니혼쇼키』에 대왕은 신과 함께 기거하고, 신에게 신탁神託을 청하고, 꿈에서 신의 계시를 받아 정치적인 결단을 내리기도 하는 존재로 묘사되었다.

이즈모 신사

호족은 야시로社라는 사당을 세워서 조상신에 제사를 드렸다. 이 시대에 죽은 자를 정식으로 매장하기까지 안치하는 의식을 치렀다. 진혼鎭魂 의식도 행해졌다. 사악한 것을 제거하고, 신체나 정신을 청결히 하는 의식도 행해졌다. 그 밖에 죄인으로 하여금 뜨거운 물에 손을 넣게 해서 진위를 판단하는 주술적인 풍습도 성행했다.

봄에 생산물의 풍요를 기원하는 기넨사이祈年祭와 일종의 추수 감사제라고 할 수 있는 니이나메사이新嘗祭가 농민의 연례행사가 되었다. 기넨사이와 니이나메사이는 궁중의 정치적인 행사로서도 중요한 의미를 갖게 되었다. 농촌에서는 토지신을 받들고 기우제를 지내기도 했다.

제3장

아스카 문화

1. 7세기 전반의 정치

6세기 말까지 왜 왕권 내부 상황이 매우 혼란스러웠다. 한반도 정세를 둘러싸고 호족들 사이에 대립이 격화되면서 왜 왕권이 양분되었다. 소가씨蘇我氏가 세운 긴메이欽明 정권과 오토모씨大伴氏·모노노베씨物部氏가 지지하는 안칸安閑·센카宣化 정권이 대립했다. 혼란한 정세는 6세기 말 소가씨가 모노노베씨를 멸망시키고 실권을 장악함으로써 종식되었다.

593년 스이코推古가 즉위했다. 대왕 스이코는 당시 실권자 소가노 우마코蘇我馬子의 질녀였다. 소가노 우마코는 요메이用明의 아들로 인망을 얻은 쇼토쿠 태자聖德太子를 정치의 전면에 내세웠다. 쇼토쿠 태자도 소가씨의 외손이었다. 우마코는 쇼토쿠 태자와 협력하며 정치를 주도

했다.

왜 왕권은 일본이 중국과 정식 왕래가 두절된 지 1세기 만에 중국의 수隋에 사신을 보냈다. 견수사遣隋使 파견의 배경에 동아시아 세계의 급박한 국제질서 변동이 있었다. 수의 중국 통일은 고구려·백제·신라를 비롯한 중국 주변 세계에 커다란 위협이 되었다. 실제로 수는 대군을 동원해 고구려를 침략했다. 대륙의 정보는 일본 열도에 전해졌다.

618년 중국의 수가 멸망했다. 수에 이어 성립된 당唐은 율령을 기본으로 하는 강력한 국가체제를 확립했다. 이 시기 한반도의 정치 상황도 급변했다. 백제의 의자왕이 반대파를 대대적으로 숙청했고, 고구려의 연개소문이 영류왕을 살해하고 실권을 장악했다. 신라는 국력을 길러 한반도를 통일할 준비를 했다. 일본의 호족들은 국제 정세의 변화에 위기감을 느꼈다. 정치체제를 혁신하려는 움직임이 구체화되었다.

당시 일본에서는 쇼토쿠 태자가 사망한 후, 소가노 에미시蘇我蝦夷와 그의 아들 이루카入鹿가 국정을 장악했다. 소가씨의 권세는 날로 강성했다. 호족들은 소가씨에게 반감을 품게 되었다. 정세를 간파한 나카토미노 가마타리中臣鎌足는 나카노오에中大兄 왕자와 함께 소가씨를 제거할 것을 모의했다.

645년 6월 12일 나카노오에와 가마타리는 궁중에 들어온 이루카를 척살했다. 그러자 다른 왕족과 호족들이 모두 나카노오에 왕자의 명령에 따랐다. 이루카가 살해되었다는 소식을 들은 소가노 에미시가 자살하면서 소가씨가 멸망했다. 이 사건을 을사乙巳의 변이라 한다.

소가씨가 멸망한 후 고교쿠皇極가 왕위에서 물러나고 고토쿠孝德가 즉위했다. 나카노오에 왕자는 태자가 되어 신정권의 조직을 정비했다. 개혁의 주역인 나카토미노 가마타리는 우치쓰오미內臣에 임명되어 개혁을 주도했다. 당에서 귀국한 다카무코노 구로마로高向玄理와 승려 민旻이 정치를 자문했다. 연호를 개정해 다이카大化라 했다.

제3장 아스카 문화

다이카 개신의 골자는 왕실과 호족의 토지소유권을 부정하고, 모든 토지와 농민을 국가가 장악하는 것이었다. 왕실과 호족의 개별적인 지배권을 부정하고, 중국의 율령제도를 모방해 중앙집권적·관료제적 지배체제를 확립하겠다는 의지를 담고 있었다.

신정부는 대왕을 중심으로 하는 전국 지배체제의 확립을 꿈꾸었다. 그러나 율령제도의 도입을 추진하던 개혁세력은 구세력의 저항에 직면했다. 또 조정 내부에서 권력을 둘러싼 암투가 벌어지면서 모순이 격화되었다.

2. 불교와 유학의 전래

야요이 문화 시대에 주로 한반도에서 일본으로 이주한 도래인에 의해 철기 문화와 벼농사 기술이 일본 열도로 전해진 이래, 한반도에서 숙성된 대륙 문화가 끊이지 않고 일본 열도로 전해졌다.

5세기에서 6세기에 이르는 시기에 학술·종교·사상이 한반도에서 일본 열도로 전래되었다. 5세기에 이미 왜에서 한자가 사용되었다는 것이 확인된다. 6세기 초 백제에서 오경박사가 파견되었다. 533년 백제는 유학·의학·역학曆學 등의 학문을 일본에 전수했다.

6세기 중엽에 불교가 일본에 공식적으로 전해졌다. 『니혼쇼키日本書紀』에 백제의 성왕聖王이 왜왕 긴메이欽明에게 상표문과 함께 금동제 석가모니 불상, 깃발, 불경 등을 전했다는 기록이 있다. 그러나 한반도에서 숙성된 불교는 5세기경부터 도래인을 통해 자연스럽게 일본 열도로 전해졌을 것으로 여겨진다.

유학과 불교가 전래되었다고 해도 한문을 구사할 수 있었던 도래인

계열의 지식인을 제외하고, 그 이론적 사상을 이해할 수 있었던 일본인은 거의 없었다. 지식인들도 유학의 뜻을 이해하는 정도의 학습에 머물렀고, 현실의 생활을 규제하는 사상으로서 학습했다는 흔적이 없다. 불교는 오로지 정치적 실권을 장악했던 소가씨蘇我氏 일족의 사적인 신앙으로 수용되었다.

불교가 일본 열도에 전해진 후, 불교의 수용문제를 둘러싸고 유력한 씨족 사이에 격렬한 논쟁이 전개되었다. 원래 한반도에서 건너온 도래인계의 씨족으로 국제 정세에 밝았던 소가씨는 불교의 수용에 적극적이었다. 하지만 전통적인 입장을 고수하던 모노노베씨物部氏와 나카토미씨中臣氏는 불교의 수용에 반대했다. 부처를 숭배하면 토착신들의 노여움을 살 것이라고 말했다. 왜왕은 백제의 성왕이 보낸 불상을 소가노 이나메蘇我稻目에게 주었다. 이나메는 그 불상을 자신의 저택에 안치하고 예배했다. 그런데 이나메가 사망하자 570년 불교 수용에 반대하는 세력이 이나메가 모시던 불상을 파괴했고, 585년 왜왕 비다쓰敏達는 소가씨가 개최하는 법회를 탄압하기도 했다.

불교의 수용을 둘러싼 논쟁은 다시 불이 붙었다. 논쟁은 불교 수용에 적극적인 소가씨와 이에 반대하는 세력이 정치적으로 대립하는 양상으로 전개되었다. 특히 소가노 이나메와 모노노베노 오코시物部尾興의 대립이 대를 이어가며 전개되었다. 배불론을 계승한 오코시의 아들 모노노베노 모리야物部守屋는 더욱 적극적으로 불교를 탄압했다. 그 목적은 점점 강성해지는 소가씨를 견제하는 것이었다. 소가씨와 모노노베씨 사이의 긴장 관계가 지속된 끝에 587년 모리야가 소가노 우마코蘇我馬子의 기습으로 사망했다. 그 후 모노노베씨를 비롯한 배불론 세력이 쇠퇴하면서 불교가 공인되었다. 불교 수용을 둘러싼 논쟁은 숭불파의 승리로 끝났다.

3. 사원의 건설

소가노 우마코가 모노노베씨를 기습할 때, 싸움에서 이기면 사원을 건립하겠다고 발원했다. 우마코가 모노노베씨를 멸망시키고 정치의 실권을 장악하게 되자, 588년 나라奈良에 호코지法興寺 건립을 추진했다. 호쿠지는 원래 아스카데라飛鳥寺라고 불렸던 사원이었다.

우마코가 호코지를 건립할 때 백제에서 선진 기술을 보유한 기술자들을 초빙했다. 주조鑄造 기술자인 노반박사鑪盤博士, 기와 기술자인 와박사瓦博士, 벽화를 그리는 화공, 집을 짓는 목공 등을 초빙해서 공사를 맡겼다. 공사를 감독하는 승려도 초빙되었다.

백제 기술자들은 기단 위에 초석을 놓고, 그 위에 기둥을 세우고, 지붕에 기와를 얹는 최신 건축 기법을 채용했다. 이것은 종래의 다테바시라立柱라는 건축 기법과는 차원이 다른 것이었다. 백제의 최신 측량 기술로 1탑 3금당 양식의 건물이 배치되었다. 중금당中金堂·불탑·중문中門이 일렬로 배열되었다. 호코지를 건립하는데 20여 년의 세월이 걸렸다.

소가노 우마코는 고구려에서 혜자慧慈, 백제에서 혜총惠聰을 초빙해 호코지 주지로 임명했다. 사리를 안치할 때는 소가노 우마코를 비롯한 100여 명의 귀족이 백제 의복을 입고 의식을 거행했다.

쇼토쿠 태자는 불교를 깊이 신앙했을 뿐만 아니라 야마토大和의 호류지法隆寺, 나니와難波의 시텐노지四天王寺 등 7곳에 사원을 건립했다. 그 중에서 시텐노지는 백제식 가람배치에 따라서 탑과 금당이 남북으로 배치되었다.

이카루가지斑鳩寺라고도 하는 호류지는 쇼토쿠 태자가 거주하는 이카루가궁 부근에 건립되었다. 호류지도 시텐노지와 같은 가람배치 형식을 취했다. 처음에 건립된 호류지는 현재의 호류지 경내에 있는 와카쿠

호류지 전경

사若草 사원 유적지에 건축된 소규모의 사원이었다. 이 사원의 금당에 석가삼존불이 안치되었다. 이 불상이 훗날 세워진 서원西院의 금당으로 옮겨졌을 것으로 추정된다.

호족들 중에도 우지데라氏寺를 세우는 사람이 늘어났다. 그중에서 603년 하타노 가와카쓰秦河勝가 대왕에게서 불상을 하사 받아 세웠다는 야마시로山城의 고류지広隆寺가 유명하다. 중앙 귀족들도 사원 건립에 적극적이었다.

전국 각지에 사원이 세워지면서 승려의 수가 늘어났다.『니혼쇼키』에 따르면 624년 당시 46곳 이상의 사원이 있었고, 비구가 816명, 비구니가 569명이었다. 692년에는 전국에 545개소의 사원이 있었다.

사원과 승려가 늘어나자, 왜 왕권은 불교를 통제할 수 있는 기구를 설치했다. 호족들이 세운 불교 사원과 승려들을 국가가 장악할 필요가 있었기 때문이다. 624년에 백제 승려 관륵觀勒의 건의로 승정僧正・승도

僧都・법두法頭라는 관직을 두었다. 승정에 관륵, 승도에 구라쓰쿠리노 도쿠샤쿠鞍作德積라는 도래인계 인물이 임명되었다.

4. 쇼토쿠 태자와 대륙 문화

쇼토쿠 태자는 그가 사망한 직후부터 우상화되었고, 그의 전기는 시간이 지나면서 윤색되었다. 쇼토쿠 태자에 대해 기록한 최초의 문헌이라고 할 수 있는 『니혼쇼키日本書紀』와 『조구쇼토쿠호오테이세쓰上宮聖德法王帝說』조차도 역사적 사실이라고 인정할 수 없는 기록으로 채워져 있다. 쇼토쿠 태자가 생전에 어떠한 인물이었으며, 또 어떠한 일을 했는지 명확하게 확정할 수 있는 것은 많지 않다고 할 수 있다. 그러나 쇼토쿠 태자의 다음과 같은 업적은 인정해야 할 것이다.

먼저 쇼토쿠 태자가 유학을 실천적 사상으로 수용했다는 사실이다. 쇼토쿠 태자는 603년에 관위官位 12계를 정했다. 그리고 관위에 따라 관의 색깔과 장식의 종류를 차별했다. 관의 색이 구체적으로 어떠했는지는 역사서에 기록되어 있지 않지만, 백제의 제도를 모방해 자紫・청靑・적赤・황黃・백白・흑黑으로 크게 구분하고, 다시 색의 짙고 옅음에 따라 세분했을 것으로 추정된다.

관위는 대대로 세습되는 씨성氏姓과 달리 당대에 한하는 제도였다. 개인의 재능과 공로에 따라서 수여되었으며 승진도 가능했다. 이 제도는 군신관계의 상호 확인과 왕권의 강화를 의도한 것이었다. 관위 제도는 일종의 인재등용책이라고 할 수 있었지만 실효를 거두지 못했다. 하지만 이 제도는 당시 일본사회가 씨족에게 주어진 가바네姓가 세습되는 사회였다는 점을 감안하면 매우 획기적인 제도였다.

604년에는 「헌법 17조」를 제정했다. 「헌법 17조」의 조문은 오늘 날의 헌법과 같이 국가체제의 기본이 되는 법이 아니었다. 주로 관리와 호족을 대상으로 한 정치적·도덕적 훈계의 성격을 지녔다. 다시 말하면 신하로서 마땅히 지켜야할 규범을 제시한 것이었다. 법조문의 근저에 흐르는 관념은 강력한 국가의식이었다.

쇼토쿠 태자는 「헌법 17조」의 제1조에서 화합을 강조하고, 제4조에서 예의가 근본임을 밝혔다. 제5조에서 재판은 공정하게 하고 뇌물은 받아서는 안 된다고 강조했다. 제8조에서 관인들은 조정에 일찍 출근하고 늦게 퇴근해야 한다고 훈시했다. 내용의 대부분이 관리들이 마땅히 지켜야할 덕목을 열거한 것이었다. 당시의 현실적인 정치상황이 반영되었음을 알 수 있다.

「헌법 17조」가 도덕적인 훈계였을 뿐 행정법이 아니었다는 것은 당시 일본이 아직까지 법의식이 발달하지 못한 사회였음을 보여주는 것이다. 당시 실권자였던 소가노 우마코蘇我馬子와 쇼토쿠 태자는 왜도 한빈도의 여러 국가와 같은 정치체제로 발전하기를 간절히 바랐을 것이다. 그러나 야마토 조정大和朝廷이 처한 상황과 정치 수준이 그것을 불가능하게 했을 것이다.

쇼토쿠 태자는 「헌법 17조」의 제2조에서 "깊이 삼보三宝를 숭상하라. 삼보는 불佛·법法·승僧이다."라고 말했다. 불교를 숭상할 것을 권고했다. 그런데 제3조에서 왕이 내린 조詔은 반드시 받들어야 하며, 왕은 하늘이고 신하는 땅이라고 말했다. 「헌법 17조」에는 불교 사상뿐만 아니라 유학 사상도 농후하게 배어 있었던 것이다. 쇼토쿠 태자는 특히 하늘이 높고 땅이 낮은 것처럼 군신관계는 엄정한 상하관계에 기초해야 한다는 점을 강조했다.

쇼토쿠 태자는 역사서도 편찬했다. 대륙에서 한자가 전래되고, 학문과 사상이 유입되면서 그때까지 여러 호족 가문에서 구전되던 이야기가 문자로 기록되었다. 6세기 중엽에 『데이키帝紀』와 『규지旧辞』가 성립되었을 것으로 추정된다. 『데이키』와 『규지』는 왜 왕권의 계보와 궁중에서 전해 내려오던 이야기를 정리한 역사서였다. 역사서가 성립된 배경에는 왜 왕권의 신성성과 정통성을 부각시키고, 대외관계를 포함한 정권의 발자취를 기록해야 한다는 의식이 있었을 것이다.

5. 불교문화의 융성

왜 왕권의 도읍인 아스카飛鳥에 문화의 꽃이 피었다. 아스카 문화는 일본 최초의 불교문화를 기조로 했다는 점, 한반도·중국에서 발달한 문화뿐만 아니라 멀리 페르시아·그리스·동로마 문화의 영향을 받은 문화가 일본으로 유입되었다는 점, 한반도에서 건너온 도래인과 그 자손들이 문화의 담당자였다는 점 등을 특색으로 한다.

쇼토쿠 태자의 발원으로 건립된 호류지는 호코지와 마찬가지로 백제의 기술자들이 건립했기 때문에 다양한 국제 문화의 요소가 반영되었다. 가람의 배치는 주로 백제·고구려 양식을 채용했다. 북쪽에 강당을 두고, 강당의 전면 동쪽에 금당, 서쪽에 탑을 배치한 것이 특색이다. 건축 기법은 주로 한반도에서 숙성된 문화의 영향을 받았다.

호류지 서원西院의 금당·5층탑·중문·회랑은 세계에서 가장 오래된 목조 건축물이다. 이런 건축물은 아스카 시대 건축의 특색을 온전하게 간직하고 있다. 호류지는 훌륭한 불상과 공예품이 많은 것으로도 유명하다.

아스카 시대에 사원 건축과 더불어 많은 조각품이 제작되었다. 특히 고도의 기술을 요하는 불상이 많이 제작되었다. 대표적인 작품은 606

호류지 금당 석가삼존상

년에 제작된 호코지의 본존불 금동 장육석가여래상丈六釋迦如來像이다. 이 불상을 제작한 불사佛師는 구라쓰쿠리노 도리鞍作鳥였다. 이 불상은 후에 보수되기는 했지만, 일본에서 가장 오래된 불상으로 유명하다. 623년 호류지 금당의 금동 석가삼존상釋迦三尊像이 조성되었다. 이 불상은 장육석가여래상과 같이 납형 주물로 제작된 금동불이었다. 이것을 제작한 불사 역시 구라쓰쿠리노 도리였다. 도리는 한반도에서 건너온 도래인계 씨족의 후손이었다.

구라쓰쿠리노 도리의 제자가 조성했다고 전하는 호류지 몽전夢殿의 구세관음상救世觀音像도 유명하다. 목조 불상인 구세관음상은 세련미의 극치를 보여준다. 호류지 금당의 백제관음상百濟觀音像은 신비적이라고 하기보다는 숭고하다는 표현이 적절하다. 잔잔한 미소를 머금고 있는 걸작으로 손꼽힌다. 백제관음상의 분위기에 사실적인 경향을 가미한 것이 주구지中宮寺의 목조 미륵반가사유상弥勒半跏思惟像이다. 그 밖에 유명한 목조 불상으로 호류지 금당의 사천왕상을 들 수 있다.

주구지의 반가사유상과 호류지의 사천왕상을 만든 목재는 일본에 많이 자생하는 녹나무였다. 그런데 고류지広隆寺의 영보전靈寶殿에 봉안되어 있는 목제 미륵보살반가사유상은 그 목재가 한반도에서 자생하는 적송이다. 고류지의 미륵보살반가사유상은 신라에서 제작되었을 가능성이 크다.

높이 123.5센티미터의 고류지 미륵보살반가사유상은 같이 전시되어 있는 다른 반가사유상과 구별해 보관미륵寶冠彌勒이라고 부른다. 오른쪽 다리를 왼쪽 다리 위에 얹고 오른 손의 가운데 손가락을 볼에 살짝 대고 깊은 사색에 잠겨 있는 모습이다.

고류지를 세운 하타씨秦氏는

호류지 몽전 구세관음상

신라에서 일본 열도로 건너온 도래인계 씨족으로 알려져 있다. 그런 인연으로 고류지는 신라 문화와 깊은 관련을 맺었던 것으로 여겨진다.

회화는 고분 시대 이래의 기법에 한반도에서 일본 열도로 건너온 도래인의 기술이 접목되어 비약적으로 발전했다. 아스카 조정은 604년에 화공 집단을 두었다. 그들은 모두 고구려에서 건너온 도래인계 씨족이었다. 610년 고구려의 승려 담징曇徵이 종이와 묵, 그리고 채색 기법을 전했다. 호류지의 여러 곳에 그의 유품이 전한다.

공예는 일본 전통적인 기법에 도래인이 전래한 선진 기법을 가미해 비약적으로 발전했다. 공예품으로는 역시 호류지의 옥충주자玉虫厨子, 사자수문양금獅子狩文樣錦, 용수수병龍首水瓶 등과 주구지의 천수국수장天寿国繡帳이 있다. 미술 공예품들은 한반두와 중국뿐만 아니라 멀리 페르시아, 동로마, 그리스 등 세계적인 문화의 영향을 받은 것들이다.

고류지 반가사유상

아스카 문화는 중국 남북조 시대의 영향을 많이 받은 것이 사실이다. 그런데 남북조 시대 문화는 주로 한반도를 통해 일본 열도로 전래되었다는 점, 한반도에서 건너온 도래인이 아스카 문화의 담당자였다는 점을 간과해서는 안 될 것이다. 아스카 문화에 한반도적인 요소가 짙게 배어 있는 것도 그 때문인 것이다.

제4장

하쿠호 문화

1. 대왕에서 천황으로

668년 나카노오에中大兄 태자가 즉위해 덴지天智라 했다. 덴지와 정비 사이에 자식이 없었다. 후비가 네 명 있었으나 역시 자식이 없었다. 궁녀 소생의 아들은 있었다. 그중 한 사람이 오토모大友 왕자였다. 덴지는 오토모를 총애했다.

당시 유력한 왕위 계승자의 한사람으로 덴지의 아우 오아마大海人 왕자가 있었다. 하지만 덴지는 오토모 왕자를 중심으로 오미 조정의 결속을 다졌다. 조정의 움직임이 자신에게 불리하게 전개된다는 것을 눈치챈 오아마는 다른 수단을 동원해 왕위를 찬탈할 야심을 품게 되었다. 오아마는 정변 계획을 추진하기 위해 일단 요시노吉野로 피신했다.

671년 12월에 덴지가 사망하고 오토모 왕자가 왕위를 계승하자 오아마 왕자가 반란을 일으켰다. 672년 6월 22일 오아마는 돌연히 요시노에서 자신의 영지가 있는 동쪽으로 나아가 병력을 결집했다. 요충지에 있는 관소도 장악했다. 그리고 자신을 추종하는 호족들의 군사를 이끌고 도성이 있는 오미近江로 진격했다.

전투는 교토·오사카 일대에서 벌어졌다. 이윽고 야마토大和 전투에서 승리한 오아마 군은 파죽지세로 오미의 궁성을 함락시켰다. 7월 23일에 오토모 왕자가 자살했다. 전쟁은 오아마의 승리로 끝났다. 이것을 진신壬申의 난이라고 한다.

진신의 난에서 승리한 오아마가 즉위해 덴무天武라 했다. 덴무가 즉위하면서 왕권의 지배력이 강화되었다. 진신의 난은 덴무를 중심으로 하는 새로운 계급사회의 형성과 중앙집권 체제의 강화를 용이하게 했다. 진신의 난으로 명망 있는 호족들이 몰락하면서 왕권이 강화되었기 때문이다.

덴무는 강력한 전제정치를 시행했다. 유력한 씨족의 정치 개입은 최소한으로 한정했다. 덴무는 재위 기간 10여 년 동안 한 사람의 고관도 두지 않고 가족들의 보좌만으로 정치를 담당했다. 왕권이 강화되면서 호족과 관료에게 주어졌던 특권도 폐지했다.

덴무 시대부터는 대왕이라는 칭호 대신 천황天皇이라는 칭호를 사용하기 시작했다. 덴무는 천황이라는 칭호를 율령에 명기하고, 자신의 아들들에게 친왕親王이라는 칭호를 사용하게 했다. 『만요슈万葉集』에는 덴무 천황을 신으로 추앙하는 노래가 전한다. 그 노래가 성립된 시기는 덴무 천황이 생존했던 시기였을 것으로 추정된다. 이 무렵부터 천황을 아라히토가미現人神, 즉 살아 있는 신으로 추앙하는 분위기가 조성되었다.

천황이라는 호칭은 왕권 강화 이데올로기의 산물이라고 할 수 있다. 실제로 천황은 태양의 자손, 즉 일본인이 가장 높은 천신으로 받드는 아마테라스오미카미天照大神의 후손으로 일컬어졌다. 국가의 호칭이 왜에서 일본으로 변경된 것도 덴무 시대였을 것으로 여겨진다. 일본은 태양이 떠오르는 곳과 가장 가까운 곳에 있는 나라이고, 그곳은 태양신의 자손인 천황이 다스려야 하는 세계이기도 했던 것이다.

2. 도교와 천황

일본의 전통적인 종교 신도神道에서 천황을 가장 높은 제사장으로 섬긴다. 천황 가문이 받드는 이세 신궁伊勢神宮은 일본에서 가장 권위 있는 신사이다. 이는 천황이 전통적으로 농경의례를 주관하던 제사장이었다는 것을 의미한다. 천황은 대왕이라고 불렸던 시대부터 지배자와 제사장으로서의 이미지를 함께 지니고 있었다.

천황이라는 용어는 도교 사상에서 기인했다는 설이 유력하다. 실제로 천황은 도교에서 가장 높은 신을 가리키는 용어로 중국에서는 천황대제天皇大帝로 불리고 있었다. 참고로 675년 야쿠사노가바네八色の姓 제도를 정할 때 반영된 진인眞人이라는 용어도 도교에서 쓰는 말이다. 도교에서는 천황이 천상의 신선 세계에 살면서 관료들을 거느리는데, 그들 중에서 가장 지위가 높은 관료를 진인이라고 한다. 또 도교에서 천황대제의 권위를 상징하는 것이 바로 일본 천황을 상징하는 신성한 물건인 칼과 거울이다.

덴무의 시호는 천정중원영진인天渟中原瀛眞人이었다. 진인이라는 용어와 함께 영, 즉 신선이 산다는 전설적인 산의 이름이 사용되고 있다. 덴무 천황이 신선으로 묘사되었던 것이다. 덴무가 아라히토가미라고 일컬어진 것도 천상 세계에서 현실 세계로 강림한 신이라는 관념과 부합한다. 이세 신궁에서 사용하는 신궁, 재궁齋宮, 내궁內宮, 외궁外宮 등과 같은 용어들은 도교에서 사용하는 용어이다. 일본인이 신도를 체계화하는 과정에서 중국 도교의 용어와 세계관을 도입했을 가능성이 크다.

일본에서는 이미 원시 시대부터 동경銅鏡이 널리 보급되었다. 거울은 도교에서 신비한 능력을 가진 도구로 여겨졌다. 동경의 뒷면에 천상 세계를 상징하는 모양을 새겼다. 거울 모양을 둥글게 만든 것은 하늘을 상징하는 것이고, 사각형 모양을 그려 넣은 것은 땅을 상징하는 것이다. 동경 중앙에 끈을 맬 수 있도록 젖꼭지처럼 튀어나오게 만든 부분을 유공細孔이라고 하는데, 그것은 인간을 상징하는 것이다. 원시 시대부터 사람들은 거울에 우주를 새겨 넣었던 것이다. 지금도 이세 신궁을 비롯한 여러 신사에서 거울을 신체로 받들고 있다. 그것은 민간 신앙을 도교의 관점에서 해석한 결과라고 할 수 있다.

3. 일본 최초의 도성

덴무 천황은 왕권을 강화하려는 의지가 강했다. 덴무는 일본 최초로 항구적인 중국식 도성을 건설하려고 했다. 676년에 건설 지역을 지정하고 681년에 지형 조사를 마쳤다. 덴무는 여러 번 현장을 답사하면서 의욕적으로 도성 건설 사업을 추진했다. 그러나 덴무는 뜻을 이루지 못하고 686년에 사망했다.

물론 덴무 천황 이전에도 왕궁이 있었다. 7세기 초에도 아스카 지역에 왕궁이 세워졌다. 유력한 왕족과 중앙 호족은 왕궁 주변에 각각 저택을 보유했다. 행정 관청도 왕궁 주변에 배치되었다. 하지만 그때까지의 왕궁은 왕이 즉위할 때마다 새로 신축한 건물이었다. 그러니까 왕궁이라고 해도 왕의 거주지 정도에 불과한 규모였다. 항구적인 시설이 아니었다.

덴무 천황의 유업을 계승해 도성의 건설을 완수한 것은 그의 부인이기도 한 지토 천황持統天皇이었다. 지토가 건설한 도성이 후지와라쿄藤原京였다. 후지와라쿄는 일본 최초로 조방제條坊制를 도입한 중국식 도성이었다.

694년부터 후지와라쿄 건설이 시작되었다. 완성된 후지와라쿄는 동서 약 1.6킬로미터 남북 약 2.4킬로미터였다. 12조·8방으로 구획되었다. 1방의 크기는 약 260여 미터였다. 도성의 북쪽 중앙에 왕궁이 자리했다. 왕궁은 동서 900여 미터 남북 900여 미터였다. 왕궁의 외벽을 따라서 폭 5미터 깊이 1.2미터 정도의 해자가 둘러져 있었다.

왕궁 내부에 천황이 거주하고 의례를 거행하는 공간 다이리內裏가 있고, 그 전면에 집무 공간 태극전太極殿이 배치되었다. 태극전의 전면에 조당원朝堂院이 들어섰다. 조당원은 중앙의 넓은 정원을 사이에 두고 배치되었다. 모든 의식이 이곳에서 거행되었다. 다이리·태극전·조당원의 동서에 관청이 들어섰다.

왕궁의 남쪽 중앙에 폭 18미터 정도의 주작대로가 남쪽으로 길게 뻗어 있었다. 주작대로를 중심으로 시가지가 조성되었다. 시가지에는 관료의 저택이 지위에 따라 배치되었고, 나머지 지역에는 일반 서민의 주택이 정연하게 배치되었다. 도성의 외곽에는 규모가 큰 사원이 배치되었다. 도성에 거주한 인구는 2~3만 명으로 추정된다.

4. 하쿠호 문화와 불교

7세기 후반 율령 국가가 형성되었다. 이러한 시대적인 분위기를 배경으로 새로운 기운이 넘치는 문화가 꽃을 피웠다. 645년 다이카 개신大化改新이 선언된 후 도읍이 후지와라쿄에 있던 710년까지의 문화를 하쿠호 문화白鳳文化라고 한다. 즉, 하쿠호 문화는 덴무 천황과 지토 천황이 통치했던 시대의 문화였다.

이 시기에 중앙 집권적인 국가체제가 정비되었고 경제력도 중앙으로 집중되었다. 귀족은 경제력을 배경으로 도성에서 화려한 생활을 했다. 이 시기에 견당사遣唐使를 파견해 대륙 문화를 섭취하면서 일본 문화의 내용이 향상되었다. 귀족들이 당의 문화를 나름대로 소화하기 시작하면서 궁중을 중심으로 새로운 문화의 기운이 일어났다.

하쿠호 문화도 아스카 문화와 마찬가지로 기본적으로는 불교문화였다. 불교는 왕권의 후원으로 발전했다. 불교 발전에 가장 공헌한 인물

야쿠시지 금당

은 다름 아닌 덴무 천황이었다. 한때 출가한 경험이 있는 덴무는 불교의 가호로 조정이 번영하기를 기대하면서 사원을 조영했다. 덴무는 왕도에 다이칸다이지大官大寺, 야쿠시지藥師寺와 같은 관립 사원을 건립했다. 다이칸다이지는 가장 규모가 큰 사원이었다. 야쿠시지는 황후의 신병을 치료하기 위해 건립한 것으로 유명하다. 위의 두 사원은 덴지天智가 조영했다고 알려진 가와라데라川原寺, 일본 최초의 사원 아스카데라와 함께 하쿠호 시대 4대 사원이었다.

불교의 발전은 문화에도 영향을 주었다. 건축 분야에서는 야쿠시지의 동탑이 하쿠호 문화를 대표하는 작품이었다. 이 탑은 고도로 세련된 양식을 자랑하고 있다. 특히 날렵하면

고후쿠지 불두(상), 호류지 금당 벽화(하)

서도 넉넉한 느낌을 주는 중층 지붕이 걸작으로 손꼽힌다.

조각 분야에서는 야쿠시지의 아미타삼존상과 호류지의 몽위관음상夢違觀音像, 고후쿠지興福寺의 불두佛頭, 야쿠시지의 약사여래상과 성관음상聖觀音像 등이 유명하다. 불상은 이전 시대의 그것들과 비교해 보았을 때 매우 풍부한 양감量感과 밝은 표정이 특색이다.

회화 분야에서는 고구려 승려 담징이 그렸다고 전해지는 호류지 금당의 벽화가 유명하다. 1949년에 실화로 소실된 벽화는 인도의 아잔타석굴 벽화 양식이 당을 통해 전래되었을 것으로 추정된다. 그림의 양식뿐만 아니라 묘사된 의상과 장신구도 아잔타석굴과 유사한 점이 많다. 이 작품은 중국의 운강석불, 한국의 석굴암과 함께 동양 3대 미술품의 하나로 손꼽혔다. 그 밖에 백제의 아좌태자阿佐太子가 그렸다고 전하는 쇼토쿠 태자상도 이 시대의 작품이다.

5. 국가불교의 성립

하쿠호 문화는 국가가 중심이 되어 일으킨 불교문화였다. 호국불교의 성격이 강했다고 할 수 있다. 왕권은 승려들을 통제했다. 당의 십대덕十大德 제도를 모방해서 십사十師를 두었고, 국가가 경영하는 거대한 사원이 세워졌다. 675년 덴무 천황은 전국의 사원에 명해『금강명경金剛明經』과『인왕경仁王經』을 외우게 하고, 이를 호국경전護國經典이라고 해 중히 여겼다.

불교는 국가의 보호를 받으며 발전했으나 사원은 국가의 엄격한 감독 아래 놓이게 되었다. 685년 조정은 각 지방 관청에도 불상과 불경을 안치할 수 있는 시설을 만들고 예배하도록 명했다. 694년에는 불경 100부를 각 지역에 보내어 독송하게 했다. 호국불교 정책은 8세기 중엽 고쿠분지国分寺를 설치하고 도다이지東大寺를 건립하면서 완성되었다.

하쿠호 시대에 새로 세워진 사원만도 480여 곳에 이른다. 사원은 일본 전역에 세워졌다. 『후소럇키扶桑略記』에 따르면, 692년 당시 전국에 545개의 사원이 있었다. 일본 전국에 사원이 세워졌다는 것은 각 지방의 호족들이 고분을 조영하는 대신에 자신들의 우지데라氏寺를 본격적으로 세우기 시작했음을 보여 주는 것이다. 율령제도가 보급되면서 불교가 일본 전역으로 확산되었다는 것을 알 수 있다.

덴무 천황의 불교 흥륭 정책은 실은 왕권에 의한 불교 독점정책의 다른 이름이었다. 왕권의 허가 없이는 아무도 자유롭게 승려가 될 수 없었다. 승려는 오로지 왕권을 위해 염불해야 했다. 사원은 백성과 엄격하게 분리된 공간이었다.

6. 율령과 역사의 편찬

681년 덴무 천황은 율령 제정에 착수했다. 이 율령을 아스카키요미하라령飛鳥浄御原令이라고 한다. 덴무 천황이 사망하고 지토 천황이 즉위한지 3년째가 되는 689년부터 시행된 아스카키요미하라령은 일본 최초의 법전이었다.

율령이 제정되면서 일본도 관료 조직, 백성 지배, 조세제도 등 여러 분야에서 율령제의 골격을 갖추게 되었다. 중앙관제는 기본적으로 당의 상서성尙書省·6부 제도를 모방하면서 일본의 실정에 맞게 개편했다. 아스카키요미하라령이 제정되면서 태정관太政官이 설치되었다. 태정관 밑에 8성八省을 두었다. 율령을 시행하기 위한 기초 작업으로 경인년적庚寅年籍이라는 호적이 작성되었다.

8세기 초 몬무 천황文武天皇이 즉위하면서 율령 개수 작업에 착수했다. 이 사업은 다이호大宝 원년인 701년에 완성되었다. 이 법전을 다이호 율령이라고 한다. 다이호 율령은 율律 6권, 영令 11권으로 구성된 법전으로 702년부터 시행되었다. 다이호 율령은 율과 영이 함께 편찬된 최초의 법전으로 당의 영휘율령永徽律令을 모방해 편찬되었다고 하나 전해지지 않는다. 다이호 율령의 내용은 요로 율령養老律令을 통해 짐작할 수 있다. 다이호 율령의 제정으로 율령체제가 제도적으로 완성되었다고 할 수 있다.

덴무 천황은 역사 편찬에 착수했다. 681년 3월에 천황의 계보를 중심으로 구전과 신화, 그리고 영웅을 소재로 한 전설을 검토해 기록하게 했다. 구체적으로 『데이키帝紀』와 『규지旧辞』를 비교해 그 내용을 확정하도록 명령했다. 이것은 국사 편찬사업의 출발점이 되었다. 천황이 교토·오사카를 중심으로 하는 지배 집단의 대표에서 일본 열도의 지배자로 비약하기 위해서는 역사를 편찬할 필요성이 있었을 것이다. 그것은 정변의 정당성을 주장하기 위해서도 필요한 작업이었다.

『데이키』는 역대 제왕의 계보, 성명, 연령, 궁전의 명칭, 재위 기간, 왕비와 자손, 능묘의 위치 등을 기록한 자료이다. 『규지』는 주로 전승되던 설화를 기록한 자료였을 것으로 여겨진다. 『고지키』의 서문에 따르면, 각 씨족들의 자료에는 각기 다른 내용도 있었을 뿐만 아니라 조작된 내용도 있다고 한다. 진신의 난을 통해서 중앙의 유력한 호족들을 제압한 덴무 천황은 호족들의 입장에 따라서 각기 다르게 반영된 기록들을 정리하면서 그 자료들을 천황 가문에 유리하도록 정비하는 작업을 추진했을 것으로 여겨진다.

7. 전통문화의 전개

　일본인이 대륙문화를 적극적으로 받아들였다고 해서 일본 고유의 전통문화가 쇠퇴의 길을 걸은 것은 아니었다. 항해술이 발달하지 않았던 당시에는 소수의 사람과 소량의 화물이 일본으로 건너왔을 뿐이다. 대륙문화가 일본인의 생활과 일본사회의 특색을 근본적으로 변화시킬 수 있는 힘으로 작용했던 것은 아니다. 민중의 실생활에는 거의 영향을 미치지 않았다. 지배계급의 경우에도 의식주와 같은 일상생활에 커다란 변화가 일어났다는 근거가 없다.

　7세기 말에 중국식 도성이 건설되고, 왕궁 안에도 의례를 집행하는 중국풍의 건물이 세워졌다. 하지만 천황과 그 일족이 생활하는 다이리內裏는 일본풍의 건물이었다. 기와로 지붕을 얹은 중국풍 건물은 태극전과 조당원을 비롯한 궁전 건축의 일부와 사원 건물의 일부에 지나지 않았다.

　사원이 적지 않게 건립되고 불교가 융성했지만, 일본의 전통적인 신앙이라고 할 수 있는 신기神祇에 대한 제사는 여전히 성대하게 지냈다. 국가불교가 뿌리를 내리고, 불교신앙에 대한 열의가 높아질수록, 오히려 전통적인 신앙에 관심을 갖는 일본인이 늘어났다. 불교가 융성하면서 신도神道가 더욱 체계화되고 그 영향력이 확대되었다.

　율령이 제정되면서 신기제도神祇制度가 체계화되었다. 신기제도를 둔 것은 천황 가문의 제사를 국가의 의례로 제도화하고 중요한 신사를 조정이 직접 지배하기 위해서였다. 천황 가문과 관련된 신들은 천상의 신, 지방 호족과 관련된 신들은 지상의 신으로 분류되었다.

　천황은 원시신도에 뿌리를 둔 종교적 권위도 함께 지니고 있었다. 일본이 중국의 율령제를 도입하면서도 제정일치와 신사神事 우선이라는 관념을 극복할 수 없었던 것도 그 때문이었다. 실제로 일본의 율령에는 신기관神祇官을 행정의 최고기관인 태정관太政官보다 상위에 두도록 규정되었고, 제사를 전문으로 하는 관직이 두어졌다. 신기관은 국가가 주관하는 각종 제사를 관장했다. 신기관은 연간 19번의 제사를 지냈다.

다이호령에서 신기백神祇伯이라는 관직 및 지방 직제가 정해졌다. 신기백이 관장하는 일은 하늘과 땅에 제사 지내는 일, 천황이 신에게 제사를 지내는 의례, 진혼제, 점술 등 각종 종교적인 행사였다. 지방에서는 국사의 소관 사항 중에 신사에 관련된 일이 포함되어 있었다. 제사를 관장하는 신관이 행정을 담당하는 관리보다 높은 지위에 있었다.

일본 고대 가요에서 발달한 와카和歌가 5음·7음을 기본으로 하는 형식이 정해졌다. 유명한 가인으로는 아리마 왕자有間王子, 가키노모토노 히토마로柿本人麻呂, 누카타노 오키미額田王 등이 있었다. 그들이 남긴 작품이 『만요슈万葉集』에 실려 있는데, 기교를 부리지 않고 인간의 심정에 호소하는 것이 특색이었다.

7세기 말에 일본어 표기법이 발달했다. 『만요슈』에 실려 있는 시가에 이 시기에 지어진 것들이 포함되어 있다. 7중에 일본인의 소리를 표현한 작품이 있다. 한자의 음을 빌려 일본 발음에 가깝게 표기할 수 있게 된 것이다. 특히 일본어 조사나 조동사를 한자의 음을 빌려 표현하는 방식이 확립되었다.

제5장

덴표 문화

1. 나라 시대의 정치

707년에 몬무 천황文武天皇이 25세의 젊은 나이로 사망하자, 그의 어머니가 즉위해 겐메이 천황元明天皇이 되었다. 겐메이 천황의 즉위를 계기로 조정은 과감한 정책을 추진했다. 710년에 후지와라쿄에서 같은 나라奈良 지역인 헤이조쿄平城京로 천도했다. 그때 여러 사원도 함께 이전했다. 헤이조쿄는 훗날 헤이안쿄平安京로 천도할 때까지 약 80년간 왕도였다. 이 시대를 나라 시대라고 한다.

겐메이 천황에 뒤이은 겐쇼 천황元正天皇 시대의 정치는 비교적 안정되었다. 이 시대에 후지와라노 가마타리藤原鎌足의 아들 후지와라노 후히토藤原不比等가 정계에서 두각을 나타냈다. 후히토는 율령 정비에 힘쓰는 한편, 천황 일족과 혼인을 맺으면서 후지와라씨 발전의 기초를 다졌다. 그러나 720년 후히토가 사망했을 때, 그의 4명의 아들은 아직 정치적으로 성장하지 못하고 있었다. 덴무 천황의 손자 나가야노오長屋王가 정치적인 주도권을 장악했다.

724년 2월 쇼무 천황聖武天皇이 즉위했다. 쇼무 천황은 자신이 사랑하는 여성 고묘시光明子를 황후로 봉하려고 했으나 나가야노오를 비롯한 천황의 일족이 반대했다. 고묘시는 후지와라노 후히토의 딸이었다. 그러자 729년 2월 후지와라씨 형제들이 나가야노오에게 모반의 혐의를 씌워 죽였다. 나가야노오 변은 후지와라씨 형제들이 조작한 사건이었다. 사건 직후 고묘시가 쇼무 천황의 황후가 되었다.

나가야노오를 제거한 후, 후지와라노 후히토의 네 명의 아들인 후지와라노 무치마로藤原武智麻呂・후지와라노 후사사키藤原房前・후지와라노 우마카이藤原宇合・후지와라노 마로藤原麻呂 등이 각기 후지와라씨 남가南家・북가北家・식가式家・경가京家의 시조가 되었다. 그들이 조정의 요직을 독점했다. 그러나 그들은 때마침 유행한 천연두에 감염되어 잇달아 사망했다. 후지와라씨는 좌절을 경험했다.

정치의 주도권은 다시 다치바나노 모로에橘諸兄를 중심으로 하는 반후지와라씨 세력이 장악했다. 다치바나노 모로에는 당에서 귀국한 후 쇼무 천황의 신임을 얻은 기비노 마키비吉備真備, 법상종의 승려인 겐보玄昉 등 지식인층과 손잡고 참신한 정치를 시행하면서 정치적인 입지를 강화했다. 그러자 740년 9월 후지와라노 히로쓰구藤原広嗣가 반란을 일으켰다. 반란은 2개월여 만에 진압되었지만 정계가 크게 동요했다.

후지와라노 히로쓰구의 난이 있은 후, 겐보와 기비노 마키비가 정계에서 퇴출되었고, 다치바나노 모로에도 세력을 잃었다. 그러자 후지와라노 무치마로의 아들인 후지와라노 나카마로藤原仲麻呂가 정치의 일선에 나섰다. 한편, 후자와라노 히로쓰구의 반란에 놀란 쇼무 천황은 헤이조쿄를 버리고 야마시로山背의 구니쿄恭仁京, 세쓰摂津의 나니와쿄難

波京, 오미近江의 시가라키쿄紫香楽宮 등으로 빈번하게 옮겨 다녔다. 그 기간이 무려 5년이나 되었다.

749년 7월 쇼무 천황의 딸이 즉위해 고겐 천황孝謙天皇이 되었다. 그 후 후지와라노 나카마로가 실권을 장악했다. 그는 고겐 천황의 뒤를 이은 준닌 천황淳仁天皇을 옹립하는 데도 결정적인 역할을 했다. 그러나 759년경부터 승려 도쿄道鏡가 고겐 상황의 총애를 입어 정계에 진출하자 나카마로의 입지가 약화되었다. 764년 9월 후지와라노 나카마로가 도쿄를 제거할 목적으로 반란을 일으켰으나 실패했다. 나카마로는 가족과 함께 참살되었다. 후지와라노 나카마로의 난으로 준닌 천황도 폐위되었다.

764년 10월 고겐 상황이 다시 천황의 지위에 올라 쇼토쿠 천황稱德天皇이 되었다. 그러자 도쿄의 정치적 입지가 강화되었다. 도쿄는 일개 승려 신분으로 다이조다이진太政大臣의 지위에 오르고 법왕法王의 칭호도 얻었다. 도쿄는 천황에 준하는 예우를 받았다. 그러자 도쿄는 천황이 되려는 야망을 품기 시작했다. 769년 9월 도쿄에게 천황의 지위를 물려주면 천하가 태평하게 된다는 우사하치만宇佐八幡 신궁의 신탁이 내렸다는 소문이 돌았다. 쇼토쿠 천황은 와케노 기요마로和気清麻呂를 보내서 신탁의 사실여부를 확인하도록 했다. 쇼토쿠는 신탁을 빌어서 도쿄에게 양위하려고 했다. 하지만 도쿄의 야망은 와케노 기요마로를 비롯한 관리들의 견제로 좌절되고 말았다.

770년 8월 쇼토쿠 천황이 사망했다. 후지와라노 모모카와藤原百川・요시쓰구良継 형제가 승려 도쿄를 추방하고, 텐지계天智系의 혈통을 이은 시라카베오白壁王를 태자로 추대했다. 770년 10월 시라카베오가 즉위해 고닌 천황光仁天皇이 되었다.

2. 헤이조쿄 조영

겐메이 천황은 천도 계획을 발표하고 즉시 새로운 도성 건설를 시작했다. 도성 공사의 책임자는 후지와라노 후히토였다. 그런데 훗날 쇼무 천황이 되는 태자의 생모는 바로 후히토의 딸 미야코宮子였다. 더구나 태자는 자기 이모, 즉 후히토의 딸 고묘시光明子를 연모했다. 후히토의 입장에서 보면 새로운 도성 헤이조쿄 조영은 후지와라씨 미래를 위해서도 심혈을 기울여야 하는 공사였다.

헤이조쿄는 당唐의 장안성長安城을 모방해 건설되었다. 그 넓이는 동서 4킬로미터, 남북 약 5킬로미터로 후지와라쿄의 약 3배였다. 직사각형의 도성은 조방제로 구획된 도시였다. 북쪽 중앙에 왕궁을 두고, 왕궁의 정문에서 남쪽으로 폭 85미터의 주작대로를 냈다. 그리고 동서로 대로를 내어서 9조條로 나눴다. 주작대로를 중심으로 하는 동서 지역에 다시 남북으로 대로를 내어서 각각 4방坊 씩 세분했다. 그리고 대로 사이에 1정町 간격으로 동서남북으로 통하는 소로를 내었다. 도시의 모습은 마치 바둑판과 같이 정연하게 구획되었다.

일직선으로 뻗은 주작대로를 경계로 좌경과 우경이 두어졌다. 좌경에는 동시東市, 우경에는 서시가 설치되었다. 동시와 서시에 이치쓰카사市司라는 관리를 두어 감독하게 했다. 시장에서는 각 지방에서 운반된 산물과 관리에게 지급되는 포목과 실 등이 교환되었다.

사방 1킬로미터 넓이의 왕궁에는 천황의 거소와 각종 예식이 거행되는 태극전太極殿을 중심으로 관청이 배치되었다. 시가지에는 귀족이나 관리의 저택 이외에 아스카 지방에서 이전한 사원이 도시의 외곽에 배치되었다. 도시에는 붉은색 기둥, 흰색 벽, 기와로 지붕을 덮은 건물이 많았다. 도시는 웅장하고 화려했다.

헤이조쿄에는 천황과 그의 일족, 천황을 가까이에서 받드는 후궁 약

280명, 관청에서 근무하는 관리 6,000여 명, 요역으로 동원되었거나 왕궁의 경비를 위해 각 지방에서 징발된 자들, 그리고 일반 주민까지 포함해 15만 명 이상의 인구가 밀집되어 있었을 것으로 추정된다.

왕궁에 출입할 수 있는 자는 천황의 일족, 귀족, 천황의 식사를 담당하거나 후궁을 가까이서 받드는 여성 관리, 지방 호족의 딸로 왕궁에서 근무하는 여성 관리, 6위 이하의 하급 관리, 관위 없이 왕궁에서 일하는 사람 등을 합해 약 1만 명 정도였을 것으로 추정된다. 그중에서 5위 이상의 고급 관리는 약 120명이었다.

헤이조쿄는 일본 각지에서 동원된 인부들의 노역으로 조영되었다. 도성은 넓이 약 3미터 높이 약 5미터의 토성으로 둘러쌌다. 이 공사에 동원된 인부만도 연인원 100만 명이었을 것으로 추정된다. 하루 1,000명의 인부가 쉬지 않고 일해도 3년이 걸렸을 것이다. 그리고 태극전을 중심으로 배치된 궁전과 100동이 넘는 관청을 짓는데 적어도 1,000개 이상의 기둥과 수십만 개의 목재, 헤아릴 수도 없이 많은 기와가 필요했을 것이다.

3. 역사 편찬

덴표 문화란 원래 덴표天平라는 연호가 사용되던 8세기 중엽의 문화를 가리키는 문화사의 시대구분이다. 하지만 보통 나라奈良 시대의 문화를 지칭하는 용어로 사용되고 있다.

국가체제가 정비되면서 조정은 본격적으로 국사를 편찬하기 시작했다. 712년에 『고지키古事記』가 완성되었다. 『고지키』는 예부터 궁중에서 전해 내려오던 『데이키』와 『규지』를 오노 야스마로太安万侶가 정리한 것이다. 모두 3권이며, 내용은 천지 창조, 일본 열도의 생성, 천손강림天孫降臨, 진무神武의 동정東征, 야마토다케루노미코토日本武尊의 이야기, 조정의 동북 지방 경영 등으로 구성되어 있다. 다시 말하면 신화에서 편찬 당시까지의 이야기를 천황을 중심으로 기술한 것이다. 천황 가계의 권위와 통치의 정당성을 주장하기 위해 역사를 왜곡한 부분이 적지 않다. 하지만 『고지키』는 한자의 음훈을 이용해 일본어를 충실히 표현하려고 노력했다는 점이 주목된다.

720년에 『니혼쇼키日本書紀』가 완성되었다. 『니혼쇼키』는 신화에서 편찬 당시까지의 역사를 편년체로 구성하고 정식 한문으로 집필한 일본 최초의 관찬 역사서이다. 681년부터 40여 년 동안 광범위한 자료를 수집하고, 여러 편수자가 각권을 분담해 공동으로 집필했다. 편수자의 다수가 백제가 멸망한 후 일본으로 건너온 백제인이었다. 모두 30권이며 본문 이외에 가계도 1권이 있었다고 하나 전해지지 않는다. 전승 자료를 널리 수집하고 『백제기百濟記』를 비롯한 역사서를 사료로 많이 인용하는 등 『고지키』와는 다른 특색을 구비하고 있다. 『니혼쇼키』 또한 그 내용을 전적으로 신뢰할 수 없지만, 가장 오래된 역사서로서 중요한 가치를 지니고 있다.

역사서와 함께 지지地誌도 편찬되었다. 지지는 각 지방의 산물, 토지의 상태, 지명의 유래, 전해 내려오는 이야기나 특이한 이야기 등을 내용으로 하고 있다. 713년에 조정은 각 지방의 관리에게 지리, 산물, 전설 등을 기록해 제출하도록 명령했는데, 그 과정에서 각 지역의 『풍토기風土記』가 성립되었다. 『풍토기』는 국가의 지배 영역을 확정하고 각 지역의 정보를 수집하기 위한 목적으로 편찬되었다.

4. 불교 정책의 발전

불교는 나라 시대 문화의 기반을 형성하고 있었다. 왕권은 승려를 통제하기 위해 승정僧正, 승도僧都, 율사律師 등의 직책을 두고, 각 사원에 상좌上座, 사주寺主, 쓰이나都維那의 직책을 두어 일반 승려들을 자체적으로 감독하게 했다. 어느 정도 자치를 허용했다고 할 수 있다. 그러나 일본의 승려는 국가의 행정기관인 치부성治部省의 지배하에 있었다. 왕권의 허가 없이 사사로이 승려가 될 수 없었다. 출가를 하려면 치부성이 발행하는 고패告牌가 필요했다. 승려들의 행동과 생활은 승니령에 의해 엄격하게 규제되었다. 승니령을 위반한 승려는 처벌되었다. 승려는 왕권을 위해 기도하는 관승官僧으로 한정했고, 사원 이외의 지역에서 종교 활동을 하지 못하게 했다. 민간에 포교하는 것이 사실상 금지되었다.

천황은 불교의 힘을 빌어 재난이나 외세의 침입으로부터 국가를 지키고 사회혼란을 방지하려고 했다. 부처나 불경의 위력으로 왕권을 안정시키려고 했다. 불교는 여전히 주술적인 색채가 농후한 종교로 인식되고 있었다. 천황과 귀족들은 여전히 질병의 치유나 가족의 구원을 위해 사원을 건축하고, 불상을 조성하고, 불경을 필사하는 일에 매달렸다.

승려들은 국가의 평안을 위해 각종 불교행사를 거행했다. 참회 법회를 열어 오곡이 풍성한 결실을 맺도록 기원했다. 737년에 흉년이 들고 역병이 돌자 여러 지방에 석가의 불상을 조성하고 『대반야경』을 필사하게 했다. 불교의 힘으로 백성들이 평안하게 생업에 종사할 수 있도록 하기 위함이었다.

천황 가문과 유력한 호족들이 건립한 사원들도 아스카 지역에서 나라로 이전했다. 나라로 이전된 사원들은 국가의 지원을 받으면서 발전했다. 그중에서 덴무 천황과 지토 천황의 발원으로 건립된 다이칸다이지와 야쿠시지, 후지와라씨藤原氏가 건립한 고후쿠지興福寺와 간고지元興寺, 간진鑑眞이 머물면서 계율을 전한 도쇼다이지唐招提寺, 765년 쇼토쿠 천황의 발원으로 건립된 사이다이지西大寺 등이 도다이지와 함께 나라 지역의 7대 사원이었다.

후지와라노 히로쓰구의 반란으로 충격을 받아 이곳저곳을 전전하던 쇼무 천황이 745년에 다시 헤이조쿄로 돌아왔다. 그동안 천황이 왕도를 비우고 방랑하는 사이에 정치는 제 기능을 하지 못하고 있었다. 때마침 천연두가 유행해 귀족은 물론 백성이 많이 죽었다. 사회가 극도로 혼란해졌다.

쇼무 천황은 불교의 공덕으로 사회의 불안을 잠재우고, 연이어 발생하는 천재지변에서 국가를 보호하려고 했다. 이것을 진호국가鎭護國家 사상이라고 한다. 741년 쇼무는 고쿠분지国分寺 건립의 조칙을 내렸다. 각 구니国 마다 비구가 거주하는 사원인 고쿠분지와 비구니가 거주하는 사원인 고쿠분니지国分尼寺를 한 곳씩 세우게 했다.

고쿠분지에는 비구 20명, 고쿠분니지에는 비구니 10명을 두고, 사회의 안정과 국가의 평안을 기원하게 했다. 쇼무 천황은 승려들로 하여금 매월 8일에 『금광명최승왕경金光明最勝王經』을 강독하게 했다. 호국경전을 외우면 사천왕四天王의 도움으로 밖으로는 외세의 침략을 물리칠 수 있고, 안으로는 환란을 잠재울 수 있다고 믿었다.

743년 쇼무는 도다이지東大寺에 비로자나대불毘盧遮那大佛을 조영하라는 조칙을 내렸다. 대불 건립 사업은 국가의 총력을 기울여 추진되었다. 주조하는 데만 3년이라는 세월이 걸렸고, 300톤이 넘는 구리와 주석이 사용되었다. 도금을 위해 60킬로그램에 달하는 금과 수은이 조달되었다. 대불의 주조와 대불전의 건축을 위해 동원된 인원은 연 230만명 이었을 것으로 추정된다. 대불의 높이는 약 16미터였다. 대불은 세

도다이지 대불

계 최대의 목조 건축물인 대불전에 안치되었다. 천황이 도다이지를 통해 전국의 사원을 직접 통제하는 체제가 구축되었다.

5. 남도 불교와 그 사상적 성격

관립사원에 소속된 승려는 조정을 위한 법회나 기도를 하면서 불교 교리를 연구했다. 남도6종南都六宗이라는 종파가 형성되었다. 남도란 교토의 남쪽에 있는 나라奈良를 지칭하는 말이다. 다시 말하면, 남도

6종이란 나라 지방의 사원을 중심으로 형성된 학파를 지칭하는 말로 삼론종三論宗·성실종成実宗·법상종法相宗·구사종倶舎宗·화엄종華嚴宗·율종律宗을 말한다. 이런 종파는 교단을 의미하는 훗날의 종파와는 성격이 완전히 달랐다. 불경 이론 연구를 하는 승려들의 집단이라는 의미로 이해해야 한다.

751년 당시 도다이지에서는 이미 6종의 교리가 연구되고 있었다. 하지만 모든 사원에서 6종이 고루 갖춰져 있었거나 6종의 이론만 연구했던 것은 아니었다. 호류지, 다이안지, 간고지 등의 승려들은 율종, 삼론종, 성실종 등과 함께 유식종唯識宗, 수다라종修多羅宗, 섭론종攝論宗 등을 연구하기도 했다. 경우 따라서는 승려들이 다른 사원을 왕래하면서 교리 연구에 참여하기도 했다.

남도6종은 원래 중국에서 심화된 교리 연구 결과를 수입한 것이다. 나라 시대의 승려들이 일찍이 접해 보지 못한 수준 높은 교학이었다. 남도6종이 일본 불교에 미친 영향은 매우 컸다. 하지만 일본의 승려들은 겨우 교리를 학습하는 단계에 머물러 있었다. 불교 교리를 학습하는 목적도 왕권 강화에 도움이 되기 위한 것이었다. 개인이 해탈을 목표로 신앙을 실천하는 단계에 진입하는 것은 훗날의 일이었다.

남도6종의 형성에 공헌한 인물은 견당사를 따라서 당으로 유학한 학문승, 그리고 당에서 일본으로 건너온 승려와 그 문하생들이었다. 남도6종 중에서 특히 번성한 것은 법상종과 화엄종이었다. 법상종에서 기엔義淵이 출현해 세력을 떨쳤고, 그 문하에서 도지道慈와 교키行基가 출현했다. 그들은 한반도에서 건너온 도래인계 출신이었다. 화엄종에서는 로벤良弁이 출현했다. 그 또한 도래인계 출신이었다. 로벤은 처음에 기엔에게서 법상종을 배웠으나 후에 당의 승려 도센道璿에게서 화엄종을 배웠다. 로벤은 화엄종을 크게 일으켰다.

남도6종의 학문승 중에는 정치에 관여한 자도 있었다. 그러나 대부분의 승려는 불법의 수호와 교리 연구에 힘을 기울였다. 그중에서 청정한 법도를 지켜나간 도지, 당에서 천신만고 끝에 일본으로 건너와 계율을 전한 당의 승려 간진鑑眞이 유명했다. 간진은 도다이지에 계단원戒壇院을 세웠고, 도쇼다이지를 건립해 일본의 불교 발전에 크게 기여했다.

6. 민간 불교의 형성

국가불교의 성격이 분명해 진 것은 7세기 말부터였다. 덴무 천황이 등장하면서 국가불교의 단계에 진입했다고 할 수 있다. 특히 덴무는 한때 출가한 적이 있었던 만큼 불교에 각별한 관심을 기울였다. 8세기 중엽 쇼무 천황이 등장하면서 국가불교의 성격이 더욱 강화되었다. 쇼무는 스스로를 부처의 노예라고 자처할 정도였다.

나라 시대에는 왕권이 승려의 활동을 철저하게 통제했다. 승려가 사원 밖에서 종교 활동을 하는 것을 금했다. 특히 승려가 백성과 접촉하는 것을 엄급했다. 승려는 백성에게 불법을 설할 수 없었고, 백성은 불상에 예배할 수 없었다. 승려들이 사원 밖에서 수행하는 것도 국가의 허가를 받게 했다.

그런 상황 속에서 국가불교의 벽을 뛰어넘어 널리 중생을 구제하려는 뜻을 몸소 실천한 교키行基와 같은 승려가 나타났다. 교키는 먼저 도성 건설에 동원된 백성들을 구제하는 일에 앞장섰다. 제자들을 거느리고 다리를 놓고, 도로를 내고, 저수지를 파는 등 백성을 위해 일했다. 교키의 사회사업은 복전福田 사상과 깊은 관련이 있었다. 교키는 백성의 추앙을 받았으나 조정은 그를 탄압했다. 백성들을 정치적으로 선동하려는 위험한 인물이라고 판단했기 때문이다.

하지만 교키를 추종하는 사람들이 급증했다. 국가도 언제까지나 무력으로 백성들의 종교 활동을 금할 수만은 없는 상황이었다. 730년에는 수천을 헤아리는 백성들이 헤이조쿄 동쪽 산기슭에 모여 종교 집회를 열기에 이르렀다. 국가는 더 이상 교키를 비롯한 승려들이 백성을 접촉하는 것을 금할 수 없게 되었다. 오히려 국가는 도다이지 대불을 건립하려면 교키와 같이 백성들의 인망을 모으고 있는 승려들의 도움이 절실히 필요하다고 판단했다. 그래서 교키를 대승정大僧正으로 임명하고, 대불 건립에 백성이 참여하도록 촉구했다. 교키도 백성들을 이끌고 대불 건립에 협력했다. 일반 백성들의 출가가 허용된 것도 이 무렵이었다.

7. 건축과 미술

중앙집권적 정치체제가 정착하면서 경제력도 중앙으로 집중되었다. 이 시대는 당·신라와 활발하게 교류하면서 귀족들은 국제성이 풍부한 문화를 접할 수 있었다. 헤이조쿄를 중심으로 귀족문화의 꽃이 피었다. 천황의 일족과 귀족들은 넉넉한 부를 배경으로 화려하고 풍요로운 생활을 했다. 헤이조쿄의 귀족 문화는 지방의 호족과 백성의 눈으로 보면 현실과 동떨어진 이국적인 세계였다.

나라 시대에 많은 사원이 건립되었다. 사원 건축 기법도 발전해 도쇼다이지의 금당金堂, 도다이지의 법화당法華堂, 호류지法隆寺의 몽전夢殿 등 웅장하고 화려한 건물이 세워졌다. 그 밖에도 도쇼다이지의 강당, 호류지의 법당, 다이마데라當麻寺의 삼중동탑三重東塔, 도다이지의 데가이문轉害門과 부속 건물인 쇼소인正倉院 등이 이 시대를 대표하는 건축

쇼소인(상) 도쇼다이지 금당(하)

물이었다.

쇼소인은 고상식高床式 건물이었다. 목재를 삼각으로 다듬어서 짜맞추는 방식으로 벽면을 구성하는 아제쿠라쓰쿠리校倉造 방식을 채택해 습기를 방지했다. 섬세하고 정밀한 기교는 목조건축의 모범이 되고 있다.

북창·중창·남창으로 나뉘어진 쇼소인에는 1만여 점의 보물이 보관되어 있다. 북창에는 쇼무 천황聖武天皇이 평생 수집한 유품, 중창에는 도다이지 대불 개안식 때 헌납한 물품, 무기·무구류, 각종 문서, 남창에는 주로 도다이지에서 사용하는 각종 법회 용구가 보관되어 있다.

수하미인도

고후쿠지를 비롯한 나라의 여러 사원에 국보급 불상이 안치되었다. 불상은 금동상이나 목상 이외에 목재로 심을 만들고 그 위에 점토를 발라 모양을 만드는 소상塑像, 점토나 목재 위에 마포麻布를 바르고 그 위에 옻칠을 해서 만드는 건칠상乾漆像이 등장했다. 이런 기법의 등장으로 인간의 감정을 보다 세밀하게 표현할 수 있게 되었다. 소상으로 유명한 것은 도다이지 법화당의 일광·월광보살상, 같은 도다이지 계단원戒壇院의 사천왕상四天王像, 신야쿠시지新藥師寺의 12신장상, 쇼린지聖林寺의 11면관음상 등이다. 건칠상으로는 도다이지 법화당의 불공견색관음상不空羂索觀音像, 고후쿠지의 12제자상, 팔부중상八部衆像 등이 전해지고 있다.

　회화로는 772년에 그려진 야쿠시지의 길상천상吉祥天像이 유명하다. 길상천은 불교에서 복덕을 관장하는 여신이었다. 일본에서는 나라 시대 말기부터 신앙의 대상이 되었다. 일본의 길상천상은 대개 당의 귀부인 모습을 하고 있었다. 도쇼다이지의 길상천상도 유명하다. 불화 이외에 쇼소인의 조모입여병풍鳥毛立女屛風이 유명하다. 수하미인도樹下美人圖라고도 불리는 조모입여병풍에 그려진 여인상은 쇼무 천황의 황후 고묘시光明子라고도 전해진다. 이 그림은 덴표 문화 시대의 풍속을 엿볼 수 있는 귀중한 자료이다.

제6장

고닌 · 조간 문화

1. 9세기의 정치

794년 간무 천황桓武天皇이 헤이안쿄平安京 천도를 단행한 후부터 9세기 말까지 약 100년 동안을 고닌弘仁 · 조간貞観 시대라고 하고, 그 시대의 문화를 고닌 · 조간 문화라고 한다. 고닌과 조간은 각각 사가 천황嵯峨天皇과 세이와 천황清和天皇 재위 시의 연호이다.

간무 천황은 교토를 건설하면서 지배 영역을 넓히는 사업도 추진했다. 간무는 3회에 걸쳐 원정을 감행했다. 첫 번째 원정은 789년에 있었고, 두 번째의 원정은 794년에 있었다. 세 번째 원정의 목적은 동북 지방을 완전히 평정하는 것이었다. 그 목적은 801년에 큰 어려움 없이 달성되었다.

헤이안쿄 건설 사업과 동북 지방 경영은 조정의 재정을 궁핍하게 했다. 더욱 걱정스러웠던 것은 율령체제의 동요였다. 특히 조세의 미납이 심각했다. 율령 정치의 기조를 이루는 지방 정치도 8세기 중엽 이후 문란해졌다. 간무는 순찰사를 파견해 지방의 행정을 감독하는 한편, 관찰사를 파견해 지방관을 포상하거나 처벌했다. 군사제도도 개혁했다.

간무 천황이 사망한 후 헤이제이 천황平城天皇이 즉위했으나 병약해 곧 사가 천황에게 양위했다. 사가 천황은 정무상의 기밀을 유지하기 위해 구로도노토蔵人頭라는 직책을 신설하고, 그 자리에 후지와라노 후유쓰구藤原冬継을 임명했다. 후유쓰구가 천황 권력에 접근하면서 후지와라씨 북가北家가 흥륭하는 계기가 되었다.

후유쓰구가 사망한 후 후지와라씨 북가의 지위를 확립한 것은 그의 아들 후지와라노 요시후사藤原良房였다. 850년에 몬토쿠 천황文徳天皇이 즉위하면서 요시후사는 천황의 외척이 되었다. 857년에 다이조다이진太政大臣의 지위에 오른 요시후사는 858년 여덟 살 난 세와 천황을 즉위시키고, 어린 천황을 보필한다는 구실로 신하로서는 최초로 셋쇼摂政가 되었다. 그리고 다른 귀족들을 차례로 정계에서 몰아내고 권력을 독점했다.

요시후사가 사망한 후 그의 양자 후지와라노 모토쓰네藤原基経가 대를 이어 권력을 장악했다. 모토쓰네는 자신의 마음에 드는 고코 천황光孝天皇을 세웠다. 고코 천황은 그 은혜에 보답하기 위해 884년에 모토쓰네에게 감파쿠関白의 지위를 부여하고 모든 실권을 장악하게 했다. 다음에 즉위한 우다 천황宇多天皇 역시 모토쓰네의 도움으로 즉위했다. 887년 우다 천황은 모토쓰네에게 모든 정무를 관장하라는 조칙을 내렸다. 후지와라씨가 천황을 대신해 정무를 수행하게 되었다.

2. 교토의 건설

781년에 즉위한 간무 천황은 동요하는 율령체제를 재건하려고 했다. 간무 천황의 정치는 헤이조쿄에서 천도하는 것에서 시작되었다. 간무는 먼저 784년에 나가오카長岡로 천도했고, 이어서 794년에는 헤이안 천도를 단행했다. 지금의 교토京都인 헤이안에 왕도를 둔 시기부터 가마쿠라 막부鎌倉幕府가 성립되기까지 약 400년간을 헤이안 시대라고 한다.

간무 천황은 사원 세력이 강성한 나라奈良를 버리고 784년에 야마시로山城 지역에 나가오카쿄長岡京를 건설하기 시작했다. 간무가 천도하려고 했던 이유의 하나로 조정도 두려움을 느낄 정도로 강성해진 사원 세력의 존재를 들 수 있다. 나라 시대 말기에 사원세력이 정치에 개입하면서 그 폐해가 적지 않았다. 그래서 간무는 헤이조쿄에 있는 사원을 새로 건설하는 나가오카쿄로 이전하지 못하도록 한다는 방침을 세웠다. 그러나 천도의 이유가 그것 하나만은 아니었다.

간무는 고닌 천황의 장자이기는 했지만, 생모가 백제계 씨족 출신인 다카노노 니이가사高野新笠였다. 상식적으로 간무는 천황과 인연이 없는 존재였다. 그런데 고닌의 정비인 이가미 황후井上皇后와 오사베 태자他戸太子가 폐위되면서 간무가 태자가 될 수 있었고, 45세가 되어 즉위했다. 간무 천황이 즉위하면서 왕통은 덴무계 혈통에서 덴지계 혈통으로 완전히 바뀌게 되었다. 간무 천황은 덴무계를 추종하는 세력을 누르기 위해서도 천도를 하는 것이 마땅하다고 생각했을 것이다.

지금의 교토 무코이치시向日市 지역인 나가오카는 수륙 교통이 원활한 지역이었다. 그래서 새로운 왕도가 들어서기에 적합한 지역으로 선정되었다. 천도를 위한 축성 사업은 급속도로 추진되었다. 784년 6월에 사업이 시작되었고, 공사가 마무리 되지도 않은 상태에서 그해 11

월에 천황이 나가오카로 천도했다. 그러나 오토모씨大伴氏를 비롯한 구세력이 785년 9월에 천도 사업을 총지휘하던 후지와라노 다네쓰구藤原種継를 암살한 것을 시작으로, 계속해서 불상사가 발생했기 때문에 수년이 지나도 왕도의 건설이 지지부진했다.

 793년에 다른 곳으로 천도하자는 의견이 대두되었다. 나가오카쿄의 건설이 상당히 추진되었음에도 불구하고 그곳을 포기하고 다시 천도 논의가 있었던 데에는 그만한 이유가 있었을 것이다. 이제까지 그 이유에 대해 여러 설이 제기되었지만 가장 유력한 설은 원령怨靈의 공포에 의한 것이라는 설이다. 간무는 793년 정월에 같은 야마시로 지역에 장소를 물색했다. 간무가 친히 새로 선정된 지역을 시찰했다. 그리고 곧바로 공사에 착수해 궁전의 일부가 완성되자마자 같은 해 10월에 정식으로 천도하니 이곳이 헤이안쿄平安京였다.

 천도한 뒤에도 도성 건설 사업이 계속 추진되었다. 헤이안쿄는 가모가와賀茂川와 가쓰라가와桂川가 유입되는 습지대였다. 그래서 가모가와를 비롯한 하천과 수로를 정비하고, 가모가와의 서쪽에 동서 약 4.4킬로미터, 남북 약 5킬로미터의 도성을 조영했다. 헤이안쿄는 당의 장안성 설계도를 기본으로 하면서 헤이조쿄의 건설 경험을 살려서 일본의 현실에 맞도록 설계되었다. 도시의 중앙 북부에 천황의 거주지와 행정부가 있는 궁전이 들어섰다. 궁전의 남면 중앙에서 도성을 관통하는 대로가 건설되었다. 이 대로를 주작대로라고 했다. 주작대로를 중심으로 좌경左京과 우경이 나뉘어져 있었다. 남북으로 9조条, 동서로 좌우 각각 4방坊을 두어서 바둑판 모양으로 공간을 구획했다.

 주작대로는 폭이 약 85미터였다. 주작대로의 북쪽에 왕궁의 정문인 주작문이 위치했고, 남단에는 남대문인 나성문羅城門이 위치했다. 도시의 북단에 위치한 왕궁은 동서로 약 1.2킬로미터, 남북으로 약 1.4킬로미터의 광대한 면적을 점유했다. 궁전의 내부에는 천황의 거주 지역과 공무를 집행하는 관청이 배치되었다.

헤이안쿄는 지금도 교토 시가지이다. 그래서 헤이조쿄와는 달리 대규모 발굴조사를 할 수 없다. 가마쿠라 시대에 그려진 그림 등을 참고하면 도시의 규모나 풍경을 미루어 짐작할 수 있다. 현재로서는 천도 당시의 도시 풍경을 복원하는 것이 불가능한 실정이다.

3. 사이초와 구카이

나라 시대의 불교는 천황과 귀족의 비호를 받으며 발전했다. 대사원은 권력에 접근해서 사원 세력을 강화시키려고 했다. 국력의 보호 아래 비대해진 사원 세력이 정치에 개입하면서 불교가 부패했다. 특히 승려가 여성 천황에 접근해 물의를 일으키기도 했다.

정권과 유착된 사원 세력과 승려가 왕권까지 넘보는 사태를 지켜본 간무 천황은 수도를 헤이안쿄로 옮기는 것을 기화로 사원 세력과 관계를 단절하려고 결심했다. 승려의 자격을 엄격히 제한하는 정책을 추진하는 한편, 승려들이 정치에 관여할 수 없도록 하려고 했다. 도성에서 멀리 떨어진 산 속에서 수행에 전념하는 새로운 불교를 일으키려고 했다. 그래서 804년 젊은 승려 사이초最澄와 구카이空海를 견당사遣唐使의 일원으로 파견해 새로운 불교를 수입하게 했다.

사이초는 767년 지금의 오쓰시大津市 사카모토坂本에서 독실한 불교 신자의 아들로 태어났다. 12세 때 집에서 멀지 않은 오미近江의 고쿠분지國分寺로 출가해 19세 때 도다이지 계단원에서 수계를 받았다. 그런데 그 해 여름부터 사이초는 산속으로 들어가 홀로 수행하기 시작했다. 사이초는 그때 『법화경法華經』을 처음 접했다.

사이초가 수행에 전념할 무렵, 한 소년이 나가오카쿄로 상경했다. 훗날 구카이가 되는 소년의 꿈은 대학자가 되는 것이었다. 그런데 어느 날 편력하는 승려를 따라 산으로 들어가 수행하기 시작했다. 구카이는 『대일경大日經』을 읽고 감격했다.

때마침 간무 천황이 견당사의 일행으로 사이초와 구카이를 선발했다. 804년 7월 6일 제일 먼저 떠나는 배에 탄 구카이는 견당사절 일행과 함께 당의 수도 장안으로 갔다. 때마침 장안에서 밀교密敎가 유행하고 있었다. 구카이는 밀교 수행법을 배우고 806년 8월에 귀국했다.

한편, 같은 해 9월 1일 떠나는 배에 탄 사이초는 중국의 명주明州에 도착해 꿈에 그리던 천태산天台山으로 갔다. 당시 중국에서는 지의智顗의 천태종天台宗과 법장法藏의 화엄종華嚴宗이 크게 떨치고 있었다. 사이초는 지의에게 천태종 사상을 배우는 한편 밀교 수행법도 조금 익히고 805년 7월에 귀국했다.

짧은 유학생활을 마치고 일본으로 돌아온 사이초와 구카이는 산 속으로 들어가 수행에 전념했다. 사이초는 히에이잔比叡山에 엔랴쿠지延曆寺를 세우고 일본 천태종을 창시했고, 구카이는 고야산高野山에 곤고부지金剛峰寺를 세우고 진언종眞言宗을 창시했다. 사이초와 구카이에 의해 일본 불교가 새로운 단계로 진입했다.

나라 시대 승려들은 도성 내에 있는 사원에 기거하면서 주로 불교 교리를 학습하는 수준에 머물러 있었다. 그러나 사이초와 구카이를 따르는 헤이안 시대 승려들은 산 속에 있는 사원에서 수행했다. 승려들은 자연히 정치에서 멀어지게 되었다. 승려들이 정치에서 멀어졌다는 것은 국가의 통제에서 어느 정도 벗어났다는 것을 의미했다.

4. 천태종과 진언종

천태종은 『법화경』을 근본경전으로 삼았다. 이 경전을 『묘법연화경妙法蓮華經』이라고도 한다. 천태종에서는 수행 방법으로 지관止觀을 중시했다. 지는 남방불교에서 말하는 사마타samatha, 즉 평온함, 조용함, 감정의 제어를 의미하고, 관은 비빠싸나vipassana, 즉 명료한 인식, 통찰을 의미한다.

일본 천태종은 중국의 천태선사 지의가 제시한 방법에다가 계戒, 선善, 밀密의 방법을 더한 것이다. 사이초는 사람은 모두 불성을 가지고 있으며 누구라도 깨우칠 수 있다고 했다. 그리고 어떠한 가르침도 결국은 하나라고 가르쳤다. 사이초는 궁극의 진리라고 할 수 있는 『법화경』의 일승묘법을 근간으로 삼았던 것이다.

당시 승려들은 250개조의 계율을 지키도록 되어 있었다. 사이초는 종래의 계율이 너무 엄격하다고 생각했다. 계율이 엄격해서 승려들이 제대로 지킬 수 없다면 의미가 없다고 판단했다. 그래서 계율을 대폭 축소해 승려들이 실제로 지킬 수 있도록 현실화했다. 원래는 재가 수행자들을 위해 마련된 비교적 엄격하지 않은 계를 대승계大乘戒로 정했다.

사이초가 창시한 일본 천태종은 중국 천태종의 종지를 순수하게 지켰다고 볼 수 없다. 밀교적 수행 방법이나 염불 수행법을 도입하면서 발전했기 때문이다. 천태종에 밀교를 도입한 엔닌円仁이 지관의 방법으로 상행삼매법常行三昧法을 전한 이래 천태종은 점차로 염불 수행을 주로 하는 종파로 변질되었다. 하지만 히에이잔 엔랴쿠지는 오늘날까지 교학의 도량, 진리탐구의 도량으로 일본 불교에서 가장 높은 지위를 차지하고 있다.

인도에서 발달한 밀교는 신비적인 성격이 강한 종파이다. 밀교의 근본경전은 『대일경大日經』과 『금강정경金剛頂經』이다. 7세기경에 성립된 밀교는 인도에서 이론과 수행법이 개발되어 티베트와 중국으로 전해졌다. 구카이가 유학했을 때 마침 밀교가 중국에서 유행하고 있었다.

중국에서 밀교를 배우고 돌아온 구카이는 고야산에 곤고부지를 세워 밀교의 수행도량으로 삼는 한편, 사가 천황으로부터 하사받은 교오고코쿠지教王護國寺에도 진언원을 설치하고 도장으로 삼았다. 구카이는 매우 치밀하게 진언종의 기반을 확립하는 작업에 착수했다.

불교 수행의 목표는 부처가 되는 것이다. 수행에는 여러 가지 방법이 있지만, 밀교에서는 오로지 한마음으로 수행을 하면 살아 있으면서 부처가 될 수 있다고 했다. 밀교는 즉신성불即身成佛 할 수 있는 방법을 제시했던 것이다. 즉신성불 하기 위해서는 제시된 방법에 따라 엄격한 수행을 해야 했다. 수행 방법은 일반인에게는 비밀로 했다. 수행 방법을 수용할 수 있는 자에게만 가르쳐주었다. 특히 구카이는 수행의 실천을 강조했다.

밀교는 법신불인 대일여래大日如來에 의지했다. 법신불은 영원한 법을 의미했다. 부처의 실재를 체험하는 것을 가지加持라 했다. 구카이는 가지기도로 즉신성불 할 수 있다고 가르쳤다. 밀교 의식을 진행할 때 진언을 외웠다. 여러 부처의 형상에 마음을 집중하고, 진언을 외우고, 손으로 인계를 만들면서 순서에 따라 의식을 행하면 절대적인 경지와 하나가 될 수 있다고 했다. 밀교의 가지기도는 원시 시대부터 행해진 주술적인 기도와는 본질적으로 달랐다.

진언종은 기도를 중시했다. 그러자 불교의 가피력에 의지해 재앙을 피하고 복덕을 얻기를 갈망하던 귀족들이 앞을 다투어 진언종에 귀의했다. 밀교에는 인간의 영성에 대한 깊은 자각이 있었다. 그렇기에 혼란한 사회 속에서 불안감을 느끼는 일본인들의 마음을 사로잡을 수 있었다. 더구나 구카이는 실로 다재다능한 인물이었다. 문장, 서예, 그림 등 어느 면에서도 당시 일본에서 가장 출중한 실력을 갖추고 있었다. 그런 재능을 앞세워 귀족이나 지식인들과 교류하면서 자연스럽게 밀교를 전파할 수 있었다.

구카이가 이끄는 진언종이 크게 떨치자 천태종의 사이초는 불안감을 느꼈다. 구카이에게 밀교의 비법을 전수해 달라고 요청할 정도였다. 밀교가 체계적인 교리를 갖추고 있다고 해도 밀교는 기도에 초점이 맞춰져 있었다. 기도는 국가 평안, 풍작, 질병치료, 운수대통 등 현세적인 이익을 위해서도 행해졌다. 백성들은 밀교 승려들에게 재앙을 물리치고 복을 가져다주는 기도를 요구했다. 영험한 기도 능력을 갖춘 승려들이 명성을 얻었다. 귀족은 물론 백성들도 현세구복을 갈망하면서 진언종에 귀의했다.

5. 토속 신앙과 밀교 예술

불교가 점차 민중에게 하향적으로 전파되자, 일본의 토착 신앙인 신도神道와 불교가 융합하는 현상이 일어났다. 이미 8세기부터 신사 경내에 진구지神宮寺를 세우고, 사원 경내에 수호신을 모시는 전각을 세우고 신상神像 앞에서 독경하는 것이 자연스럽게 되었다. 신불습합神佛習合의 경향이 강화되었던 것이다. 9세기에 들어서면 신의 본체는 부처이고, 부처가 인간을 구원하기 위해 출현한 것이 신이라는 본지수적설本地垂迹說이 제기되었다. 예를 들면, 본지인 대일여래가 일본 천황 가문의 조상신 아마테라스오미카미로 수적했다고 설명했다.

천태종과 진언종은 종래의 도시 불교와 성격을 달리했다. 사원이 깊은 산속에 세워졌다. 산속 깊은 곳에서 수행하는 천태종·진언종의 정신과 일본 고유의 산악신앙이 결합해 슈겐도修驗道가 탄생했다. 슈겐도는 영험 있는 산에 들어가 수행해서 신통력을 얻는 것을 목표로 했다. 슈겐도의 수도자들을 야마부시山伏라고 했다. 슈겐도 도장으로 유명한 곳이 구마노熊野의 3산이다. 3산이란 구마노니마스진자熊野坐神社·구마노하야타마진자熊野速玉神社·구마노나치진자熊野那智神社를 말한다.

 진언종의 밀교 수행 방식이 민간 신앙과 결합하면서 민중에게 큰 영향을 미쳤다. 전국 각지에서 진언종을 창시한 구카이와 관련된 전설이 남아있다. 구카이가 신통력으로 우물을 발견하고, 연못을 파고, 길을 냈다는 이야기가 전한다. 시코쿠四国 지방에서는 구카이의 족적을 찾아 순례하는 전통이 지금도 남아있다.

 밀교는 음양도陰陽道와도 결합했다. 음양도는 오행五行의 원리로 자연계의 재난이나 인간계의 길흉을 설명하는 것으로, 국가의 의례나 귀족들의 일상생활에 큰 영향을 미쳤다.

무로지 금당

고닌·조간 시대는 밀교가 성행했던 만큼 예술에도 영향을 미쳤다. 건축 분야에서는 산의 지형을 자연스럽게 이용해 건물을 배치한 밀교 사원이 건축되었다. 사원의 지붕도 노송나무 껍질로 덮은 히와다부키檜皮葺라는 일본풍이었다. 대표적인 유적으로는 나라 현奈良県 무로지室生寺의 금당과 오층탑이 있다.

밀교는 4종의 만다라曼荼羅를 중시했다. 수행을 할 때는 보살상과 부동명왕상不動明王像은 말할 것도 없고 많은 종류의 법구들을 이용했다. 그것들은 밀교에서 가르침을 전하거나 의식을 거행하거나 수행을 할 때 반드시 필요한 도구들이었다. 그래서 구카이나 그 제자들이 중국에서 공부하고 일본으로 돌아올 때 많은 그림·불상·도구들을 가지고 왔다. 그것들을 일본에서 복제하거나 모방하면서 많은 미술품이나 공예품이 제작되었다.

밀교의 영향으로 종래 일본에 없던 다양한 불교 미술이 발달했다. 특히 변형된 관세음보살상, 부동명왕상 등 다양한 불상들이 제작되었다. 만다라와 같은 특수한 그림도 등장했다. 그림과 조각상을 통해 불교의

야쿠시지 신공황후상

묘오인 적부동

수호신이 된 힌두교의 신들이 일본인에게 소개되었다.

이 시대에 신불습합 사상의 영향을 받은 불상들이 제작되었다. 일본인들은 원시 시대부터 건국신과 조상신을 섬기는 습속이 있었다. 그런데 이런 신들은 특정한 모습을 갖추고 있지 않았다. 헤이안 시대에 들어와 많은 조각상들이 제작되면서 일본인들이 섬기던 신들이 다양한 조각상으로 표현되었다. 신불습합을 보여 주는 대표적인 작품으로는 교토 마쓰오다이샤松尾大社의 여신·남신상, 나라 야쿠시지藥師寺의 승형팔번상僧形八幡像·신공황후상神功皇后像 등이 있다.

회화 분야에서도 밀교와 관련된 그림이 제작되었다. 이 시기에 기도에 필요한 여의륜관음상과 부동명왕상이 많이 제작되는 경향이 있었다. 대표적인 작품으로 시가 현滋賀県 온조지園城寺의 부동명왕상을 들 수 있다. 그 밖에 고야산高野山 묘오인明王院의 적부동赤不動과 교토 쇼렌인靑蓮院의 청부동靑不動이 유명하다.

불화 이외에 불교의 세계를 도식적인 그림으로 설명하는 만다라曼茶羅가 발달했다. 만다라는 원래 인도의 수행처를 의미했는데, 훗날 중국·한반도·일본에서는 불법의 세계를 모두 그린 그림을 지칭했다. 진언종에서는 대만다라·삼매만다라·법만다라·갈마만다라羯磨曼茶羅를 4종 만다라라고 한다. 만다라의 세계는 태장계胎藏界와 금강계金剛界가 있다. 그것을 통칭해서 양계만다라兩界曼茶羅라고 한다.

제7장

국풍 문화

1. 섭관정치 시대의 정치

후지와라씨가 셋쇼·간파쿠関白가 되어 실권을 행사한 10세기 후반부터 원정院政이 개시된 11세기 후반까지의 정치를 일반적으로 섭관정치摂関政治라고 한다. 셋쇼·간파쿠를 배출한 가문은 섭관가라 불렸다.

셋쇼·간파쿠는 행정 조직의 직무와는 상관없이 그 상위에 설정된 직위였다. 오직 천황의 외척만이 그 지위에 오를 수 있었다. 천황이 어릴 때는 셋쇼가 되고, 성인이 되어서는 간파쿠가 되는 것이 관례화되었다. 셋쇼는 천황을 대신해 권력을 행사하는 자리였고, 간파쿠는 이미 성인이 된 천황을 보좌해 정치적인 자문을 하는 자리였다.

후지와라씨가 권력을 독점하자, 아무도 후지와라씨의 권세에 대항할 수 없었다. 그런데 이번에는 후지와라씨 북가 내부에서 셋쇼·간파쿠의 지위를 둘러싸고 내분이 일어났다. 권력투쟁의 최후 승리자는 후지와라노 미치나가藤原道長였다. 그는 우지노조자氏長者라고 불렸다.

그 후 셋쇼・간파쿠의 지위는 후지와라노 미치나가의 자손이 독점했다. 미치나가는 자신의 딸 4명을 차례로 천황과 태자의 비로 들여보냈다. 그의 장녀인 쇼시彰子는 이치조 천황一条天皇의 비가 되었고, 그 사이에서 낳은 두 명의 아들이 훗날 고이치조 천황後一条天皇과 고스자쿠 천황後朱雀天皇이 되었다. 미치나가의 차녀인 겐시妍子는 산조 천황三条天皇의 비가 되었고, 3녀인 이시威子와 4녀인 기시嬉子는 조카인 고이치조 천황과 고스자쿠 천황의 비가 되었다. 고스자쿠 천황과 기시 사이에서 태어난 아들이 고레이제이 천황後冷泉天皇이었다. 그러니까 연이어서 권좌에 오른 3명의 천황이 미치나가의 외손이었던 것이다. 후지와라노 미치나가의 뒤를 이어 셋쇼의 지위에 오른 그의 아들 후지와라노 요리미치藤原頼通는 3대에 걸친 천황의 치세 50여 년간 셋쇼・간파쿠의 지위에 있으면서 권력을 독점했다.

셋쇼・간파쿠는 관료조직을 통해 정치를 관장했다. 그래서 관료들이 섭관가에 출입했다. 섭관가의 사적기관인 만도코로政所가 국정의 중심기관이 되었다. 조정은 단순히 의식을 거행하는 장소에 불과하게 되었다.

섭관가는 천황의 대리인으로서 관리의 임면권을 행사했다. 중요한 관직은 후지와라씨 일족이 독점했다. 그러자 후지와라씨에 장원을 기진寄進하는 자들이 급증했다. 후지와라씨는 광대한 장원을 소유하게 되었다. 그것은 후지와리씨의 경제적 기초가 되었다. 섭관가는 한편으로 천황을 정점으로 하는 율령제를 장악했고, 다른 한편으로는 율령제와 상반되는 기진지계장원寄進地系莊園의 본소本所로서 번영을 누렸다. 바로 여기에 섭관정치의 모순이 있었다. 광대한 장원을 소유한 장원영주인 섭관가가 다른 한편으로 장원을 규제해야 하는 관료조직을 통제하고 있었던 것이다. 이러한 모순이 정치를 무기력하게 했고, 지방정치를 혼란스럽게 했다.

2. 일본적 문화의 형성

10세기는 동아시아 국제질서가 크게 변화하는 시기였다. 특히 동아시아 세계의 중심에 있으면서 주변 세계에 강한 영향을 미쳤던 당이 쇠퇴하기 시작했다. 변화를 예감한 것은 견당사를 이끌고 여러 차례 당에 건너갔고, 국제정치에 정통했던 스가와라노 미치자네菅原道眞였다. 그는 894년에 국가적인 사업의 일환으로 파견했던 견당사의 폐지를 우다 천황宇多天皇에게 건의했다. 조정은 그의 건의를 수용해 견당사를 폐지했다. 중국과의 정식 외교관계가 단절된 것이다.

견당사가 폐지된 지 10여 년 후인 907년에 당은 결국 멸망했다. 926년 농북아시아를 다스리던 발해가 거란에 멸망했다. 935년 한반도에서 신라가 멸망했고, 후삼국 시대를 거쳐 고려가 한반도를 통일했다. 960년 오랜 혼란기를 거친 중국에서 송宋이 건국했다.

일본은 동아시아 세계의 다른 국가와 교류하려는 의지가 없었다. 송이 건국되었어도 일본은 송에 사절을 보내지 않았다. 고려와도 외교관계를 맺지 않았다. 그러나 민간차원의 교류는 끊어지지 않았다. 송의 상선이 일본을 왕래하면서 사무역이 성행했다. 송에서 서적, 공예품, 각종 약품 등이 일본으로 수입되었다. 송으로 건너가는 일본인도 적지 않았다. 고려의 상인도 가끔씩 규슈의 하카타博多로 와서 교역했다.

10세기에서 12세기에 이르는 시기의 문화는 방향성이나 내용 면에서 이전 시대와는 많은 차이점이 있었다. 일본의 풍토와 국민성에 부합되는 문화가 형성되었다. 강렬함은 결여되어 있었지만 부드럽고 우아하며 세련된 문화가 형성되었다. 문화의 일본화가 진행된 것이다. 이런 성격을 지닌 문화를 국풍문화國風文化라고 한다.

문화의 일본화를 상징하는 것은 일본 문자인 가나仮名의 발달이었다. 9세기 후반에 한자의 초서체를 모방하고, 그것을 더욱 간략하게 해서 가나의 자체를 정비했다. 10세기 초에는 가타카나片仮名와 히라가나平仮名의 형태가 완성되었다.

한문학을 숭앙하는 자들은 가나를 문자다운 문자가 아니라고 업신여겼다. 특히 귀족들은 가나를 사용하려 하지 않고 여전히 한자를 고집했다. 그러나 한문이 쇠퇴하면서 일본어를 소리 나는 대로 표현할 수 있는 가나가 보급되었다. 특히 여성들이 가나 문자를 즐겨 사용했다. 가나를 통해 일본인의 감정이나 감각을 생생하게 표현할 수 있게 되었다.

일찍이 가나 문학의 선구라고 할 수 있는 『다케토리모노가타리竹取物語』·『이세모노가타리伊勢物語』가 집필되었다. 『우쓰호모노가타리宇津保物語·『오치쿠보모노가타리落窪物語』와 같은 전기소설도 집필되었다.

11세기 초에 대작 『겐지모노가타리源氏物語』가 집필되었다. 이 작품은 궁중을 무대로 펼쳐지는 히카루겐지光源氏라는 인물의 애정 생활에 초점을 맞춘 소설이었다. 작자는 무라사키 시키부紫式部였다. 이 작품에는 작가의 궁중생활 경험이 배어있다.

고대 일본인들은 시간에 따라 전개되는 이야기 형식의 문장을 일기라고 했다. 가나로 집필된 일본 최초의 일기로 『도사닛키土佐日記』를 들 수 있다. 970년대에 집필된 『가게로닛키蜻蛉日記』는 후지와라노 미치쓰나藤原道綱의 어머니가 남긴 자서전적 소설이다. 『무라사키시키부닛키』는 무라사키 시키부가 궁중에서 시녀 생활할 때 쓴 작품이다. 이즈미 시키부和泉式部도 1007년에 『이즈미시키부닛키』를 남겼다. 『사라시나닛키更級日記』는 스가와라노 다카스에菅原孝標의 딸이 쓴 작품이다.

1060년을 전후로 해 성립되었을 것으로 추정된다.

『겐지모노가타리』와 같은 시기에 무라사키 시키부와 같은 궁중 작가 세이 쇼나곤清少納言이『마쿠라노소시枕草子』라는 수필집을 남겼다.『마쿠라노소시』는『겐지모노가타리』와 함께 헤이안 시대 문학의 최고 걸작으로 평가되는 작품이다.『마쿠라노소시』는 300여 개의 길고 짧은 이야기로 구성되었다. 훗날『쓰레즈레구사徒然草』에 영향을 미쳤다.

3. 건축 · 미술 · 공예

당시의 주택은 설계나 재료 면에서 일본풍이 강조되었다. 신덴즈쿠리寝殿造라는 건축 양식이 발달했다. 이것은 귀족의 저택으로 대지의 북쪽에 신덴이라는 정전正殿이 남면해 위치하고, 그 동서쪽에 가족이 생활하는 건물이 있었다. 신덴의 남쪽에 마당과 일본식 정원을 만들고, 정원의 동서쪽으로 건물과 대문을 배치했다. 정원과 조화를 이루는 깔끔한 분위기의 건축 양식은 에도 시대江戸時代 후기까지 교토의 귀족 저택 양식으로 전해졌다.

섭관가로 무소불위의 권력을 행사했던 후지와라노 미치나가의 저택은 전형적인 신덴즈쿠리 양식이었다. 건물의 배치는 신덴을 중심으로 뒤쪽으로 안주인이 거주하는 기타노타이北の対가 이어졌고, 신덴의 좌우에 각각 히가시노타이東の対와 니시노타이西の対가 회랑처럼 자리를 잡았다. 건물들은 복도로 연결되어 있었다. 히가시노타이의 남쪽 끝에 이즈미도노和泉殿라는 건물이 위치했고, 니시노타이의 남쪽 끝에는 쓰리도노釣殿라는 건물이 자리 잡고 있었다.

신덴의 남쪽 정면에 정원이 조성되었다. 정원은 연못 · 야리미즈遣

신덴즈쿠리(복원 모형)

水・쓰키야마築山・나카지마中島로 구성되었다. 야리미즈는 연못에 물을 끌어들이는 도랑이었다. 도랑은 신덴과 히가시노타이 사이를 지났다. 물은 바위로 만든 도랑을 따라 연못으로 흘러들었다. 쓰키야마는 인공적으로 만든 동산이었다. 나카시마는 연못의 가운데에 조성한 섬이었다. 조그만 구름다리를 통해 섬으로 왕래할 수 있었다.

헤이안 시대의 정원은 신덴즈쿠리 양식의 저택에 딸린 정원 이외에도 사원에 딸린 정원이 유명하다. 후지와라노 미치나가가 세운 호조지法成寺, 후지와라노 요리미치藤原頼通가 세운 뵤도인平等院의 봉황당鳳凰堂, 그리고 원정기院政期에 시라카와 상황白河上皇이 세운 로쿠쇼지六勝寺 등에 딸린 정원이 특히 유명하다. 이 시대에 건립된 사원들은 정토사상淨土思想의 영향을 받았다. 그래서 정원도 정토를 상징하는 모양으로 조성되었다. 이런 정원을 정토식 정원이라고도 한다.

신덴즈쿠리 건물 내부의 벽이나 병풍에 일본의 풍물을 소재로 하고, 부드러운 선과 온화한 색채를 특징으로 하는 야마토에大和絵가 그려지게 되었다. 야마토에는 일본적인 것을 추구하는 분위기 속에서 시키에

四季繪, 메이쇼에名所繪 등 새로운 귀족 예술의 한 형식으로 탄생했다. 시키에는 춘하추동 사계절의 볼거리를 주제로 매월의 연중행사를 병풍에 그린 것이다. 메이쇼에는 안내도의 일종으로 경치가 아름다운 장소, 이름난 장소, 유명한 산 등의 풍경을 병풍 등에 그린 것이다.

서도 분야에서는 중국풍의 필법에 대신해 선이 가늘면서도 미려한 일본풍 글씨가 발달했다. 일본풍 필법에 능했던 인물로는 오노노 미치카제小野道風 · 후지와라노 스케마사藤原佐理 · 후지와라노 유키나리藤原行成가 있었다. 그들을 특히 삼적三蹟이라고 했다.

일상생활에서 사용하는 도구나 가구에도 일본에서 독자적으로 개발한 마키에蒔繪 기법이 도입되었다. 마키에는 먼저 칠기에 문양을 그리고, 그 위에 금이나 은의 가루를 뿌려서 정갈하게 모양을 내는 것으로 오늘날까지 일본을 대표하는 기술로 전수되고 있다. 라덴螺鈿 기법도 발달했다. 이 기법은 푸른색을 띤 조개를 갈아서 공예품에 붙이는 세공법이다. 칠기에 붙여서 모양을 내기도 한다. 마키에 기법과 라덴 기법은 우아하고 섬세한 일본풍 작품을 더욱 독특하게 표현하는 기술이었다. 금공예 분야에서도 일본의 독특한 공예품인 얇고 작은 거울이 생산되었다.

4. 정토교 예술

천태종과 진언종이 기도를 통해 현세이익을 추구하는 종교로 발전하고 있을 때, 그 반동으로 내세를 강조하는 정토교淨土敎가 일어났다. 정토교는 교토의 로쿠하라미쓰지六波羅密寺의 승려 구야空也의 열성적인 포교로 유행하기 시작했다. 구야는 교토 일대를 염불 행각하면서 정토교의 가르침을 전했다.

정토교는 귀족은 물론 일반 백성에게도 널리 전파되었다. 정토교는 때마침 유행한 말법사상으로 더욱 성행했다. 당시 일본인들은 1052년부터 말법 시대에 접어든다고 믿고 있었다. 때마침 정치가 문란하고, 도적이 횡행하고, 질병이 발생했기 때문에 말법사상은 더욱 실감 있게 일본인의 마음속으로 파고들었다. 사람들은 오직 아미타불의 구원으로 극락에 왕생하기를 바라며 정토교에 귀의했다.

특히 귀족들이 『법화경法華經』을 사경하고 불화佛畵와 불상을 제작했다. 불경이나 소형 불상을 소지하는 사람들도 증가했다. 그들은 생전에 공덕을 쌓으면 죽을

구야 목상. 입으로 "나무아미타불"을 외우면 한 음절마다 나무아미타불로 변했다는 전설을 조각으로 표현한 작품.

때 아미타여래가 구원하러 온다고 믿고 있었다. 당시 성행한 아미타내영도阿彌陀來迎圖는 그들의 신앙을 상징하는 것이었다. 유명한 작품으로 고야산高野山의 성중내영도聖衆來迎圖와 우지宇治의 뵤도인平等院 봉황당鳳凰堂의 문에 그려진 아미타내영도가 있다.

정토교의 유행은 미술에도 반영되었다. 헤이안 시대 초기에 밀교와 관련이 있은 미술 작품이 제작되었지만, 이 시대에는 정토교와 관련이 있은 작품이 많이 제작되었다. 각지에 아미타여래상이 봉안된 것은 말

보도인 봉황당(상) 보도인 아미타래영도(하)

할 것도 없다. 당시 최고의 권력자 후지와라노 미치나가藤原道長는 호조지法成寺를 세우고 사원의 중앙에 아미타당을 건립했다. 아미타당은 정토교 사원의 본존인 아미타불을 봉안하는 곳으로 정토교의 중심이 되는 건물이었다.

　보도인의 봉황당도 아미타불을 봉안한 대표적인 건축물이다. 보도인은 1052년에 세워졌고, 봉황당은 1053년에 건립되었다. 봉황당은 제법 넓은 연못을 앞에 두고 세워졌다. 봉황당은 서쪽으로 봉황의 날개처

아미타여래 좌상 / 조초의 작품

럼 펼쳐진 복도로 연결되어 있고, 뒤쪽으로는 봉황의 꼬리처럼 우아한 건물이 모습을 드러내고 있다. 지붕에는 청동으로 만든 봉황이 장식되어 있다. 봉황당 본존불 아미타여래상은 건물에 들어가지 않고도 연못의 건너편에서 바라다 볼 수 있도록 설계되었다.

　봉황당의 아미타여래상은 일본식 불상 형식을 완성했다고 알려진 조초定朝가 제작했다. 조초는 젊었을 때부터 천황 일족과 후지와라씨 일족을 위해 불상을 제작하면서 이름이 널리 알려졌다. 아미타여래상은 불상의 각 부분을 여러 사람이 나누어서 조각해 나중에 모아서 조립하는 요세기쓰쿠리寄木造 기법으로 제작되었다. 이 기법도 역시 조초가 완성했다고 전한다.

5. 음양도

말법사상이 유행하면서 불안을 느끼는 일본인이 많기 때문에 음양도陰陽道가 유행했다. 음양도란 5~6세기에 중국에서 전래된 음양오행사상이 변질된 것으로 천문·역曆·수數의 지식에 음양오행설을 가미해서 자연현상을 설명하려는 자연인식론이다. 중국의 한漢 시대에 성립된 사상이나 실제적으로는 미신적인 요소가 많다. 음양도가 발달한 것으로 방술方術이 있다. 방술은 율령제의 일부로 편입되었다. 조정이 방술을 통제하면서 그것을 독점했다. 나카쓰카사쇼中務省의 음양료陰陽寮에 천문박사·역박사·음양박사·음양사를 두었다. 음양사는 주로 방위와 일시에 관한 것을 점치는 일을 전문으로 했으나 꿈을 판단하고 악령을 진정시키는 일도 담당했다.

헤이안 시대 중기에 이르러 음양도가 더욱 유행했다. 음양도가 유행하게 된 것은 귀족의 정치적 지배력이 약화되고, 진취적 기상을 상실하고, 귀족사회의 분위기가 퇴폐적으로 흐른 결과였다. 귀족의 생활은 여러 가지 금기에 속박되어 있었다. 특히 주술과 방술이 성행했다. 관혼상제·연중행사는 말할 것도 없고, 목욕을 하거나 손톱을 깎는 행위까지 금기가 정해져 있었다. 음양도가 인간의 행동과 생활을 일일이 제약하고 있었던 것이다.

당시의 귀족사회에서는 재액을 피하기 위한 방술로 가타타가에方違

와 모노이미物忌가 특히 유행했다. 가타타가에란 인간이 외출할 때나 거처를 옮길 때 행하는 행위였다. 특히 악한 귀신이 있는 곳이나 흉한 방향으로 발걸음 할 때 전날 밤에 미리 다른 장소에서 하룻밤을 지내고 다음 날 방향을 바꾸어서 목적지로 향하면 흉한 것을 피할 수 있다고 믿었다. 모노이미란 특정한 시간이나 장소에서 다른 사람이나 사물을 삼가는 행위이다. 특히 자신이 부정不淨할 경우나 다른 사람이 부정할 경우 서로 접근하거나 교제하는 것을 삼갔다. 당시의 문학작품에도 가타타가에나 모노이미와 관련한 장면이 빈번히 묘사되고 있다.

정토교 신앙이 성행한 배경에 방술에 의지했던 귀족의 정신적인 태도가 있었다고 할 수 있다. 귀족은 해결하기 어려운 일에 봉착하면 사원에서 기도를 하거나 방술에 의지했다. 백성들도 고료에御靈会를 비롯해 역신疫神이나 원령怨靈을 달래는 제사를 드렸다. 헤이안 시대에 중시된 금기 중에 오늘날까지도 일본인의 일상생활을 제약하는 미신으로 남아있는 것이 많다.

6. 생활과 의례

백성은 주로 마麻로 짠 섬유로 지은 옷을 입었지만, 귀족은 비단으로 지은 옷을 입었다. 의복에는 진한 색채와 화려한 일본풍 문양이 선호되었다. 귀족이나 관리는 천황의 즉위식이나 조례, 기타 의례적인 행사에 예복을 입었다. 예복은 소매가 넓고 옷단이 땅에 길게 끌리게 되어 있어서 보기에는 아름다웠으나 매우 비활동적이었다. 그래서 예복은 중요한 의식 때만 착용하는 것이 관례가 되었다.

귀족 남자가 조정에 나아갈 때의 복장으로 속대束帶가 있었다. 속대는 신분의 고하에 따라 각각 정해진 색깔이 있었다. 천황도 의식을 행할 때 정장으로 속대를 착용했다. 바지 단을 길게 늘인 것이 특색이었다. 의관衣冠은 속대를 간략하게 한 복장으로 도노이기누宿直衣라고도 했다. 의관은 문관·무관 구별 없이 궁중에서 착용했다. 속대에 비해 겉옷이 몇 가지 생략되었고 움직이기에 편리하도록 개량되었다. 하지만 여전히 바지를 길게 늘여서 끌리게 하는 등 실용성 면에서 문제점이 많았다.

남성의 속대에 해당하는 여성의 예복으로는 주니히토에十二單라는 뇨보쇼조쿠女房裝束가 있었다. 이것은 20벌 이상의 각양각색 의복을 껴입는 화려하기 그지없는 의상이었다. 또 이쓰쓰카사네五つ重ね·나나쓰카사네七つ重ね라고 해 색깔이 다른 옷을 다섯 벌, 또는 일곱 벌 겹쳐서 입기도 했다. 평상시에는 치마를 입고, 그 위에 우치기袿라는 겹으로 된 상의를 입는 것이 보통이었다. 이것은 뇨보쇼조쿠에서 허리에 두르는 치마와 가장 나중에 입는 겉옷을 생략한 복장이었다.

화려한 의복에 비하면 음식은 보잘 것 없었다. 쌀을 주식으로 했으나 1일 2식이 보통이었고 간식은 거의 없는 형편이었다. 주식은 쌀을 시루에 쪄서 먹거나 솥에 물을 붓고 밥을 지어서 먹었다. 물을 많이 붓고 죽을 쑤어 먹기도 했다. 여름철에는 밥을 찬물에 말아먹는 경우가 많았다. 이것을 스이한水飯이라고 했다. 겨울철에는 쪄서 말린 밥을 뜨거운 물에 말아먹기도 했다. 이것을 유즈케湯漬라고 했다. 여행을 떠날 때는 쌀을 쪄서 말린 비상식량을 가지고 다니며 물에 불려서 먹었다. 부식물로는 주로 채소를 먹었으나 물고기·꿩·오리와 같은 육류를 먹기도 했다. 그러나 일본인의 식탁에서 소나 말의 고기를 찾아보기는 어려웠다. 8세기 중엽에 조정이 육식금지령을 내린 것에서도 알 수 있듯이 불교가 일본인의 식생활에 큰 영향을 미쳤다.

귀족의 자제는 10~15세에 겐푸쿠元服나 모기裳着의 예식을 거행했다. 겐푸쿠는 남성의 성인식이었다. 남자가 성인이 되었다는 표시로 성인의 옷을 입고, 머리를 묶고, 관을 썼다. 이 시점부터 어렸을 때의 이름을 버리고 실명을 사용했다. 성인이 된 남자는 관직에 나아갈 수 있었다. 관직의 위계와 승진은 집안의 사회적 지위에 따라서 결정되었다. 모기식은 여성의 성인식이었다. 여자는 성인이 되었다는 표시로 어른의 치마를 둘렀다. 길일을 택해 집안 어른의 주도로 의식을 거행했다.

일상생활에서는 의례와 작법이 중시되었고 연중행사도 발달했다. 정월 초하루에 거행되는 신년 축하식, 관리의 임명 및 승진 등의 행사가 있었다. 4월에는 가모노마쓰리賀茂祭가 있었다. 이 축제는 4월 중순 교토의 가모와케이카즈치진자賀茂別雷神社에서 거행되었다. 4월과 7월에는 불교 행사인 간부쓰에灌佛會와 우라본에盂蘭盆会가 있었다. 6월과 12월의 그믐날에는 신기관神祇官에서 주관하는 오하라에大祓가 있었다. 이것은 온 나라의 죄업과 부정을 씻어내는 행사였다. 관리들이 궁중의 정문인 주작문朱雀門 앞에 모여서 행사를 진행했다. 7월에는 다나바타七夕가 있었다. 이것은 7월 7일 밤에 견우와 직녀에게 소원을 비는 행사였다. 또한 7월에 스모相撲 대회가 열리기도 했다. 그 밖에도 많은 연중행사가 있었다. 궁중에서 개최되는 법회만 1년에 10회 이상이었다. 많은 연중행사를 차질 없이 진행하기 위해서 작법을 상세하게 기록한 서적도 편찬되었다.

궁중에서 열린 스모 대회

제8장

원정기의 문화

1. 원정기의 정치

　1068년 고레이제이 천황後冷泉天皇의 뒤를 이어 고산조 천황後三條天皇이 즉위했다. 고산조 천황은 즉위 당시 이미 35세였고 후지와라씨의 외손이 아니었기 때문에 섭관가를 배려할 필요가 없었다. 그는 후지와라씨에 저항감을 갖고 있던 중류 귀족 출신과 고쿠시國司 출신 인물을 측근으로 등용하고 개혁에 착수했다.
　1072년 고산조 천황의 뒤를 이어 시라카와 천황白河天皇이 즉위했다. 시라카와 천황도 고산조 천황의 유지를 계승해 섭관가를 견제하면서 혁신적인 정치를 시행했다. 1086년 시라카와는 연소한 호리카와 천황堀河天皇에게 양위하고 스스로 상황이 되었다. 그리고 자신의 거처에 원정院政을 열고 정치를 관장했다. 이것이 원정의 시초가 되었다.

상황의 처소에 사설기관인 원청院庁이 설치되었다. 원청에서 행정관이 사무를 보았다. 하지만 원청이 국정을 운영한 것이 아니라 상황이 명령을 내려서 행정기관을 조종하는 형식을 취했다. 이런 구조상의 특성 때문에 상황의 측근이 득세했다. 사무에 능통한 실무 관료, 재력이 있는 전직 지방 관료, 승려, 무사 등 상황과 친분이 있는 무리들이 측근을 형성했다.

원정은 시라카와 상황·도바 상황鳥羽上皇·고시라카와 상황後白河上皇에 걸쳐 100여 년 동안 지속되었다. 그중에서 시라카와 상황의 원정이 43년간이나 지속되었다. 상황은 처신이 비교적 자유로운 실권자였으므로 종래의 관행에 구애받지 않고 권력을 행사할 수 있었다.

무사 가문 중에서 다이라씨平氏가 먼저 원정에 접근하는 데 성공했다. 다이라노 마사모리平正盛·타다모리忠盛 부자는 그동안 서부 일본에서 고쿠시를 역임하면서 그 지역 호족들을 거느렸고, 송宋과 교역하면서 막대한 자금을 축적했다. 부와 권력은 타다모리의 아들 기요모리清盛가 상속했다. 기요모리는 호겐保元·헤이지平治의 난을 거치면서 실권을 장악했다. 헤이지의 난에서 패배한 미나모토씨源氏는 몰락했다.

헤이지의 난에서 승리한 다이라노 기요모리는 고시라카와 법황의 신임을 얻었다. 1167년 기요모리는 다이조다이진太政大臣이 되었고, 그의 아들 시게모리重盛를 비롯한 다이라씨 일족이 고위 관직을 독점했다. 기요모리는 20여 명의 일족을 고쿠시로 파견했고, 전국 500여 곳의 장원을 소유했다.

다이라씨 발전의 기반이 된 것은 전국 각지에서 성장한 무사단이었다. 기요모리는 주로 서부 일본의 무사를 휘하에 편성했다. 무사들의 일부는 장원이나 공령公領의 관리로 임명되었다. 기요모리는 장원 내에 사사로이 지토地頭을 두고 그 자리에 자신의 부하를 임명했다. 1171년 기요모리는 자신의 차녀를 다카쿠라 천황高倉天皇의 비로 들여보냈다.

조정 내에서 더 이상 기요모리의 위세에 대항할 자가 없게 되었다. 이 시점에서 다이라씨 정권이 확립되었다.

다이라씨 정권은 최초의 무사정권이었다. 하지만 정치 형태는 후지와라씨 정권과 다를 바 없었다. 천황과 조정을 장악해 권력을 행사했기 때문이다. 다이라씨 일족 중에서 공경公卿이 16명, 고급 관직에 오른 자가 30명이 넘었다. 다이라씨는 점차로 귀족화되었다.

2. 법황과 승려

원정을 실시한 상황들은 모두 불교에 귀의했고 출가해 법황法皇이 되었다. 그들은 불교를 보호하면서 많은 사원·불탑·불상을 조성했다. 시라카와 상황은 교토에 호쇼지法勝寺나 손쇼지尊勝寺와 같은 사원을 건립했다. 특히 호쇼지에 찬란한 황금 비로자나불을 조영하고 거대한 팔각탑을 세우는 등 막대한 자금을 들여 사원을 장엄했다. 고시라카와 법황은 교토에 산주산겐도三十三間堂를 건립했다. 상황들은 고야산高野山이나 구마노산熊野山으로 행차해서 성대한 법회를 열기도 했다. 또 구마노 지방에 있는 신사를 참배하는 구마노모데熊野詣에 열심이었다.

법황이 나들이할 때 많은 수행원이 호종했으므로 막대한 비용이 들었다. 자연히 지출이 증가했고 그 비용을 조달하기 위해 매관매직을 했다. 상황의 측근들이 수입이 보장되는 관직을 차지했다. 뿐만 아니라 지방의 행정권과 징세권을 일정기간 동안 특정한 자에게 주었다. 매관매직의 풍조가 점점 성행하면서 정치가 극도로 문란해졌다.

사원은 점점 세속화되었다. 승려들이 정치에 개입하기 시작했다. 특히 대사원은 경제력을 배경으로 승병僧兵을 두었다. 승병은 하급 승려

신여를 메고 무력 행사하는 승병들

를 핵심 무력으로 하고, 사원에 소속된 장원의 농민들을 징발해 조직했다. 무력을 보유한 사원은 다른 계파 또는 다른 사원과 다툴 때 승병을 동원했다. 사원이 조정과 대립할 때도 승병이 시위수단이 되었다. 여러 사원의 승병 중에서도 나라奈良의 고후쿠지興福寺와 히에이잔比叡山의 엔랴쿠지延曆寺 승병이 가장 포악했다. 그들은 조정에 대해서도 상식적으로 용납되지 않는 행동을 하면서 자신들의 요구를 관철시키려고 했다.

고후쿠지의 승병들은 가스가다이샤春日大社의 신목神木을, 엔랴쿠지의 승려들은 신여神輿를 메고 교토까지 진출해 무력을 행사하기도 했다. 승병의 폭거는 시라카와 법황이 "뜻대로 되지 않는 것은 가모가와鴨川의 물줄기와 스고로쿠雙六의 주사위와 히에이산의 승병이다."라고 개탄할 정도였다. 조정의 비호 아래 발전을 거듭한 사원이 국가권력에 정면으로 맞섰던 것이다.

승병의 폭거를 누르기 위해 무사가 등용되었다. 원院에서는 호쿠멘北面의 무사, 조정에서는 다키구치滝口의 무사가 활약했다. 무사의 역할이 증대되면서 지방의 무사가 중앙으로 진출했다. 다이라씨가 가장 먼저 기회를 잡았다. 다이라씨가 원의 측근으로 중용되면서 무사의 사회적 지위가 향상되었다.

3. 설화와 역사

원정기에 역사물과 함께 다양한 종류의 설화집이 간행되었다. 9세기 초에 이미 『니혼료이키日本靈異記』와 같은 설화집이 발간되었다. 이것은 승려 게이카이景戒가 중국의 설화를 모방해 편찬한 것으로 일본에서 가장 오래된 불교 설화집이다. 그 내용은 예부터 전승되는 116편의 인과응보 설화를 연대순으로 엮은 것이다. 984년 미나모토노 다메노리源爲憲가 『산보에코도바三宝絵詞』를 간행했다. 이 작품도 불교 설화집이었다.

12세기 전반에 성립되었을 것으로 여겨지는 『곤자쿠모노가타리슈今昔物語集』는 이미 간행된 설화집과는 성격이 다른 것이었다. 이것은 인도·중국·일본의 3부로 나누어 1,065편의 설화를 집성한 일본 최대의 설화집이다. 그 내용에는 불교설화도 포함되어 있었지만 당시의 세속적인 이야기나 민간에서 전승되던 이야기까지 다양한 설화가 포함되어 있다. 이야기에는 귀족, 서민, 도적, 은자 등 실로 다양한 계층이 등장한다. 역사의 변혁기를 살아가는 서민의 생활이 생생하게 펼쳐진다. 특히 무사 계급의 성장이 긍정적으로 묘사되었다. 새로운 시대의 도래와 낡은 시대의 퇴조가 극명하게 대조되었다.

이 시대에 역사 모노가타리라고 일컬어지는 작품이 성립되었다. 역사 모노가타리는 가나 문자를 사용해 역사를 이야기 형식으로 엮은 것이다. 대표적인 작품으로는 헤이안 후기에 성립된 『오카가미大鏡』와 『에이가모노가타리榮華物語』가 있다. 『오카가미』는 본래 문학작품으로 집필된 것이 아니었다. 본기本紀·열전列傳의 편제를 갖추고 있는 것에서도 알 수 있듯이 분명한 역사서다. 조명하려고 한 시기는 몬토쿠 천황文德天皇 시대인 850년부터 고이치조 천황後一条天皇 시대인 1025년까지였다. 후지와라노 미치나가藤原道長를 중심으로 하는 후지와라씨의 영화에 초점이 맞춰진 것이 특징이다. 역사물 중에서 가장 비판의식이 뛰어난 작품이다. 신랄한 필치로 섭관정치가 갖는 공죄를 논하고 있다. 역사 인물을 매우 세밀하게 묘사하고 있기 때문에 문학작품으로서도 손색이 없다는 평가를 받고 있다.

『에이가모노가타리』는 11세기에 성립되었다. 우다 천황 시대인 9세기 중엽부터 호리카와 천황堀河天皇 시대인 11세기 말까지 약 200년간에 걸친 귀족의 역사를 서술했다. 후지와라노 미치나가의 영화에 초점을 맞추었다. 역사서로서는 처음 가나로 쓰면서 편년체의 형식을 취한 작품이다. 『오카가미』와 비교해 보았을 때 『에이가모노가타리』는 지루한 사실의 나열에 그친 작품이다. 섭관정치 시절의 화려한 영화를 애처롭게 회상하는 내용이 대부분으로 비판정신이 결여되어 있다.

1170년에 『이마카가미今鏡』가 성립되었다. 이 책은 『오카가미』의 기록을 이어 1125년부터 1170년까지 천황·후지와라씨·미나모토씨의 전기와 일화를 기술했다. '이마카가미'는 '현재의 역사'라는 의미로 편제나 구성이 『오카가미』와 동일하다. 『이마카가미』는 『오카가미』의 속편의 성격이 짙은 작품이다. 『오카가미』와 『이마카가미』, 12세기 초에 성립된 『미즈카가미水鏡』, 1370년을 전후해 성립된 『마스카가미增鏡』를 욘카가미四鏡라고 한다.

군기물軍記物의 선구가 되는 『쇼몬키将門記』, 『무쓰와키陸奥話記』 등도 이 시대에 성립되었다. 940년에 성립된 『쇼몬키』는 일본 최초의 군기물이라고 할 수 있다. 관동 지방에서 반란을 일으킨 다이라노 마사카도 平将門가 다이라노 사다모리平貞盛와 후지와라노 히데사토藤原秀郷에게 쫓기는 과정을 묘사하고 있다. 『쇼몬키』는 전기문학으로 분류되지만 역사의 전개 과정을 사실적으로 기술했기 때문에 역사 연구의 자료로도 가치를 지니고 있다. 『무쓰와키』는 『무쓰노모노가타리陸奥物語』라고도 한다. 전9년의 전쟁을 치밀하게 묘사한 군기물이다. 성립된 연대는 확실하지는 않으나 전9년의 전쟁이 끝나고 얼마 지나지 않은 시기에 집필되었을 것으로 추정된다. 전란을 소재로 한 작품인 만큼 지방 무사의 활약상이 생생하게 묘사되어 있다.

4. 이마요와 에마키모노

일본 역사상 치음 서민 문화라고 할 수 있는 덴가쿠田楽 · 사이바라催馬楽 · 이마요今様가 이 시대에 성립되었다. 덴가쿠는 원래 모내기를 할 때 신에게 풍작을 기원하고 농사를 권장하기 위해 행해진 의식으로 춤과 노래를 동반했다. 그런데 점차로 모내기와는 상관없이 단지 농민을 위로하기 위한 음악으로 발전해서 10세기 중엽에 형식화되었다. 덴가쿠가 유행하면서 농민은 물론 도시 상공인 · 귀족 · 무사도 덴가쿠를 즐기게 되었다. 덴가쿠는 훗날 노가쿠能楽의 한 형식으로 발전했다.

사이바라는 말을 모는 마부의 노래에서 발달한 것이다. 신에게 제사를 드릴 때 연주하는 춤곡인 가구라神楽의 여흥으로 불리는 경우가 많았다. 서민의 노래였기 때문에 처음에는 선율도 부정확했으나 궁중 가요에 도입되면서 악보에 기록되었다. 가사는 연애를 내용으로 하는 것이 많았다. 사이바라도 귀족들 사이에서 널리 불리게 되었다.

겐지모노가타리 에마키(상) 조주기가 에마키(하)

고시라카와 법황은 민간에서 유행한 속요인 이마요에도 관심을 기울였다. 그는 이마요를 수집해 『료진히쇼梁塵秘抄』를 편찬했다. 이 속요집은 12세기 말에 편찬된 것으로 이마요 가요를 집대성한 문헌이다. 현존하는 것은 일부분에 지나지 않지만, 헤이안 시대 말기 서민의 사유

방식이나 생활상을 엿볼 수 있는 중요한 자료이다.

이마요는 예능인이라는 매개자를 염두에 두고 이해해야 한다. 당시 가장 대표적인 예능인은 여러 지방을 편력하는 구구쓰傀儡나 유녀遊女였다. 천한 신분으로 차별받던 구구쓰나 유녀는 꼭두각시를 조종하면서 노래를 불렀다. 그들이 부르는 노래는 어디까지나 놀이의 일종이었기 때문에 선율도 가사도 일정하지 않았다. 하지만 선율이나 가사를 동반하지 않는 서민의 노래는 종래의 가요에 비해 새로운 느낌으로 다가왔다. 그래서 이마요라고 했던 것이다.

세속화 부문에서도 이전 시대와는 다른 경향이 두드러졌다. 10~11세기경에 작품은 매우 드물지만, 문헌에서는 이미 10세기 초부터 병풍화에 일본의 풍경을 그렸다고 전해진다. 11세기 중엽에 그려진 뵤도인의 봉황당 건물의 문에는 일본의 풍경과 인물을 연상시키는 그림이 그려져 있다. 중국풍의 그림을 기본으로 하면서도 일본적인 것을 '발견'하려는 과도기적 현상이 잘 드러나 있다고 할 수 있다.

12세기에 들어서면 일본풍의 두루마리 그림인 에마키모노繪卷物가 발달했다. 에마키모노를 통해 야마토에大和繪, 즉 일본풍의 그림 기법이 더욱 발달했다. 에마키는 오른쪽에서 왼쪽으로 시간과 공간이 전개되도록 구성되었다. 같은 화면에 서로 다른 시기에 일어난 사건을 묘사하는 표현법을 택했다. 시간이나 공간이 전개되는 형식을 취하지 않고 주로 심리를 묘사하는 기법을 취한 에마키도 있었다. 후지와라노 다카요시藤原隆能가 그렸다는 『겐지모노가타리에마키源氏物語繪卷』가 대표적인 작품이다. 12세기 전반에 제작된 이 작품은 무라사키 시키부의 『겐지모노가타리』가 원작이었다.

이야기를 화면으로 구성한 에마키는 이야기의 전개 보다는 원작의 분위기나 등장인물의 심리 표현에 초점을 맞춰서 그림을 그리는 경우가 많았다. 이야기의 장면 선정이 에마키의 작품성을 좌우하는 중요한 요소였다. 인물이 입고 있는 의복이나 방에 배치된 가구와 같은 장식물은 매우 아름답고 섬세하게 채색했다. 건물은 지붕을 들어낸 후 위에서 내려다보는 조감 기법을 취했다. 이런 표현법을 후키누키야타이吹拔屋台라고 한다.

승려 가쿠유覺猷가 그렸다고 전하는 『시기산엔기에마키信貴山縁起絵卷』, 『조주기가鳥獸戲画』 그리고 12세기 후반에 한 궁정 화가가 그렸다고 전해지는 『반다이나곤에코도바伴大納言絵詞』 등이 에마키모노의 걸작으로 꼽힌다.

5. 교토 문화의 지방 전파

원정기에 들어서면서 교토의 귀족 문화가 지방으로 전파되었다. 현존하는 문화재를 근거로 문화의 지방 전파를 추정하려면 불교문화, 그중에서도 특히 불상 조각을 중요한 실마리로 하지 않을 수 없다.

국보로 지정된 불상을 살펴보면, 9세기 이전에 제작된 것은 거의 모두가 교토와 그 주변인 긴키近畿 지방에 집중되어 있다. 9세기 중엽부터 여러 지방에서 국보급 불상이 조성되기 시작했고, 국풍문화 시기에 그 숫자가 비약적으로 증가했다. 그러한 문화재가 모두 교토 문화라고 단정할 수는 없지만, 시대가 지날수록 교토 문화가 지방으로 전파되었다는 근거가 명확히 드러나고 있다.

동북 지방에서는 후쿠시마 현福島県 쇼조지勝常寺의 12체 군상, 이와테 현岩手県 고쿠세키지黒石寺의 약사여래상, 야마가타 현山形県 릿샤쿠지立石寺의 자각대사상慈覺大師像 등이 대표적인 것이다. 쇼조지의 군상은 약사삼존불, 사천왕상, 성관음보살상, 11면관음상, 허공장보살상, 지장

보살 등으로 구성되어 있다. 고쿠세키지의 약사여래상은 862년에 제작되었다는 기록이 남겨져 있다. 릿샤쿠지의 자각대사상은 머리 부분만 남아있는데, 매우 예술성이 돋보이는 사실적인 조각품이라고 할 수 있다.

　중부 지방에는 시즈오카 현静岡縣 난젠지南禪寺의 약사보살상, 같은 시즈오카 현 지만지智滿寺의 천수관음보살상, 후쿠이 현福井縣 하가데라羽賀寺의 11면관음보살상 등이 있다. 난젠지의 약사보살상은 번파식翻波式이라는 파도 형태의 주름이 돋보이도록 조각한 작품인데, 육계肉髻, 즉 불상의 정수리에 솟아 있는 상투 모양의 혹이 매우 높은 것이 특색이다. 하가데라의 11면관음보살상은 아직도 색채가 선명하게 남아있는 걸작이다. 지만지의 천수관음보살상은 중후한 체구에 온화한 표정을 짓는 얼굴 모양이 인상적인 작품이다.

　주고쿠中國 지방에서는 히로시마 현広島縣 고호리약사당古保利藥師堂의 여러 불상, 효고 현兵庫縣 나리아이지成相寺의 약사여래상, 오카야마 현岡山縣 요케이지餘慶寺의 약사여래상 등이 대표적인 것이다. 고호리약사당의 불상들은 쇼조지의 12체 군상과 제작 시기가 거의 같을 것으로 추정된다. 나리아이지의 약사여래상은 나라 현奈良縣 간고지元興寺의 약사여래상의 작풍과 흡사한 걸작이다. 요케이지의 약사여래상은 자비심 넘치는 상호가 인상적이다.

　시코쿠四國 지방에서는 카가와 현香川縣 쇼케이지正花寺의 보살상, 같은 카가와 현의 시도지志度寺의 11면관음상, 도쿠시마 현德島縣 이도지井戸寺의 11면관음상, 규슈 지방에서는 후쿠오카 현福岡縣 하세데라長谷寺의 11면관음상, 사가 현佐賀縣 도묘지東妙寺의 성관음보살상 등을 들 수 있다. 쇼케이지의 보살상에는 고닌・조간 문화 시대 정관양식貞觀樣式의 특징이 드러나 있다. 시도지의 11면 관음상은 호류지法隆寺의 몽위관음상 이미지가 묻어나는 걸작이다. 이도지, 하세데라, 도묘지 등의

주손지 금색당(상) 모쓰지 정원(하)

관음보살상은 밀교 조각의 특징이 잘 표현된 정관양식의 불상이다.

지금의 이와테 현岩手県 지역인 오슈奥州 지방을 지배하던 후지와라씨는 교토의 귀족 문화를 적극적으로 받아들였다. 오슈 후지와라씨가 북부 일본 최대의 실력자로 군림하면서 그 근거지 히라이즈미平泉는 북부 일본에서 가장 번영했다. 후지와라 기요히라藤原淸衡는 히라이즈미에 주손지中尊寺를 세웠다. 기요히라의 아들 모토히라基衡는 모쓰지毛越寺를, 모토히라의 아들 히데히라秀衡는 무료코인無量光院을 세웠다.

히라이즈미에 있는 주손지에는 금색당金色堂이 여전히 화려한 자태를 드러내고 있다. 금색당은 아미타여래를 모신 법당인데, 건물 전체에 옻칠을 하고 그 위에 금박을 입혔기 때문에 붙여진 이름이다. 내부는 금색의 마키에蒔絵와 라덴螺鈿으로 장식했다. 주손지에 오슈 후지와라씨 3대의 유체가 안치되어 있다. 말하자면 주손지는 오슈 후지와라씨의 성지라고 할 수 있는 사원이다.

주손지 일자금륜상

오늘날 모쓰지에는 유명한 정토식 정원이 남아있을 뿐이지만, 원래 모쓰지는 주손지를 능가하는 화려한 사원이었다. 모쓰지는 교토의 호쇼지와 같은 가람 배치 형식을 갖춘 사원으로 북부 일본에서 가장 오래된 사원이었다. 우지의 뵤도인을 모방한 건축물로 알려진 무료코인 규모 또한 뵤도인과 거의 같은 거대한 사원이었다. 사원 터는 남북 273미터, 동서 242미터로 사원 전체가 토성으로 에워싸여 있었다. 주손지를 비롯한 히라이즈미에 남아있는 불상들을 살펴보면 그 양식이 북부 일본의 전통에서 벗어나 있다. 그것들의 대부분이 당시 교토에서 활약했던 불사佛師 조초定朝의 작품과 흡사하다. 히라이즈미의 불교문화가 교토에서 직수입되었다는 것을 알 수 있다.

히라이즈미가 번영할 당시 오이타 현大分県에 있는 후키지富貴寺의 대당大堂, 후쿠시마 현福島縣 시라미즈白水 아미타당, 돗토리 현鳥取縣 산부쓰시三佛寺의 투입당投入堂 등이 건립되었다.

후키지의 건물은 현존하지 않고 아미타여래를 모신 본당인 대당만이

시라미즈 아미타당

남아있다. 본존인 아미타여래는 불사佛師 조초의 작품이다. 1160년에 건립되었다고 전해지는 시라미즈 아미타당은 헤이안 후기에 유행한 3간間 아미타당 건축의 대표적인 형태를 갖추고 있다. 시라미즈 아미타당은 본존인 아미타여래와 함께 일본 국보로 지정되어 있다. 원정기에 조성된 각 지방의 사원이나 불상을 보면 중앙의 귀족 문화가 지방으로 전파되었다는 것을 알 수 있다.

제 2 부

중세의 문화

제9장

가마쿠라 무사와 그 정신세계

1. 가마쿠라 시대의 정치

　1180년 2월 다이라노 기요모리平淸盛는 다카쿠라 천황高倉天皇을 물러나게 하고, 자신의 외손 안토쿠 천황安德天皇을 세웠다. 같은 해 4월 고시라카와 법황後白河法皇의 아들 모치히토오以仁王는 미나모토노 요리마사源賴政를 설득해 다이라씨 타도의 기치를 올렸다. 그러나 기요모리의 반격으로 요리마사는 패전했고 모치히토오는 전사했다. 모치히토오의 전사는 전국 각지에 퍼져있던 미나모토씨에게 거병의 실마리를 제공했다.
　같은 해 8월 이즈伊豆에서 귀양살이를 하던 미나모토노 요리토모源賴朝가 거병했다. 요리토모는 처 호조 마사코北条政子의 부친이며, 이즈의 호족 호조 도키마사北条時政의 지원으로 다이라씨에 반기를 들었다.

9월에는 시나노信濃의 미나모토노 요시나카源義仲가 거병했다. 그러자 각지에서 다이라씨에 저항감을 갖고 있던 무사들이 봉기했다. 대사원의 승병들도 이에 동조하면서 전국적인 내란으로 발전했다. 같은 해 10월 미나모토노 요리토모는 관동 지방을 제압하고 가마쿠라鎌倉에 본거지를 마련했다.

 1181년 2월 다이라노 기요모리가 64세의 나이로 사망했다. 기요모리의 뒤를 이어 다이라씨를 이끈 것은 다이라노 무네모리平宗盛였는데, 누구의 눈에도 다이라씨의 위세가 쇠퇴하는 것이 감지되었다. 기요모리 없는 다이라씨는 전투에서 연패하면서 급격하게 몰락했다.

 고시라카와 법황은 관동 지방에 머물고 있는 요리토모에게 교토로 입성할 것을 종용했고, 1183년 10월에는 도카이도東海道 · 도산도東山道 연변의 연공과 사원 · 귀족의 장원을 원래대로 회복함과 동시에 요리토모의 지시에 따르라는 선지宣旨를 내렸다. 이 시점에서 가마쿠라 막부의 권력이 사실상 성립되었다.

 1185년 3월 미나모토 군은 나가토長門의 단노우라壇浦로 몰린 다이라 군을 총공격했다. 이 전투에서 다이라씨 대부분이 바다에 빠져 죽었다. 나이 어린 안토쿠 천황도 물에 빠져 숨졌다. 오랜 세월에 걸친 미나모토씨와 다이라씨의 세력 다툼은 미나모토씨의 승리로 막을 내리게 되었다.

 한편, 고시라카와 법황은 강성해진 요리토모를 견제하려고 했다. 그러자 1185년 요리토모가 직접 대군을 이끌고 상경했다. 요리토모는 고시라카와 법황을 협박해 전국 각지에 슈고守護와 지토地頭를 임명할 수 있는 권리와 경작지 1반反당 5되의 군량미를 징수할 수 있는 권리를 확보했다. 이것은 요리토모가 군사 경찰권과 토지 관리권을 합법적으로 장악한 획기적인 사건이었다.

 1190년 10월 미나모토노 요리토모는 고시라카와 법황에게 전국의 치안·경찰권을 위임해 줄 것을 요구해 관철시켰다. 고시라카와 법황이 사망하자, 1192년 3월 미나모토노 요리토모가 세이다이쇼군征夷大将軍에 취임했다. 세이다이쇼군의 칭호는 생략해 쇼군이라고 했다. 가마쿠라 막부鎌倉幕府가 명실상부하게 성립되었다.

막부가 성립되면서 사무라이도코로侍所는 고케닌御家人을 통제하고 군사·경찰의 임무를 담당하는 기관으로 발전했다. 1184년에는 정무 일반을 관장하는 기관인 구몬조公文所와 재판과 소송을 담당하는 기관인 몬추조問注所가 설립되었다. 중앙의 정치기구는 군사·행정·사법의 3기관만으로 구성된 간단한 것이다. 각 기관이 각기 정무를 분담했지만, 중요한 문제는 3기관의 장관을 포함한 중신들이 합의해 결정하는 방식을 택했다.

전국 66개 구니国에 슈고를 두었다. 슈고는 관할 지역의 고케닌을 통솔하고, 쇼군의 명령에 따라서 군사권과 경찰권을 장악했다. 평시에는 반역자와 살인자를 단속하고, 전시에는 관할 지역의 무사를 지휘하는 것을 임무로 했다. 장원이나 공령公領에는 지토를 두었다. 원래 특정한 장원을 지배하던 고케닌을 그 지역의 지토로 임명하는 경우도 있었고, 전혀 다른 곳의 장원이나 공령의 지토로 임명하는 경우가 있었다. 지토는 장원영주와 조정을 위해 조세를 징수하고, 경작지를 관리하고, 치안을 유지하는 것을 임무로 했다.

1199년 정월 초대 쇼군 미나모토노 요리토모가 세상을 떠나고, 그의 아들인 미나모토노 요리이에源頼家가 2대 쇼군에 취임했다. 고케닌들은 2대 쇼군 요리이에에게 심복하지 않았다. 그런 분위기를 이용해 미나모토노 요리토모의 처 호조 마사코의 부친인 호조 도키마사와 친정 동생인 호조 요시토키北条義時가 정치의 주도권을 장악했다. 1204년 7월 호조 도키마사가 2대 쇼군 요리이에를 살해했다.

1219년 정월에는 3대 쇼군 미나모토노 사네토모源実朝가 암살되면서 미나모토씨의 혈통이 단절되었다. 호조씨 일족은 귀족인 구조 요리쓰네九条頼経를 교토에서 맞아들여 4대 쇼군에 앉혔다. 5대 쇼군도 역시 귀족 가문에서 맞아들였다. 6대 쇼군으로는 고사가 천황後嵯峨天皇의 아들인 무네타카宗尊 친왕을 맞아들였다. 천황의 자손으로서 쇼군이 된 자를 미야쇼군宮將軍이라고 했다. 미야쇼군은 가마쿠라 막부가 멸망할 때까지 4대째 이어졌다.

호조씨가 대대로 싯켄執権의 지위에 오르면서 정권을 장악했다. 1224년에 2대 싯켄 호조 요시토키가 세상을 떠나고, 그의 장자인 호조 야스토키北条泰時가 3대 싯켄에 취임했다. 야스토키는 더욱 강력한 권력을 행사했다.

1225년에는 막부 최고의 의결기관인 효조슈評定衆가 설치되었다. 효조슈는 행정 실무에 밝은 고케닌들을 선발해 구성한 합의기관이었다. 하지만 구성원의 대부분이 호조씨 일족이었고, 나머지 고케닌들도 호조씨와 긴밀한 관계를 유지하는 가문 출신자들이었다. 효조슈는 실제적으로 호조씨 일족의 합의기관 성격이 농후했다. 이 단계에서 호조씨에 의한 싯켄 정치가 완성되었다.

1242년에 호조 쓰네토키北条経時가 4대 싯켄에 취임했다. 하지만 그는 병이 들어서 1246년에 싯켄의 지위를 동생인 도키요리時頼에게 물려주고 23세의 젊은 나이로 사망했다. 5대 싯켄 호조 도키요리 시대에 호조씨에 저항감을 갖고 있는 세력이 일소되었다. 호조씨 독재체제가 확립되었다.

14세기 중엽에 고다이고 천황後醍醐天皇이 두 번이나 막부를 전복하려고 기도했다. 첫 번째 계획은 교토에 상주하는 막부의 군단을 공격하는 것이었다. 1324년 9월에 거병하기로 했다. 그러나 그 계획은 사전에 발각되어 실패로 끝났다. 이 사건을 쇼추正中의 변이라고 한다. 쇼추의 변 후에도 토막을 위한 준비는 계속되었다. 하지만 이번에도 토막 계획이 고다이고 천황 측근의 밀고로 사전에 발각되었다. 막부는 1331년에 주모자를 체포해 처형했다. 고다이고 천황도 체포되어 오키隱岐로 유배되었다. 이 사건을 겐코元弘의 변이라고 한다.

고다이고 천황이 유배되자, 사원 세력과 호조씨의 정치에 반발하는 고케닌들이 각지에서 거병했다. 고다이고 상황의 아들인 모리나가 친왕護良親王과 구스노키 마사시게楠木正成의 집요한 저항이 계속되었다. 마사시게는 산악지대에 산성을 구축하고 농성하면서 막부군과 대립했다. 모리나가 친왕은 요시노吉野 지방을 중심으로 활동하면서 각지의 무사에게 봉기를 호소했다. 이러한 정세 속에서 1333년 윤2월 고다이고가 유배지에서 탈출했다.

막부는 아시카가 다카우지足利尊氏를 교토로 보내어 고다이고 천황을 중심으로 단결한 반란세력을 진압하려고 했다. 그러나 아시카가 다카우지는 교토 인근에서 고케닌을 이끌고 반기를 들었다. 한편, 동부 일본의 유력한 고케닌인 닛타 요시사다新田義貞가 주변 지역의 고케닌을 통솔해 가마쿠라를 공격했다. 1333년 5월 호조씨 일족이 가마쿠라에서 자살하면서 가마쿠라 막부가 멸망했다.

2. 쇼군과 무사

가마쿠라 막부는 주종관계를 근간으로 했다. 쇼군은 고케닌御家人에게 은혜를 베풀고 고케닌은 쇼군에게 충성하는 제도가 정착되었다. 고케닌이란 쇼군에게 충성을 서약한 무사를 말한다. 보통 무가의 종자를 게닌이라고 했는데, 쇼군을 주군으로 하는 게닌에게 특별히 '御'자를 붙여 고케닌이라고 불렀다.

쇼군 미나모토노 요리토모는 고케닌 제도를 강화하기 위해 각지의 명망 있는 호족들을 고케닌으로 영입했다. 무용이 출중한 자들도 신분에 구애되지 않고 고케닌으로 발탁했다. 다이라씨에게 복종했던 자들도 관대하게 맞아들였다.

쇼군은 고케닌의 영지 지배권을 승인했다. 고케닌에게 새로운 영지를 부여하는 경우도 있었다. 영지의 지배권을 둘러싸고 소송이 벌어지면 쇼군은 고케닌을 보호했다. 쇼군은 고케닌을 슈고나 지토에 임명하거나 조정의 관위를 받을 수 있도록 천거했다. 이처럼 쇼군이 고케닌을 보호하고 그들을 보살피는 것이 바로 은혜를 베푸는 것이었다.

고케닌은 쇼군의 은혜에 충성으로 보답해야 하는 의무를 졌다. 중요한 의무로 교토나 가마쿠라의 경비를 담당하는 것, 임시 군역을 부담하는 것, 평시와 전시에 군사적으로 봉사하는 것 등이 있었다. 평시에 부담해야 하는 가장 중요한 의무는 교토에 있는 천황의 궁전을 경비하는 일이었다. 1225년에 가마쿠라 막부 건물을 경비하는 제도가 성립되었다. 이 의무는 주로 동부 일본 무사에게 부여되었다.

무사가 쇼군의 은혜에 보답하는 가장 중요한 의무는 역시 군역이었다. 가장 중요한 군역은 국경선인 규슈의 북부를 경비하는 것이었다. 이민족이 침입할 수 있는 가능성에 대비해 해안선의 경계를 게을리 할 수 없었다. 국경선 경계에는 주로 서부 일본 무사들이 동원되었다. 동부 일본 무사라고 해도 서부 일본에 영지를 보유한 자는 동원의 대상이 되었다.

고케닌 제도의 기반인 무사단의 결합 형태로 종가의 적장자 소료惣領를 중심으로 하는 소료제가 있었다. 소료는 고케닌 일족의 족장이었다. 출진할 때는 소료가 일족을 핵심 무력으로 하는 무사단을 거느렸다. 일족에 대한 은급도 소료를 통해 지급되었다.

군사 행동의 단위는 일족이었다. 일족이란 원래 본가와 분가로 구성된 일가였다. 일족에는 비혈연적 존재, 즉 일상생활을 함께하는 공동체의 일원이 모두 포함되었다. 일족은 군사 지휘관이기도 한 소료를 중심으로 단결했다. 일족이 번성하면 차자는 각기 무사단을 형성해 분가했지만, 일족간의 끈끈한 유대관계는 계속 유지되었다.

3. 무사의 생활

무사는 대부분이 농촌에 토착해 생활하고 있었다. 그들은 교통의 중심지에 저택을 마련했다. 그 저택을 야카타館라고 했다. 야카타는 일반적으로 부케즈쿠리武家造라고 하는 양식이었다. 지붕은 널판으로 덮고 마루에 다타미疊도 깔지 않을 정도로 간소했다. 야카타는 무사 가족의 거주지였을 뿐만 아니라 방어진지이기도 했다. 그래서 야카타는 주변보다 약간 높은 곳에 있었다.

수천 평에서 수만 평에 이르는 광대한 면적을 차지하는 야카타는 높

무사의 저택

은 담장으로 둘러싸여 있었다. 야카타의 외곽으로 담장을 따라서 호리堀라는 해자를 파고, 하천에서 물을 끌어들여 흐르게 했다. 집안으로 출입하려면 도랑을 건너야 했다. 그래서 무가의 저택을 호리노우치堀内라고도 했다.

가사가케 - 말을 타고 활을 쏘는 무사

야카타의 전면에 가도타門田라는 직영지가 자리했다. 직영지는 게닌下人 · 쇼주所從라고 불리는 예속 농민이 경작했고, 그 밖의 다른 경작지는 하급 묘슈名主나 사쿠닌作人이라고 불리는 농민에게 경작시켜 수확물의 일부를 수취했다. 무사는 하급 묘슈나 사쿠닌을 부역에 동원하기도 했다.

야카타의 주인과 그 가족은 모야母屋라는 집에 거주했다. 모야를 중심으로 주인을 섬기는 게라이家来가 거주하는 도오자무라이遠侍, 마굿간, 보초가 근무하는 망대, 훈련장 등이 배치되어 있었다. 창고에는 갑옷, 도검, 활과 화살, 기타 전투에 필요한 각종 무기, 소모품 등이 보관되어 있었다. 훈련장에서는 주인의 자제와 게닌들이 군사훈련을 했다.

무사의 생활은 검소했다. 의복도 실용적인 것을 선호했고 사치스러운 것을 경계했다. 고케닌이 쇼군 앞에 나아갈 때는 평상복으로 히타타레直垂를 착용했다. 격식을 차려야 할 때에는 스이칸水干을 착용했다. 스이칸은 히타타레보다 옷의 길이가 허벅지를 덮을 만큼 길었다. 또 원래 속옷인 고소데小袖를 웃옷으로 입기도 했다. 남성은 고소데에 주름이 잡힌 바지인 하카마袴를 입었고 여성은 고소데에 가는 허리띠를 매고 생활했다.

식단은 매우 간소했다. 시루에 찐 밥 고와이強飯는 특별한 기념일이 아니면 먹지 않았다. 밥이나 죽을 주로 먹었다. 죽은 쌀에다 팥이나 조와 같은 잡곡, 또는 채소나 미역을 같이 넣고 끓여서 먹는 경우가 많았다. 부식으로는 채소 이외에 닭고기나 토끼고기 등을 먹었다. 무사는 평소부터 최악의 상황에 대비하기 위해 매우 거친 음식을 먹는 것도 훈련이라고 생각했다.

무사는 전투원으로서의 기량만이 강조되는 생활을 했기 때문에 책을 가까이 하지 않았다. 독특한 생활 방식에서 독자적인 무사의 도덕이 형성되었다. 무사라면 마땅히 지켜야 할 무용, 예절, 정직, 검약 등의 덕목이 강조되었다. 이런 덕목은 무사가 싸움터를 전전하며 주군과 생사를 같이하고, 평상시에도 전투태세를 갖추고 긴장감을 늦추지 않는 생활 속에서 형성된 것이었다.

4. 무사와 전투

무사가 평상시 훈련하는 것은 전투에 대비하기 위해서였다. 전투가 일어나면 일족을 거느리고 출진했다. 평상시에 훈련을 같이 하던 친족들이 전장에서 생사를 같이 하게 되는 것이다. 일본어에 '이자가마쿠라いざ鎌倉'라는 말이 있다. 이것은 가마쿠라 시대 고케닌들이 평상시에도 출동할 준비를 하고 생활하다가 쇼군의 명령이 하달되면 잠시도 지체하지 않고 가마쿠라로 달려간 데서 유래했다. 특히 동부 일본의 고케닌들은 비상이 걸리면 전용도로를 달려 가마쿠라에 집결했다.

일본 중세의 무사는 농촌에 토착하면서 직접 또는 간접으로 생산에

서둘러 출진하는 무사들

종사하다가 출동 명령이 떨어지면 무사단을 이끌고 출진했다. 편성된 군단은 무사가 거느린 규모가 크고 작은 부대의 집합체였다. 통상 무사단은 소료를 중심으로 편성되었다. 무사단이라고 해도 겨우 기마 무사 몇 명으로 구성된 경우가 있는가 하면, 기마 무사 수백 수천 명으로 구성된 무사단도 있었다.

유력한 소료는 쇼군과 주종관계를 맺고 고케닌 신분이 되었다. 고케닌은 상대적으로 자율성이 보장되어 있었다. 그래서 고케닌을 주군으로 섬기는 무사, 즉 배신陪臣들은 쇼군을 주군이라고 생각하지 않았다. 서양과 마찬가지로 일본에서도 "내 주군의 주군은 내 주군이 아니다."라는 원칙이 있었다.

중세 무사는 전쟁의 경비를 전적으로 자신이 부담했다. 백성을 전쟁에 동원하는 대신에 국가가 무기와 식량을 지급했던 조선이나 중국과는 사뭇 달랐다. 일본에서는 주군이 무사에게 영지를 하사하거나 원래 보유하던 영지의 지배권을 승인했다. 그것은 전쟁 비용을 부담하는 조건이었다.

일본 중세에서는 종자를 거느린 기마무사가 전투의 주역이었다. 전형적인 전투방식은 기마무사가 일대일로 싸우는 잇키우치一騎打ち였다. 무사는 본격적인 전투를 시작하기 전에 나노리名乗り라는 의식을 행했다. 이것은 무사가 서로 자기가 누구인지, 얼마나 용감한 전투원인지를 큰 소리로 외치는 일종의 기 싸움이었다. 무사는 자기가 어느 가문 누구의 자손인지, 어느 전투에서 어떤 공훈을 세웠는지 외쳐서 적의 기세를 꺾으려고 했다. 상대편도 뒤질세라 가문의 내력이나 자신의 전적을 큰소리로 외쳤다. 상대방의 말을 받아서 야유를 보내기도 했다.

무사는 공훈을 세우기 위해 전쟁터를 누볐다. 주군에게 은상恩賞을 받으면 자신은 물론 가문의 명예를 높이는 일이었다. 무사는 누구보다도 먼저 적진으로 돌진해 전쟁의 실마리를 열고 싶어 했다. 이것을 이치방노리一番乗り라고 했다. 이치방노리를 하는 자는 전투의 실마리를 만드는 자였다. 유리한 입장에서 전투의 실마리를 만드는 편이 승리할 확률이 높았다. 그래서 이치방노리는 가장 영예로운 전투 행위로 여겨졌다. 또 무사는 가장 먼저 적의 수급을 올리고 싶어 했다. 전투에서 가장 먼저 올린 수급을 이치방쿠비一番首라고 했다. 무사는 가능하면 신분이 높은 적과 싸우기를 희망했다. 신분이 높은 자의 수급은 요키쿠비良首라고 했다.

전투가 끝나면 총대장인 주군이 구비짓켄首実検이라는 행사를 주관했다. 무사가 올린 수급을 검사하는 마무리 행사였다. 무사는 자기가 벤 적의 목을 쟁반에 받쳐 들고 주군 앞으로 나아가 바쳤다. 수급은 이미

깨끗하게 손질되어 있었다. 시체를 관리하는 여성들이 수급의 머리를 단정하게 묶고 얼굴에 화장을 했던 것이다. 주군은 무사의 활약상을 일일이 거론하면서 노고를 치하하고 은상을 내렸다.

5. 무사의 정신세계

일본의 중세·근세사에서 공가公家와 무가武家는 항상 긴장관계를 유지하면서 대립하는 관계였다. 공가는 천황을 수장으로 하는 조정朝廷의 귀족으로 고대사회에서 관직을 독점했던 위정자였고, 무가는 가마쿠라 시대부터 메이지 정부가 수립될 때까지 약 700년간 막부의 쇼군將軍을 수장으로 하는 위정자로서 권력을 행사했던 존재였다. 메이지 정부가 내건 왕정복고王政復古는 오랜 무가 통치시대의 종식을 선언한 것이었다.

가마쿠라 막부의 성립 과정은 무사계급이 천황을 수장으로 하는 조정으로부터 권력을 쟁취하는 과도기였다. 교토 문화에 뿌리를 둔 귀족과 교토에서 멀리 떨어진 지방에 뿌리를 둔 무사의 대립이 불가피했다. 서로 융합될 수 없는 두 정신이 대립하는 혼란한 시대가 전개되었던 것이다.

12세기는 소위 말법末法의 세상이었다. 천재지변이 잇달았고, 무능한 정치가 빚어낸 사회의 혼란이 지속되었다. 교토의 향락적인 문화에 젖었던 귀족들은 말세가 도래한다는 소식에 두려움에 떨었다. 사회가 혼란해지자 정토사상이 유행했다. 수동적인 삶에 익숙했던 귀족들은 당시 유행하던 정토종에 귀의해 아미타불의 위력으로 내세에는 서방정토에 태어나기를 빌었다.

그 무렵 귀족과는 다른 문화에 뿌리를 둔 무사계급이 성장했다. 무사들은 스스로의 힘을 믿고 합리적으로 행동하는 '특수한' 인간들이었다. 교토의 지식인들은 자력으로 자기완성을 지향하는 무사들을 경원했다. 교토의 지식인들이 남긴 기록에는 쓰와모노兵 또는 쓰와모노노이에兵の家라는 표현이 자주 등장하는데, 거기에는 귀족과 전혀 다른 생활방식과 이해하기 어려운 정신을 소유한 무사계급에 대한 대립적인 의식이 내재되어 있다.

전란의 참화를 실감한 무사들 중에는 정토종에 귀의하는 자들도 적지 않았다. 하지만 그들은 정토종을 교토 문화의 한 조류로 받아들였다. 정토종이 살육이 난무하는 참담한 현실에서 벗어나는 구원의 길을 제시했기 때문이다. 그러나 현세는 꿈이고 내세가 진실이라는 정토종의 가르침은 무사 본래의 정신과 본질적으로 융합될 수 없는 정신을 내포하고 있었다. 정토종은 현세에서의 바람을 상실한 정신의 산물이었다. 말법사상의 분위기를 배경으로 급성장한 종교였다. 그러나 무사의 정신은 현세에 뿌리를 두고 있었다. 무사계급을 지배하는 정신은 무용武勇의 길을 완성하기 위해서 어떤 희생이라도 감수하는 열정이었다. 그들에게 중요한 것은 현실이었다. 전쟁에 나아가서는 부모와 자식조차도 돌보지 않고 오직 주군을 위해 싸운다는 정신, 그러한 용사가 되기를 갈망하는 자들이었다.

정토종은 자력을 부정했다. 그래서 정토종은 마음의 수양을 이야기하지 않았다. 그 또한 몸을 단련하고 마음의 수양을 중요시하는 무사의 정신과 융합될 수 없는 것이었다. 그런데 선종禪宗은 '지금'을 중시하고 마음의 수양을 강조했다. 무사들은 자연스럽게 선종에 귀의했다. 선의 정신과 수행의 전통에는 무사의 내면에 충만한 강렬한 열정을 다스리는 길이 있었던 것이다.

가마쿠라 막부를 창건한 미나모토노 요리토모源賴朝는 정치적으로는 물론 생활 전반에서도 공가와 무가를 구별하려는 의식이 강렬했다. 무사의 기풍을 유지하기 위해 노력했다. 예를 들면, 요리토모는 1185년 3월 나가토長門의 단노우라壇浦 전투에서 숙적 다이라씨平氏를 멸망시킨 후, 교토에서 다이라노 요리모리平賴盛를 가마쿠라로 초청했다. 요리모리는 다이라씨임에도 불구하고 다이라노 기요모리의 편을 들지 않고, 고시라카와 법황後白河法皇을 섬기면서 미나모토노 요리토모가 승리하는데 기여한 인물이었다. 요리토모는 요리모리를 위해 활쏘기 대회를 열었다. 요리토모는 말했다. "이것이 무사의 기풍이다. 가마쿠라에서 이것 말고 볼만한 것이 없다." 요리토모는 요리모리에게 가마쿠라가 교토와 비교할 수 없는 시골이라는 것을 보여줌과 동시에 무사의 기풍을 지키는 것이 얼마나 중요한지 일깨워주었던 것이다.

무사는 주군의 명령이 떨어지면 집에도 들르지 않고 현장에서 즉시 말을 달려 집결지로 향했다. 무사의 생활태도는 이론적이며 추상적이지 않았다. 실제적이며 구체적이었다. 그런 무사가 가장 중요시했던 것은 전투원으로서의 명예를 지키는 것이었다. 무사로서의 명예를 잃으면 곧 무사의 자격을 상실하는 것이었다. 미나모토노 요리토모가 거병할 때부터 전투에 참가했던 시모코베 유키히데下河辺行秀는 용맹한 무사였다. 그는 쇼군 요리토모를 수행해 사냥에 나섰다. 유키히데는 요리토모의 명령으로 사슴을 쏘았으나 빗나갔다. 그러자 유키히데는 자취를 감추고 출가했다. 수치심을 느꼈기 때문이다. 무사가 얼마나 무명武名을 중시했는지 알 수 있는 사례라고 할 수 있다.

무사는 자신의 무명을 중요시했듯이 다른 무사의 무명도 존중했다. 서로 예의를 지켰다. 전투에서 승리한 자는 패배한 자를 예의로 대했다. 미나모노토 요리토모가 오슈奧州 후지와라씨를 정벌할 때, 유리 하치로由利八郎가 포로로 잡혀 신문을 받게 되었다. 가지와라 가게토키梶原景時가 유리 하치로를 무례하게 대했다. 그러자 유리 하치로는 일체

응답하지 않았다. 그러나 하타케야마 시게타다畠山重忠가 예의를 갖춰 신문하자 성실하게 진술했다.

정직 또한 무사에게 중요한 가치였다. 정직은 소신과 동전의 앞뒷면이었다. 남들이 비난해도 스스로 돌아보아 부끄럽지 않다고 생각하면 개의치 않았다. 무사는 주군의 명령에 절대 복종하는 존재였다. 하지만 주군의 명령도 자신의 소신과 충돌하면 거역했다. 『아즈마카가미吾妻鏡』에 소개된 구마가이 나오자네熊谷直実의 일화는 주군의 명령과 무사 개인의 소신이 충돌한 예라고 할 수 있다.

1187년 쓰루오카하치만鶴岡八幡 신사에서 활을 쏘는 의식이 거행되고 있을 때, 쇼군 미나모토노 요리토모는 나오자네에게 과녁을 들고 서 있으라고 명령했다. 그러자 나오자네는 매우 화를 내면서 말했다. "활을 쏘는 자는 모두 기마무사인데, 과녁을 들고 서 있는 자는 보병입니다. 다른 사람이 볼 때 상하의 분별이 있는 것처럼 보입니다. 나는 명령에 따를 수 없습니다." 나오자네는 기마무사야말로 진정한 무사라고 생각했던 것이다. 쇼군 요리토모는 나오자네를 달래면서 말했다. "과녁을 들고 서 있는 것은 활을 쏘는 것에 비해 결코 비천한 일이 아니다." 하지만 나오자네는 과녁을 들고 서있는 것은 본래 말을 타고 활을 쏘는 무사에게 불명예라고 생각했던 자신의 소신을 버리지 않았다. 나오자네는 끝까지 쇼군 요리토모의 명령에 불복종하고 고케닌의 지위를 버렸다.

무사에게 가장 중요한 덕목은 충성이었다. 무사를 소재로 한 문학 작품이 모두 충성스러운 무사를 감동적으로 묘사하고 있는 것에서도 알 수 있다. 『곤자쿠모노가타리슈今昔物語集』에도 주군을 위해 충성을 다한 무사의 이야기가 주로 소개되었다. 패색이 짙은 전투 현장에서 "주군이 생애의 최후를 맞이하는데 어찌 우리가 함께 멸망하지 않을 수 있겠습니까."라고 외치며 적진으로 돌진하는 늙은 무사의 이야기는 일본 무사의 기골을 느끼게 한다. 『헤이케모노가타리平家物語』는 "죽으려면 한 장소에서 죽기를" 서약하는 무사의 이야기가 대부분이다. 무사 사회에는 신분 서열이 엄존했지만 충성을 다하는 마음에는 차별이 없었다. 가마쿠라 막부를 세운 미나모토노 요리토모도 무사의 본분에 대해 훈시했는데, 그는 무사의 지조에는 송곳을 꽂을 정도의 땅을 가진 자나 광대한 영토를 보유한 자나 차별이 없다고 강조했다.

평소에 주어진 임무를 성실하게 수행하는 것도 충성이었지만, 전시에 목숨을 바치는 것이 가장 고결한 충성이었다. 무사의 정신이 있는 그대로 발휘되는 곳이 전장이고, 본래의 인간성이 적나라하게 표현되는 곳도 전장이었다. 사토 쓰구노부佐藤継信의 장렬한 최후는 충성이란 무엇인가를 잘 보여준다. 사토는 주군 미나모토노 요시쓰네源義経를 구하기 위해 스스로 희생의 길을 선택한 무사였다. 그는 최후로 다음과 같은 말을 남겼다. "무사의 몸으로 태어나 적의 화살을 맞고 주군을 대신해 죽는 것은 당연한 일이다."

충성이 강조되었던 만큼 충성스럽지 못한 행위는 비난의 대상이 되었다. 무사사회는 주군을 배반한 자를 용서하지 않았다. 특히 미나모토노 요리토모는 자기 주군의 목을 베어 항복하거나 은상을 청하는 적을 경멸했다. 그런 자가 있으면 가장 가혹한 형벌로 다스렸다. 부하로서 주군의 은혜를 저버리는 자의 최후가 어떻게 된다는 것을 보여주기 위함이었다.

제10장

가마쿠라 문화와 종교

1. 가마쿠라 문화

1) 학문과 사상

율령제에는 대학·국학의 제도가 있었다. 하지만 그런 제도는 헤이안平安 시대 중기부터 유명무실해지다가 가마쿠라 시대에 이르러 완전히 자취를 감추었다. 귀족의 학문도 점점 가학家學으로 전해지게 되었다. 학문은 주로 귀족과 승려에 의해 전승되면서 겨우 명맥을 유지했다. 특정한 신분이나 가문이 학문을 세습하게 된 것이다.

현실과 단절된 채 고전 연구에 몰두하는 자들이 나타났다. 귀족은 영화로웠던 지난날을 그리워하는 심정으로 율령제도나 관례를 연구했다. 이런 학문을 유직고실有職故實이라고 한다. 유직은 박식博識을 의미하고, 고실은 관습이나 의식을 의미한다. 유직고실은 주로 관직·장속裝束·조세제도·의식儀式·연중행사를 연구의 대상으로 했다. 유직고실 학문의 대표적인 업적으로는 준토쿠 천황順德天皇이 저술한『긴피쇼禁秘抄』와 고토바 상황後鳥羽上皇이 저술한『세조쿠센신히쇼世俗淺深秘抄』등이 있다.

고전문학 연구도 진행되었다. 승려 센가쿠仙覚는『만요슈』의 주석서『만요슈추샤쿠万葉集注釈』, 미나모토노 미쓰유키源光行·지카유키親行 부자는『겐지모노가타리源氏物語』의 주석서, 우라베 가네카타卜部懷賢는『니혼쇼키日本書紀』의 주석서『샤쿠니혼기釈日本紀』를 펴냈다.

귀족에 비해 무사는 학문에 거의 관심을 기울이지 않았다. 하지만 정치를 담당하는 상급 무사는 학문의 중요성을 인식하고 있었다. 특히 막부의 실력자 가네자와 사네토키金沢実時는 학문에 많은 관심을 기울였다. 사네토키는 요코하마 시横浜市에 있는 쇼묘지稱名寺 경내에 가네자와 문고를 설립해 누구라도 열람할 수 있게 했다. 아시카가씨足利氏 일족의 학문소 아시카가 학교도 이 시대에 창설되었다. 막부의 실력자 호조 도키요리北条時頼는『정관정요貞觀政要』를 읽었고, 가네자와 사네토키는『군서치요群書治要』강의를 들었다고 전한다.

중국에서 주자학이 전래되었다. 주자학은 승려 슌조俊芿·엔니円爾·주겐中嚴이 일본에 소개했다. 주자학은 상하질서를 합리화하는 역할을 했다. 고다이고 천황後醍醐天皇의 측근 승려 겐에玄惠는 조정에서 중국의 주자가 주석한 사서를 강의했다. 기타바타케 지카후사北畠親房도 겐에에게 유학을 배웠다. 주자학의 대의명분론大義名分論은 조정의 귀족에게 영향을 미쳤다. 고다이고 천황이 대의명분론을 내세워 막부를 타도하려고 했던 것도 주자학의 영향을 받았기 때문이다.

이세 신궁伊勢神宮의 신관 와타라이 이에유키度会家行는 본지수적설에 대해 반본지수적설反本地垂迹説을 주장했다. 불仏이 신神의 모습으로 체현해 가르침을 준다는 것, 다시 말하면 불이 신의 본체라는 것이 고대 이래의 본지수적설인데, 반본지수적설은 글자 그대로 본지수적설을 완전히 뒤집어서 불은 신이 모습을 바꾸어 체현한 것이라고 주장하는 것이다. 이와 같은 사상의 변화는 신국神国 사상의 고양을 배경으로 했다. 와타라이는 신도에 관한 서적을 정리해『루이슈진기혼類聚神祇本』을 저술했고, 이세 신궁을 신앙의 중심으로 하는 이세 신도를 대성했다.

2) 역사와 군기물

이 시대에 가나로 쓰진 역사서가 연이어 출간되었다. 역사물로는『이마카가미今鏡』의 뒤를 이어 나카야마 타다치카中山忠親의 작품이라고 알려진『미즈카가미水鏡』가 집필되었다. 이것들은 모범적인 역사서로 손꼽히는『오카가미大鏡』를 본받아서 집필된 역사물이었다.『이마카가미』는『오카가미』가 서술하지 못한 이후의 역사를 기술한 것이었으며『미즈카가미』는『오카가미』이전의 역사를 기술한 것이었다. 두 작품 모두 그 수준이『오카가미』에는 미치지 못했다. 또 막부의 가신이 집필한 것으로 여겨지는『아즈마카가미吾妻鏡』가 있다. 이것은 막부의 성립과 발전 과정을 편년체로 기술한 역사서이다. 이것은 가마쿠라 막부의 공식기록이라고 할 수 있다.

사론으로는 섭관가攝關家 출신 승려인 지엔慈円이 편찬한『구칸쇼愚管抄』가 전한다. 이 책은 조큐의 난 직전에 집필된 것인데, 일본의 건국에서 편찬 당시까지의 역사를 서술한 것이다. 그리고 승려인 시렌師錬이 저술한『겐코샤쿠쇼元亨釈書』가 있다. 이것은 일본 최초의 불교사라고 할 수 있는 저서다. 또 조정을 중심으로 한 역사서로서『햐쿠렌쇼百鍊

抄』와 『데이오헨넨키帝王編年記』가 집필되었다.

이 시대의 문예작품 중에서 특히 주목할 만 한 것은 무사를 주인공으로 묘사한 군기물軍記物이었다. 『헤이케모노가타리』를 비롯해 『호겐모노가타리保元物語』·『헤이지모노가타리平治物語』·『겐페이조스이키源平盛衰記』 등의 군기물은 간결하면서도 힘이 넘치는 문체로 무사의 실태를 생생하게 묘사했다.

3) 회화와 서예

가마쿠라 시대의 회화는 주로 야마토에大和繪였다. 정토 신앙의 영향을 받아서 불경을 서민이 알기 쉽게 해설한 극락도나 지옥도가 많이 그려졌다. 이 시대의 불화는 귀족적인 소양을 갖추지 못한 서민을 포교의 대상으로 했기 때문에 평범하고 알기 쉬운 것이 많이 제작되었다.

불화 분야에서 다쿠마 쇼가宅磨勝賀·신카이信海 등이 활약했다. 다쿠마 쇼가의 대표적인 작품으로는 교토의 진고지神護寺에 있는 『주니텐 병풍十二天屛風』이 있다. 승려 신카이는 교토의 다이고지醍醐寺에 거주하면서 『비샤몬텐상毘沙門天像』, 『금강동자상金剛童子像』, 『부동명왕상不動明王像』 등의 작품을 남겼다. 정토종이 발전하면서 정토만다라淨土曼荼羅·아미타여래내영도 등의 작품도 많이 그려졌다.

선종禪宗이 발달하면서 인물을 사실적으로 묘사한 니세에似繪라는 초상화가 새롭게 등장했다. 고승의 초상화로 중국풍 초상이 제작되었다. 선종에서는 전법의 증거로 납의衲衣를 입고 가사袈裟를 두르고 의자에 앉아 있는 스승의 모습을 그린 그림과 법어를 제자에게 전수하는 전통이 있었다. 초상은 정상頂相이라고 했다. 정상에는 전신상과 반신상이 있었다. 교토의 다이토쿠지大德寺에 소장되어 있는 임제종 승려 묘초妙

超의 초상화 다이토코쿠시상大燈国師像이 특히 유명하다. 니세에의 대표적인 작가로 후지와라노 다카노부藤原隆信와 그 아들 노부자네信実가 있었다.

전통적인 에마키모노絵巻物도 이 시대에 많이 그려졌다. 두루마리 그림인 에마키모노는 서책의 삽화로 발달했다. 사원의 역사, 고승의 전기, 불교 설화, 전쟁 등 다양한 주제로 표현되었다. 사원의 연기緣起에 관해서는 『가스가곤겐레이켄키에마키春日権現霊験記絵巻』, 『기타노텐진엔기에마키北野天神縁起絵巻』, 『이시야마데라엔기에마키石山寺縁起絵巻』 등이 유명하다. 종조의 전기에 관해서는 『호넨쇼닌에덴法然上人絵伝』, 『잇펜쇼닌에덴一遍上人絵伝』 등이 대표적이다. 무사의 전투를 주제로 한 작품으로 『헤이지모노가타리에마키平治物語絵巻』, 『모코슈라이에고토바蒙古襲来絵詞』 등이 있다.

서예 분야에서는 일본의 전통적인 필체 세손지류世尊寺流 이외에 후시미 천황伏見天皇의 아들로 쇼렌인青蓮院의 문주門主가 된 손엔호 친왕尊円法親王이 쇼렌인류를 창시했다. 쇼레인류는 중국의 송과 원에서 받아들인 서풍을 가미해 발전시킨 서법이었다. 에도江戸 시대에 융성했던 오이에류御家流의 원류가 되었다. 그리고 이 시대에 사인의 일종인 무가의 가오花押가 특히 유행했다.

4) 건축 · 조각 · 공예

나라의 여러 사원은 조겐重源이라는 승려의 노력으로 부흥되었다. 조겐은 고시라카와 법황後白河法皇과 가마쿠라 막부의 쇼군 미나모토노 요리토모의 원조를 받고, 여러 지역으로 발걸음 하면서 기부금을 모아서 도다이지東大寺 대불의 수리와 대불전 · 남대문을 재건했다.

도다이지 남대문(상) 조도지 정토당(하)

조겐은 중국의 송에서 새로운 건축 양식 덴지쿠요天竺様 또는 다이부 쓰요大仏様라는 힘찬 건축 양식을 도입해 사업을 완성했다. 덴지쿠요는 전체의 구조적인 아름다움에 역점을 둔 것으로 호방하고 자유로운 기법이었다. 주로 규모가 큰 건축물에 적합한 것이었다. 덴지쿠요는 순수한 명맥을 잇지 못하고 일본의 전통적인 건축 양식과 혼합되었다. 덴지쿠요 건축 양식은 도다이지의 남대문, 효고 현兵庫縣 오노小野에 있는 조도지浄土寺의 정토당浄土堂 등에서 확인할 수 있다.

가마쿠라 시대 중기에 가라요唐様 또는 젠슈요禪宗様라는 건축 양식이 중국의 송에서 전해졌다. 이 양식이 사원 건축에 도입되었다. 원래 선종에서는 우상을 중요시하지 않았으며 건물도 화려하게 꾸미지 않았다. 이런 정신이 선종 양식에 표현되었다. 젠슈요 양식은 선종 사원 이외의 사원에도 도입되었다.

도다이지 남대문 금강역사상

그 밖의 건축 양식으로는 와요和様와 신와요新和様가 있었다. 와요는 덴지쿠요 이전에 일본화된 나라·헤이안 시대의 건축 양식을 말한다. 이 양식을 채용한 가마쿠라 시대의 건축물로는 교토 렌게오인蓮華王院의 본당과 시가 현滋賀縣 오쓰大津의 이시야마데라石山寺의 다보탑이 있다. 신와요는 전통적인 양식에 덴지쿠요와 가라요 기법을 가미한 셋추요折衷様였다. 신와요 양식의 건축물은 남북조 시대에 세워진 가와치河內의 간신지觀心寺 본당이 대표적이다.

조각의 주류를 이룬 것은 목각이었다. 나라의 불사佛師, 즉 불상 조각가의 활약이 돋보였다. 대표적인 불사로 운케이運慶와 그의 아들 단케이湛慶, 운케이의 제자 고쇼康勝·고벤康辯·조케이定慶·가이케이快慶가 있었다. 그들은 모두 나라 출신 불사였다. 그중에서도 운케이와 가

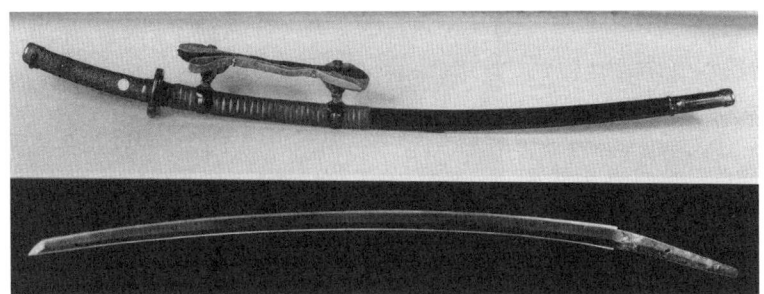

이케이가 가장 두각을 나타냈다.

도다이지를 재건할 때 조겐을 도와 불상을 조각한 것도 운케이와 가이케이였다. 정교한 사실성과 풍부한 인간미 표현이 그들 작품의 특색이었다. 특히 도다이지 남대문에 있는 금강역사상金剛力士像은 역동성이 뛰어난 작품으로 평가되고 있다. 이 작품은 운케이와 가이케이의 합작품이었다. 운케이가 제자들은 이끌고 만들었다는 고후쿠지興福寺 북원당北圓堂의 여러 조각상도 유명하다.

가마쿠라 시대 제작된 장도(상)
투구와 갑옷(하)

무사정권이 들어서면서 무구武具와 도검 제작이 성행했다. 도검 분야에서는 교토의 아와타구치 요시미쓰粟田口吉光, 가마쿠라의 오카자키 마사무네岡崎正宗, 지금의 오카야마 현岡山縣 지역인 빗추備中의 오사후네 나가미쓰長船長光, 지금의 도야마 현富山縣 지역인 엣추越中의 고노 요시히로鄕義弘 등이 명장으로 이름을 날렸다. 갑주甲冑 분야에서는 묘친明珍이 가장 유명했다.

도기 분야에서는 가토 가게마사加藤景正가 가장 유명했다. 가게마사는 1223년 도겐道元이 중국으로 유학을 떠날 때 그를 따라 중국의 송으로 건너가서 도기 제작법을 배웠다. 귀국한 후 지금의 아이치 현愛知縣 지역인 오와리尾張의 세토에서 세토야키瀨戶燒를 생산했다.

2. 신불교의 성립

1) 호넨과 정토종

헤이안 시대부터 가마쿠라 시대 초기에 걸쳐 정토교는 천태종과 진언종을 구별하지 않고 열기를 더해가고 있었다. 이것에 확고한 교리를 제시해서 정토종을 독립된 불교의 일파로 발전할 수 있는 기틀을 마련한 승려가 호넨法然이었다.

처음에 호넨은 천태종의 본산 히에이잔比叡山 엔랴쿠지延曆寺로 출가했다. 그러나 기존 불교가 세속화하고 있는 것을 직접 확인한 호넨은 엔랴쿠지를 떠나 교토의 구로다니黑谷로 가서 에이쿠叡空를 스승으로 정토교 염불수행을 했다.

호넨은 1175년 구로다니를 떠날 때까지 약 20년 동안 에이쿠 밑에서 수행했다. 호넨은 그곳에서 치열하게 공부해 가장 지혜로운 승려라는 평판을 얻었다. 하지만 정토교에서 진정한 구원을 확신할 수 없었다. 그러던 중 호넨이 43세 되었을 때 중국 정토교를 대성한 선도善導의 『관경소觀經疏』에 있는 "오로지 아미타불阿弥陀佛의 명호를 외우면 올바

설법하는 호넨

르게 왕생할 수 있다. 그것이 바로 중생을 구제하고자 하는 아미타불이 바라는 것"이라는 문장을 읽고 홀연히 깨우친 바가 있었다. 수행에 관계없이 아미타불을 진심으로 부르면 정토에 왕생할 수 있다고 확신했다.

호넨은 말세의 중생이 자력으로 수행해서 깨달음을 얻는 것은 사실상 불가능하다고 생각했다. 아미타불의 본원을 믿고(타력본원), 오로지 서방정토에 왕생하는 것을 기원해야 한다고 믿었다. '나무아미타불'을 외우는 것만으로 서방정토에 왕생할 수 있다고 말했다. 호넨은 오로지 '나무아미타불'을 외우는 전수염불專修念佛의 길을 제시했다. 그것이야말로 이행문易行門, 즉 행하기 쉬운 길이라고 말했다. 아미타불의 본원은 절대적이기에 남녀와 귀천의 차별 없이 염불로 구원될 수 있다고 말했다. 가마쿠라 신불교는 이렇게 성립되었다.

1186년경부터 호넨의 교설이 상층 귀족 사이에 널리 퍼지게 되었다. 호넨은 법상종, 삼론종, 천태종 등의 승려가 주장하는 왕생정토 방법과 자신이 주장하는 왕생정토 방법의 차이를 자세히 설명했다. 다른 종파의 법은 모두 훌륭해서 사람과 가르침이 상응하면 깨우치기 쉽지만, 자신과 같이 완고하고 우매한 자는 그런 그릇이 되지 못하기 때문에 전수염불을 통해서 미혹에서 벗어날 수밖에 없다고 말했다. 호넨은 훌륭한 자들의 수행을 방해하는 것이 아니라고 하면서 말법 시대에 왜 정토교의 방법이 필요한지 설명했다.

호넨의 전수염불이 서민 사이에 널리 퍼지기 시작하자 구불교의 압박이 심해졌다. 대사원은 조정에 전수염불의 금지를 요청하기도 했다. 1207년 고토바 상황은 전수염불을 중지하라는 명령을 내렸다. 호넨은 도사土佐 지방으로 유배되었고, 호넨의 제자 여러 명이 사형을 당하거나 유배형에 처해졌다. 호넨은 반년 정도 유배 생활을 한 후에 사면되었지만 교토로 돌아오지 못했다.

2) 신란과 정토진종

정토진종淨土眞宗의 종조는 신란親鸞이다. 잇코종一向宗이라고도 한다. 신란도 처음에 히에이잔 엔랴쿠지에서 부단염불不斷念佛을 수행했다. 부단염불은 3일 내지 7일간 쉬지 않고 염불해서 마음이 안정되었을 때 하나의 대상에 집중하면 바른 지혜가 생겨 진리를 깨우칠 수 있다는 수행법이었다. 수행자가 삼매의 경지에 도달하려면 계율을 지키는 생활을 해야 했다.

1201년 신란은 호넨을 찾아갔다. 백일 동안 호넨을 방문해 법문을 들었다. 그리고 잡행을 버리고 오로지 정진에 매달리게 되었다. 신란은 점차로 호넨의 문하에서 두각을 나타내게 되었다. 1207년 법난으로 호넨이 도사에 유배될 때 신란도 지금의 니이가타 현新潟縣 지역인 에치고越後로 유배되었다. 신란은 매일 7만 번 아미타불을 외우는 수행을 일생 계속했다. 신란은 사면된 뒤에도 교토로 돌아오지 않고 에치고에 거주했다. 1214년 지금의 이바라키 현茨城縣 지역인 히타치常陸로 이주해서 염불의 공덕을 설했다.

신란은 호넨의 염불사상을 계승하고 그것을 더욱 철저한 이론으로 정립했다. 왕생하려면 염불의 형식과 횟수보다도 아미타불의 본원에 대한 오로지한 신심이라는 신심위본信心爲本을 제창했다. 그는 왕생정토의 인연은 아미타불로부터 주어진 타력의 신심이며 염불을 하는 자가 스스로 일으키는 것이 아니라고 했다. 그래서 아미타불을 부르는 것은 구제에 대한 보은의 행위라고 주장했다. 나아가 자신이야말로 죄가 많은 악인惡人이라는 것을 자각함으로써 아마타불의 본원을 올바르게 믿을 수 있다는 악인정기설惡人正機說을 주장했다. 자신이 우매하고 악하다는 것을 자각하는 것이야말로 진실로 불도에 들어가는 것이라고 말했다.

신란은 수학修学과 지계持戒를 부정했다. 그래서 스승 호넨과는 달리 결혼을 했다. 육식도 금하지 않았다. 그는 평생 강렬한 염불에 대한 믿음과 날카로운 비판 정신을 가슴에 품고 시정의 한 승려로서의 삶을 살았다. 그는 속세에 살면서 신앙을 대성하려고 했다. 신란의 저서『교교신쇼敎行信証』에는 정토진종의 본의가 설해져 있다. 신란이 사망한 후 제자 유엔唯円이 신란의 법어를 정리해 19조로 구성된『단니쇼歎異抄』를 저술했다.

3) 잇펜과 시종

호넨의 정신을 계승하면서 특이한 정토교를 형성한 것이 잇펜一遍이었다. 호넨이 창설한 정토종의 일파에 속했던 잇펜은 와카야마 현和歌山県 구마노진자熊野神社의 신탁을 받아서 믿고 믿지 않는 것에 구애되지 말고 염불을 해야 한다고 설파했다. 잇펜은 일상의 일념이 임종하는 순간이라고 강조했기 때문에 시종時宗이라고 했다.

잇펜은 기도 중에 일체 중생의 극락왕생은 십겁의 옛날에 아미타불이 정각을 성취했을 때 이미 결정했다는 것을 깨달았다. 잇펜은 자력의 상념에서 벗어나 나무아미타불이라는 여섯 글자의 명호를 생각하며 외울 때 아미타불의 세계에 직접 들어간다고 했다.

잇펜은 각지를 떠돌아다니면서 포교를 했다. 그래서 잇펜을 유행상인遊行上人이라고 하고, 시종을 유행종이라고 하기도 했다. 잇펜은 가는 곳마다 '나무아미타불, 결정왕생육십만인'이라고 적힌 종이를 사람들에게 나누어 주고 신도들의 이름을 기록했다.

잇펜은 헤이안 시대 중기에 아미타불을 외우면서 전국을 편력한 승려 구야空也의 행적을 본받았다. 1279년부터 잇펜은 많은 제자들을 거느리고 염불을 외우면서 걷는 오도리넴부쓰踊念仏를 시작했다. 잇펜을 만난 사람들은 앞을 다투어 신도가 되었다.

잇펜은 이세伊勢·구마노熊野 등의 신사에도 참배하면서 사람들에게 염불왕생의 표찰을 건네주기도 했다. 잇펜은 불교의 영역을 넘어서 신사 신앙과도 결합했고, 서민들이 믿는 여러 신들을 배척하지 않았다. 다만 여러 신들도 아미타불을 찬양하며 수호하고 있다고 주장했다. 시종은 무사·농민·도시 상공업자 사이에 널리 퍼졌다.

4) 니치렌과 법화종

법화종의 종조는 니치렌日蓮이다. 그래서 법화종을 니치렌종이라고도 한다. 1222년 어부의 아들로 태어난 니치렌은 12세 때 지금의 치바현千葉県 지역인 아와安房에 있는 천태종 사원 세이초지清澄寺에서 도젠道善의 제자로 출가했다. 하지만 장성해서는 가마쿠라·히에이잔·고야산에서 수행했다.

니치렌은 여러 종파 중에서 어떤 것이 석가의 진의를 담고 있을까 하는 의문을 품고 공부하던 중에 『묘법연화경妙法蓮華經』에 대한 신심을 굳건히 했다. 『묘법연화경』이야말로 진실한 가르침이라는 것을 깨달았다. 1253년 4월 바다 위로 떠오르는 태양을 향해 『묘법연화경』에 귀의한다는 의미로 '나무묘호렌게쿄南無妙法蓮華経'라고 크게 염불하면서 법화행자로서의 뜻을 정했다. 그의 나이 32세 때였다.

13세기 중엽에 자연재해가 잇달아 발생하고 전염병이 돌아 민심이 동요되었다. 그러자 니치렌은 『릿쇼안코쿠론立正安国論』을 저술해 당시 가마쿠라 막부의 실력자 호조 도키요리北条時頼에게 바쳤다. 니치렌은 재앙이 발생하는 것은 올바른 불법이 행해지고 있지 않기 때문이라고 하면서 당시 교세를 확장하던 정토종 일파를 탄압하라고 촉구했다. 원의 침략이 임박했던 1268년 가마쿠라 막부의 요인들에게 서신을 보내 다른 종파를 탄압하고 자신의 종파를 공인하라고 요구하기도 했다.

불경의 제목만 외우면 누구라도 성불할 수 있다는 그의 가르침은 독송과 사경을 강조한 종래의 법화 신앙, 심원한 이치를 가르치는 천태종에 비해 매우 간단하고 현실적이며 또 서민적이었다. 법화창제法華唱題는 니치렌 이전에도 일부에서 행해져 왔으나 신심창제信心唱題의 한 구절을 선취해 다른 행위를 배제했다는 점에 법화종의 특색이 있었다. 니체렌은 다른 종파를 배척했지만, 그의 가르침에는 다른 종파의 영향과 구불교의 잔재가 있었음을 부정할 수 없을 것이다.

5) 에이사이와 임제종

일본에 처음 임제종臨濟宗을 전한 인물은 에이사이榮西였다. 에이사이는 지금의 오카야마 현岡山縣 지역인 빗추備中 기비쓰진자吉備津神社의 신관 집안에서 태어났다고 전해지나 확실하지 않다. 1153년 그의 나이 13세 때 히에이잔에서 에이사이라는 법명을 받았다. 그 후 천태교학과 밀교를 수행하다가 법화경을 읽고 유학을 결심했다. 1168년 에이사이는 송으로 건너가 천태산天台山과 육왕산育王山을 순례하고 반년 만에 귀국했다.

에이사이는 한동안 규슈 일대에서 활동하기도 했으나 1187년 다시 중국으로 건너가 회창懷敞 선사에게 임제종을 배웠다. 1191년에 귀국한 에이사이는 규슈 하카타博多의 쇼후쿠지聖福寺에 본거지를 두고 교토를 왕래하면서 임제선 전파에 전념했다. 임제선은 '불입문자不立文字'를 제창했다. 좌선을 하면서 스승에게서 받은 공안公案을 참구하는 것을 중시했다.

선종이 퍼지기 시작하자 히에이잔의 천태종은 1194년에 선종의 금지를 조정에 요구하기 시작했다. 조정은 천태종의 요구를 수용해 선종을 금지하는 명령을 내렸다. 그러나 에이사이는 조금도 굴하지 않고 규슈를 중심으로 포교 활동을 전개하면서 천태종 승려들의 잘못을 논박했다. 반론을 논리적으로 정리한 것이 1198년에 저술한 『고젠코코쿠론興禪護国論』이다.

1199년 에이사이는 막부의 초대를 받아 가마쿠라로 진출했다. 거기에서 에이사이는 막부의 실력자들과 접촉했다. 귀족 문화에 대항의식을 갖고 있던 무사들은 선종에 매력을 느꼈다. 막부의 후원을 얻게 된 에이사이는 다시 교토로 진출했다. 가마쿠라 막부는 교토에 겐닌지建仁寺, 가마쿠라에 주후쿠지壽福寺를 건립하고 에이사이를 맞아들였다. 신앙의 근거지를 마련한 에이사이는 교토와 가마쿠라를 왕래하면서 본격적인 포교활동을 전개했다.

6) 도겐과 조동종

　도겐道元은 어린 나이에 부모를 여의고 인생의 무상함을 느껴 13세에 히에이잔으로 출가했다. 1223년 도겐은 송으로 건너가 중국 각지의 선원을 전전하며 수행했다. 그러는 동안에 중생을 구제한다는 대승불교는 단순히 문자와 지식만으로 접근해서는 안 되고, 엄격한 인격의 완성을 통해 달성될 수 있다는 것, 즉 선의 진리는 철저한 자력본원自力本願에 있다는 것을 깨달았다. 세상이 무상함을 철저하게 인식하면 오히려 철저한 현실주의의 입장에 서게 되고, 그 단계에서는 현실 생활이 그대로 수도의 장이 된다는 것도 체험했다. 도겐은 오로지 좌선을 행해서 크게 깨친다는 서원을 세웠다.

　도겐은 다시 천동산으로 가서 여정如浄 선사에게 조동종曹洞宗을 배웠다. 묵조선默照禪이라고도 하는 조동선은 스승이 낸 문제를 해결하는 임제선과는 달랐다. 오로지 좌선을 통해 깨달음을 얻고 성불하는 수행법이었다.

　여정은 남송 말기에 전통적인 선수행의 가치를 강조한 복고적인 혁신가였다. 그는 종래의 유·불·도 삼교일치설을 부정하고 선을 기초로 한 불법을 확립하려고 노력했다. 준엄한 종풍을 세우고, 이미 귀족화하고 세속에 물든 선승들을 호되게 비판했다. 여정 선사 밑에서 오로지 좌선에 몰두하는 수행을 한 도겐은 1227년에 귀국했다.

　도겐이 귀국할 때, 여정은 도겐에게 다음과 같이 당부했다. "귀국하면 도시에 거주하지 말고, 권력을 가까이 하지 말고, 심산유곡에 살면서 오로지 수행에 전념하라." 도겐은 여정의 가르침을 실천했다. 도겐도 삼교일치설을 부정하고, 스스로의 가르침을 불법 그 자체라고 주장했다. 그는 여성을 부정시하는 태도를 준엄하게 비판했다. 여성의 출입을 제한하는 곳을 마계魔界라고 단언하며 그런 규정을 없애라고 했다.

도겐이 일본에 조동종을 전하면서 일본에도 순수한 선종이 뿌리를 내리게 되었다.

귀국한 도겐은 교토의 겐닌지建仁寺에서 잠시 지낸 후 후시미伏見의 후카쿠사深草에 관음도리원觀音導利院을 세우고 엄격한 좌선을 행했다. 1233년 『후칸자젠기普觀坐禪儀』를 저술했다. 1243년 도겐은 지금의 후쿠이 현福井縣 지역인 에치젠越前으로 가서 에이헤이지永平寺를 세우고 참선 수행에 전념했다. 도겐은 엄격한 규칙을 세우고 제자들의 수행을 독려했다. 일본 임제종을 창시한 에이사이는 권력과 유착해 세력을 확장했지만, 도겐은 깊은 산속에 있는 에이헤이지에서 세상과의 교류를 단절하고 엄격한 좌선을 실천했다.

제11장

무로마치 시대 문화

1. 무로마치 시대의 정치

 1333년 5월 가마쿠라 막부가 멸망한 후, 약 2년간 고다이고 천황後醍醐天皇이 친정을 실시했다. 신정부는 가마쿠라 막부 타도에 결정적으로 기여했던 무사의 요망에 제대로 부응하지 못했다. 그러자 가마쿠라 막부 타도에 앞장섰던 아시카가 다카우지足利尊氏가 불만을 품었다. 1336년 4월 다카우지는 고다이고 천황을 유폐했다. 실권을 장악한 다카우지는 같은 해 8월에 고다이고 천황과 혈통이 다른 고묘 천황光明天皇을 즉위시켰다. 1338년 8월 아시카가 다카우지가 쇼군将軍에 취임해서 무로마치 막부室町幕府를 열었다.
 1336년 12월 고다이고 천황이 은밀히 교토를 탈출해서 요시노吉野로 도망했다. 그는 여전히 자신의 정통성을 주장했다. 교토의 조정과 요시노의 조정이 대립하는 양상이 되었다. 요시노의 조정을 남조, 교토의 조정을 북조라 했다. 그 후 일본에서는 반세기에 걸친 내란이 지속되었다. 남조와 북조가 대립했던 약 60년간의 역사를 남북조 시대라고 한다.

남북조 내란을 종결시킨 것은 무로마치 막부 3대 쇼군 아시카가 요시미쓰足利義滿였다. 통일을 달성한 요시미쓰는 각 지방을 실질적으로 다스리던 슈고守護 세력을 효과적으로 통제하면서 지배기구를 정비했다. 조정의 고유 권한인 교토의 행정·재판권도 장악했다. 1378년 쇼군 요시미쓰는 교토의 무로마치 지역에 저택을 조성하는 등 막부의 권위를 확립하려고 노력했다.

쇼군 요시미쓰는 날로 강성해지는 유력한 슈고 세력을 견제했다. 1390년 미노美濃·오와리尾張·이세伊勢 지역을 다스리던 도키土岐氏씨를 멸망시켰다. 1391년 산요山陽·산인山陰 지방을 중심으로 11개 구니國를 다스리던 야마나씨山名氏 일족을 멸망시켰다. 도키씨는 겨우 가문의 명맥만 유지하는 세력으로 몰락했고, 야마나씨가 다스리던 지역은 호소카와씨細川氏·하타케야마씨畠山氏·오우치씨大內氏 등 야마나씨 토벌에 동원된 슈고들에게 분할되었다. 야마나씨가 멸망한 후 오우치씨大內氏가 강력한 슈고로 부각되자, 1399년 쇼군 요시미쓰는 오우치씨도 멸망시키고 정국을 주도했다. 무로마치 막부의 권력이 확립되었다.

무로마치 막부의 3대 쇼군

아시카가 요시미쓰

아시카가 요시미쓰가 사망한 후 슈고 세력이 다시 고개를 들었다. 6대 쇼군 아시카가 요시노리足利義教가 슈고 세력을 견제하려고 했다. 그러자 1441년 6월 슈고 세력이 쇼군 요시노리를 살해했다. 요리노리의 아들로 당시 8세였던 아시카가 요시카쓰足利義勝가 7대 쇼군에 취임했지만 2년 만에 사망하고, 뒤를 이어 당시 7세였던 아시카가 요시마사足利義政가 8대 쇼군에 취임했다. 8대 쇼군 요시마사는 나이가 들어서도 정치에 관심을 두지 않고 사치스러운 생활로 소일했다.

막부 내부에서는 유력한 슈고 가문 시바씨斯波氏·하타게야마씨畠山氏·호소카와씨細川氏·야마나씨山名氏가 대립했다. 8대 쇼군 요시마사의 후계문제가 대두되었고, 시바씨와 하타케야마씨 가문에서도 가독家督의 상속을 둘러싼 대립이 발생했다. 정국은 매우 불안하게 전개되었다.

1464년 8대 쇼군 요시마사는 이미 출가한 동생 요시미義視를 환속시켜 후계자로 정하고, 호소카와 가쓰모토細川勝元를 후견인으로 삼았다. 그런데 공교롭게도 이듬해에 요시마사의 정실 히노 도미코日野富子가 요시히사義尙를 낳았다. 쇼군 요시마사는 야마나 모치토요山名持豊를 요시히사의 후견인으로 삼았다. 쇼군 요시마사는 친아들 요시히사에게 쇼군의 지위를 물려주려는 생각을 굳혔다. 쇼군 후계 문제를 둘러싸고 갈등이 표면화되었다.

한편 중앙 정치를 주도했던 시바씨 가문과 하타케야마씨 가문에서도 상속을 둘러싼 분쟁이 일어났다. 쇼군 가문과 시바씨·하타케야마씨 가문의 상속을 둘러싼 내분의 배후에는 호소카와 가쓰모토와 야마나 모치토요가 있었다. 그들의 대립은 내란으로 치달았다.

1467년 4월부터 호소카와 군과 야마나 군이 교토에서 전투를 벌이기 시작했다. 이 전쟁을 오닌応仁의 난이라고 한다. 내란은 11년간이나 지속되었다. 그런데 오닌의 난은 승자도 패자도 없이 끝났다.

오닌의 난 영향으로 무로마치 막부 쇼군의 권위는 회복하기 어려울 정도로 추락했다. 쇼군의 영향력이 미치는 지역은 교토 일대에 불과했다. 교토가 황폐화되면서 귀족의 생활 기반이 완전히 붕괴되었다. 천황의 권위도 실추되었다. 천황은 즉위식도 올리지 못할 정도로 곤궁했다. 남북조 내란으로 타격을 입은 장원제도는 이 시점에서 붕괴되었다.

2. 남북조 문화

무로마치 시대에 이르러 침체된 와카和歌에 새로운 기운을 불어넣은 것이 렌가連歌였다. 렌가는 가인이 취미로 짓기 시작한 시가에서 발달한 것이었다. 렌가 중에서도 와카의 전통을 계승한 유심렌가有心連歌가 귀족들 사이에서 유행했다. 해학을 주로 하는 무심렌가無心連歌는 서민에게 보급되었다.

남북조 시대에 귀족과 무사의 흥망성쇠를 그린 역사서나 역사문학이 발달했다. 대표적인 작품으로 조정의 역사를 남조 귀족의 입장에서 서술한 『마스카가미增鏡』가 있었다. 이것은 가나로 집필한 역사서로 고토바 천황에서 고다이고 천황까지의 역사를 기록했다. 또 무로마치 막부를 창립한 아시카가 다카우지의 가신으로 알려진 인물이 북조의 입장에서 다카우지의 치적과 정통성을 강조한 『바이쇼론梅松論』이 있었다. 사실을 정확하게 기술하려고 노력한 점이 주목되는 책이다.

『다이헤이키太平記』는 남북조 시대의 군기물이었다. 전부 40권으로 구성되었고, 남북조 내란을 중심으로 한 전란을 생생하게 묘사했다. 끝도 없는 전란 속에서도 평화를 꿈꾸는 서민의 삶을 웅장한 스케일로 그려낸 대 서사시라고 할 수 있다. 남북조 내란을 남조의 입장에서 서술한 작품이다.

그 밖의 군기물로는 미나모토노 요시쓰네源義経의 생애를 그린 『기케이키義経記』가 있었다. 이것은 사실과 전설이 혼합된 것으로 영웅전설적 색채가 농후한 작품이다. 특히 요시쓰네와 그의 충복 벤케弁慶의 활약이 대부분을 차지하고 있다. 그리고 복수를 주제로 한 『소가모노가타리曽我物語』가 있었다. 이것은 1193년 소가 스케나리曽我祐成와 도키무네時致 형제가 아버지를 살해한 구도 스케쓰네工藤祐経를 죽여 원수를 갚은 이야기를 사실적으로 구성한 영웅담이다.

대표적인 사론으로는 남조의 중심인물 기타바타케 지카후사北畠親房가 저술한 『진노쇼토키神皇正統記』였다. 이 책은 지카후사가 고무라카미 천황後村上天皇에게 헌상하기 위해 히타치常陸의 오다성小田城에서 집필했다. 지카후사는 신화시대 이래 왕위의 계승이 정당하게 계승되어 정통성이 남조의 고무라카미 천황으로 이어졌다고 주장했다.

무로마치 막부의 쇼군 가문은 임제종에 귀의했다. 막부는 중국의 관사官寺 제도를 모방해 교토와 가마쿠라에 각각 5개소의 사원을 세웠다. 이것을 5산 제도라고 한다. 5산은 학문 연구의 요람이라고 할 수 있었다. 한문학·역사학·유학의 연구가 성행했다. 5산의 선승들은 폭넓은 교양이 불교 공부를 위해서도 포교를 위해서도 필요하다고 생각했다.

5산의 학문을 5산 문학이라고 했다. 특히 5산은 일본 한문학의 본산이라고 일컬어졌다. 5산에서는 서적도 출판했다. 이것을 5산판이라고 했다. 저명한 승려로 5산 문학을 정점에 올려놓았다고 평가되는 엔게쓰円月, 교토의 다이토쿠지大徳寺를 창설한 묘초妙超, 묘초의 제자로 교토 묘신지妙心寺를 창설한 에겐慧玄, 아시카가 다카우지가 귀의한 소세키疎石의 제자 묘하妙葩·슈신周信·주신中津 등이 있었다.

이 시대에 덴가쿠田楽와 사루가쿠猿楽가 보급되었다. 덴가쿠는 원래 농촌에서 모내기를 할 때 신에게 풍년을 기원하던 행사였다. 일을 할

고후쿠지 정문 앞에 설치한 사루가쿠 무대

때 박자를 맞추거나 의욕을 북돋우기 위한 단순하고 소박한 놀이였다. 그것이 도시에서 상연되는 예능으로 발전한 것이다. 헤이안平安 시대 중기에 이미 덴가쿠호시田楽法師라는 전문 예능인이 출현했다. 여러 사람이 북과 피리, 그리고 빈자사라編木라는 타악기를 연주하면서 춤을 추었다.

 사루가쿠라는 말의 어원은 원래 중국의 당에서 전래된 산가쿠散楽였다. 산가쿠는 곡예와 가무를 중심으로 하는 예능이었다. 그것이 10세기에 이르러 해학적인 연기를 주로 하는 예능으로 발전하면서 사루가쿠라고 불리게 되었다. 사루가쿠는 대화를 주로 하는 희극 교겐狂言과 그윽한 경지를 표현하는 가무극 노能로 분화했다.

3. 기타야마 문화

1397년 무로마치 막부의 3대 쇼군 아시카가 요시미쓰가 교토의 기타야마北山에 별장을 짓고 그곳에 금각金閣을 세웠다. 금각은 건물 전체를 금박으로 입힌 화려하기 이를 데 없는 건물이었다. 금각의 1층은 귀족풍의 신덴즈쿠리 양식, 2층은 무가풍의 쇼인즈쿠리 양식, 3층은 선종禪宗 양식의 불당으로 꾸며졌다. 쇼군 요시미쓰가 사망한 후, 금각은 선종 사원인 로쿠온지鹿苑寺가 되었다. 금각이 기타야마에 세워졌기 때문에 14세기 말의 문화를 기타야마 문화라고 한다.

막부의 보호 아래 육성된 기타야마 문화는 전통적인 귀족 문화와 대

금각

류 문화를 기조로 하는 것이었다. 금각의 건축 양식이 일본의 전통적인 양식과 선종 양식이 융합되어 있는 것을 보아도 알 수 있다. 특히 사치성이 농후한 귀족문화가 무사 문화와 융합되어 기타야마 문화를 꽃피웠다.

조세쓰의 효넨즈

이 시대에 송·원 문화의 영향을 받아서 수묵화가 성행했다. 산수화에 속하는 수묵화는 실제 풍경을 사생하는 것이라고 하기보다는 화가의 마음속에 그려진 이상적인 풍경을 화폭에 담는 것이라고 할 수 있다. 중국에서는 산수山水를 가장 높은 덕이 함유된 대상이라고 생각했다.

일본 수묵화의 기초는 도후쿠시東福寺의 밍초明兆에 의해 다져졌다. 밍초는 「오백나한도」를 비롯한 뛰어난 작품을 많이 남겼다. 밍초를 계승해 일본 수묵화의 기반을 닦은 인물은 쇼코쿠지相国寺의 조세쓰如拙였다. 조세쓰는 「효넨즈瓢鮎図」라는 작품을 남겼다.

학문 분야에서는 역시 5산 문학이 주류를 점하고 있었다. 명과 교역하는 서부 일본 슈고守護의 문화 교류 풍조에 힘입어 학문이 지방에도 전파되었다. 1439년 가마쿠라 시대에 아시카가씨가 설립한 아시카가 학교가 우에스기 노리자네上杉憲実에 의해 재흥되었다. 아시카가 학교에서는 선승을 초빙해 유학을 연구하고 가르쳤다.

이 시대에 상공인과 농민의 열정이 문화면에도 반영되었다. 기타야마 문화를 대표하는 예능은 노能였다. 노는 14세기 말 간아미観阿弥와 그

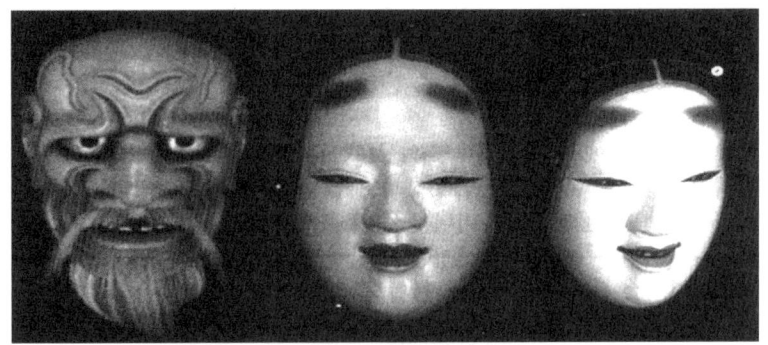
노의 가면 - 노인 가면(좌) 남자 가면(중) 여자 가면(우)

의 장남 제아미世阿弥의 활약으로 확립되었다. 간아미·제아미 부자는 무로마치 막부의 3대 쇼군 아시카가 요시미쓰의 후원을 받으며 노를 단순한 해학에서 예술로 승화시켰다.

간아미는 유현幽玄의 미를 표현하는 데 중점을 두면서도 부채와 북을 사용하며 노래를 부르고 춤을 추는 기법을 도입해 활기찬 노를 창조했다. 제아미는 명곡을 창작해 이른바 무겐노夢幻能를 완성했다. 제아미는 노의 대표적인 이론서 『후시카덴風姿花伝』을 집필했다. 제아미기 사실 묘사와 화려함에 초점을 맞춘 노의 형식을 완성하면서 노는 고급 예술로 승화되었다. 노의 막간에 즉흥적으로 선보이는 연기가 교겐狂言이었다.

노는 주로 고전적인 제재를 가지고 유현의 미를 중요시하는 가무극이고, 교겐은 일상적인 사건을 익살로 표현하는 대사극이었다. 노는 연출이 중후한데 반해 교겐은 해학적이고 가벼운 맛을 기조로 했다. 교겐은 당시 사회와 인물의 풍자, 서민 생활을 소재로 하는 것이 일반적이었다.

4. 히가시야마 문화와 종교

1) 문예와 예능

　남북조 시대에는 귀족과 무사들 사이에 렌가連歌가 유행했다. 렌가는 여러 사람이 한 장소에 모여 와카의 상구上句 5·7·5와 하구下句 7·7을 서로 연결해 읊는 문예였다. 이것 역시 가마쿠라 시대부터 시작되어 남북조 내란기에 성행했다. 렌가는 각지에서 제각기 다른 방법과 형식으로 발전하다가 니조 요시모토二條良基가 형식을 정했다.

　렌가의 유행은 렌가를 직업으로 하는 렌가시連歌師를 출현하게 했고, 렌가 자체의 기법도 진보했다. 특히 유명한 렌가시는 이이오 소기飯尾宗祇였다. 소기는 주로 15세기 후반에 활동한 다재다능한 인물이었다. 그는 전국 각지를 여행하면서 렌가의 보급에 힘썼다. 그는 감정적이면서도 심오한 뜻을 내포한 이른바 쇼후렌가正風連歌를 확립했다. 렌가의 여흥으로 하이카이俳諧가 탄생했다.

　서민들이 좋아하는 읽을거리로 오토기조시御伽草子가 있었다. 오토기조시는 서민의 수준에 맞춘 통속적인 단편소설이라고 할 수 있다. 서민이 주인공으로 등장하는 경우가 많았다. 소재는 매우 다양했다. 특히 민간에서 전해 내려오던 교훈적인 이야기가 많았다. 『잇슨보시一寸法師』나 『분쇼소시文正草子』와 같은 이야기에는 전란의 시기에 영웅을 갈망하는 서민의 심정이 솔직하게 반영되어 있다.

　서민들은 민간 가요라고 할 수 있는 고우타小歌를 즐겨 불렀다. 고대에는 민간 가요를 잡예雜藝·이마요今樣라고 했으나 무로마치 시대에는 고우타라고 했다. 이 시대 서민은 자유로운 음률에 맞추어 노래를 불렀다. 바로 그 점이 고우타의 특징이었다. 1518년 고우타와 민간의 동요 약 310수가 수록된 『간긴슈閑吟集』가 편찬되었다.

문예가 유행하면서 예능이 더불어 발전했다. 노가쿠能楽는 무로마치 막부 3대 쇼군 아시카가 요시미쓰를 비롯한 역대 쇼군의 후원으로 시키가쿠式楽, 즉 막부의 공식적인 예능의 지위를 확립했다. 오닌의 난 후, 노가쿠는 교토는 물론 오사카 지방의 서민도 즐기게 되었다. 교겐은 여전히 하극상의 세상을 풍자해서 서민의 사랑을 받았다.

도차카이鬪茶会가 유행했다. 도차는 가마쿠라 시대부터 사원을 중심으로 성행한 차를 마시는 풍습이 유희화한 것이었다. 차를 돌려서 마시고, 마신 차의 종류를 알아맞히는 놀이였다. 보통 교토의 도가노오栂尾 차를 '혼챠本茶' 그 밖의 차를 '히챠非茶'라고 구별하는 도차, 차의 종류를 4종으로 늘려서 좀 더 복잡하게 만든 도차가 있었다.

다도茶道는 무라타 주코村田珠光에 의해 개척되었다. 주코는 원래 쇼묘지称名寺의 선승이었다. 그는 선의 정신을 다도의 과정을 통해 표현하려고 했다. 그는 질박한 것과 불완전한 것, 그리고 여백의 미를 좁은 공간에서 표현하는 와비차侘茶의 세계를 창조했다.

다실을 장식하기 위해 꽃꽂이가 발달했다. 이 시대에 유행한 꽃꽂이는 꽃나무를 큰 항아리에 보기 좋게 꽂아 놓는 릿카立花였다. 릿카는 원래 사원에서 불전에 꽃을 공양하면서 발달한 것이다. 그런데 쇼인쓰쿠리 양식의 주택이 발달하고, 주택 내부에 도코노마床の間라는 공간이 설정되면서 거실에 릿카를 장식하게 되었다. 도코노마에는 꽃뿐만 아니라 도자기나 그림을 장식하고 감상하기도 했다.

무로마치 시대에 '아미阿弥'라는 칭호를 이름에 붙이는 자들이 나타났다. 그들은 대개 쇼군의 측근으로 미술품을 감상하고 관리하는 자들이었다. 승려의 복장을 한 그들은 지슈時衆 또는 도보슈同朋衆라고 불렸다. 그중에 장식을 전문으로 하는 다치아미立阿弥가 있었다. 다치아미는 8대 쇼군 아시카가 요시마사의 명령으로 릿카를 장식했다. 그때부터 릿카는 감상을 목적으로 하는 예술로 발전했다.

릿카를 독립된 화도로 정립시킨 인물은 교토의 이케노보 센케이池坊專慶였다. 그는 이케노보 류 릿카의 시조로 일컬어진다. 또 쇼군 가문의 도보슈였던 몬아미文阿弥도 릿카의 명수로 알려졌다. 그가 집필한 꽃꽂이 전문서적이 후세에 전해지고 있다. 이케보노 센케이와 몬아미가 새로운 꽃꽂이 양식을 수립했다고 할 수 있다.

릿카

2) 건축과 정원

쇼인즈쿠리書院造 양식은 무사의 주택은 물론 귀족의 주택에도 도입되었다. 쇼인이라는 말은 학문을 하는 곳이란 뜻으로 원래 사원에서 불경을 독송하는 장소였다. 그것이 헤이안 시대 귀족 건축 양식인 신덴즈쿠리寢殿造에 도입되면서 발전했다. 다시 말하자면 쇼인즈쿠리는 신덴스쿠리의 전통에 새로운 양식을 가미해 무사사회의 건축 양식으로 발전했던 것이다.

거실 벽면 일부를 바닥보다 약간 높게 해서 마루를 깐 도코노마床の間를 두고, 두 장의 판자를 아래위로 어긋나게 매단 선반인 지가이다나違い棚를 설치했다. 그리고 창문 옆에 긴 판자를 붙여서 독서하기에 편리하도록 한 쓰케쇼인付書院이라는 내부 장식이 일반화되었다. 이런 건축 양식은 일본식 주거의 원형이 되었다. 대표적인 건축물로 히가시야마 도노東山殿의 은각銀閣과 동구당 東求堂이 있다.

은각

물 · 바위 · 나무를 소재로 하는 정원은 쇼인즈쿠리 건물과 조화를 이루어 조성되었다. 정원은 자연의 지형을 교묘히 이용하기도 하고, 가레산스이枯山水라고 해서 물을 이용하지 않고 단지 지형으로 산수를 표현하기도 했다. 물을 표현하기 위해 모래와 자갈이 이용되었다. 매우 인공적이며 상징적인 수법이라고 할 수 있다. 대표적인 가레산스이 정원으로 15세기 말에 조성된 교토의 료안지竜安寺 경내의 방장정원을 꼽을 수 있다. 좁은 공간이지만 돌과 하얀 모래를 이용해 깊은 산골짜기를 인위적으로 표현한 다이토쿠지大德寺의 정원도 대표적인 일본식 정원이다. 그 밖에 덴류지天竜寺 · 사이호지西芳寺 · 은각의 정원이 유명하다.

일본의 독특한 정원 양식인 가레산스이는 사람이 걸어 다닐 수 없게 설계되었다 조용하게 바라보면서 감상하기 위해 꾸민 정원이었다. 넓이가 그다지 넓지 않은 것은 그 때문이었다. 정원의 설계자는 큰 산이

료안지 정원

나 비다, 높고 깊은 계곡의 이미지를 기능한 축소시켜 한정된 공간에 옮겨 놓으려고 했다. 정원을 꾸밀 때 주로 돌과 바위를 이용한 것은 사계절의 화려한 변화 그 자체보다 변화를 넘어서 있는 영원성을 보려는 선禪의 정신과 맞닿아 있다. 돌과 바위야말로 그러한 정신을 표현할 수 있는 가장 적합한 소재였던 것이다.

3) 미술과 공예

회화 분야에서는 특히 수묵화가 발전했다. 일본 수묵화를 발전시킨 인물은 쇼코쿠지相国寺의 승려이면서 조세쓰如拙에게 그림을 배운 슈분

셋슈의 아마노하시다테즈

周文이었다. 슈분을 계승해 일본 수묵화를 대성한 인물이 히가시야마 시대의 셋슈雪舟였다.

셋슈는 30세 넘어서까지 슈분의 지도 아래 그림을 그렸지만 스승의 그늘에 가려 그다지 주목받지 못했다. 그러던 중 1467년 그의 나이 48세 되던 해에 명으로 건너가 수묵화 기법을 익히고 1469년에 귀국했다. 귀국 후 잠시 규슈에 머물면서 중국 산수화의 화법을 갈고닦았다. 그러나 방랑벽이 있던 셋슈는 일본의 자연을 그리기 위해 각지를 여행했고, 1467년 야마구치山口의 운곡암雲谷庵으로 돌아와 본격적으로 그림을 그리기 시작했다. 셋슈는 송과 원의 수묵화 양식에서 탈피해 개성 있는 수묵화를 완성했다. 그의 대표적인 작품으로 「아마노하시다테즈天橋立図」, 「시키산스이즈마키四季山水図巻」, 「하보쿠산스이破墨山水」, 「슈도산스이즈秋冬山水図」 등이 있다.

야마토에大和絵 분야에서도 재흥의 기운이 일어났다. 8대 쇼군 요시마사 시대에 도사 미쓰노부土佐光信가 도사파土佐派를 일으켰다. 전국 시대에 가노 마사노부狩野正信・모토노부元信 부자가 도사파의 화풍을 계승하고, 야마토에에 수묵화의 기법을 가미해 가노파狩野派를 열었다.

조각과 공예도 발달했다. 특히 노가 유행하면서 작품성이 뛰어난 가면이 제작되었고, 일본 독특한 칠공예 예술 마키에蒔絵 분야에서는 문양이 입체적으로 표현되는 기법이 완성되었다. 부채 등의 공예품 기술도 크게 진보했다.

금속 공예 분야에서는 뛰어난 도검이 제작되었다. 이미 남북조 시대에 고노 요시히로가 뛰어난 작품을 제작했지만, 이 시대에 8대 쇼군 요시마사를 받들던 고토 요조後藤祐乘가 도검의 메누키目貫와 고즈카小柄의 명수로 이름을 날렸다. 메누키는 칼자루에 지르는 쇠못이나 그것을 덮는 장식용 쇠붙이였고, 고즈카는 휴대용 칼이었다.

셋슈의 슈도산스이즈

4) 서민문화의 발달과 보급

간소하고 실용성을 중시하는 기풍은 생활 문화에도 반영되었다. 이 시대에는 가마쿠라 시대에 무사의 평상복이던 히타타레直垂를 예복으로 입게 되었다. 평상복으로는 히타타레를 더욱 간략하게 개조한 스오素襖를 입었다. 일반 무사는 스오의 소매를 없앤 가타기누肩衣와 발목까지 덮이는 바지 한바카마半袴를 한 벌로 입었다. 남자의 히타타레에 해당하는 여자의 옷으로는 고소데小袖가 있었다.

　식생활은 1일 3식을 하는 자들이 늘어났다. 주식으로 시루에 찐 밥 고와이強飯와 물을 적당히 넣고 지은 밥 히메이姬飯가 있었으나 점차로 히메이가 보급되었다. 사원의 영향을 받아서 식단은 채소를 중심으로 짜여졌다. 콩을 발효시킨 낫토納豆, 우무를 가늘게 뽑아내어 간을 해 먹는 도코로텡心太, 얇은 널판에 어묵을 붙인 가마보코蒲鉾, 곤냐쿠蒟蒻, 두부 등의 가공 식품이 보급되었다. 그 밖에 떡, 곶감, 양갱, 우동, 만두, 고구마를 쪄서 얇게 썰어 말린 호시이모干芋 등 다양한 간식거리가 있었다.

　귀족이나 상급 무사의 저택 양식 신덴즈쿠리가 점차로 무가의 전형적인 주택 양식 쇼인즈쿠리로 바뀌었다. 서민의 주택은 여전히 허술하고 조잡했다. 당시 일본에서 가장 번화한 교토의 상점가도 널빤지로 지붕을 덮고, 그 위에 돌을 얹어 놓은 집들이 즐비했을 정도였다. 농가는 더욱 조잡했다. 풀을 베어서 지붕을 덮고, 흙이 드러난 방에 멍석을 깔고 생활하는 것이 보통이었다.

　무로마치 시대에 서민이 함께 즐기는 문화가 발달했다. 서민에게는 예능이 최대의 오락이었다. 도시와 농촌의 구별 없이 춤이 유행했다. 음력 7월 중순 우란분절盂蘭盆節에 추는 춤의 일종인 봉오도리盆踊, 징이나 북의 장단에 맞춰서 춤을 추며 큰 소리로 염불을 외우는 넴부쓰오도리念仏踊, 화려한 옷을 입은 춤꾼이 피리, 북, 바라 등 악기의 장단에 맞추어 춤을 추는 후류오도리風流踊가 유행했다. 서민의 인기를 끌었던 교겐에 민요가 도입되었다.

　이 시대에 현세의 평안함을 기원하는 축제라고 할 수 있는 고신마치

庚申待나 쓰키마치月待가 유행했다. 고신마치는 경신일庚申日 밤에 잠을 자지 않고 밤을 지새우는 습속이었다. 15세기 후반 경부터 이런 습속을 고신마치라고 부르게 되었다. 마침 이 시대에 고신마치를 실행하면 공덕이 있다는 경신연기설庚申緣起說이 전파되었다. 쓰키마치는 음력 23일 밤늦게 뜨는 달을 맞이하는 습속이었다. 자지 않고 달을 맞이한다는 점에서 고신마치와 공통점이 있었다. 렌가나 불경을 외우면서 밤을 지새우기도 하고, 친한 사람끼리 모여 함께 밤을 지새우기도 했다. 쓰키마치는 동부 일본의 농촌에서 시작되어 교토·오사카 지역으로 전파된 습속이었다.

히가시야마 시대에 문화가 지방으로 보급되었다. 교토 문화의 담당자이기도 했던 슈고다이묘守護大名는 조카마치城下町에 교토의 문화를 이식하는 역할을 했다. 특히 오닌의 난으로 교토의 문화인이 지방으로 흩어지면서 중앙의 문화가 자연스럽게 지방으로 전파되는 계기를 맞이했다. 예를 들면 오우치씨大內氏의 조카마치였던 야마구치山口는 '서쪽의 교토'라고 일컬어지면서 문화를 꽃피웠다.

오닌의 난 후, 귀족과 승려가 지방의 실력자에게 몸을 의탁했다. 그들 중에 무사의 저택을 전전하며 학문을 전수하는 자들이 있었다. 귀족 이치조 가네라一條兼良는 에치젠越前의 아사쿠라씨朝倉氏에 몸을 의탁하며 학문을 전수했다. 대표적인 렌가連歌 작가 이이오 소기飯尾宗祇도 그런 인물 중의 하나였다. 소기는 전국을 여행하면서 민간의 렌가를 예술로 승화시켰다. 소기가 편찬한 책에 지방 무사의 작품이 많이 실려 있다.

히고肥後의 기쿠치씨菊地氏와 사쓰마薩摩의 영주 시마즈 타다아키島津忠昌는 5산의 승려 겐주玄樹를 초빙해 유학을 보급했다. 주자의 『다이가쿠쇼쿠大学章句』를 편찬한 겐주는 학문에 매진하면서 후학들을 지도했다. 겐주의 학통은 훗날 사쓰난학파薩南学派를 형성했다. 미나미무라 바이켄南村梅軒은 도사土佐 지방으로 내려가서 사서四書와 병학兵学을 강의했다. 그의 학풍은 다니 지추谷時中로 이어졌다. 다니 지추는 남학파南學派를 세웠다. 동부 일본 지방에서는 아시카가 학교가 학문의 중심이 되었다. 이 학교에서 선승을 스승으로 삼아 일본 각지에서 모여든 무사와 승려들이 공부했다.

5) 종교의 발전

임제종은 무로마치 막부의 보호를 받으며 발전했다. 임제종은 전성기를 구가하면서 많은 승려들을 배출했다. 임제종 승려들 중에 막부의 정치·외교의 고문으로 활동한 자들이 많았다. 승려들이 정치·외교·문화에 관여하면서 종교 본래의 활동을 소홀히 하는 경향이 있었다.

임제종 내부에서도 정치에 관여하는 승려들을 비판하는 목소리가 높았다. 임제종 승려의 일파는 종교 본래의 정신으로 돌아가야 한다고 주장했다. 그런 승려들은 5산에도 속하지 않고, 또 정권에도 접근하지 않았던 묘초妙超의 계통을 잇는 자들이었다. 그 일파를 린카林下라고 했다. 이 계통에서 잇큐一休 선사로 널리 알려진 소준宗純이 출현해 생활 속의 선 수행을 제창했다.

조동종은 지방의 다이묘나 호족들의 보호를 받으며 세력을 넓혔다. 오늘 날 후쿠이 현福井県 지역인 에치젠越前의 에이헤이지永平寺와 이시카와 현石川県 지역인 노토能登의 소지지總持寺가 조동종의 대본산이 되었다.

잇코종이라고 불렸던 정토진종은 혼간지파本願寺派에서 렌뇨蓮如가 출현했다. 렌뇨는 「오후미御文」라는 평이한 가나 문장을 사용해 포교했다. 교세 확장의 기본이 된 것은 렌뇨가 일생 심혈을 기울여 구축한 고講라는 거대한 조직이었다. 몇 개의 고를 하나로 묶어서 말사末寺가 통제하고, 그 말사는 다시 본사가 장악하는 피라미드식 조직이었다. 교세 확대의 계기가 된 것은 1471년에 개시된 호쿠리쿠北陸 지방의 포교였다. 에치젠의 요시자키吉崎 도장을 중심으로 문도가 급증했다. 렌뇨는 교토의 야마시나山科에도 도장을 개설했고, 이윽고 오사카의 이시야마혼간지石山本願寺에 총본산을 세우고 전국의 문도를 결집했다. 혼간지 세력은 전국적으로 확산되었다.

혼간지 세력이 단결해 일으킨 봉기를 잇코잇키一向一揆라고 했다. 그 세력은 센고쿠다이묘戰國大名에게 큰 위협이 되었다. 렌뇨가 은퇴한 후 은거한 오사카의 이시야마혼간지는 경제적으로도 군사적으로도 센고쿠다이묘를 압도할만한 실력을 갖추고 있었다. 오다 노부나가織田信長조차도 혼간지 세력을 두려워해 전면전을 기피할 정도였다. 렌뇨가 사망한 후, 혼간지의 실권은 9대 지쓰뇨実如·10대 쇼뇨証如·11대 겐뇨顯如로 이어지면서 센고쿠다이묘들과 대립했다.

니치렌日蓮이 사망한 후, 법화종의 교세가 약화되었으나 렌뇨와 거의 같은 시기에 닛신日親이 출현해 교세를 확장했다. 닛신은 『릿쇼치코쿠론立正治国論』을 저술해 포교에 힘썼다. 법화종은 서부 일본 방면에서 도시 상공업자를 대상으로 세력을 넓혔고, 교토의 상공인을 신도로 확보했다. 오닌의 난을 전후로 교토에만 20개소 이상의 법화종 사원이 있었다.

신도神道도 꾸준히 발전을 거듭했다. 남북조 시대에 인베노 마사미치忌部正通가 『진다이노마키쿠케쓰神代卷口訣』를 저술했고, 히가시야마 시대에 교토 요시다진자吉田神社의 신주神主 요시다 가네토모吉田兼俱가 『신토타이이神道大意』와 『유이쓰신토메이호요슈唯一神道名法要集』를 간행했다. 가네토모는 신도에 유교·불교를 통합하는 신도를 확립했다. 이 신도를 요시다 신도吉田神道라고 한다. 요시다 신도는 역시 반본지수적설反本地垂迹說의 입장을 취했다.

반본지수적설은 말 그대로 본지수적설을 뒤집어서 설명한 신불습합설神佛習合說이다. 본지수적설은 부처가 인간을 교화하기 위해 신의 모습으로 변해 가르침을 전한다는 설이었다. 즉 부처가 본지本地였던 것이다. 그러나 이 본지수적설은 중국의 원元이 일본을 침략한 후, 일본인의 민족적 자각과 신국 사상이 고양됨에 따라 신이 부처보다 우위에 있다는 생각으로 발전했다. 즉 신이야말로 본지이며, 신이 모습을 바꾸어 부처의 모습으로 이 세상에 출현했다고 설명했다. 이것이 반본지수적설이다.

서민이 대두하면서 민간에서 발생한 신앙도 성행했다. 천황의 조상신을 받드는 이세 신궁에 참배하러 가는 것이 서민 사이에서 중요한 행사로 정착되었다. 참배객이 증가하자 신사에 소속되어서 기도를 해주는 오시御師가 참배객들을 대상으로 숙박업을 운영하면서 신궁의 안내자 역할을 했다.

상공업이 발달하면서 부귀와 행복을 비는 복신신앙福神信仰이 유행했다. 다이코쿠텐大黑天・에비스恵比寿가 신앙의 대상이 되었다. 고난에 처한 서민을 구제한다는 관음보살을 믿는 관음신앙도 성행했다. 전국 각지의 영험한 곳을 순례하는 자들이 증가했다. 순례는 사이고쿠西国 순례와 시코쿠四国 순례가 있었다. 헤이안 시대 말기부터 전파된 지장신앙도 유행했다. 인간이 죽으면 지옥에 떨어져 염라대왕의 재판을 받게 되는데, 지장보살에 의지하면 고통에서 구제될 뿐만 아니라 현세에서도 이익을 얻을 수 있다고 믿었다.

제 3 부

근세의 문화

제12장

아즈치 · 모모야마 문화

1. 오다 · 도요토미 시대의 정치

　오닌応仁 난 후, 센고쿠다이묘戦国大名가 등장했다. 그 과정은 혼란의 연속이었다. 혼란 상태는 16세기 말에 도요토미 히데요시豊臣秀吉가 전국을 통일할 때까지 약 1세기 동안 지속되었다. 이 시대는 주로 무력에 의존해 문제를 해결하는 방식이 정당화되었다. 전쟁이 끊이지 않았던 시대였다. 이 시대를 전국戦国 시대라고 한다.

　문화사에서 아즈치安土 · 모모야마桃山 시대는 전국 시대의 쟁란이 진정되어 사회질서가 점차로 회복되던 16세기 후반 약 50년간을 말한다. 즉 오다 노부나가織田信長가 천하를 쟁취하기 위해 야망을 불태우고, 노부나가의 후계자 도요토미 히데요시가 전국 통일이라는 대업을 달성한 시기라고 할 수 있다.

센고쿠다이묘는 장원체제를 완전히 부정하고 분국分國이라는 영국을 독자적으로 지배했다. 그들 중에는 다테씨伊達氏・시마즈씨島津氏・오토모씨大友氏・이마가와씨今川氏・다케다씨武田氏 등과 같이 슈고守護에서 성장한 경우도 있었으나 우에스기씨上杉氏・아사쿠라씨朝倉氏・오다씨・모리씨毛利氏 등과 같이 지역의 토호나 슈고의 가신이 주군을 몰아내고 다이묘로 성장한 경우가 대부분이었다.

센고쿠다이묘는 이미 무로마치 막부의 통제에 따르지 않았다. 그들은 장원영주가 지배하는 토지를 빼앗았다. 다이묘들은 토착 무사들을 농업생산에서 분리해 가신단에 편성하고, 무사들을 자신의 거성 주변에 거주하게 했다. 이런 정책을 병농분리兵農分離라고 한다. 병농분리가 진행되면서 다이묘의 거성 주변에 조카마치城下町가 형성되었다. 조카마치는 무사가 거주하는 지역과 상공인이 거주하는 지역으로 구분되었다.

전국 시대 후기부터 통일의 기운이 조성되었다. 센고쿠다이묘 중에서 오와리尾張 지방의 다이묘 오다 노부나가가 통일의 선두 주자로 두각을 나타냈다. 그의 이름이 천하에 알려지게 된 것은 1560년 5월 오케하자마桶狹間 전투에서 승리하면서부터였다. 노부나가는 당시 일본에서 가장 강력한 다이묘로 알려진 스루가駿河 지방의 다이묘 이마가와 요시모토今川義元의 대군을 오케하자마에서 물리쳤다. 2,000여 명의 오다 군이 2만5,000에서 4만이라고 알려졌던 이마가와 군과 싸워 크게 이겼다.

오다 노부나가는 이마가와씨의 지배에서 해방되어 미카와三河 지역을 탈환한 도쿠가와 이에야스德川家康와 동맹을 맺어 배후의 우환을 없앤 다음, 서부 일본 지역 공략에 전념했다. 1567년에는 미노美濃 지방을 정복하고 본거지를 기후岐阜로 옮겼다. 1568년에는 오미近江 지방의 롯카쿠씨六角氏를 멸망시키고 교토로 입성했다.

오다 노부나가는 조카마치에 상공업자를 유치하고, 상업을 촉진시키는 제도를 마련했다. 독점 상인의 특권을 폐지하고, 시장세를 면제하기도 했다. 훗날 도요토미 히데요시도 조카마치를 건설하면서 이러한 제도를 계승했다.

오다 노부나가는 1573년에 무로마치 막부의 15대 쇼군 아시카가 요시아키足利義昭를 교토에서 추방했다. 그동안 형식적으로나마 명맥을 유지하던 무로마치 막부가 멸망했다. 그 사이에 노부나가가 가장 두려워했던 다이묘 다케다 신겐武田信玄과 우에스기 겐신上杉謙信이 연이어 병사하는 우연도 일어났다.

오다 노부나가의 통일 사업에 끝까지 걸림돌이 되었던 것은 잇코잇키一向一揆 세력이었다. 잇코종一向宗 지도자 겐뇨顯如는 이시야마혼간지石山本願寺에서 각지의 문도 조직을 통솔하면서 10년간이나 오다군과 대립했다. 노부나가는 이시야마혼간지를 포위하고 천황의 중재로 혼간지 측과 강화를 맺는 형식으로 전쟁을 종결지었다.

1582년 6월 오다 노부나가는 서부 일본의 모리씨毛利氏를 공략하던 도요토미 히데요시를 지원하기 위해 부장들에게 출진 명령을 내리고, 자신도 전장으로 향하던 중 교토의 혼노지本能寺에서 숙박했다. 그날 밤 가신인 아케치 미쓰히데明智光秀가 노부나가의 숙소를 기습했다. 노부나가는 스스로 활을 쏘면서 대항하다가 장렬한 최후를 맞이했다.

도요토미 히데요시의 청년 시절 이름은 기노시타 도키치로木下藤吉郎였다. 1570년부터 무장으로 공훈을 세워서 다이묘의 반열에 올랐다. 성명도 하시바 히데요시羽柴秀吉라고 바꿨다. 히데요시 38세 때의 일이었다. 히데요시는 1581년의 돗토리성鳥取城 포위작전과 다음 해의 다카마쓰성高松城 포위작전으로 일약 유명해졌다.

히데요시가 다카마쓰성에서 모리씨 군대와 대치하고 있을 때 오다 노부나가가 사망했다. 히데요시는 즉시 강화를 맺고 회군했다. 그리고 교토 서쪽의 야마자키山崎 전투에서 아케치 군을 무찔렀다. 1583년에는 동료였던 시바타 가쓰이에柴田勝家를 시즈가타케賤ケ岳 전투에서 물리치고 최고 실력자가 되었다. 히데요시는 오사카성大坂城을 건설하고 전국 통일의 거점으로 삼았다.

　히데요시는 정적인 도쿠가와 이에야스德川家康를 외교로 복속시키는 수완을 발휘했다. 1585년에는 조소카베 모토치카長宗我部元親를 굴복시켰고, 이어서 모리씨와 우에스기씨上杉氏를 굴복시켰다. 1585년 7월 히데요시는 감파쿠関白의 지위에 오르고, 다음 해 12월에는 다이조다이진太政大臣이 되었다. 천황은 히데요시에게 도요토미豊臣라는 성을 하사했다. 히데요시는 감파쿠의 지위를 조카인 도요토미 히데쓰구豊臣秀次에게 물려주고 스스로 다이코太閤라 칭했다.

　히데요시는 1587년부터 1590년까지 규슈·관동·동북 지방의 여러 다이묘들을 차례로 복속시켰다. 히데요시는 먼저 규슈의 시마즈씨島津氏를 공략했다. 시마즈씨는 히데요시가 25만의 병력을 동원해 공격하자 순순히 항복했다. 이어서 관동 지방을 영유하는 호조씨北条氏를 멸망시켰다. 호조씨를 공략하는 중에 동북 지방의 실력자 다테 마사무네伊達政宗가 복속했다. 도요토미 정권에 끝까지 저항했던 잇코잇키 세력도 진압되었다. 전국이 통일되었다.

　도요토미 히데요시는 오다 노부나가가 실시한 것보다 더욱 철저한 겐치檢地를 실시했다. 히데요시의 겐치는 1582년에 시작되어 1598년까지 계속되었다. 중앙에서 관리가 파견되어 전국적으로 거의 동일한 기준이 적용되었다. 겐치에 저항하는 자들은 가혹한 처벌을 받았다. 겐치의 결과 전국의 경작지와 생산량이 파악되었다. 경작자도 함께 파악되었다.

　병농분리가 보다 명확한 형태로 드러난 것이 가타나가리刀狩 정책이었다. 가타나가리란 서민의 무기소지를 금지하는 것이었다. 그 목적은 서민을 무장해제를 시키는 것이었다. 히데요시는 서민이 무기를 소지하고 있으면 무장 봉기의 원인이 된다고 생각했다.

2. 성곽과 미술

아즈치·모모야마 문화를 생각할 때, 맨처음 떠오르는 생각은 힘차고, 웅대하고, 사치스러운 황금문화이다. 그것은 이 시대를 주체적으로 이끈 센고쿠다이묘들의 생활태도와 미적 감각의 발로라고 할 수 있다. 아즈치·모모야마 문화의 특색을 가장 구체적으로 드러낸 것이 성곽城郭이었다.

평지에 높다랗게 건설된 성곽은 기본적으로는 군사시설이었으나 다이묘의 주거를 겸한 공간이기도 했다. 성곽의 안쪽에 여러 용도의 건축물과 방어시선이 있었다. 성곽의 주변에 땅을 깊게 파서 물을 가둔 해자垓字를 설치해서 적이 용이하게 접근할 수 없었다. 성으로 출입하려면 다리를 건너야 했다. 성의 중심에 있는 혼마루本丸에는 3층 또는 5층의 천수각天守閣이 세워졌다.

이 시대를 대표하는 성곽은 오다 노부나가가 세운 아즈치성安土城이라고 할 수 있다. 1579년 완공된 아즈치성 천수각은 높이 12간 정도의 석실 위에 다시 남북 20간, 동서 17간의 팔각형 천수대를 쌓고, 그 위에 다시 5층 건물을 올린 것이었다. 천수각의 외관은 5층이나 내부에서 보면 7층 구조로 되어 있었다. 천수각의 외관이 특이한 것은 서양의 교회 건축 모형을 본뜬 것이라고 알려져 있다.

아즈치성의 건물의 기둥에 금박金箔을 입히거나 옻칠을 하거나 붉은 색으로 칠했다. 각 층의 벽면에는 화려한 그림이 그려져 있었다. 특히

오사카성 천수각

건물의 상부 2층의 벽화에는 불교·유교·도교의 성인이 그려져 있었다.

아즈치성 이외에 가장 규모가 큰 것으로 오사카성大阪城이 있었다. 오사카성은 도요토미 히데요시가 수만 명의 인부를 동원해 오랜 세월에 걸쳐 완공한 난공불락의 요새였다. 오사카성의 건물은 여러 구역으로 나뉘어 세워졌다. 총면적은 100만평이 넘었다.

오사카성 혼마루本丸에는 5층 천수각과 500평이 넘는 마루를 깐 건물이 있었다. 오사카성은 천수각이 높고 화려한 것으로 유명하다. 천수각의 최상층 지붕을 덮은 기와에 금박을 입히고 용마루를 금으로 장식했다. 그 규모의 웅대함, 견고함, 화려함은 아즈치성을 능가했다.

역시 히데요시가 세운 주라쿠테이聚落第와 후시미성伏見城도 그 규모나 웅장함이 오사카성에 뒤지지 않았다. 주라쿠성이라고도 하는 주라쿠테이는 히데요시가 교토에 세운 광대한 저택으로 1587년에 완공되었다. 천수각이 아름답기로 유명한 후시미성은 1594년 히데요시가 지

히메지성 천수각

은 성곽풍의 저택으로 도요토미씨의 본거지였다.

일본에서 가장 아름다운 성곽으로 히메지성姬路城을 들 수 있다. 성곽의 외관이 희고 우아해서 백로성이라는 이름으로 알려져 있다. 히메지성은 1346년 아카마쓰씨赤松氏가 산성으로 조성한 것인데, 전국 시대에 아카마쓰씨 가신이 거성으로 사용했다. 1600년 이케다 데루마사池田輝政가 성주로 부임해서 산등성이를 따라 중앙 천수각과 규모가 작은 천수각 3곳을 세우고 방어시설을 구축하면서 현재의 모습을 갖추게 되었다.

성곽의 안쪽에 다이묘가 거주하는 건물이 배치되었다. 건물 내부는 화려한 조각과 그림으로 장식되었다. 가신이 열석하는 넓은 실내의 벽면과 미닫이문인 쇼지障子는 벽화로 장식되었다. 이런 그림을 쇼헤키가障壁画라고 한다.

쇼헤키가는 웅대한 구도, 힘이 넘치는 필법, 강렬한 색채를 사용해 강한 인상을 남겼다. 주로 금박을 입힌 화폭을 사용하는 쇼헤키가는 성곽의 위압적인 미의식을 유감없이 발휘했다. 쇼헤키가의 색다른 기법은 오로지 풍속과 산수를 소재로 하는 야마토에大和絵와 수묵화에는 없던 새로운 시도였다.

쇼헤키가는 그림 양식에 따라 전기와 후기로 나누어진다. 전기는 가노 에이토쿠狩野永德가 왕성하게 활동한 1570~80년대인 덴쇼기天正期였고, 후기는 에이토쿠의 제자 가노 산라쿠狩野山楽가 활동한 1590년대 후반부터 1610년대 중반에 이르는 게이초기慶長期였다.

전기는 에이토쿠 시대라고도 한다. 에이토쿠가 24세 때 그린 「시키카초즈四季花鳥図」는 화면 자체에 자립적 세계를 형성하면서 완결성을 추구한 작품이었다. 그것은 생명감이 넘치고 장식성이 강한 화풍에 도달했다고 평가된다.

가노 에이토쿠의 히노키즈 병풍

가노 에이토쿠의 능동적이면서도 활기찬 화풍은 오다 노부나가의 미의식을 충족시키기에 충분한 것이었다. 노부나가가 천하를 지배하기 위한 거점으로 건설한 아즈치성 내부의 쇼헤키가는 대부분이 가노 에이토쿠와 그 제자들의 작품이었다.

「가라지시즈병풍唐獅子図屛風」과 「히노키즈병풍檜図屛風」에서 볼 수 있듯이, 가노 에이토쿠의 작품은 호쾌하고 중량감이 풍부한 제재를 대담하게 구상했다. 금박을 풍부하게 사용한 거대한 화면에 검은 선과 짙은 색채를 적절하게 조화시켜 장식예술의 극치를 보여주었다. 그것은 노부나가와 히데요시의 성향을 반영한 힘과 권위를 표현하기 위한 예술이었다.

후기에 가노 산라쿠가 에이토쿠의 양식을 충실히 계승했다. 산라쿠는 처음에 도요토미 가문의 화가로 활동했으나 후에 도쿠가와 가문에 봉사했던 인물이다. 산라쿠는 교토 다이카쿠지大覚寺에 전해지는 「고바이즈紅梅図」라는 걸작을 남겼다.

3. 다도와 꽃꽂이

무라타 주코村田珠光가 발전시킨 다도는 무라타 소슈村田宗珠가 계승했다. 전국 시대에는 사카이堺의 부유한 상인들이 다도의 명맥을 유지했다. 그중에서 다케노 조오武野紹鷗가 가장 유명했다. 조오는 와비차를 더욱 간소화하고, 귀족적 요소와 서민적 요소를 결합해 독특한 다도의 형식을 선보였다. 조오의 다도는 부유한 상인 이마이 소큐今井宗久가 계승했다.

도요토미 히데요시와 각별한 인연을 맺은 사카이의 상인 센노 리큐

千利休는 와비차의 형식을 완성했다. 와비차는 다도가 단지 의례를 지키는 것에 머물지 않고, 편안하고 맑은 경지를 중시하는 다도의 방식이었다. 와비란 사물의 약간 부족한 상태나 모양에서 우러나오는 감정을 말한다. 와비는 그 전에는 없던 새로운 미의 기준이었다. 리큐는 와비의 경지를 표현하기 위해 거친 황토 흙을 바른 좁은 다실 다이안待庵의 세계를 창조했다. 다이안은 교토 묘키안妙喜庵에 있다.

새로운 미의 기준이 확립되면서 다도의 환경이 크게 변화했다. 특히 다도구를 고르는 기준이 달라졌다. 섬세하고 아름다운 것보다 투박한 것이 선호되었다. 섬세하고 아름다운 것에는 편안함이 결여되어 있었기 때문이

다실 다이안 입구(상) 다이안 실내(하)

다. 다인들은 다실의 건축에도 주의를 기울였다. 차를 마시는 환경이 중요하다고 생각했기 때문이다.

다도는 16세기 중엽부터 부유한 상인들 사이에 유행하기 시작했다. 다이묘大名나 승려들도 다도에 심취했다. 1568년 교토로 입성한 노부나가도 다도에 매력을 느꼈다. 교토 귀족에게 문화적으로 열등감을 느낀 노부나가는 스스로 교양 없음을 감추고 경제력을 과시하는 데 다도가 효과적이라는 것을 알았다. 노부나가는 즉시 사카이의 호상 이마이 소큐, 쓰다 소규津田宗及, 센노 리큐 등을 불러들였다. 천하의 명기와 명품을 수집하고 자주 다회를 열었다. 자신이 수집한 다기를 가신들에게 나누어주기도 했다.

도요토미 히데요시도 다도에 부쩍 관심을 보이기 시작했다. 천하의 명기와 명품을 모두 손에 넣고, 그것들을 직접 사용하거나 여러 다이묘들에게 보여주었다. 오사카성이나 다이도쿠지大德寺에서 자주 다회를 열기도 했다.

히데요시는 사치스럽고 값비싼 도구에 집착하고, 많은 손님을 초빙해서 떠들썩하게 모임을 갖으며 권력을 과시하는 경향이 있었다. 권력의 다도를 상징하는 것은 히데요시가 마련한 황금 다실이었다. 황금 다실은 조립식으로 된 이동식 건축물이었다. 1.5평 공간의 기둥, 바닥, 천정, 벽 등에 모두 두꺼운 금판을 붙여서 제작했다. 창문과 장지문은 순금으로 만든 틀에 붉은 비단을 바르고, 바닥에 다타미 대신 성성이 가죽을 깔았다. 다도구는 대나무 솔과 수건을 제외하고 모두 황금으로 만든 것이었다. 히데요시는 황금 다실에서 황금 다도구를 사용해 천황·귀족·다이묘들에게 차를 대접하면서 자신의 실력을 과시했다.

다도는 다이묘와 상급 무사의 사교 수단으로 널리 보급되었다. 교토의 귀족사회에도 다도가 보급되었다. 노부나가의 동생 오다 우라쿠織田有樂는 우라쿠류라는 유파를 열었다. 리큐의 수제자 후루타 오리베

古田織部는 무가풍의 다도를 개척하고 에도 막부 2대 쇼군 도쿠가와 히데타다德川秀忠에게 다도를 전수하기도 했다.

가장 고전적인 꽃꽂이는 릿카立花였다. 릿카는 조화·비례·균형을 중요시했다. 릿카에 기본적으로 사용되는 재료는 다섯 가지 정도의 화초와 나무였다. 먼저 중심이 되는 가지를 세우고, 그 좌우에 화초들을 위로 팔을 벌린 것 같은 모양으로 꽂는 것이 전형적인 형식이었다.

세이카

다도가 유행하면서 다실을 장식하는 꽃꽂이로 발달한 것이 이케바나生花였다. 다실을 장식하는 꽃꽂이를 특히 다화茶花라고 했다. 그것은 간소하면서도 자연스러움을 생명으로 했다. 매우 상징성이 강한 다화는 이케바나의 형식에 큰 영향을 미쳤다.

에도 시대에 형성된 꽃꽂이의 형식으로 세이카生花를 들 수 있다. 세이카는 기본적으로 릿카의 형식을 따랐다. 그렇지만 경직된 형식을 고집하지 않고 오히려 그 형식을 타파하는 방향으로 발전했다. 그래서 경직된 상태에 머물렀던 릿카와는 달리 많은 유파가 형성되었고, 서민에게 널리 보급되어 꽃꽂이의 가장 보편적인 형식으로 자리를 잡았다. 가장 널리 알려진 유파로는 이케노보류池坊流였다. 에도 시대 중기에 엔슈류遠州流, 고류古流 등의 유파도 뿌리를 내리게 되었다.

4. 바둑 · 장기 · 스모

당唐에서 전래되었다고 전해지는 바둑과 장기가 일본에서 오락으로 발전하기 시작한 것은 무로마치 시대 이후였다. 특히 바둑은 여러 다이묘들이 고수들을 초빙해 대국을 주선하면서 유행했다. 바둑은 전국 시대에 이르러 융성기를 맞이했다.

당시 바둑의 일인자로 등장한 인물이 혼인보 산사本因坊算砂였다. 그는 이른바 현대 바둑의 포석布石 개념을 처음 창시한 인물이었다. 혼인보는 오다 노부나가 · 도요토미 히데요시 · 도쿠가와 이에야스를 번갈아 섬기면서 바둑의 고수로 군림했다. 특히 노부나가는 혼인보가 명인名人의 칭호를 사용하도록 허락했다. 이에야스는 혼인보에게 일본 바둑계를 지배할 수 있는 특권을 부여했다.

바둑은 에도 시대에 황금기를 맞이했다. 혼인보 가문을 비롯해 이노우에가井上家, 야스이가安井家, 하야시가林家 등 네 가문의 종가는 바둑의 이에모토家元로 불리게 되었다. 네 가문의 종가는 모두 에도 막부로부터 봉록을 받으면서 일본 바둑의 발전에 기여했다.

바둑의 혼인보 산사와 거의 같은 시기에 오하시 소케이大橋宗桂가 장기의 명인으로 활동했다. 소케이도 노부나가 · 히데요시 · 이에야스를 번갈아 섬겼다. 이에야스는 소케이에게 일본 장기계를 지배할 수 있는 특권을 부여했다.

1634년 소케이가 사망한 후, 그의 아들 소코宗古가 명인의 지위를 세습해 일본 장기의 종가를 열었다. 그 후 오하시 본가를 비롯해 오하시 분가, 이토가 伊藤家 등 세 가문에서 명인이 배출되어 일본 장기 발전에 기여했다. 참고로 현재 일본에서 사용하는 장기의 형식, 즉 장기판과 말의 수가 정해진 것은 16세기 후반이었다.

서민의 대표적인 오락은 스모相撲였다. 일본인은 스모가 신화시대부터 있었다고 믿고 있다. 고대에는 천황 궁전에서 스모 대회가 열렸고, 가

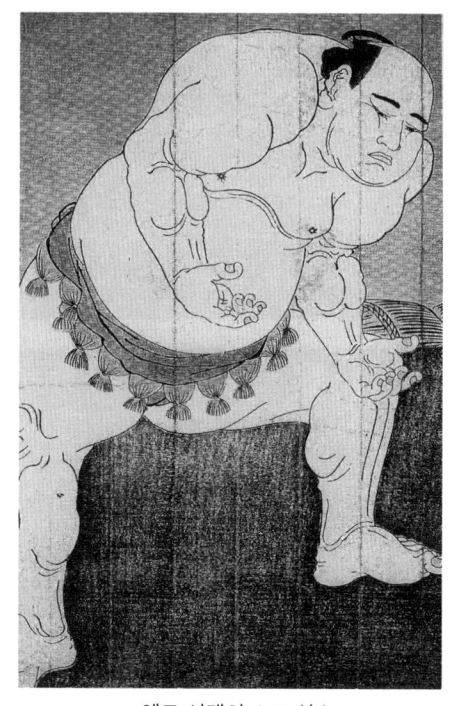

에도 시대의 스모 선수

마쿠라 막부를 개설한 미나모토노 요리토모源賴朝도 스모 대회를 개최했다. 전국 시대에 오다 노부나가와 도요토미 히데요시 또한 스모를 장려했다. 특히 노부나가는 1570년 스모 선수들을 조라쿠지常楽寺로 불러 친히 경기를 관람하는 조란스모上覧相撲를 개최했고, 1578년에는 아즈치성에서 스모 대회를 열었다.

스모가 서민의 인기를 끌자, 사원에서 간진스모観進相撲를 자주 개최했다. 간진이란 원래 신사·사원의 건립이나 수리에 필요한 비용을 모금하기 위해 여는 행사란 뜻이다. 이런 목적으로 개최하는 스모를 간진스모라고 했다. 당시에는 현재와 같은 씨름판인 도효土俵가 없었고, 구경꾼이 둥근 원을 그리며 앉으면 그 안쪽에서 시합을 했다. 그래서 현대의 스모에 있는 밀어내기 기술인 오시다시押し出し가 없었고, 상대를

넘어뜨려야 승부가 나는 방식이었다. 시간제한도 없었다. 승부가 날 때까지 경기가 계속되었다.

스모대회장에서 흥행주 사이에 싸움이 잦았다. 구경꾼들도 싸움에 말려들면서 부상자가 발생했다. 대회장의 질서를 유지하고 흥행주를 통제할 수 있는 조직이 필요했다. 그래서 흥행주와 스모 선수 출신들로 구성된 가부나카마株仲間가 조직되었다. 이 조직이 도시요리年寄 제도로 발전했다.

5. 크리스트교 전래

1549년 예수회 소속 선교사 프란시스코 자비엘Francisco Xavier이 규슈九州의 가고시마鹿兒島에 입항하면서 크리스트교가 일본에 전파되었다. 자비엘은 가고시마 영주 시마즈 다카히사島津貴久의 허가를 받아서 전도를 시작했다. 그러나 불교계의 강력한 반발로 전도가 일시 중단되었다. 자비엘은 교토로 상경해서 전도의 가능성을 모색했다. 하지만 당시 교토의 정세는 매우 불안해서 전도할 여건이 조성되어 있지 않았다. 자비엘은 다시 야마구치山口로 향했다. 야마구치 영주 오우치 요시타카大內義隆는 자비엘에게 매우 호의적이었다. 자비엘은 야마구치에 일본 최초의 교회를 세우고 전도를 시작했다. 자비엘은 붕고豊後의 후나이府內로 진출해 영주 오토모 요시시게大友義鎭의 보호를 받으며 전도의 기반을 마련했다.

1551년 10월 자비엘이 일본을 떠나고 다른 선교사들이 전도 사업을 계승했다. 선교사들의 노력으로 붕고의 영주 오토모 요시시게, 히젠肥前의 영주 아리마 하루노부有馬晴信·오무라 스미타다大村純忠 등의 다이묘들이 신도가 되었다. 그 밖에 구로다 조스이黑田如水・고니시 유키나가小西行長・다카야마 우콘高山右近・호소카와 타다오키細川忠興 등의 다이묘들도 크리스트교 신자가 되었다. 크리스트교 신자가 된 다이묘들은 크리스천다이묘라고 불렸다.

선교사들 중에 특히 루이스 프로이스Louis Frois는 교토를 중심으로 전도 사업을 전개했다. 1560년 무로마치 막부의 13대 쇼군 아시카가 요시테루足利義輝에게 접근해 전도 허가를 받았다. 1569년 당시 실력자 오다 노부나가에게 접근해 전도 허가를 받았다. 1576년 교토의 사원 터에 교회를 설립했다. 일본인들은 그 교회를 남만사南蛮寺라고 했다. 일본의 수도에 전도의 근거지를 마련한 선교사들은 교회 조직을 정비하고, 선교사 양성기관을 세우는 등 교세 확장에 전념했다.

크리스트교는 매우 짧은 기간에 급성장했다. 일본인이 서양의 문명에 매력을 느꼈기 때문이기도 했고, 유능한 선교사들이 적극적으로 전도를 했기 때문이기도 했을 것이다. 그러나 크리스트교가 급성장하게 된 가장 중요한 원인은 무역과 전도가 밀접하게 연관되어 있어서 다이묘들이 크리스트교를 보호했기 때문이었다.

일본으로 처음 진출한 포르투갈과 에스파냐는 카톨릭Catholic 국가였다. 특히 포르투갈은 카톨릭 전파를 전제로 무역을 한다는 방침을 정하고 있었다. 포르투갈 무역선에는 반드시 선교사가 탑승했고, 무역선의 정박지를 결정하는 것은 선교사였다. 다이묘들이 서양과 무역을 하려면 크리스트교 전도를 허가해야 했다.

선교사들이 일본인의 습속과 감정을 존중하면서 전도했다는 점도 크리스트교 전파의 중요한 요인으로 작용했다. 선교사들은 일본인에게 익숙한 불교 용어를 사용해 교리를 전파했다. 당시 일본에서 유행하는 천도天道 개념을 이용해 유일신 사상을 일본인에게 설명하기도 했다. 폐허가 된 불교 사원을 교회로 개수해 사용하면서 일본인이 저항감을 갖지 않고 교회에 출입하도록 배려했다. 미술을 비롯한 일본의 예능을 통해서 크리스트교 문화를 표현하기도 했다. 신자들에게 교육을 시키면서 서양의 과학 지식과 사상을 자연스럽게 전파했다.

1582년 4명의 소년견구사절少年遣歐使節이 나가사키長崎를 출발해 로마로 향했다. 그들을 안내한 사람은 오토모 요시시게의 가신 이토 스케마스伊東祐益・아리마 하루노부의 가신 지치와 세이자에몬千々石淸左衛門을 비롯한 신도들이었다. 사절이 교황 그레고리 13세를 알현하고 귀국한 것은 1590년이었다. 당시 일본에서는 도요토미 히데요시가 금교령을 내린 상황이어서 사절들은 아무런 활동도 하지 못하고 말았다.

크리스트교의 전도 사업은 히데요시 정권의 금교 정책으로 좌절되었다. 크리스트교의 유일신 사상과 일본의 전통적인 신 관념이 충돌했기 때문이기도 했지만, 히데요시는 크리스트교 세력의 확산이 두려워서 탄압했다. 히데요시는 크리스트교의 급성장으로 겨우 확립되기 시작한 일본의 봉건질서 기반이 붕괴될 수도 있다는 위기감을 느꼈다. 히데요시의 금교 정책은 에도 막부에 계승되었다.

6. 남만문화

서양인들이 일본을 왕래하면서 크리스트교 문화가 일본으로 수입되었다. 크리스트교 문화는 특히 종교・문학・회화에 많은 영향을 미쳤으나 과학・의학・지리에 미친 영향도 적지 않았다. 서양 문화는 일본인의 언어・풍속・생활에도 큰 영향을 미쳤다. 서양에서 전래된 이국 정서의 문화를 남만문화南蠻文化라고 한다.

선교사들은 1561년경부터 일본 각지에 어린이를 위한 학교를 설립

성모상　　　　　　　　프란시스코 자비엘 초상

했다. 선교사가 설립한 학교 수는 규슈와 서부 일본에만 200곳 정도였다. 학교에서는 크리스트교 교리 이외에 포르투갈어 · 산수 · 음악 · 미술 · 연극도 가르쳤다. 1580년부터 아리마有馬와 아즈치安土에 청년들을 위한 학교를 차례로 설립했다. 붕고豊後에는 대학을 설립했다. 선교사들은 일본인에게 신학 · 철학을 가르치면서 일본의 어학과 습속을 연구했다. 1605년 교토에 천문 · 수학을 연구하는 기관을 설립했다. 선교사가 설립한 학교는 서양의 학문을 일본에 소개하고 일본인의 세계관을 확대하는 역할을 했다.

　선교사들은 일본어를 연구하면서 서양 서적을 번역 출판했다. 1610년경까지 옥편과 사전을 포함해 적어도 수십 종의 서적을 간행했다. 1604년 일본어를 네덜란드어로 해설한 사전인 『닛포지텐日葡辭典』이 간행되었다. 1608년 문법학적으로 체계화된 사전이라고 할 수 있는 『니혼다이분텐日本大文典』이 간행되었다. 일본어를 학문적으로 분석하고, 경어나 방언 등 일본어의 특질을 자세하게 수록한 사전은 오늘날에도 아즈치 · 모모야마 시대와 에도 시대 초기의 어학을 연구하는 데 필수 자료가 되고 있다.

선교사들은 「성모자상聖母子像」, 「삼성인화三聖人畵」, 「교황바오로5세 초상」 등 다양한 종류의 종교화를 이탈리아에서 일본으로 들여왔다. 신자 수가 증가하면서 일본에서 목탄화·유화·동판화가 제작되었다. 이탈리아인 화가에게 지도를 받은 일본인 화가도 적지 않은 작품을 남겼다. 크리스트교 탄압으로 종교화는 거의 자취를 감추었지만, 일본인 화가가 그린 「양인주악도병풍洋人奏樂圖屛風」, 「사부2동자상師父二童子像」, 「남만병풍도南蠻屛風圖」 등 뛰어난 작품이 남아있다. 일본지도와 세계지도를 그린 지도 병풍이 제작되기도 했다.

  서양 풍속이 일본인의 일상생활에 큰 영향을 미쳤다. 1591년에 선교사 루이스 프로이스가 작성한 보고서에 다음과 같은 기록이 있다. "교토에서는 포르투갈 풍 의복과 물건을 소지하지 않은 자는 사람 취급을 받지 못할 정도였다. 많은 다이묘들이 서양식 외투·모자·셔츠·바지를 몸에 걸치고 있었다." "도요토미 히데요시도 계란과 소고기를 먹고 포르투갈 풍의 옷을 즐겨 입는다."

  히데요시는 크리스트교 금지령을 내린 장본인이었지만 남만문화에 상당한 호기심을 갖고 있었다. 서양 음식을 즐겨 먹었을 뿐만 아니라 서양식 의복도 좋아했다. 1594년 히데요시는 요시노吉野에서 여러 다이묘들을 초대해 꽃놀이를 개최했는데, 다이묘들에게 모두 서양 복장을 하고 참석하도록 명령할 정도였다. 히데요시 이외에도 우에스기 겐신上杉謙信, 오다 노부나가, 도쿠가와 이에야스 등도 서양식 옷을 즐겨 입었다. 다이묘뿐만 아니라 서민들 사이에도 서양식 의복을 입고 물건을 소지하는 것이 유행했다.

  오늘날 일본에서 사용되는 만토, 즈봉, 갑파, 메리야쓰, 보당, 비로도, 라샤 등 의복과 관련된 용어들은 이 시대에 서양에서 전래된 것이다. 만토·갑파·보당은 포르투갈어가 그대로 일본에 전해진 것이지만, 메리야쓰는 원래 긴 양말을 의미하는 말이었다. 그 말이 일본으로 전래되면서 견사나 면사 또는 털실로 짠 웃옷을 의미로 말로 변질되었다.

음식과 관련된 말로는 빵, 비스켓, 카스테라, 뎀뿌라 등이 있다. 일본인이 계란을 먹게 된 것도 남만문화의 영향이었다. 두부 요리나 어묵의 재료로 일본에서 널리 사용되는 것 중에 '히료즈'라는 것이 있었다. 이것의 어원도 포르투갈이라고 알려져 있다. 또 일본식 초밥의 일종인 밧테라ばってら는 작은 배를 의미하는 포르투갈어 바테이라에서 유래했다.

담배도 일본에서 유행한 남만문화의 하나다. 담배는 일본에서 다바코라고 불렸다. 다바코가 일본에 처음 전해진 것은 1601년이었다. 기록에는 포르투갈인 선교사가 도쿠가와 이에야스에게 약용으로 다바코를 헌상한 것으로 되어 있다. 그런데 다바코가 약용에서 기호품으로 바뀌면서 무사와 서민들 사이에서 유행했다. 막부는 자주 연초금지령을 내렸지만 효과가 거의 없었다.

화투를 의미하는 가루타도 원래 포르투갈어였다. 시계도 일찍부터 일본에 전래되었지만 일본에서는 해가 뜨고 지는 시각으로 낮과 밤을 구분하는 부정시법이 채용되고 있었기 때문에 널리 보급되지 않았다. 그러나 침대, 의자, 안경 등은 일본인의 생활 속에 자리 잡았다.

제13장

강에이 문화

1. 17세기 전반의 정치

　도요토미 히데요시豊臣秀吉가 사망한 후, 도쿠가와 이에야스德川家康가 도요토미 정권의 실권을 장악했다. 그때부터 이에야스는 천하를 손에 넣겠다는 야심을 품기 시작했다. 때마침 도요토미 정권 내부에서 이시다 미쓰나리石田三成를 비롯한 문리파와 가토 기요마사加藤清正를 비롯한 무단파가 대립했다. 도쿠가와 이에야스는 무단파와 손을 잡고 정국을 주도했다.

　도쿠가와 이에야스의 야심을 간파한 것은 도요토미 히데요시의 심복이었던 이시다 미쓰나리였다. 그는 이에야스의 세력이 점점 커져가자 도요토미씨의 장래를 걱정했다. 미쓰나리는 도요토미 히데요시에게 은혜를 입은 다이묘들을 결집해 도쿠가와 이에야스 타도의 기치를 올

렸다. 1600년 9월 미노美濃의 세키가하라関ヶ原에서 이시다 미쓰나리가 이끄는 서군과 도쿠가와 이에야스가 이끄는 동군이 격돌했다. 동군이 10만4,000명, 서군이 8만5,000명이었다. 전투는 서군의 대패로 끝났다.

도쿠가와 이에야스는 서군의 지휘관이었던 이시다 미쓰나리·고니시 유키나가小西行長를 사형에 처했다. 그리고 서군에 가담했던 우키다 히데이에宇喜多秀家를 비롯한 88가문의 다이묘를 멸망시키고 632만 석을 몰수했다. 그리고 새로 68가문의 다이묘를 세워서 전국 요소요소에 배치했다. 그들은 도쿠가와씨의 눈과 귀가 되어서 다른 다이묘들을 감시하는 역할을 했다. 도요토미 히데요시의 아들 도요토미 히데요리豊臣秀頼는 오사카 인근에 65만 석 정도의 영지를 보유한 일개 다이묘로 몰락했다.

세키가하라 전투 후, 도쿠가와 이에야스는 독자적인 정권 수립을 준비했다. 1603년 2월 이에야스는 후시미성伏見城에서 세이다이쇼군征夷大将軍에 취임했다. 그리고 에도江戸에 막부幕府를 설치하고 전국의 다이묘를 직접 지배하에 두었다. 그 후 260여 년간 도쿠가와씨가 일본을 통치했다. 이 시대를 에도 시대라고 한다.

1605년 도쿠가와 이에야스는 쇼군의 지위를 아들인 도쿠가와 히데타다德川秀忠에게 물려주었다. 그것은 쇼군의 지위는 도쿠가와씨가 세습하는 것이라는 것을 선언한 것이었다. 이에야스는 슨푸駿府에 은거했다. 이에야스가 소위 2두정치의 형태를 취한 것은 정국이 불안했기 때문이다. 에도의 쇼군 히데타다를 중심으로 하는 집단은 막부의 행정기구를 정비하고, 슨푸의 이에야스를 중심으로 하는 집단은 유력한 다이묘들을 억압하는 역할을 했다.

이에야스는 항상 오사카성에 있는 도요토미 히데요리가 불안했다. 히데요리는 철옹성 같은 오사카성에 은거하면서 많은 재산을 보유하고 있었다. 도요토미 히데요시의 은혜를 입은 다이묘들은 여전히 건재했다. 실업한 무사 또한 일단 유사시에 군사력으로 결집할 수 있는 세력이었다. 히데요리는 결코 만만한 상대가 아니었다. 더구나 민간에서는 히데요리가 성장하면 천하는 그에게 넘어간다는 풍문이 돌고 있었다.

이에야스는 도요토미씨를 멸망시키려고 결심했다. 공격의 구실을 만들기 위해 소위 종명사건鐘銘事件을 일으켰다. 1614년 10월 이에야스는 오사카성을 공격했다. 도쿠가와 군은 오사카성을 집요하게 공격했지만 오사카성이 함락되지 않았다. 오사카성을 단시간 내에 함락하기 어렵다는 것을 깨달은 도쿠가와 이에야스는 동년 12월에 강화를 맺었다. 일단 물러난 이에야스는 다음 해 4월에 다시 오사카로 쳐들어가 오사카성을 함락시켰다. 도요토미 히데요리는 자결했다. 숙원을 해결한 도쿠가와 이에야스는 1616년 4월에 사망했다.

에도 막부의 정치체제는 3대 쇼군 도쿠가와 이에미쓰德川家光 시대에 제도화되었다. 1634년에서 1638년에 걸쳐서 통치기구가 정비되었다. 먼저 로주老中와 와카토시요리若年寄의 직무규정이 정해졌다. 1635년에는 지샤부교寺社奉行 · 간조부교勘定奉行의 직제가 정해졌다. 쇼군을 정점으로 로주, 와카도시요리, 오메쓰케大目付, 메쓰케目付, 3부교奉行라고 하는 직제가 완비되었다. 3부교에는 지샤부교 · 간조부교 · 에도마치부교江戶町奉行가 있었다.

감찰기관으로서는 다이묘의 동태를 감시하는 오메쓰케가 있었고, 하타모토와 고케닌을 감독하는 메쓰케가 있었다. 그밖에 로주 · 3부교 · 오메쓰케 · 메쓰케로 구성되는 효조쇼評定所라는 최고평결기관이 있었다. 하타모토는 마치부교 · 간조부교 등의 직책에 취임할 수 있었다. 직할령에 교토쇼시다이京都所司代를 비롯해 조다이城代, 마치부교, 다이칸代官 등의 관리를 두어 민정 일반을 관장하게 했다.

3대 쇼군 이에미쓰 시대에 문화적으로 정점을 맞이했다. 17세기 전기에 꽃핀 문화를 이에미쓰 시대의 연호를 따서 강에이 문화寬永文化라고 한다. 강에이 문화는 모모야마 문화桃山文化와 17세기 말의 겐로쿠 문화元禄文化를 연결하는 징검다리 역할을 했다.

강에이 문화는 막번幕藩 권력의 적극적인 보호·육성 아래 발달했다. 문화의 담당자는 무사와 교토의 상층 조닌町人이었다. 강에이 문화는 세련된 왕조풍의 문화라는 특색을 띠면서 살롱 문화의 성격도 아울러 지니고 있었다. 강에이 문화는 중세 이래의 요리아이寄合 문화의 전통을 계승하면서 천황·귀족·무가·승려·상공인이 여러 개의 살롱을 형성하고, 그것이 마치 쇠사슬처럼 연결되어 교류가 이루어지는 구조였다.

살롱 전체의 결합에 중요한 역할을 한 것은 교토쇼시다이 이타쿠라 가쓰시게板倉勝重·시게무네重宗 부자였다. 가쓰시게는 1601년에 교토쇼시다이에 취임해 18년간 재직했고, 그 뒤를 이어 시게무네가 1655년까지 교토쇼시다이로 재직하면서 많은 치적을 남겼다. 교토쇼시다이의 중요한 임무는 천황과 귀족, 그리고 사원을 감찰하고 지도하는 일이었다. 그것은 학문·문화의 장악과 일체화된 것이었다. 이타쿠라 부자는 문화적 소양이 있는 귀족·승려들과 자연스럽게 교류했고, 그 과정에서 귀족 문화와 무가 문화가 자연스럽게 융화되었다.

2. 건축과 정원

1606년부터 에도성 축성공사가 시작되었다. 혼마루本丸·니노마루二の丸·산노마루三の丸의 확장, 외곽의 구축, 습지의 매립 등의 공사를 거쳐 마루노우치丸の内 일대가 조성되었다. 1610년부터 2년에 걸쳐 니시

에도성의 성벽과 해자

노마루西の丸 수축 공사가 진행되었다. 1614년 성곽의 서쪽을 따라서 해자가 건설되었다. 이때 간다가와神田川와 스미다가와隅田川를 연결하는 공사도 함께 진행되었다.

2대 쇼군 히데타다 시대에도 에도성 건설공사가 계속해서 진행되었다. 1618년 성곽의 남쪽을 따라 해자를 파는 공사를 시작으로 내성의 여러 대문 기단의 축조, 혼마루의 개조, 천수각 기단의 수축, 간다神田에서 오차노미즈お茶の水에 이르는 수로의 건설 등 대규모 토목공사가 끊이지 않았다.

3대 쇼군 이에미쓰 시대는 내성의 대문을 조성하고 성벽을 수축하는 일로 시작되었다. 쇼군 이에미쓰는 에도성을 대대적으로 확장하는 계획을 세웠다. 1635년 니노마루를 동쪽으로 확장하고 산노마루를 축소하는 공사가 시작되었고, 혼마루의 별관으로서 니노마루의 쇼군 거소와 정원이 조성되었다. 1636년부터 에도성 외곽 공사가 시작되었다.

1637년부터 혼마루 쇼군 거소와 천수각 조성이 시작되었다. 1637년 9월 19일 쇼군 이에미쓰는 니시노마루에서 혼마루로 거처를 옮겼다.

혼마루 쇼군 거소는 1657년의 대화재 때 소실된 후 다시 건립되지 않았다.

도쿠가와 이에야스의 사당 닛코日光의 동조궁東照宮은 이 시대의 대표적인 신사神社 건축물이다. 동조궁은 닛코를 비롯해 에도성의 모미지야마紅葉山, 구노잔久能山, 우에노上野 등 네 곳에 건립되었고, 여러 다이묘도 지배지 내에 동조궁을 건립했다. 그중에서 가장 대표적인 것은 역시 호화롭기 그지없는 닛코의 동조궁이다. 웅장한 건축물 전체를 금박으로 찬란하게 도색해 통일권력의 권위를 한껏 과시했다. 특히 본전은 곤겐즈쿠리權現造의 대표적인 건축물이었다.

주택 건축 분야에서는 쇼인즈쿠리書院造와 아주 소박한 양식의 다실茶室을 절충한 스키야즈쿠리數寄屋造라는 건축 양식이 나타났다. 이 시대의 주택 건축은 정원과 어우러지는 미적 감각이 중요시되었다. 특히 스키야즈쿠리는 정원과 분리할 수 없는 것으로 인식되었다. 에도 시대 초기에 세워진 건물로 가쓰라 이궁桂離宮과 슈가쿠인 이궁修學院離宮이 있었다.

간소한 미의 극치를 이루는 가쓰라 이궁는 이 시대의 대표적인 건축물이었다. 가쓰라 이궁은 고요제 천황後陽成天皇의 동생 하치조미야 친왕八条宮親王의 별궁으로 1620년대에 지어진 것이다. 이 건축물은 성곽과 동조궁의 호화로움과는 대조적인 것이었다. 장식적인 요소를 철저하게 배제하고 구조적인 아름다움과 사람들의 마음을 편안하게 안정시키는 것을 추구한 것이었다. 생활공간으로서의 실용성과 기능성이 추구된 건물이라고 할 수 있다.

가쓰라 이궁은 스키야즈쿠리의 서원과 함께 연못을 한 바퀴 돌면서 놀 수 있도록 설계된 정원이 특히 유명하다. 연못의 가장자리를 돌아서 숲으로 들어가고, 또 언덕을 넘으면 정원 옆에 다실이 있는 풍경이 연출되었다. 주요 건축물로 고서원古書院 · 중서원中書院 · 신어전新御殿이

가쓰라 이궁

있었다. 그중에서 고서원·중서원이 스키야즈쿠리였다.

 천황의 별궁으로 지어진 슈가쿠인 이궁도 간소하고 한적한 미를 표현한 정원으로 유명하다. 1659년경에 조성된 슈가쿠인 이궁은 고미즈노오 상황後水尾上皇이 직접 설계했다고 전해진다. 넓게 자리한 연못을 중심으로 그 주변에서 경작하는 농민까지 한 폭의 풍경 속에 등장하는 소재로 상정된 경내는 상·중·하의 다실과 여러 개의 정자, 그리고 거주 공간으로 구성되었다.

3. 미술

 가노파에서 가노 단유狩野探幽가 출현해 막부의 어용 화가가 되었다. 그는 에도에서 활동하면서 절대적인 권위로 화단에 군림했다. 단유는 막부로부터 영지도 하사받았다. 각 다이묘도 가노파 화가들을 초빙했기 때문에 가노파는 명성을 떨쳤다. 단유는 에도·교토·닛코의 성곽과 사원에 그림을 그렸다. 그러나 가노파는 권력에 안주하면서 창조성을 상실했다. 예술적으로 뛰어난 작가가 거의 배출되지 않았다.

 에도·교토·오사카를 비롯한 도시에서 개성 있는 화가들이 새롭게 등장했다. 그들의 작품세계는 매우 다양해서 공통점을 명확하게 지적하기는 어렵다. 굳이 말하자면 새롭게 등장한 화가들은 가라에唐絵의 기법을 기본으로 하는 가노파와 달리 서민적인 야마토에大和絵의 전통을 계승했다고 할 수 있다.

 여러 화가들 중에서 가노파에서 파문당했다고 알려진 구스미 모리카게久隅守景의 서민적인 화풍이 특히 주목되었다. 구스미는 가노파의 화풍에 구애되지 않고 개성적인 작품을 많이 남겼다. 특히 서민을 소재로 한 그림을 그려서 독특한 지위를 확립했다.

 다와라야 소타쓰俵屋宗達는 쇼헤키가障壁画의 기법에 전통적인 야마토에의 기법을 접목해 부드러운 분위기를 자아내는 화풍을 선보였다. 소타쓰는 교토의 귀족 예술에서 많은 자극을 받았고, 쇼헤키가와 수묵화의 기법을 익혔다. 특히 혼아미 고에쓰本阿弥光悦와 같은 뛰어난 공예가로부터 장식예술의 표현법을 배웠다.

 17세기 중엽 일본에서는 일본적인 것을 재발견하려는 복고사상이 유행했다. 문학 분야에서는『겐지모노가타리源氏物語』나『이세모노가타리伊勢物語』가 유행했다. 그런 풍조는 회화 분야에도 영향을 미쳐 야마토에 부흥으로 이어졌다. 소타쓰의 그림은『겐지모노가타리』,『이세모

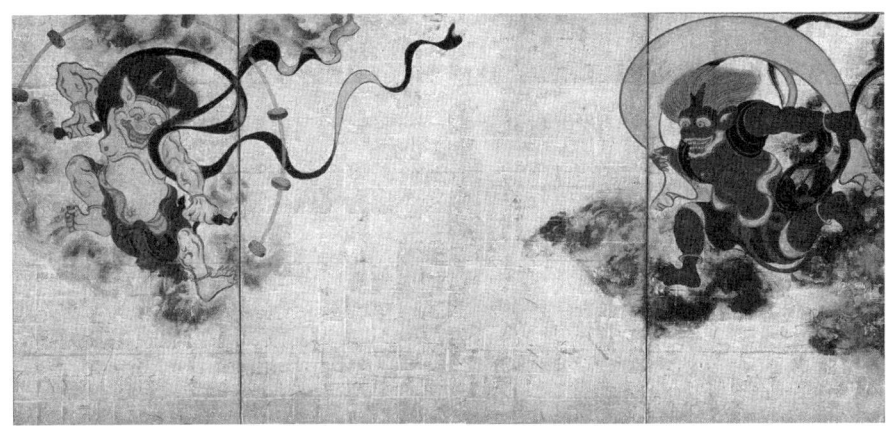

다와라야 소타쓰의 풍신뢰신도병풍 (뇌신)　　　　풍신뢰신도병풍(풍신)

노가타리』, 『헤이케모노가타리平家物語』, 『호겐모노가타리保元物語』 등과 같은 고전문학에서 소재를 얻었다. 다른 유파의 화가들이 단순한 기법과 주제의 반복에 머물렀던 데 비해 소타쓰는 대담한 구도와 신선한 색채를 구사해 야마토에의 정신을 화폭에 담아냈다.

소타쓰는 뛰어난 예술적 직관으로 자신의 작품에서 무엇을 강조하고 무엇을 생략해야 할지 알고 있었다. 그는 표현하고 싶은 것을 가장 효과적으로 표현하는 재능을 갖고 있었다. 가장 중요한 것만을 명쾌하게 표현하고 그 이외의 것은 대담하게 생략했다. 소타쓰는 농후하고 강렬한 색채를 대담하게 구사했다. 공간적 이용과 색채를 절묘하게 대비시켜 효과를 극대화시켰다. 이런 과정을 통해 감상하는 사람에게 강렬한 인상을 남기는 새로운 그림이 창조되었다.

쇼헤키가·야마토에·수묵화 기법을 두루 익힌 소타쓰는 염색, 마키에 등 공예품에서도 배울 것이 있으면 주저하지 않고 배웠다. 예를 들면 소타쓰가 가장 즐겨 사용한 다라시코미たらし込み 기법, 즉 색을 칠하고 아직 마르지 않은 상태에서 다른 색을 떨어뜨려 색이 번지면서 독특한 색채 효과를 내게 하는 기법은 마키에의 염색 기술에서 배운 것이다.

소타쓰는 몰골묘법沒骨描法을 선호했다. 종래의 화가는 굵은 선으로 대상의 윤곽을 그리고 색을 칠했는데, 소타쓰는 부드러운 선으로 대상의 윤곽을 그리거나 또는 직접 색을 칠하는 기법을 발전시켰다. 몰골묘법은 소타쓰가 처음 개발한 기법은 아니나 색채의 대비를 효과적으로 활용하는 기법은 소타쓰의 독창적인 화법이었다. 소타쓰의 화풍은 겐로쿠元禄 시대의 고린파光琳派에 계승되었다.

4. 크리스트교의 탄압과 쇄국

에도 막부를 개설한 도쿠가와 이에야스는 무역을 촉진한다는 의미에서 크리스트교를 적극적으로 탄압하지는 않았다. 그런데 필리핀에서 크리스트교 선교사들이 잇달아 일본으로 건너와 포교하면서 신자가 증가했다. 1612년에는 슨푸에 은거하고 있던 이에야스의 측근 중에도 다수의 크리스트교 신자가 적발되었다. 그러자 이에야스는 크리스트교가 국가에 중대한 위험이 될 수 있다는 것을 통감했다. 이에야스는 크리스트교 금지를 결심했다. 1612년 이에야스는 직할령에 크리스트교 금지령을 내렸다. 크리스트교 신자가 체포되었다. 막부의 크리스트교 박해는 전국적으로 확산되었다.

1614년 정월부터 교토・오사카・사카이 등 막부의 주요 직할도시에서 크리스트교 박해가 시작되었다. 선교사들이 체포되어 나가사키로 압송되었다. 막부의 관리들은 체포된 크리스트교 신자들에게 신앙을 버릴 것을 강요했다. 그때 대부분의 신자들이 신앙을 포기했다. 그해 11월 신앙을 포기하지 않은 신자 148명이 나가사키에 내항한 3척의 포르투갈 선박에 분승해 마카오와 마닐라로 추방되었다. 크리스천다이묘로 유명한 다카야마 우콘高山右近, 나이토 조안内藤如安 등도 가족들과 함께 추방되었다.

도쿠가와 이에야스가 사망한 후, 2대 쇼군 도쿠가와 히데타다德川秀忠는 크리스트교의 금지령을 더욱 강화했다. 1616년 8월 다시 크리스트교 금지령을 내렸다. 막부

잔혹하게 처형되는 크리스트교 신자

는 다이묘에게 크리스트교 신자를 단속할 것, 크리스트교 국가인 영국과 포르투갈 선박이 내항해도 교역을 하지 말 것 등을 명령했다. 막부는 선교사가 포르투갈과 영국 선박에 숨어서 입국할 가능성이 있다고 판단했던 것이다.

이후 일본 각지에서 크리스트교 박해가 시작되었다. 크리스트교 신자를 색출해 고문을 하고 배교를 강요했다. 크리스트교 신자나 선교사의 밀고를 장려했다. 배교를 거부한 신자를 화형에 처했다. 1622년 8월 나가사키에서 서양인 선교사를 포함한 크리스트교 신자 55명이 화형에 처해졌다. 겐나元和의 대순교였다. 1623년 10월 에도에서 50명이 화형에 처해졌다.

3대 쇼군 도쿠가와 이에미쓰德川家光는 금교정책을 더욱 강화했다. 대순교가 있은 후에도 선교사의 일본 잠입이 계속되자, 1623년 막부는

후미에 장면

일본 무역선의 마닐라 도항도 금지했다. 선교사의 일본 잠입을 근절하기 위해서였다. 1624년에는 스페인 선박의 입국을 금지했고, 1628년에는 포르투갈과 교역을 단절했다. 1630년에는 크리스트교 관련 서적의 수입을 금지했다.

선교사와 크리스트교 신자의 탄압이 더욱 강화되었다. 막부는 다이묘들에게 크리스트교 신자의 색출을 엄명했다. 관리들은 예수의 초상이나 마리아의 초상이 새겨진 동판을 준비해 놓고, 크리스트교 신자로 의심되는 사람에게 그것을 밟게 하는 방법으로 신자를 색출했다. 이것을 후미에踏絵라고 했다. 모든 일본인을 특정한 불교 사원에 등록시켜 크리스트교 신자가 아님을 증명하게 했다. 이것을 데라우케 제도寺請制度라고 했다.

막부는 쇄국의 길을 선택했다. 크리스트교가 일본에 뿌리를 내리지 못하게 하기 위해서였다. 크리스트교는 더욱 철저하게 금지했다. 선교사나 크리스트교 신자를 밀고한 자에게 포상금을 지급한다는 내용도 포함되었다. 일본인이 무역선을 파견하는 것과 일본인이 해외로 도항하는 것이 금지되었다. 쇄국령으로 주인선은 모습을 감추게 되었다. 해외에 거주하고 있던 일본인의 귀국도 불가능했다. 법을 어긴 자는 사형에 처해졌다. 해외 거주자가 국내에 거주하는 일본인과 서신이나 선물을 주고받는 것도 금지했다. 1636년에 내려진 제4차 쇄국령으로 포르투갈인과 일본인 사이에서 태어난 혼혈아와 포르투갈인과 결혼한 일본인 여성들이 마카오로 추방되었다.

1637년 10월 규슈 남단의 시마바라島原 반도에서 농민들이 봉기했다. 10월 27일 반란세력은 시마바라성을 포위했다. 시마바라는 원래 크리스천다이묘였던 아리마 하루노부有馬晴信의 영지였다. 시마바라에서 바다를 사이에 두고 바로 눈앞에 아마쿠사天草가 있었다. 아마쿠사도 원래 크리스천다이묘였던 고니시 유키나가小西行長의 영지였다. 요컨대 시마바라와 아마쿠사는 크리스트교 신앙이 뿌리 깊은 지역이었다.

시마바라와 아마쿠사의 농민은 흉작과 다이묘의 과도한 착취로 신음했다. 마침 그 무렵 세상은 모두 지옥으로 변하고 오로지 크리스트교 신자만이 구원된다는 유언비어가 돌았다. 민심이 동요했다. 동요하는 민심의 중심에 마스다 진베에益田甚兵衛의 아들 시로토키사다四郎時貞가 있었다. 마스다는 고니시 유키나가의 가신이었는데, 고니시가 몰락하자 아마쿠사에 거주하면서 크리스트교 신앙을 지키고 있었다. 마스다 부자는 반란군의 지도자가 되었다. 3만7,000여 명의 반란군은 아리마 하루노부의 고성인 하라성原城에 집결해 막부군에 맞섰다.

1638년 정월 막부의 수상 마쓰다이라 노부쓰나松平信綱가 12만4,000여 명의 군대를 이끌고 반란세력을 포위했다. 막부군은 대포를 배치해 육지와 바다에서 하라성에 포격을 가했다. 막부군은 적의 탄환과 양식이 떨어지기를 기다렸다가 그해 2월 말 총공격을 감행했다. 반란세력은 사력을 다해 저항했으나 하라성이 함락되었다. 살아남은 자들은 모두 처형되었다.

시마바라의 난은 막부가 쇄국을 강화하는 결정적인 계기가 되었다. 시마바라의 난은 반드시 종교전쟁이었다고 할 수는 없었다. 굳이 말하자면 크리스트교 세력과 농민이 결합한 성격의 반란이었다. 하지만 막부는 시마바라의 난은 크리스트교 세력이 일으킨 종교전쟁이라고 단정했다. 그리고 크리스트교 세력이 일본에 발을 붙이지 못하게 하기 위해 포르투갈 상선의 내항을 금지했다. 1639년 7월 내항한 포르투갈 상선을 추방했다. 쇄국체제가 완성되었다.

5. 불교의 세속화

오다 노부나가는 권력에 대항하는 사원 세력을 철저하게 탄압했다. 일본 불교의 성지 히에이잔比叡山을 불태우고 승려들을 살해했다. 가이甲斐의 에이린지惠林寺, 이즈미和泉의 마키오데라槙尾寺를 불태우고, 잇코잇키一向一揆를 진압하면서 잇코종의 본산인 이시야마혼간지石山本願寺를 공격해 굴복시켰고, 1574년 9월에는 이세伊勢의 나가시마잇키長島一揆를 공략하면서 잇코종 승려와 신도들이 도망하지 못하도록 통나무로 울짱을 둘러 가두고 사방에서 불을 질러 죽였다. 사망자만 2만 명이 넘었다. 1579년 5월 노부나가는 니치렌종의 승려와 정토종의 승려를 불러 논쟁을 시킨 후, 일방적으로 정토종의 승리를 선언하고 니치렌종의 포교를 금지하는 조치를 내렸다. 노부나가는 승병이 강성했던 나라의 고후쿠지興福寺를 집요하게 탄압했다. 노부나가에 복종하지 않는 법화종法華宗의 불수불시파不受不施派는 물론 차별 없는 반야의 세계를 설하면서 속세의 질서를 무시하는 선종 세력도 용서하지 않고 탄압했다. 이러한 사실은 물론 노부나가가 불교 자체를 부정하는 것을 의미하는 것은 아니었다. 전통적인 사원 세력을 노부나가 자신이 통제하기 위해서였다.

도요토미 히데요시는 크리스트교를 탄압하고 서양인 선교사를 추방하는 정책을 추진하면서 불교 사원을 보호했다. 히데요시는 불교는 보호하지만 승려는 통제하는 정책을 추진했다. 도쿠가와 이에야스도 히데요시의 종교정책을 계승했다. 1603년에 에도 막부를 세운 도쿠가와 이에야스는 권력에 순종하는 종교는 보호하나 불법이 왕권보다 우월하다는 신앙을 가진 종교는 철저하게 탄압한다는 방침을 정했다. 에도 막부는 불교 종파 중에서도 혼간지, 법화종의 불수불시파를 가혹하게 탄압했다.

1615년 7월 막부는 진언종·고야산·5산십찰五山十刹·다이토쿠지大德寺·묘신지妙心寺·에이헤이지永平寺·소지지総持寺·정토종·혼간지를 대상으로 제종본산본사제법도諸宗本山本寺諸法度를 공포했다. 그 내용은 사원에서의 승진 기준, 주지를 비롯한 역직役職의 선출, 수행의 의무 등으로 구성되었다. 이 법도는 사원 밖의 권력자 도쿠가와 이에야스가 사원을 본격적으로 통제하기 위해 정한 것이었다.

1665년 막부는 제종사원법도諸宗寺院法度를 공포다. 이 법도는 막부가 불교의 모든 종파 차이를 초월해 공통의 통제책을 제시한 것이었다. 막부는 승려의 자격, 본사와 말사의 관계, 사원과 신도의 관계, 교단 조직의 질서화 등 사원 경영을 통제하려고 했다.

막부는 종파별로 본사·말사 조직을 정비하고 본사가 말사를 통제하도록 했다. 막부는 여러 종파의 본산·본사를 정하고, 본산·본사에 말사를 편성하는 권한을 부여했다. 말사 편성 과정에 문제점이 없었던 것은 아니었다. 규모가 큰 지방의 사원을 전국적인 본말조직에 무리하게 편입시킬 경우 불만이 있을 수 있었다. 또 말단에 소속이 불명한 사원이 있어 본산·본사가 장악하기 어려운 경우도 있었다. 그런 경우 막부가 적극적으로 개입했다. 막부는 말사 편성 과정에 불만을 제기하는 사원의 영지를 몰수하는 등 위압적으로 본말제도를 정비했다. 또 본사의 허가 없이 말사의 주지가 될 수 없도록 했다. 또 사사로이 사원을 세우는 것도 금지했다. 막부는 본산·본사와 무관한 사원의 존립을 용납하지 않았던 것이다. 막부의 지샤부교寺社奉行가 사원을 감독했다.

각 종파의 말사는 사원의 칭호나 승려의 관위를 허가받을 때 본산·본사에 금전을 납부했다. 그 밖에 정기·부정기적으로 상납금을 바치는 것이 상례였다. 근세의 불교 교단은 말사의 상납금에 의해 운영되었다고 할 수 있다. 말사는 모든 비용을 신도들에게 전가했다.

막부는 크리스트교 금지정책의 일환으로 모든 일본인은 반드시 일정한 사원에 속하게 했다. 일단 정한 사원은 옮기는 것이 허용되지 않았다. 그 덕분에 사원은 신도 확보를 위해 노력할 필요 없이 경제적으로 안정되었다. 하지만 일본의 사원은 신앙의 중심이라는 종교의 진면목을 상실했다. 사원은 신도의 결혼·여행·취직 등에 필요한 증명서를 발급하는 막부의 말단기관으로 전락했다.

불교 측에서도 적극적으로 권력에 봉사함으로써 침체된 불교계를 개혁하려는 복고운동이 일어났다. 복고운동에 적극 나섰던 한 승려가 스즈키 쇼산鈴木正三이었다. 그는 법어를 가나로 풀어쓰고, 불교와 관련된 이야기를 책으로 엮어서 민중을 교화하는 데 앞장섰다. 시마바라의 난 후 막부의 관리로 아마쿠사天草에 파견된 동생 스즈키 시게나리鈴木重成의 요청으로 현지에서 크리스천을 개종시키는 일에 앞장서기도 했다. 쇼산 뿐만 아니라 불교계의 여러 종파 승려들도 크리스천 개종에 앞장섰다.

다이토쿠지大德寺의 다쿠안澤庵과 묘신지妙心寺의 구도愚堂가 에도 시대 초기 명망 있는 승려였다. 1654년 명明에서 건너온 승려 인겐隱元이 선종의 일파 황벽종黃檗宗을 일본에 전했다. 인겐은 교토의 우지宇治에 만푸쿠지万福寺를 세우고 새로운 선풍을 일으켰다. 1678년 황벽종 3대 선사 데쓰겐鐵眼이 『잇사이쿄一切經』를 간행해 불교계에 새로운 바람을 일으켰다. 그러나 불교는 이미 쇠퇴의 길로 접어들고 있었다. 에도 시대의 불교는 경제적으로 안정되면서 세속화되었다. 불교에 염증을 느낀 서민은 민간신앙과 미신에 의지했다.

6. 신도사상의 변천

근세의 신사神社는 전통적으로 조정이 칙사를 파견해 제사를 지내는 22개 신사, 지방의 대사大社를 포함한 이치노미야一宮, 기타 규모가 작은 신사 등 크게 3종류로 분류할 수 있다. 막부는 조정과 인연이 깊은 22개 신사의 영지를 승인했다. 그리고 신사의 수리비용을 부담하면서 국가의 평안을 위해 기도하도록 했다. 다이묘들도 지배 지역에 있는 신사를 보호했다.

1665년 7월 막부는 제종사원법도와 함께 제사니의신사법도諸社禰宜神社法度를 공포해 신사를 통제하는 정책을 추진했다. 막부는 신관神官에게 신기도神祇道를 배우고, 신체神體를 숭배하고, 제례와 신사의 관리에 힘쓸 것을 명령했다. 신관의 장속裝束도 통제했다. 하지만 막부는 전통적으로 신사를 지배하던 히로하시広橋, 시라카와白川 등과 같은 귀족 가문의 권위를 인정하고, 대표적인 신관 가문인 요시다가吉田家 이외의 신도 계열을 부정하지 않았다.

17세기 중엽에는 유학의 관점에서 신도를 새롭게 해석하는 학자가 등장했다. 막부의 문교정책을 담당했던 주자학자 하야시 라잔林羅山은

『신도전수神道傳授』를 저술했다. 라잔은 여러 신도 계파의 비전을 비판하면서 기요하라家淸原家의 신도설에서 신불습합神佛習合의 요소를 완전히 배제하고, 주자학의 태극·음양·오행의 원리로 신도를 설명했다. 특히 하늘의 이치인 태극에서 기氣가 생성되는데, 아직 형태가 드러나지 않았으나 분명히 존재하는 신령한 기가 곧 신神이라고 설명했다. 다시 말하면, 모든 존재의 근원인 태극이 기를 생성하고 신을 생성한다는 것이다. 자연계의 법칙도 인간계의 도덕률도 모두 태극에서 말미암은 것인데, 이러한 태극의 이치를 아는 것이 신도神道라고 주장했다.

하야시 라잔은 인간의 마음속에 신명神明, 즉 신령스러운 기운이 깃들어 있고, 또 형태가 없는 신은 천지의 만물에 깃들어 있다고 주장했다. 그래서 인간이 선을 행하면 그 마음이 신을 따르고 천도에 부합하고, 악을 행하면 그 마음이 신을 등지고 천도에 어긋나 천벌을 받게 된다고 설파했다. 또 라잔은 민중의 마음에 신이 깃들어 있으므로 민중을 다스리는 것이 곧 신을 받드는 근본이라고 설명했다. 신도는 즉 왕도이며 유학이라고 결론을 내렸다.

유학자가 불교를 배척하면서 신도사상을 재해석하자, 신도가神道家 측에서도 유학의 관점에서 신도를 재해석하는 운동이 일어났다. 17세기 중엽 와타라이 노부요시度會延佳는 그의 저서 『양복기陽復記』에서 일본의 신도는 주역의 원리와 주자학의 천명설에 부합한다고 주장했다. 그는 천리天理는 일본과 다른 나라에 달리 작용하지 않으나 교법敎法은 천리가 형태를 드러낸 것이기에 차이가 있다고 설명했다. 그래서 신도라는 교법은 일본의 도, 유학은 중국의 도, 불교는 천축天竺의 도이니 일본인은 마땅히 신도에 따라야 한다고 말했다. 또 와타라이는 신도는 제례 뿐만 아니라 사람들의 일상생활에서 정직이라는 가치로 드러나고, 이 정직한 마음에 따르면 누구나 신명의 영역에 도달한다고 주장했다.

역시 17세기 중엽에 활동한 요시카와 고레타리吉川惟足도 유일신도의 이론에서 불교적 요소를 배척하고 유학의 관점에서 신도사상을 재해석했다. 그는 오행 중에서 토·금의 기운이 천지를 어김없이 운행하게 하고, 사람에게는 신信과 의義의 덕목이 되어 사회를 바르게 유지하는 힘으로 작용한다고 설명했다. 또 요시카와는 무위武威와 은덕으로 민중을 다스리는 것이 위정자의 자세라는 점도 강조했다.

와타라이와 요시카와의 사상을 계승해서 유학의 관점에서 신도와 유학의 합일을 주장한 학자가 야마자키 안사이山崎闇斎였다. 안사이는 『니혼쇼키日本書紀』의 신화가 곧 『태극도설太極圖說』이라고 주장했다. 그는 조화의 근본원리는 곧 일본 천황의 조상신인 아마테라스오미카미天照大神의 길이며, 그것이 다름 아닌 신도라고 주장했다. 야마자키 안사이가 대성한 유가신도儒家神道를 스이카신도垂加神道라고 한다. 천황 존중 사상이 두드러진 스이카신도는 훗날 존왕운동의 선구자들에게 지대한 영향을 미쳤다.

제14장

봉건사회와 유학

1. 무단통치에서 문치정치로

1630년대에 전대미문의 대기근이 일본사회를 엄습했다. 강에이寬永 대기근이었다. 전국적인 기근의 영향은 상상을 초월했다. 농민은 초근 목피로 연명하고 도시에서는 쌀값이 폭등했다. 농촌에서 굶주린 농민이 도시로 유입되면서 사회가 극도로 불안해졌다. 길바닥에 굶어죽은 시체가 즐비했다. 전국적으로 아사자가 5~10만에 달했다.

강에이 기근으로 막번정치는 새로운 전기를 맞이했다. 농민의 생활을 안정시키는 정책이 추진되었다. 1649년 2월 막부는 직할령에 32개조의 조례를 내렸다. 이 조례가 게이안의 고후레가키慶安の御触書였다. 이것은 강에이의 대기근에 대응하기 위해 막부가 공포한 여러 법령 중에서 특히 농민을 대상으로 한 것을 총망라한 것이라고 할 수 있다. 그 내

용은 농민의 일상생활, 농업경영, 농민의 마음자세 등에 대해 세세하게 훈계한 것이었다.

  막부 초기에는 다이묘를 무력으로 위압하는 무단통치를 시행했다. 3대 쇼군에 취임한 도쿠가와 이에미쓰德川家光는 군역규정을 강화하고, 무가제법도를 위반한 다이묘들의 영지를 몰수했다. 그 결과 막부의 지배체제는 안정되었다. 하지만 몰락하는 다이묘들이 많았다. 다이묘가 몰락하면, 그 다이묘 가문에 속했던 무사도 순식간에 실업자로 전락했다. 이러한 무사를 로닌牢人이라고 했다. 로닌의 발생은 사회 불안의 요인이 되었다.

  1651년 3대 쇼군 도쿠가와 이에미쓰가 사망하고, 나이 어린 도쿠가와 이에쓰나德川家綱가 4대 쇼군에 취임했다. 그러자 무단통치의 모순이 일시에 드러났다. 유이 쇼세쓰由井正雪의 난이 일어났다. 에도에서 군사학을 가르치던 유이 쇼세쓰는 막부의 정치에 불만을 품은 로닌들을 이끌고 막부를 전복하려고 했다. 이 사건은 사전에 밀고자가 있어서 대규모 봉기로 발전하지는 않았으나 막부에게 큰 충격을 안겨주었다.

  1650년대의 일본 사회는 극도로 불안했다. 사건도 많이 발생했다. 관동 지방에서는 무리를 지어서 약탈을 일삼는 자들이 횡행했고, 에도에는 '가부키모노'라고 해 이상한 옷차림을 하고, 상식을 벗어난 긴 도검을 차고, 막부의 법질서를 무시하는 무리들이 활동했다. 막부는 그들을 철저하게 탄압했지만 에도의 분위기는 뒤숭숭했다.

  1657년 정월 18일 에도를 혼란의 도가니로 몰아넣은 사건이 발생했다. 메이레키明暦의 대화재였다. 혼고本郷의 혼묘지本妙寺에서 발생한 이 화재는 순식간에 무사의 거주지는 물론 조닌의 거주지, 다이묘들의 저택, 에도성의 혼마루, 니노마루, 천수각을 불태웠다. 에도성을 포함한 에도의 2분의 1이 불탔다. 사망자는 조닌만 3만7,000여 명, 무사들까지 포함하면 10만이 넘었다.

심각한 상황에 직면한 막부는 무단통치에서 문치정치로 정책의 전환을 꾀해서 위기에서 벗어나려고 했다. 막부는 로닌의 대량 발생이 다이묘의 영지를 몰수하는 데서 기인하는 것이라고 인식했다. 그래서 다이묘에 대한 정책을 완화했다. 막부는 다이묘의 개역改易, 즉 영지를 몰수하는 정책을 실질적으로 폐기했다. 다이묘의 영지를 이전시키는 전봉轉封도 최소한으로 한정했다. 막부는 다이묘가 지배하는 영지를 사실상 상속할 수 있도록 했다. 1665년에는 다이묘가 인질을 제출하는 증인 제도를 폐지했다. 막부는 무력을 배경으로 하는 강압적인 정치에서 법령과 제도, 의례와 교화를 중시하는 정치로 전환했다.

1663년에 제정된 무가제법도에 불효를 금하는 조항이 추가되었다. 무가제법도는 가신이 주군 가문을 위해 충성하는 것을 기본이념으로 했다. 충효를 축으로 하는 주종질서가 완성되었다. 그것은 개별 무사가 하극상을 통해 주군의 지위에 오를 수 있는 가능성이 소멸되었다는 것을 의미했다.

2. 에도 막부와 유학

에도 막부의 창립자 도쿠가와 이에야스의 당면과제는 전국 시대를 거치면서 무너진 봉건질서를 재편하는 것이었다. 이에야스는 체제를 옹호하는 사상이 내포된 유학에 관심을 보였다. 이에야스가 유학에 매력을 느꼈던 것은 불교에 없는 세속의 윤리가 유학에는 있었기 때문이다. 이에야스는 유학을 수용해서 지배체제를 확립하고 혼란한 사회질서를 바로잡으려고 했다.

때마침 교토 쇼코쿠지相国寺의 승려 후지와라 세이카藤原惺窩가 하산해 유학을 공부하고 있었다. 세이카는 귀족이나 승려들이 독점하던 유학 연구를 일반인들에게 개방하려는 뜻을 품고 있었다. 주자학을 살롱의 비전秘傳이 아니라 살아있는 도덕으로 현실에 적용하려고 했다. 세이카의 학문에 커다란 영향을 미친 인물은 임진왜란 때 포로로 잡혀 일본으로 끌려간 강항姜沆이라는 조선의 주자학자였다.

하야시 라잔林羅山은 원래 5산의 사원 중 하나인 겐닌지建仁寺의 승려였다. 환속한 라잔은 1603년 교토 시내에서 공개적으로 주자의 『논어집주論語集注』를 강의하기 시작했다. 그러자 학문을 관장하는 조정의 귀족이 쇼군 이에야스에게 라잔을 고소했다. 당시 조정의 허가 없이 유학을 가르치는 것은 위법이었다. 하지만 이에야스는 라잔에게 죄를 묻지 않았다. 이에야스도 유학이 개방되기를 원했던 것이다.

1604년 라잔은 세이카를 처음 만나 사제의 의를 맺었다. 당시 라잔은 이미 400권이 넘는 유학 서적을 독파한 실력자였다. 쇼군에 취임한 이에야스는 5산의 학승과 아시카가足利 학교의 학자, 조정에서 학문을 관장하는 귀족, 후지와라 세이카 등을 초빙해 중국의 학문에 관한 이야기를 듣는 것을 좋아했다. 그때 세이카는 라잔을 이에야스에게 소개했다.

도쿠가와 이에야스는 하야시 라잔을 등용했다. 그러나 에도 막부에서 라잔의 지위는 일개 학승에 지나지 않았다. 라잔은 승려처럼 삭발하고 도춘道春이라는 법명으로 행세했다. 막부에서 라잔이 담당한 직무는 외교 문서를 해독하거나 작성하고, 법안을 기초하고, 각종 공문서를 취급하는 일이었다. 고서를 수집하거나 출판하고, 역사를 편찬하고, 쇼군에게 강의하는 것도 그의 일이었다. 무로마치 시대에 5산의 승려들이 하던 일을 라잔이 맡게 되었다.

막부가 주자학자 라잔을 등용했다고 해서 주자학이 막부의 관학으로 정해진 것은 아니었다. 라잔은 주자학을 신봉했고, 주자학 이외의 유학 사상과 불교·크리스트교를 배척하는 입장을 굽히지 않았다. 하지만 그런 라잔의 태도는 어디까지나 개인적인 견해였다. 막부의 방침과는 아무 상관이 없었다. 하지만 주자학자 라잔의 후손이 대대로 막부의 문교 관련 직무를 세습했고, 막부가 주로 주자학자를 관리로 등용했고, 또 당시 중국이나 조선에서 주자학을 관학으로 정하고 있었다. 그래서 일본에서도 주자학을 막부의 정통 학문으로 여기는 분위기가 형성되었던 것이다. 주자학이 에도 막부의 관학으로 정해진 것은 1790년이었다.

중국·조선과 일본은 학문적 배경이 달랐다. 중국·조선에는 관리 등용시험인 과거가 있었다. 중국·조선은 주자학을 관료가 되려는 지식인이 공부해야 할 필수 과목으로 정하고 있었다. 그런데 일본에는 관리 등용시험이 없었다. 무사의 지위는 세습되었고, 무사의 신분과 봉록은 보장되었다. 막부나 각 번은 직속 무사들 중에서 행정 능력이 있는 자를 선발해 관료로 임명했다. 일본 무사들은 유학에 관심을 두지 않았다. 유학적 교양을 몸에 익히려는 무사들이 없는 것은 아니었으나 그런 무사들은 동료 무사들로부터 외면을 당하는 분위기였다.

1630년 막부는 에도 우에노上野의 시노부가오카忍岡 택지를 하야시 라잔에게 하사했다. 라잔은 그곳에 학교를 세우고 제자를 양성하기 시작했다. 1632년 오와리 번尾張藩이 기진寄進한 땅에 공자의 사당인 성당聖堂을 세웠다. 하야시 가호林鵞峯는 친부 라산의 유업을 계승해 역사서를 편찬했다. 라잔의 손자 호코鳳岡는 학문에 그다지 재능은 없었으나 막부의 문교 정책을 세습했다.

유학 발달에 앞장 선 것은 다름 아닌 5대 쇼군 도쿠가와 쓰나요시德川綱吉였다. 쇼군 쓰나요시는 유학을 좋아했을 뿐만 아니라 유학의 장려에 힘을 쏟았다. 스스로 다이묘들에게 유학 경전을 강의하기도 했다. 1691년 성당을 유시마湯島로 확장 이전하고 쇼헤이자카昌平坂라 했다. 하야시 호코에게 머리를 기르도록 명령하고, 호코를 다이가쿠노카미大

學頭에 임명했다. 주자학자를 등용해 각종 의례를 정비했다. 유학을 숭상하는 쇼군의 태도는 여러 다이묘에게도 영향을 미쳤다. 유학을 숭상하고 장려하는 다이묘들이 이 시대에 많이 배출되었다.

3. 주자학

주자학은 중국의 송 시대에 완성된 유학의 새로운 사상체계로 송학宋學이라고도 한다. 주자학에서는 이理와 기氣의 작용으로 우주만물이 생성된다고 보았다. 인간성의 문제도 이와 기의 이론으로 설명했다. 이가 인간에 내재하면 성性이 된다. 이것을 본연의 성이라고 한다. 이 본연의 성은 본래 선한 것이다. 인간은 누구나 본연의 성을 지닌 선한 존재라는 측면에서 성인이나 보통 사람이나 차별이 없다. 그러나 실제로는 선인도 있지만 악인도 있다. 이것은 기가 인간성에 부여되면서 생성된 기질의 성에 차이가 있기 때문이다. 기질의 성에는 청명혼탁의 차이가 있다. 성인은 기질의 성이 맑다. 그래서 본연의 성이 그대로 드러난다. 그러나 보통 사람은 기질의 성이 흐리다. 그래서 본연의 성이 드러나지 않는다. 인간은 누구라도 수양을 통해 기질의 성을 맑게 하면 가려졌던 본연의 성이 드러나서 성인과 같이 된다는 것이다.

주자학 사상의 근본은 합리주의적 인생관이다. 그래서 주자학을 도학道學 또는 성리학이라고도 한다. 주자학은 도덕의 확립을 꿈꾸면서 도덕의 근거를 인간 본성에 내재하는 이에 두고 있기 때문이다. 주자학은 본성에 따라서 도덕규범이 사회에 실현되기를 기대했다. 그렇다면 도덕규범은 합리적이어야 마땅하다. 사람이 멋대로 욕심을 부린다면 도덕규범이 문란해진다. 그래서 욕심을 억제하고, 도덕적으로 행동할 수 있게끔 수양을 해야 하는 것이다. 수양이 되어 본연의 성이 드러난 사람은 도덕규범이 무엇인지 스스로 알게 된다. 이런 주자학 사상은 사회적 책임을 자각한 사대부 계층이 스스로에게 부과한 엄격한 가르침이었다.

올바른 도덕이 사회질서의 기본이 될 수 있도록 하는 것이 정치이다. 정치의 근본은 삼강오륜三綱五倫이라고 할 수 있다. 삼강은 유학의 기본이 되는 세 가지 도리이다. 군주와 신하, 아버지와 자식, 남편과 아내가 지켜야 할 마땅한 도리이다. 오륜이란 다섯 가지의 인륜을 말한다. 부자유친父子有親・군신유의君臣有義・부부유별夫婦有別・장유유서長幼有序・붕우유신朋友有信이 그것이다. 그런데 주자학은 오륜 중에서도 군신・부자의 분별을 분명히 하는 학문이다. 상하의 질서와 명분을 중시한다. 유학 사상은 봉건질서를 재건하려는 도쿠가와 이에야스가 보기에 매우 바람직한 이론체계였다.

하야시 라잔은 스승인 후지와라 세이카의 가르침을 더욱 발전시켰다. 불교를 철저하게 배척해 일본적인 주자학을 확립했다. 라잔은 주어진 사회적 지위를 긍정하고 수용하라고 가르쳤다. 신분사회의 차별적 질서를 절대적인 질서로 제시했다.

하야시 가문 이외에 많은 주자학자들이 배출되었다. 에도 시대 초기 학문의 중심지는 교토였다. 후지와라 세이카의 문하에서 마쓰나가 세키고松永尺五, 호리 교안堀杏庵, 나와 갓쇼那波活所 등 경학파京學派 학자들이 배출되었다. 세키고의 문하에서 기노시타 준안木下順庵, 가이바라 에키켄貝原益軒 등이 배출되었다. 교안은 오와리 번, 갓쇼는 기슈 번紀州藩에 출사했다.

17세기 후반에 문치정치가 뿌리를 내렸다. 막부가 유학을 장려하면서 주자학은 전성기를 맞이했다. 이 시기에 기노시타 준안이 활약했다. 1682년 가가 번加賀藩에 봉직하던 준안이 막부에 출사해 5대 쇼군 도쿠가와 쓰나요시의 시강이 되었다. 준안의 문하에서 아라이 하쿠세키新井白石·무로 규소室鳩巢·아메노모리 호슈雨森芳洲 등 뛰어난 학자들이 배출되었다.

　주자학의 일파로 미나미무라 바이켄南村梅軒이 도사土佐 지방에 뿌리내린 남학이 있었다. 이 일파에서 야마자키 안사이山崎闇斎가 배출되었다. 그는 엄격한 도덕률을 중시하면서 다른 학설을 인정하려 하지 않았다. 안사이는 결국 일종의 신비주의에 빠져서 주자학의 사상을 기본으로 하는 신도설인 스이카신도垂加神道를 제창하기에 이르렀다. 그는 주자학과 신도를 결합시켜 신도와 천황의 덕은 일체라고 주장했다. 그의 주장은 훗날 존왕론尊王論의 근거가 되었다.

　가이바라 에키켄은 후쿠오카福岡에서 활동했다. 에키켄은 어느 학파에도 속하지 않은 주자학자였다. 그의 직업은 의사였으나 교육·경제·역사 분야에 많은 업적을 남겼다. 『가쿠토군学道訓』, 『와조쿠도지쿤和俗童子訓』 등을 저술하면서 서민 교육에 힘썼다. 그는 일상적인 도덕을 강조했다. 그가 집필한 통속교훈서의 가장 전형적인 것으로써 『야마토좃쿤大和俗訓』을 들 수 있다. 에키켄은 부하된 자가 주군을 비방하는 것보다 불충한 것은 없으며, 그 지위에 오르지 않은 자가 국정에 관해 비판하는 것은 옳지 않다고 했다. 부모를 공양할 때는 효를 다하고, 윗사람을 모실 때는 아랫사람으로서의 도리를 다하는 것이 도덕의 근본이라고 가르쳤다.

4. 양명학

　양명학은 명明의 왕양명王陽明이 제창한 학문이다. 왕양명은 주자학의 성즉리性卽理에 대해 심즉리心卽理를 주장했다. 주자학의 가르침에는 주지주의主知主義나 형식주의에 치우치는 폐해가 있었다. 왕양명은 바로 그 점을 바로 잡으려고 했다. 왕양명은 지·정·의를 포함하는 마음을 순수하게 활용함으로써 이치를 분명하게 이해할 수 있다고 했다. 이것이 바로 양지良知에 도달하는 길이다. 양지에 도달하려면 사회생활을 하면서 마음의 작용을 살피고 간수하는 수련이 필요하다고 주장했다. 이것이 바로 지행합일知行合一이다.

양명학은 무로마치 시대 말기 임제종 승려 게이고桂悟에 의해 일본으로 전래되었다. 그 후 주로 5산의 승려들이 연구하게 되었다. 에도 시대에 이르러 주자학의 형식주의에 의문을 품은 나카에 도주中江藤樹에 의해 유학의 일파로서 독립했다.

도주는 처음에 무사로서 생활의 지침을 탐구하려고 주자학에 관심을 기울였다. 도주는 주자학의 근본정신을 이해하고 가르침을 충실히 실천하려고 노력했다. 그는 유학이란 위정자가 먼저 자신의 덕성을 밝혀 바른 정치를 행해 서민을 교화하는 실천 학문이라고 생각했다. 유학은 위정자로서의 책임을 다하는 무사의 학문, 즉 사도士道와 일치하는 학문이어야 마땅하다고 생각했다. 도주는 한문 지식을 팔아 막부에게 봉록을 받는 것으로 만족하는 하야시 라잔을 비롯한 주자학자들을 비판했다. 도주의 그런 태도는 오히려 주변 사람들과 마찰을 빚었다. 나카에 도주는 1634년에 고향을 떠나 오미近江의 농촌에서 생활했다.

도주는 중국과 일본은 전통과 풍속이 다르기 때문에 경서에 기록된 예법을 그대로 실천하는 것이 무의미하다는 것을 알았다. 도주는 도덕의 주안점은 마음의 동기에 있지 형식에 있는 것이 아니라는 것을 깨달았다. 그래서 행동과 형식은 시時·처處·위位에 따라 바뀌는 것이 당연하다고 주장했다. 도주는 마음의 자주성을 중시하고, 그것을 일본 사회에 적응시켜보려고 노력했다. 도주는 결국 주자학에서 멀어져 양명학에 경도되었다.

하지만 도주의 사상은 정통 양명학과는 이질적인 면이 있었다. 인간 마음의 자발적인 움직임을 중시했고, 그 마음의 움직임과 도덕의 실천을 조화시키려 했다는 점에서는 정통 양명학에 근접했다고 할 수 있다. 그런데 도주는 양명학의 핵심 사상인 지행합일 사상을 제대로 이해하지 못했다. 도주는 『오키나몬토翁問答』, 『카가미구사鑑草』 등의 저서를 남겼다. 그중에서 만년에 저술한 『카가미구사』를 보면, 그의 사상은 오히려 불교에 가까운 것이었다. 사회 문제를 포기하고 오로지 마음을 다스리는 것에 초점을 맞추었다. 그래서 도주가 만년에 도달한 사상은 심학心學 또는 강서학江西學이라고 일컬어지며 후치 고잔淵岡山을 중심으로 하는 학파를 형성했다. 하지만 그것은 주자학도 아니고 양명학도 아니었다. 사회질서에 순응하자는 종교적인 가르침이었다.

도주의 제자로 구마자와 반잔熊沢蕃山이 있었다. 반잔은 고대 중국의 도덕만 답습하는 유학을 죽은 학문이라고 물리치고 일본의 풍토와 역시에 부합되는 유학을 제창했다. 그는 한때 오카야마 번岡山藩에 봉직하며 양명학을 정치에 적용하기도 했다. 그러나 오카야마 번주 이케다 미쓰마사池田光政와 의견이 충돌되어 사직한 후 교토에 머물면서 귀족들과 교류했다. 반잔은 그의 저서 『다이가쿠와쿠몬大学或問』에서 막부의 정치를 비판해 탄압을 받았다. 반잔은 시모사下総의 고가 번古河藩에 유폐되었다가 비참한 최후를 맞이했다.

막부는 양명학을 이단의 학문으로 규정하고, 그것을 금지한다는 방침을 정했다. 양명학이 현실사회를 비판하고, 그 모순점을 개혁하려는 혁신사상을 내포하고 있었기 때문이다. 탄압을 받은 양명학은 학파를 형성하지 못했을 뿐만 아니라 체계적으로 전수되지 못했다. 하지만 반잔의 사상은 18세기에 이르러 도미나가 나카모토富永仲基에 의해 더욱 철저하게 추구되었다.

5. 고학

17세기 말부터 고학파古学派가 세력을 형성하게 되었다. 고학은 청의 고증학考證學의 영향을 받아서 성립된 학문이었다. 현실과 역사를 파악하고 인간성을 존중한다는 특징이 있었다. 고학파는 공자와 맹자의 가르침으로 돌아가 유학의 진리를 파악해야 한다고 주장했다. 당연히 주자학이나 양명학은 비판의 대상이 되었다. 대표적인 고학자로 야마가 소코山鹿素行 · 이토 진사이伊藤仁斎 · 오규 소라이荻生徂徠가 있었다.

야마가 소코와 이토 진사이는 일찍이 주자학을 배웠으나 만족하지 못했고, 오히려 실제 사회생활과 정신생활이 일치하지 않는 것을 괴로워했다. 소코와 진사이는 1660년경부터 각각 주자학을 버리고, 중국 고대 유학 경전을 공부하면서 유학 사상을 파악하려고 시도했다. 소코의 성학聖學, 진사이의 고의학古義學, 조금 늦게 등장한 소라이의 고문사학古文辭學은 각기 성격을 달리하지만, 송대 이후 체계화된 주자학의 해석 방법을 버리고, 고대 유학 사상으로 돌아가 자기의 사상체계를 세우려 했다는 공통점이 있었다. 그래서 이들의 학문을 고학이라고 했다.

야마가 소코는 아이즈 번会津藩 출신으로 유학 · 신도 · 병학兵學을 두루 섭렵한 인물이었다. 일찍부터 병학자로 이름을 날려서 한때 아코 번赤穂藩에 봉직하기도 했으나 곧 사직했다. 소코는 일찍이 주자학의 이론에 의문을 품기 시작했다. 주자학의 가르침에 따라 마음을 다스리는 공부를 했으나 사회 현실과 학문이 접목되지 않는 것에 대한 불만을 해소할 수 없었다. 소코는 실제 정치와 생활에 도움이 되는 학문이 진정한 학문이라고 믿었다. 주공周公 · 공자와 같은 고대 성인의 학문이 바로 그것이라고 확신했다. 1665년 소코는 『세이쿄요로쿠聖敎要錄』를 저술한 것을 시작으로 많은 저서를 집필하면서 주자학을 비판했다. 소코는 현실생활에 바람직한 규범을 제시하지 않고 정신 수양만 강조하는 주자학이 못마땅했다. 소코는 결국 막부의 탄압을 받아 한때 유배생활을 했다. 그런데 그의 사상에는 중국 법가나 병가의 학설이 많이 혼입되었고, 유학도 학문적 연구로서 순화되지 못했다. 그래서 소코의 유학을 계승한 학자가 없었다.

교토에서 상인의 자제로 태어난 이토 진사이는 마쓰나가 세키고에게 주자학을 배웠다. 하지만 그의 나이 37~38세가 되었을 때 주자학에 의문을 품기 시작했다. 주자학은 불교의 선종 사상이나 노장 사상과 융합된 것으로 중국 고대 성인의 가르침이 아니라고 주장했다. 주자학의 이론은 치밀하지만 현실사회와 괴리되었고, 또 사람의 일상생활에 도움이 되지 않는다고 비판했다.

주자학의 도덕 원리는 천리와 인성이 일치한다는 형이상학적 사고에 기반을 두고 있었다. 이에 대해 진사이는 도는 어디까지나 인도人道이며 자연계의 이理와는 상관이 없다고 했다. 또 사람의 성은 선하다고 하나 성 그 자체에 완전한 도덕적 원리가 내재되어 있는 것은 아니기에 교육과 수양이 필요하다고 주장했다.

진사이는 교토에 고의당古義堂이라는 사숙을 열고 후학을 지도하면서 공자·맹자의 사상을 연구했다. 그는 주자학의 정태적인 이理를 부정하고 경험적인 지식과 덕행을 강조했다. 특히 『논어』와 『맹자』를 중요하게 여겼다. 그의 노력은 『론고코기論語古義』, 『고모코기孔孟古義』 등의 저서에 결집되었다.

진사이는 『논어』와 『맹자』를 기준으로 다른 경서의 문헌 비판을 시도했다. 예를 들면 주자학에서 『논어』·『맹자』와 함께 4서로 분류되는 『대학』을 『맹자』와 대조하면 후세의 저술이고 공자가 남긴 저서가 아니라는 것, 역시 4서의 하나인 『중용』에도 후세에 가필된 부분이 있다는 것을 증명했다. 진사이는 중국 고전에 관한 실증적 연구 방법을 처음 확립한 인물이었다.

진사이는 오로지 교육과 저술에 전념했다. 진사이의 문하생은 3,000여 명에 이르렀으며 그들이 고의학파를 형성했다. 사숙인 고의당이 교토 호리카와堀川에 있었기 때문에 고의학파를 호리카와학파라고도 했다. 진사이의 학풍은 그의 아들인 도가이東涯에 의해 계승되어 18세기 초에 크게 떨쳤다. 진사이의 저술은 모두 그의 사후에 아들 도가이에 의해 간행되었다. 그래서 막부의 탄압을 받지 않았다.

에도의 오규 소라이는 이토 진사이의 학문에 영향을 받으면서도 독특한 학문 체계를 형성했다. 진사이의 학문이 유학을 도덕 사상으로 순화하는 데 초점이 맞춰져 있었다면, 소라이의 학문은 유학의 본질을 정치사상으로 파악하는 데 초점이 맞춰져 있었다. 그래서 소라이는 예절과 질서의 중요성을 강조했다.

의사의 아들 소라이는 관동 지방의 농촌에서 성장하면서 독학으로 유학을 공부했다. 31세 때 당시의 막부의 5대 쇼군 도쿠가와 쓰나요시의 측근 야나기사와 요시야스柳沢吉保를 섬기다가 만년에 8대 쇼군 도쿠가와 요시무네德川吉宗의 정치고문으로 활약했다. 1717년에 『벤도辨道』, 이어서 『벤메이辨明』와 『논어』의 주석서 『론고초論語徵』를 저술해 학문적 입장을 확립했다.

진사이는 주로 『논어』・『맹자』를 학문의 대상으로 삼았지만, 소라이는 『맹자』를 취하지 않고 공자 이전의 고서 5경을 중시했다. 나아가 유학에서 벗어난 선진 시대의 문헌도 폭넓게 읽으면서 고대의 언어와 문장의 뜻을 정확하게 이해하려고 노력했다. 소라이가 역사적 사실 연구를 중시하는 실증적 방법을 취했기 때문에 고문사학이라고 불리게 되었다. 소라이의 학문적 경향을 계승한 학파를 고문사학파 또는 소라이학파라고 한다.

소라이는 유학에서 말하는 성인이란 고대의 제왕이며 그들이 천하를 태평하게 다스렸던 정치의 방법이 도道의 본질이라고 파악했다. 그러므로 성인이 제시한 도란 관념적인 것이 아니라 정치가이기도 했던 성인이 인위적으로 만들어 제시한 것, 즉 통치를 위한 도라는 결론에 도달했다. 그래서 소라이는 일반적인 도덕보다도 정치를 중요시했다. 예악과 제도를 정비하는 것이 가장 중요하다고 주장했다. 소라이는 자신의 저서 『세이단政談』을 쇼군 요시무네에게 헌상해 합리적인 정치개혁안을 제시하기도 했다.

오규 소라이의 제자였던 다자이 슌다이太宰春台는 『게이자이로쿠經濟錄』라는 저서를 남겼다. 『게이자이로쿠』는 정치·경제·제도·법령 등 일본 사회 전반을 시야에 넣고 저술한 경제서였다. 슌다이는 경제가 도덕에 선행한다는 입장을 취했다. 슌다이는 소라이학파를 대표하는 경제전문가였다.

소라이학파의 저술에는 정치와 경제에 관한 것이 많았다. 그들은 추상적인 철학적 담론에 머물지 않고 현실문제에 적극적인 관심을 가졌다. 소라이학파의 정치론은 중농주의의 입장을 취하고 있었다. 농촌이 안정되어야 무사가회가 안정되기 때문이었다. 하지만 그들은 어디까지나 생산의 유용성 차원에서 농촌에 관심을 보였다. 농민을 인간적으로 존중하고 농민생활과 복지를 향상시키기 위해 고민한 흔적은 보이지 않는다. 소라이학파가 활동했던 시기에 이미 봉건사회의 모순이 드러났지만, 그들은 현실을 제대로 인식하려고 노력하지 않았다.

제15장

겐로쿠 문화

1. 17세기 후반의 정치

　1680년 5월 막부의 4대 쇼군 도쿠가와 이에쓰나德川家綱가 40세의 나이에 사망하고, 그해 8월에 이에쓰나의 동생이며 다테바야시 번館林藩 영주였던 도쿠가와 쓰나요시德川綱吉가 5대 쇼군에 취임했다. 이에쓰나에게 자식이 없어서 방계 혈족이 쇼군에 취임하는 일은 도쿠가와 쇼군 가문에서 처음으로 있는 일이었고, 또 후계자가 이에쓰나 사망 직전에 결정되어서 이런저런 억측이 난무했다.
　5대 쇼군 쓰나요시의 정치는 막부의 권위를 확립하는 데 초점이 맞춰져 있었다. 그는 엄정한 자세로 정치에 임했기 때문에 다이묘도 두려워했다. 특히 후다이譜代 세력을 억압했다. 관료를 임명할 때 문벌을 중시하는 폐단을 타파하고 인재를 발탁했다. 이 때 다테바야시 번 시절의 가신을 측근으로 등용했다.

　쇼군 쓰나요시는 신상필벌주의로 일관했다. 그는 무사사회의 무사안일주의와 부패를 척결하기 위해 노력했다. 46가문의 다이묘가 쇼군 쓰나요시에 의해 처벌되었다. 그중에서 신판親潘·후다이 다이묘가 29가문이었다. 부패한 다이칸代官 34명이 처벌되었다. 쇼군 쓰나요시는 감사 기능을 강화해 관료조직에 긴장감을 불어 넣었다. 도시 상공인인 조닌町人의 사치 풍조에 대해도 일벌백계로 다스렸다.

　쇼군 쓰나요시의 성품과 태도가 추상같아서 설령 그가 상식에 벗어난 정치를 해도 아무도 직언을 하지 못했다. 1687년에 공포한 쇼루이아와레미령生類愛憐令은 상식을 벗어난 정치의 대표적인 것이었다. 그것은 모든 생물, 특히 개를 죽여서는 안 된다는 살생금지령이었다. 그 법령은 쇼군 쓰나요시의 편협된 자의성이 빚어낸 일종의 학정이었다. 그러나 쇼루이아와레미령은 쇼군 쓰나요시가 사망할 때까지 20여 년간 시행되면서 많은 사람들을 고통스럽게 했다.

　쇼군 쓰나요시는 수차례에 걸쳐서 화폐를 개주했다. 금의 함유량을 낮추고, 화폐의 양을 늘려서 막부의 재정에 충당했다. 당시의 경제규모나 상품경제의 발달에 대응하기 위해서는 통화량을 늘릴 필요가 있었을 것이다. 하지만 화폐의 가치가 떨어져 물가가 상승하는 부작용을 낳았다. 막부 초기에 주조된 금화는 순금의 함유량이 83퍼센트였다. 그러나 쇼군 쓰나요시 시대에 주조된 금화는 순금의 함유량이 56퍼센트였다. 은화도 순은의 함유량이 80퍼센트에서 64퍼센트로 줄었다.

　1683년 쇼군 쓰나요시는 무가제법도를 개정했다. 그때까지 무가제법도의 제1조였던 "문무궁마文武弓馬의 길을 오로지 힘써 나갈 것"이라는 내용을 "문무충효에 힘쓰고, 예의를 바르게 할 것"이라고 고쳤다. '궁마의 길' 대신에 '충효'와 '예의'를 강조한 것은 무단통치에서 문치정치로 전환했다는 것을 의미하는 것이었다. 하타모토旗本·고케닌御

家人을 대상으로 했던 제사법도諸士法度를 폐지하고 무가제법도로 일원화했다. 무가제법도의 개정으로 하타모토는 다이묘에 준하는 의무를 지게 되었다. 또 다이묘는 하타모토와 마찬가지로 쇼군 가문의 가신으로 취급되었다.

무단통치에서 문치정치로 전환하면서 유학이 이용되었다. 쇼군 쓰나요시는 문치정치를 정착시키고 막부의 권위를 확립하기 위해 노력했다. 그러나 대사원을 건립하고, 제도와 의례를 정비하고, 가신들을 표창하는데 과다한 경비를 지출했다. 막부의 재정이 고갈되었다. 17세기 말에서 18세기 초에 막부의 직할령인 덴료天領에서 징수하는 연공은 화폐로 환산해 75만여 냥이었으나 지출은 140만 냥에 달했다.

1702년에는 아코 번赤穗藩의 무사들이 집단으로 주군인 아사노 나가노리浅野長矩의 원수를 갚은 복수 사건이 일어났다. 47명의 아코 번 로닌들은 기라 요시나카吉良義央의 저택을 습격해 그의 목을 베었다. 아코의 무사들은 이미 쇼군 쓰나요시에 의해 처단된 주군의 복수를 감행함으로써 쇼군의 결정이 부당했음을 우회적으로 주장했다. 이 사건은 막부의 권위를 크게 실추시켰다.

2. 조닌의 시대

1) 경제적 실력

상업자본의 발전하면서 당대에 막대한 자본을 축적한 조닌町人, 즉 도시에 거주하는 상공인들이 출현했다. 1688년에 간행된 이하라 사이카쿠井原西鶴의 『니혼에이타이구라日本永代蔵』에는 다음과 같은 내용이 있

미쓰이 가문이 경영한 포목점 풍경(에치고야)

다. "오사카 항구에도 에도에 운송하는 술을 빚어 가문이 일으킨 사람이 있고, 동산銅山에 손을 대어 벼락부자가 된 사람도 있다. 요시노吉野의 옻을 팔아서 다른 사람이 알지 못하는 사이에 거금을 손에 쥔 사람도 있다. 고비야小무리는 쾌속선을 만들어 선박업으로 이름을 날린 사람도 있다. 집을 저당잡고 대출해서 부자가 된 사람도 있다. 철광산의 채굴을 청부맡아 점차로 부자가 된 사람도 있다. 그들은 근년에 벼락부자가 된 조닌들이다. 30년 내에 이렇게 되었다." 당시 일본에서 손꼽는 신흥 상인 미쓰이三井 가문과 스미토모住友 가문도 30년이 되지 않은 기간에 막대한 자본을 축적했다.

17세기 후반에 상인은 이미 거대한 세력을 형성하고 있었다. 도시에서 생활하는 무사들은 화폐로 물건을 구입해 생활했기 때문에 상인 세력이 물가를 좌지우지했다. 유학자이며 에도 막부를 대변하는 대표적인 이데올로그 오규 소라이荻生徂徠는 일본 전역의 상인 세력이 한통속이 되어 있어 막부도 어찌할 수 없는 상황이라고 말할 정도였다.

위정자인 무사들도 상인을 함부로 대할 수 없었다. 오히려 상인의 경제력에 의지해 생계를 유지하는 무사들의 숫자가 증가했다. "상인이 기침을 하면 무사가 감기에 걸린다."는 말과 "오사카의 호상이 한 번 노하면 천하의 여러 다이묘들이 공포에 떤다."는 자조 섞인 푸념이 오히려 실상을 전하는 말일 것이다.

상인의 경제적 실력 앞에 초라해진 무사들은 상인을 미천한 존재로 규정했다. 상인은 신분적으로 사농공상土農工商 질서의 최하위에 위치된 존재이며 농민보다도 낮은 신분서열이라는 점을 강조했다. 천상론賤商論이 대두된 것도 이 무렵이었다. 상인은 정치에 관여할 수 없었다. 당시 막부는 엄격한 쇄국정책을 고수하고 있었기 때문에 상인들이 해외로 진출할 수도 없었다. 마땅한 소비처를 찾지 못한 상인자본은 사치 풍조를 조장하는 기폭제가 될 수밖에 없었다.

상인은 경제력을 배경으로 무사들이 넘볼 수 없는 호화스러운 생활을 하고 있었다. 상인 세력에 대해서 결코 우호적이지 않았던 오규 소라이는 돈만 있으면 신분이 낮은 비천한 서민이 다이묘와 같이 처신해도 어떤 비난도 받지 않는 현실을 탄식할 뿐이었다. 이하라 사이카쿠는 『니혼에이타이구라』에서 "일반 부녀자는 봄의 꽃구경, 가을의 단풍구경, 결혼식 피로연 등에 화려한 의상을 입지 않아도" 되지 않느냐고 말했지만, 조닌 사회의 사치 풍조는 이미 만연되어서 "부인의 몸단장과 딸의 혼인이 원인이 되어 재산을 탕진"하면서까지 유행에 휩쓸리고 있었다.

2) 일상생활

겐로쿠 시대元祿時代는 일반적으로 1670년경부터 1710년경까지를 일컫는 문화사의 시대 구분이다. 이 시대에 조닌의 생활이 사치스러워졌다. 일상적으로 입는 옷도 매우 화려해졌다. 면직물이 보급되면서 옷감의 소재도 다양해졌다. 평상시에도 비단옷을 입는 사람들이 늘어났다. 사람들이 유행에 민감해지면서 남자들도 연극배우의 옷차림을 모방하기 시작했다. 옷의 형태나 장식도 세련되고 다양해졌다. 색상은 분홍색, 황색, 하늘색, 감청색 등 밝은 원색 계통의 색이 대부분이었다.

여성은 허리에 오비帶라는 허리띠를 맸다. 오비는 실용적이지는 않았지만 여성의 아름다움을 강조하는 장식물이었다. 여성의 정장에는 넓고 단아한 오비가 필수적이었다. 소매도 길고 모양도 화려한 옷이 유행했다. 여자의 머리 모양도 다양해졌다. 조닌의 아녀자는 가발의 일종인 틀어 올린 머리를 얹어 멋을 내는 것이 유행했다.

미곡 생산량이 증가하면서 조닌은 일상적으로 쌀을 주식으로 할 수 있게 되었다. 도시 인근에서 채소가 공급되면서 부식도 다양해졌다. 소바를 전문으로 하는 음식점도 생겼고, 익힌 채소나 생선을 파는 가게도 생겼다. 1일 3식의 식생활이 일반화된 것도 이 시대였다. 담배와 술이 서민의 기호품으로 자리를 잡았고, 다양한 과자류가 상품화되어 서민의 간식거리로 제공되었다. 고급과자는 주로 교토에서 생산되었지만 에도에도 고급과자점이 문을 열었다. 교토·오사카·에도에 찻집과 요릿집이 영업을 했다.

에도나 오사카에 2~3층 건물이 많아 들어섰다. 에도에서는 흙이나 벽돌을 사용한 집이 보급되었다. 화재를 방지하기 위해서였다. 18세기 중엽부터 기와집이 보급되었다. 주택의 내부에 다타미疊를 까는 집이 늘어났다. 방에 다나棚라는 선반을 매거나 오시이레押入れ라는 반침을 마련해 이불이나 물건을 수납했다. 거실에 도코노마床の間라는 공간을 설치하고 그곳에 족자를 걸거나 꽃꽂이나 도자기로 장식하는 집이 늘어났다. 현대 일본의 주택 구조와 거의 같은 구조를 갖추게 되었다. 솜이불이 보급되고 난방용 숯이 대량으로 생산되었다. 등잔용 기름이 보

급되면서 서민의 저녁 시간이 길어졌다.

3) 조닌과 유예

겐로쿠 시대에는 문화를 생산하고 공급하는 기능이 잘 갖춰져 있었다. 교토에는 각 분야의 전문 예능인 300여 명이 거주하고 있었다. 『교토오야쿠쇼무키타이가이오보에가키京都御役所向大概覚書』에 따르면, 예능인의 분야도 매우 다양했다. 대표적인 것만 헤아려도 유학자, 의사, 수학자, 서예가, 바둑의 명인, 장기의 명인, 릿카의 명인, 렌가시連歌師, 하이카이시俳諧師, 게마리시蹴鞠師, 다도의 명인, 화가, 불교 예술가, 노래의 명인, 노다유能大夫, 피리의 명인, 북의 명인, 교겐시狂言師 등이었다.

전문 예능인은 오사카나 에도는 물론 지방 도시에서도 활동하며 생계를 유지했다. 경제적으로 여유 있는 조닌들 중에 다도, 하이카이, 꽃꽂이 등 유예遊藝를 배우려는 사람들이 많았다. 전문 예능인들은 유예에 입문하고자 하는 초보자들을 체계적으로 지도했다.

교토 조닌의 가옥에 유예를 즐길 수 있는 공간이 마련된 것도 겐로쿠 시대였다. 이전까지 조닌의 주택은 미세노마みせのま・오쿠노마おくのま의 2실형 민가였으나 17세기 말에 미세노마・나카노마なかのま・오쿠노마라는 3실형으로 확대되었다. 추가된 제 3의 공간 나카노마가 바로 자시키座敷였다. 자시키는 주로 사교를 위한 공간으로 사용되었다. 조닌은 자시키에 손님을 초대해 다도 모임이나 꽃꽂이 모임을 가졌다.

미술공예품이 대량으로 생산되게 된 것도 유예의 발달을 보증했다. 유예의 여러 분야에서 도구와 미술공예품을 필요로 했다. 특히 다도가 유행하면서 차항아리, 다기 등의 도구가 많이 생산되었다. 문벌 조닌들은 유서 깊은 보물들을 소유하고 있었지만, 일반 조닌들은 대량 생산된 도구를 이용했다. 도구의 대량 생산은 품질이 저하되는 현상을 초래했지만, 17세기 후반에 급증한 유예 인구의 수요에 대응했다.

각종 전문교양서가 간행되었다. 서적의 간행으로 도시의 살롱을 중심으로 축적된 교양문화가 서민에게 전파되었다. 유예를 즐기고 싶어 하는 조닌들의 호기심을 자극한 것은 교양서였다. 유예에 대한 지식과 기술, 그리고 정보가 책을 통해 조닌에게 전달되었다. 교양서는 조닌을 유예에 정식으로 입문하게 하는 안내자 역할을 했다. 그런데 책을 통해서 유예에 대한 지식과 정보는 얻을 수 있어도 유예의 구체적인 비전秘伝는 역시 전문가에게 직접 배워야 했다. 명성이 있는 전문 교양인은 유예를 지도해서 생계를 유지할 수 있었다.

겐로쿠 시대에 대도시의 유력한 조닌을 중심으로 유예가 유행했다. 도시 뿐만 아니라 교토·오사카 인근 농촌에서도 하이카이俳諧가 성행했다. 겐로쿠 시대 서적 목록을 살펴보면, 당시 간행된 하이카이에 관한 책이 600여 종이나 되었다. 겐로쿠 시대에 꽃꽂이 모임도 활성화되었다. 18세기에 들어서며 향도香道·바둑·렌가連歌 등 각종 유예가 유행했다. 그중에서 조닌들이 가장 관심을 보인 것은 역시 다도였다.

유예를 배우기 시작해 어느 정도의 경지에 도달하면 스승이 면허를 발급했다. 면허가 발급되면 예명芸名이 주어졌다. 예명은 권위 있는 유예가遊芸家의 일원이 되었다는 것을 증명하는 것이었다. 조닌들은 각종 유예를 배우고, 때때로 일상에서 '외출'해 유예인으로 변신했다. 유예의 세계는 원칙적으로 세속에서의 신분 차별이 없는 별세계였다. 신분이 미천한 조닌이라도 유예에 능하거나 주빈이 되면 무사보다 상석에 앉는 것이 가능했다. 조닌들은 유예를 통해 신분적 차별로부터 해방될 수 있었다.

조닌이 유예에 입문하려면 필요한 도구를 장만하고 장소를 마련해야 했다. 또 유예를 몸에 익히고 즐기려면 상당한 시간이 필요했다. 생업에서 자유로운 사람이 아니면 유예를 몸에 익히고 즐길 수 없었다. 유예를 즐기는 조닌은 그만큼 사업적으로 안정되고 재력이 있는 사람이었다. 유예를 즐긴다는 것은 부유한 조닌이라는 것을 증명하는 것이기도 했다. 조닌들 중에는 자식들에게 유예를 배우게 하는 사람이 증가했다.

물론 자식에게 유예를 가르치는 풍조에 비판적인 시각도 있었다. 가업을 견습하기도 전에 유예를 몸에 익히면 가업을 배울 기회가 줄어들 뿐만 아니라 유예에 마음을 빼앗겨 가업을 소홀히 할 것이라는 우려의 목소리가 높았다. 18세기 초 미쓰이 다카후사三井高房는 후손에게 『조닌코켄로쿠町人考見録』라는 교훈서를 남겼다. 그는 분수에 어울리지 않는 유예의 폐해를 경계했다. "젊어서 노는 것을 좋아하면 노년에 지옥에 떨어진다."고 극언하면서 유예를 멀리하라고 당부했을 정도였다.

3. 유곽과 유녀

17세기 말 아쿠쇼悪所라고 불렸던 유곽遊廓이 발달했다. 유곽은 유리遊里, 구루와郭, 게이세이마치傾城町, 이로마치色町, 하나마치花街 등으로 불리기도 했다. 유곽은 막부가 성매매가 가능한 유흥가로 공인한 특별한 공간이었다. 유곽은 주로 교토·오사카·에도 등 대도시 주변에 형성되었다. 교토의 시마바라嶋原·오사카의 신마치新町·에도의 요시와라吉原가 대표적인 곳이었다. 유곽은 신분의 제약 없이 누구라도 출입할 수 있었다. 유곽에서는 경제력이 있는 조닌町人이 가장 극진한 대우를 받았다. 그곳은 일상적인 세계와는 다른 가치관과 미의식이 지배하는 공간이었다.

교토 최초의 유곽은 하라 사부로자에몬原三郞左衛門이 도요토미 히데요시의 허가를 얻어서 야나기초柳町에 설치되었다. 유곽은 그 후 몇 번이나 이전해 시마바라에 뿌리를 내렸다. 시마바라 유곽은 가미초上町·나카초中町·시모초下町로 나뉘어졌다. 대문을 통해 유곽으로 들어서면 길옆에 늘어선 건물 안쪽에 유녀遊女들이 화장을 하기도 하고, 책을 읽기도 하고, 악기를 연주하기도 하면서 대기하고 있었다. 그녀들은 산차散茶·고슨五寸·산슨三寸 등으로 불렸던 중·하급 이하의 유녀들이었다. 건물 앞에는 호객을 전문으로 하는 여성들이 진을 치고 있었다. 손님들은 창문을 통해 건물의 안쪽에 있는 유녀들을 보고 마음에 드는 상대를 선택할 수 있었다.

17세기 중엽에 오사카의 신마치에 유곽이 설치되었다. 신마치라는 명칭은 그 지역이 해변을 매립한 곳이기 때문에 붙여졌다. 유녀는 다유太夫, 고텐진小天神, 미세텐진見世天神, 게이코芸子, 와키和気 등의 계급이 있었다. 최고급 유녀 다유는 덴진天神이라고도 했다. 다유 다음으로 높

지명한 유녀를 기다리는 손님들(접객실)

은 상급 유녀 고텐진은 가코이노우에囲いの上라고도 불렸다. 게이코는 춤을 추거나 악기를 연주하면서 손님의 흥을 돋우는 예기藝妓였다. 와케는 하급 유녀였다.

에도에서는 다유를 오이란花魁이라고 불렀다. 어렸을 때부터 미모와 재능이 뛰어난 유녀는 서도書道, 다도, 와카和歌, 샤미센三味線, 바둑 등의 유예는 물론 세련된 교양 교육을 받으며 최고급 유녀로 양성되었다. 오이란과 같은 고급 유녀는 결코 손님 앞에 먼저 모습을 드러내지 않았다. 오이란은 가부로禿라는 10살 전후의 어린 유녀가 시중을 들었다. 오이란이 손님을 접견할 때는 손님보다 상석에 앉았다. 오이란을 아게야揚屋, 즉 고급 유녀를 불러 노는 장소로 불러낼 때는 상상을 초월하는 화대를 지불해야 했다.

유곽의 안으로 들어간 손님은 마음에 드는 유녀나 아니면 평소에 안면이 있는 유녀를 지명했다. 손님은 아게야에서 게이고芸子나 호칸幇間,

요시와라 풍경

즉 연회석에서 손님을 즐겁게 하는 예기들을 상대로 술을 마시고 놀면서 자신이 지명한 유녀가 오기를 기다렸다. 유녀가 오면 주석에 합석해 손님을 접대했다.

유곽에서 만난 손님과 유녀 사이에는 기쇼起請, 유비키리指切, 이레보쿠로入黑子 등과 같은 독특한 풍습이 있었다. 기쇼는 서로 사랑을 배신하지 않겠다고 맹세하는 것이었다. 유비키리는 유녀가 자신의 새끼손가락 한 마디를 잘라서 애인에게 건네는 것이었다. 유녀로부터 이런 사랑고백을 받은 남성은 거금을 준비해 유녀를 유곽에서 벗어나도록 해야 하는 의무를 졌다. 경우에 따라서는 신주心中, 즉 동반자살을 선택하기도 했다. 이레보쿠로는 유녀가 문신으로 사랑하는 남성의 이름을 왼쪽 팔에 새기는 것이었다. 경우에 따라서 상대방 남성의 나이만큼 점을 찍는 방식으로 문신을 하기도 했다. 또 남녀가 엄지손가락 손톱 윗부분에 같은 문신을 하기도 했다.

에도의 대표적인 유곽인 모토요시와라元吉原와 신요시와라新吉原 이외에 시나가와品川·나이토신주쿠內藤新宿·이타바시板橋·센주千住 등의 지역에 슈쿠바조로宿場女郎라는 유녀가 영업을 했다. 에도로 진입하는 숙역에 위치한 유흥가는 막부가 공인하지 않은 사창가였다. 그곳에서 손님을 상대하는 유녀를 메시모리飯盛라고 했다. 그녀들은 요시와라의 유녀들과 같이 격조 높은 예능을 몸에 익히지 않았으나 가벼운 악기를 다루면서 손님을 접대했다.

일본 각지의 온천장에는 유나湯女라는 유녀가 손님을 맞이했다. 17세기 초에 이미 유나의 존재가 확인된다. 당시 그들은 아카카키온나垢かき女 즉, '때를 미는 여자'라고 불렸다. 그녀들은 낮에는 손님의 몸을 씻어주거나 머리를 감겨주고, 밤에는 손님들이 목욕을 하고 쉬는 공간에서 옷을 갈아입고 악기를 연주하거나 노래를 불렀다.

도로의 길목, 또는 사원이나 신사 주변에 차를 팔면서 손님에게 쉴 수

미즈차야의 여성

있는 공간을 제공하는 미즈차야水茶屋가 있었다. 미즈차야는 미모가 출중한 여성을 간판으로 내세우고 영업했다. 그곳의 여성들은 화려한 옷을 입고 머리를 날렵하게 단장하고 손님을 맞이했다. 그녀들은 유녀나 악기를 다루는 예능인은 아니었지만, 손님들에게 청순하고 풋풋한 인상을 심어주었다. 그래서 미즈차야의 여성들이 우키요에浮世絵, 즉 풍속화의 모델로 많이 등장했다.

4. 연극

1) 닌교조루리

닌교조루리人形浄瑠璃와 가부키는 노能와 함께 에도 시대 3대 예능이라고 일컬어졌다. 노는 막부가 특별히 보호했기 때문에 오히려 새로운 시대의 예능으로 발전할 수 있는 추동력을 상실했다. 그러나 닌교조루리와 가부키는 조닌의 생활 속에 융화되어 서민의 사랑을 받는 연극으로 발전했다.

16세기 말 가날픈 샤미센三味線의 음색에 맞춰 서민에게 이야기를 들려주던 조루리가 예부터 전국을 떠도는 예능인 집단 쿠구쓰시傀儡子의 인형을 조종하는 예능과 결합하면서 닌교조루리라는 새로운 형태의 예능이 탄생되었다. 말하자면 닌교조루리는 음악을 사용하는 인형극이라고 할 수 있을 것이다. 처음에 닌교조루리는 마술과 함께 연기되는 경우가 많아서 연극이라고 할 수 없는 수준이었다. 그런데 17세기 말 오사카에서 다케모토 기다유竹本義太夫와 지카마쓰 몬자에몬近松門左衛門이 나타나 독자적인 예술로 발전시켰다. 겐로쿠 시대에 닌교조루리의 전성기를 맞이했다.

다케모토 기다유는 농민 출신이었지만 타고난 아름다운 목소리를 살려서 조루리를 연기했다. 기다유는 당시 유행하던 가곡의 음률에 말과 노래를 섞어서 이어나가는 기다유부시義太夫節를 완성했다. 마침 무사 출신 조루리 작가 지카마쓰 몬자에몬이 기다유를 위해 많은 작품을 창작하면서 닌교조루리의 예술적 가치가 급속도로 향상되었다. 이때부터 닌교조루리는 연극다운 모습을 갖추게 되었다. 기다유부시 연기자, 샤미센 연주자, 인형을 조종하는 자 등이 함께 무대에 등장하면서 관객들을 매료시켰다.

에도에서 명성을 얻은 닌교조루리 연예인으로 사쓰마 조운薩摩淨雲이 있었다. 사쓰마 다유薩摩太夫라고도 불렸던 그는 에도 닌교조루리의 창시자였다. 무용담을 특기로 했고, 새로운 인형의 조작법·무대장치·화려한 의상으로 인기를 끌었다. 교토·오사카에서는 사쓰마 조운의 제자 도라야 겐다유虎屋源太夫가 이름을 얻었다. 1684년에 다케모토 기다유가 오사카에 인형극 전문극장 다케모토자竹本座를 열었다. 기다유는 주로 몬자에몬의 작품을 상연했다. 기다유의 연기는 닌교조루리의 전형이 되었다. 1703년 기다유의 제자 도요타케 와카다유豊竹若太夫가 도요타케자豊竹座를 설립해 다케모토자와 경쟁했다.

지카마쓰 몬자에몬의 작품 중에는 역사상 설화나 전설에서 소재를 취한 것이 많았다. 복수를 소재로 한『슛세카게키요出世景清』, 중국인 정성공을 주인공으로 한『고쿠센야캇센国性爺合戦』등이 대표적인 작품이었다. 실제 사건에서 소재를 취한 작품으로『소네자키신주曾根崎心中』,『신주텐노아미지마心中天網島』,『메이도노히갸쿠冥途の飛脚』등이 있었다. 실제 사건을 각색한 작품의 대부분은 인정과 의리 사이에서 고뇌하는 인간의 비극을 그린 것이었다. 지카마쓰 몬자에몬은 봉건 윤리와 인간 본래의 애정이 대립하는 상황을 조닌의 관점에서 절묘하게 묘사했다.

지카마쓰 몬자에몬 이후의 닌교조루리는 다케다 이즈모竹田出雲와 나미키 소스케並木宗輔가 합작했다. 오늘날까지 닌교조루리는 물론 가부키에서도 상연 횟수가 많은 3대 작품『스가와라덴주테나라이카가미菅原伝授手習鑑』·『요시쓰네센본자쿠라義経千本桜』·『가나데혼추신구라仮名手本忠臣蔵』를 비롯한 많은 작품이 창작되었다. 3대 작품은 작품의 스케일이 매우 컸다. 인형을 여러 명이 함께 조종한다든지 눈동자를 움직이게 한다든지 하는 새로운 기술이 도입되었다.

2) 가부키

에도 막부의 정치가 안정되고, 평화가 도래하면서 전쟁 기간 동안 위축된 서민의 에너지가 한껏 분출했다. 17세기 초에 교토에서는 후류오도리風流踊가 유행했다. 이것은 조상신을 위로하기 위해 추는 춤인 봉오도리盆踊를 원류로 했다. 무로마치 시대 말기에는 제사 의식을 거행할 때 가장假裝을 하거나 상징물을 만들어 놓고 집단으로 춤을 추기도 했다. 그런데 전국 시대를 거치면서 비명횡사한 사람들이 많았다. 그런 혼령들을 위로하는 불교 행사가 전국 각지에서 행해지게 되었다.

이런 분위기를 배경으로 이즈모노 오쿠니出雲阿国라는 여성 연예인이 혜성같이 등장했다. 원래 신사神社에 속한 무녀 출신 오쿠니는 신사 중건에 필요한 자금을 모으기 위해 사람이 많이 모이는 거리에서 춤을 추게 되었다. 그녀가 이상하고 현란한 옷차림을 하고, 노能와 교겐狂言의 전통에 뿌리를 둔 가부키오도리歌舞伎踊, 즉 남의 눈에 띄는 색다른 복장을 하고 기발한 몸짓으로 추는 춤이 서민의 인기를 독차지했다. 가부키오도리 중에서 가장 인기를 끈 장면은 남장을 한 오쿠니가 여장을 한 남자와 사랑노름을 하는 차야아소비茶屋遊び였다.

오쿠니의 가부키오도리는 선풍적인 인기를 끌었다. 많은 사람들이 가부키오도리를 따라하기 시작했다. 특히 일찍부터 유곽이 발달한 교토의 시조카와라四条河原를 중심으로 유녀들이 가부키오도리를 모방한 춤을 추면서 손님들을 유혹했다. 그러자 각지의 도시에 들어선 유곽에서도 많은 유녀가 선정적인 춤을 추면서 호객행위를 했다. 이것을 유조가부키遊女歌舞伎라고 했다. 유조가부키가 전국적으로 확산되자, 풍속이 문란해질 것을 우려한 막부가 유조가부키는 물론 여성이 가부키 춤을 추는 것도 금지했다.

여성의 가부키오도리가 금지되자 와카슈若衆 가부키가 생겨났다. 와카슈란 나이 어린 소년이나 청년 남자를 가리키는 말이었다. 예능계는 어린 미소년에게 가부키오도리와 곡예를 시켜 손님들의 인기를 끌려고 했다. 당시 일본에서는 남색이 유행하고 있었다. 가부키오도리를 연기하는 와카슈는 매춘을 겸하고 있었기 때문에 풍속이 문란했다. 막부는 와카슈가부키도 금지했다.

겐로쿠 시대에 여성과 소년을 배우로 출연시키지 않고, 선정적인 춤

가부키 극장 내부

대신에 연극해야 한다는 조건으로 막부가 공연을 허락했다. 춤을 추면서 연기를 하던 가부키오도리가 성인 남성들만이 출연하는 연극으로 발전했다. 이것을 야로카부키野郎歌舞伎라고 했다. 이것은 가부키가 배우의 용모 본위에서 연기 본위로, 가무 본위에서 연극 본위로 발전하는 계기가 되었다.

17세기 말 에도·교토·오사카에 막부가 공인한 가부키 전용 극장만 11곳이 있었다. 출자 자본가·경영 자본가·극장주가 분업 형식으로 극장을 운영해 입장료 수입을 분배하는 제도가 성립되었다. 극장의 설비도 충실해졌다. 초기에는 땅바닥에 앉아서 연극을 관람했지만 17세기 후반에는 넓고 높은 무대를 갖추고 2층 객석을 구비한 가부키 극장 문을 열었다. 객석을 가로지르는 통로 하나미치花道도 설치되었다.

교토·오사카에서는 서민을 주인공으로 당시의 세태를 묘사한 세와모노世話物가 많이 상연되었다. 역사적인 사건을 각색해서 연출하는 지다이모노時代物 조차도 세와모노에 가까운 성격을 띠고 있었다. 주제는

의리와 인정 사이에서 갈등하는 인간이었다. 성격 연기를 와고토和事라고 했다. 성격 연기에 능했던 대표적인 배우로 교토의 사카타 도주로坂田藤十郎가 있었다. 오야마女形, 즉 여성 역할을 하는 남자 배우의 명인으로 요시자와 아야메芳沢あやめ가 있었다. 에도에서 이름을 날린 가부키 배우로는 이치카와 단주로市川団十郎와 사와무라 소주로沢村宗十郎가 있었다. 17세기 말에 활동한 초대 이치카와 단주로는 이미 14세 때 아라고토荒事라는 호쾌한 동작으로 연기를 하는 방법을 창시해 관객들의 인기를 독차지했다. 이에 대해 사와무라는 우아하면서도 섬세한 와고토 연기를 특기로 했다.

5. 미술

겐로쿠 시대에 속세의 인간 생활을 소재로 한 미술이 개화했다. 그러나 이 시대의 풍조는 생활을 즐기는데 만족하는 경향이 있었기 때문에 특별히 주목할 만 한 문화재가 거의 남겨지지 않았다는 아쉬움이 있다.

회화 분야에서는 가노파狩野派가 여전히 막부의 보호를 받으며 작품 활동을 했다. 그러나 현실에 안주하면서 생명력을 상실한 가노파의 작품 수준이 떨어졌다. 한편 야마토에大和絵 전통을 계승한 도사 미쓰오키土佐光起가 출현해 새로운 양식의 그림을 그렸다. 미쓰오키는 야마토에와 중국의 화풍을 절충했다. 미쓰오키는 조정의 보호를 받으며 도사파土佐派의 기초를 확립했다.

도사파는 에도의 가노파와 대립하며 발전했다. 하지만 도사파 역시 현실에 안주하는 경향이 있었다. 도사파에서 스미요시 조케이住吉如慶가 출현해 스미요시파를 열었다. 조케이의 아들 구케이具慶는 에도로

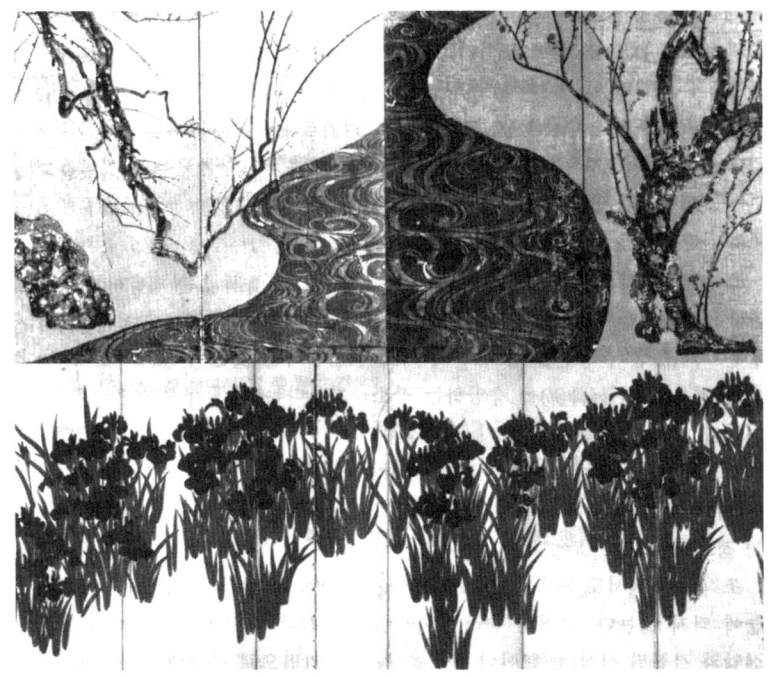
오가타 고린의 고하쿠우메즈병풍(상) 가키쓰바타즈병풍(하)

진출해 막부의 어용화가가 되었다. 구케이는 「라쿠추라쿠가이즈에마키洛中洛外図絵巻」라는 작품을 남겼다. 구케이 이후로는 걸출한 화가가 출현하지 않았다.

겐로쿠 시대에 야마토에가 크게 발전했다. 이 분야를 대표하는 화가로 오가타 고린尾形光琳을 들 수 있다. 교토의 호상 집안에서 태어난 고린은 사실보다는 어느 정도 추상적인 구도와 색채로 화폭을 구성했다. 고린은 다와라야 소타쓰俵屋宗達의 화풍을 계승해서 화려하고 강렬한 야마토에 화풍을 확립했다. 고린은 마키에蒔絵 분야에서도 능력을 발휘하며 장식성이 뛰어난 걸작을 남겼다.

고린은 꽃·나무·물과 같은 야마토에의 전통적인 제재를 새로운 관점에서 바라보았다. 그는 꽃·나무·물을 단지 섬세하게 묘사한 것이 아니라 거기에서 추상된 형태와 색채의 이미지를 취해 화폭을 구성했다. 고린이 그린 제비붓꽃은 자연 그대로의 제비붓꽃이 아니라 제비붓꽃이라고 이름이 붙여진 형태와 색채였을 뿐이다. 즉 고린 자신만의 제비붓꽃이었다. 고린이 사물을 보는 눈은 당시로서는 매우 파격적이었다.

고린의 대표적인 작품으로 「고하쿠우메즈병풍紅白梅図屛風」·「가키쓰바타즈병풍燕子花図屛風」 등이 있다. 그의 작품에서 볼 수 있는 기발한 구상·대담한 장식·화려한 색채는 겐로쿠 문화를 대표하는 것이었다. 고린의 계통을 잇는 그림을 린파琳派라고 했다.

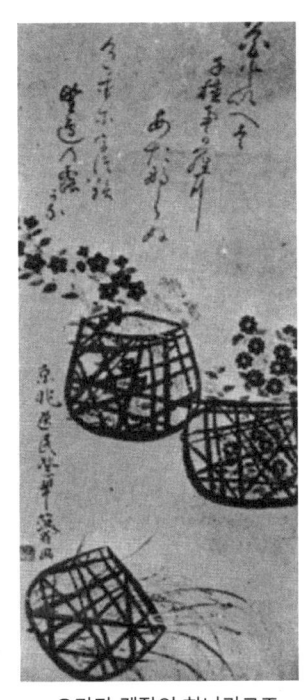
오가타 겐잔의 하나카고즈

고린의 제자 중에는 동생이기도 한 오가타 겐잔尾形乾山이 유명했다. 겐잔의 작품으로는 「야쓰바시八ッ橋」, 「하나카고즈花籠図」 등이 있다. 또 하나부사 잇초英一蝶와 구즈미 모리카게久隅守景는 가노파 출신이면서도 가노파의 형식주의에서 탈피해 가벼운 필치로 서민의 일상생활을 묘사했다. 모리카게의 작품으로는 「시키코사쿠즈병풍四季耕作図屛風」이 유명하다.

서민이 가장 애호한 것은 풍속화인 우키요에浮世絵였다. 우키요에는 일반적으로 17세기 전기에 활동한 이와사 마타베岩佐又兵衛가 시조라고 일컬어지고 있으나 실제로 그가 그린 우키요에 작품은 전해지지 않는다. 17세기 후반의 우키요에는 미인, 서민의 사랑을 받는 가부키 배우, 유명한 스모 선수 등을 소재로 했기에 서민의 인기를 독차지했다. 대표적인 작가로 히시카와 모로노부菱川師宣를 들 수 있다. 그는 주로 세상의 풍속을 소재로 그림을 그렸기 때문에 그의 그림에 우키요에라는 이름이 붙여졌다. 우키요에에는 조닌의 강렬한 자기 인식이 내포되어 있었다.

모로노부는 판화 기법을 도입해 작품의 대량 생산의 길을 열었다. 그는 특히 미인화를 잘 그렸다.「미카에리비진즈見返美人図」,「조루리히메모노가타리즈浄瑠璃姫物語図」등의 작품은 그가 판화로 제작해 보급한 것이었다. 스모 선수를 특히 잘 그렸던 도리이파鳥居派에 도리이 기요마스·기요노부淸信·기요나가淸長가 있었다. 판화 기법은 계속 발전해서 18세기 중엽에 이르러 천연색 판화인 니시키에錦絵로 발전했다.

미카에리비진즈

제16장

무사와 무사도

1. 18세기의 정치

1716년 8월 기슈번紀州藩의 다이묘 도쿠가와 요시무네德川吉宗가 8대 쇼군에 취임했다. 요시무네는 막부를 개설한 도쿠가와 이에야스의 정치를 이상으로 대대적인 개혁을 단행했다. 이 개혁을 교호 개혁享保改革이라고 한다.

교호 개혁의 당면과제는 막부의 재정을 충실히 하는 일이었다. 요시무네가 8대 쇼군에 취임했을 때 막부의 재정은 이미 바닥이 나 있었다. 하타모토와 고케닌들에게 봉록도 제대로 지급하기 어려운 실정이었다. 막부의 재정을 근본적으로 재건하려면 농업생산량을 늘리고, 농민으로부터 가능한 많은 연공을 수취하는 방법을 강구할 수밖에 없었다.

영주경제는 연공으로 수취한 미곡을 시장에서 화폐로 교환해 생활에 필요한 물자를 구입하는 구조였다. 막부는 무사사회의 안정을 위해 쌀값을 높은 가격으로 유지하려고 노력했다. 쌀값이 하락하면 다이묘와 무사들이 상대적으로 빈곤해졌기 때문이다. 하지만 쌀값이 너무 오르면 도시 빈민들이 폭동을 일으키는 사회문제로 발전할 우려가 있었다. 도쿠가와 요시무네는 '쌀쇼군'이라고 일컬어질 정도로 쌀값 정책에 부심했다.

쇼군 요시무네는 실학을 장려했다. 무사와 농민을 궁핍한 생활에서 구제하기 위해서였다. 농사를 연구하기 위해 천문대를 설치하고 직접 별자리를 관측하기도 했다. 고구마·사탕수수·조선인삼·참깨 등과 같은 상품작물의 재배를 장려하기도 했다.

1745년 11월 9대 쇼군에 취임한 도쿠가와 이에시게德川家重는 본래 병약해 쇼군의 직무를 수행하기 어려운 인물이었다. 그래도 요시무네가 생존해 있을 때는 교호 개혁의 노선이 유지되었다. 그러나 1751년 6월 도쿠가와 요시무네가 사망하면서 9대 쇼군 이에시게의 소바요닌側用人 오오카 타다미쓰大岡忠光가 중용되었다. 측근 정치가 부활한 것이다.

1760년 5월 9대 쇼군 이에시게가 은퇴하고, 같은 해 9월 이에시게의 아들 도쿠가와 이에하루德川家治가 10대 쇼군에 취임했다. 이에하루도 역시 무기력한 쇼군으로 정치에 직접 간여하지 않았다. 실제 정치는 소바요닌 다누마 오쿠쓰구田沼意次가 담당했다. 다누마 오키쓰구는 20여 년 간 막부의 정치를 전횡했다.

다누마 오키쓰구는 독점적인 대상인을 보호하는 정책을 추진했다. 그것은 교호 개혁으로 연공의 징수가 이미 한계에 달했기 때문에 불가피한 면이 있었다. 그러나 투기적인 상인 야마시山師들이 새로운 사업을 건의했고, 대상인도 막부와 연대를 강화했다. 그 과정에서 뇌물이 성행했다. 실제로 다누마는 공공연하게 뇌물을 받았다. 뇌물의 횡행은 정치를 부패시키는 가장 큰 요인이 되었다.

1786년 8월 정치를 주도했던 다누마 오키쓰구가 실각했다. 사회가 혼란한 중에 도쿠가와 이에나리德川家齊가 11대 쇼군에 취임했다. 1787년 5월 에도와 오사카에서 대규모 폭동이 일어난 직후, 마쓰다이라 사다노부松平定信가 로주에 취임해 개혁을 추진했다.

마쓰다이라 사다노부가 가장 중요하다고 생각한 것은 농촌의 부흥이었다. 사다노부는 농업 인구를 확보하는 정책을 추진했다. 관동·동북 지방의 농민을 대상으로 귀농령歸農令을 내렸다. 도시로 진출해 임금노동자로 생활하던 농민들을 고향으로 되돌려 보내는 조치였다. 농촌으로 돌아간 자에게는 여비, 농기구, 식량 등을 지급했다. 귀농한 농민이 자립할 수 있도록 돕기 위해서였다.

1789년에는 빈궁한 하타모토·고케닌의 생활난을 구제하기 위해 기엔령棄捐令을 내렸다. 유통기구와 금융시장을 정비했다. 엄격한 검약령을 실시했다. 도박·노름·매춘·도둑질·강도·무숙자·거지 등을 단속하거나 금지하는 법령을 자주 내렸다. 사창가를 단속하고 남녀 혼욕 풍속도 금지시켰다. 정치를 비판하는 언론도 통제했다.

간세이 개혁은 엄격하게 시행되었기 때문에 새로운 정책이 시행될 때마다 저항에 부딪쳤다. 민중은 민중 나름대로 엄격한 규제를 고통스러워했다. 특히 사치 생활에 익숙했던 11대 쇼군 이에나리 주변 인물들은 마쓰다이라 사다노부와 자주 충돌했고, 기회가 있을 때마다 사다노부를 퇴진시키려고 했다. 1793년 7월 사다노부는 갑자기 쇼군 보좌역과 로주의 지위에서 파면되었다. 사다노부의 실각으로 간세이 개혁은 6년 만에 중단되고 말았다.

2. 무사사회의 구조

1) 무사의 특권

에도 시대의 무사와 서민은 신분적으로 상당한 '거리'가 있었다. 막번권력은 무사와 서민의 신분 차별을 명확히 하기 위해 법으로 무사의 특권을 보장했다. 무사 신분에 묘지苗字의 특권·다이토帶刀의 특권·기리스테고멘斬捨御免의 특권을 부여했다.

묘지苗字는 씨명氏名 또는 가명家名을 의미하는 말인데, 서민은 원칙적으로는 묘지를 사용할 수 없었다. 서민들 중에 사적으로 묘지를 사용한 사례는 있으나 공식적으로 묘지를 사용한 사례는 없었다. 서민은 이름만 사용할 수 있었다.

서민 중에서도 무사 가문의 혈통을 잇는 호농, 촌락의 행정을 담당하거나 권력에 봉사한 공적이 인정되는 자, 효자로 이름이 난 자, 행적이 타의 모범이 되는 자, 헌금을 많이 해서 영주 경제에 기여한 자 등에게 막번권력이 선별적으로 묘지의 사용을 허가하는 경우가 있었다. 허가에는 개인의 일생에 한하는 경우, 아들 또는 손자 대까지 한정하는 경우, 자손 대대로 허용하는 경우가 있었다.

다이토란 무사가 도검을 차는 것을 말한다. 무사는 길고 짧은 두 자루

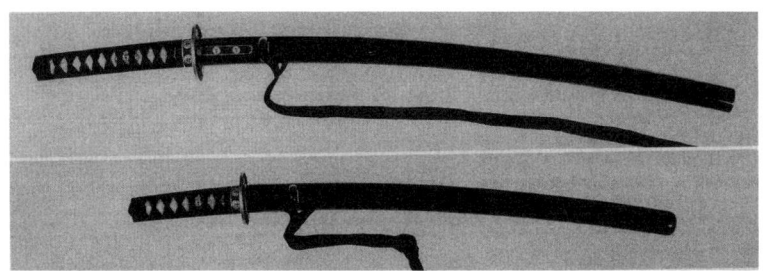

가타나와 와키자시

의 도검을 찼다. 긴 도검은 가타나刀라고 하고, 짧은 도검은 와키자시脇指라고 했다. 대도는 무사의 신분을 사회적으로 공시하기 위한 외적 표식이었다. 다시 말하면 다이토는 무사의 신분을 상징하는 것이었다.

서민의 다이토는 엄격하게 금지되었다. 막번 권력은 서민에게 다이토의 특권을 선별적으로 허가하기도 했다. 묘지의 특권과 다이토의 특권을 같이 허가하는 경우도 있었고, 둘 중 하나의 특권만 허가하는 경우도 있었다. 다이토의 특권은 헌금을 많이 해서 다이묘 경제에 결정적으로 기여한 공로가 인정되는 자에게 허가되는 경우가 특히 많았다.

무사에게 부여된 가장 강력한 특권은 기리스테고멘이었다. 기리스테고멘은 무사가 서민을 살상해도 죄를 묻지 않는다는 말이다. 기리스테고멘은 무사가 서민을 살상할 수 있는 권한, 즉 무사에게 부여된 사적 형벌권이었다. 이 특권은 본래 무사 개개인이 보유하는 지배자로서의 징벌권에 근거하고 있다고 여겨진다. 에도 시대에 들어오면서 막부는 기리스테고멘을 무사의 신분방위권으로 제한했다. 사적형벌권을 행사한 무사는 서민이 무사의 명예를 심각하게 훼손했다는 분명한 증거를 제시해야 했다. 사건을 지켜본 증인이 상황의 긴급성과 사석형벌권 집행의 불가피성을 증언할 것이 요구되었다. 무사가 불가피하게 징벌권을 행사했다는 것이 증명되면 무사는 무죄 방면되었다.

기리스테고멘은 무사의 특권이었지만 그 권한을 행사하고 행사하지 않고는 무사 자신이 판단할 문제였다. 무사는 자신에게 무례를 범한 서민을 용서하거나 가볍게 벌할 수도 있었다. 18세기 후반에는 무사가 기리스테고멘의 특권을 행사할 때 칼로 치는 데 그치고 살해해서는 안 된다는 관행이 성립되었다. 아무리 무사라 해도 서민을 함부로 살상해서는 안 된다는 관념이 있었고 또 형벌권을 가진 무사에게 절제심이 요구되었다는 것을 알 수 있다.

그러나 기리스테고멘의 특권은 무사가 마음먹기에 따라서 서민을 공포에 떨게 할 수 있는 가공할 폭력성을 지니고 있었다. 증인으로 나서는 사람은 가해자인 무사의 친구나 동료인 경우가 많았다. 설령 서민이 증인으로 나선다고 해도 복수가 두려웠기 때문에 무사에게 불리한 증언을 하기 어려운 분위기였다. 기리스테고멘의 특권은 서민에게 무사는 공경의 대상이며, 무사에게 매사 공순해야 한다는 것을 법률로 의무 지운 강력한 법이었다.

2) 신분 서열

무사 신분 내부에는 복잡한 서열과 차별이 있었다. 무사사회 구성원은 무사와 아시가루足輕・주겐中間으로 대별하는 것이 일반적이었다. 무사는 시분士分이라고 하고, 아시가루・주겐은 게이하이輕輩라고도 했다.

무사와 게이하이의 차별은 엄정했다. 예를 들어 아시가루가 길을 가다가 무사를 만났을 때는 비록 비가 오더라도 신발을 벗고 길옆으로 비켜나 머리를 땅에 대고 엎드려 인사를 해야 했다. 무사와 게이하이는 경제력은 물론 교육의 정도도 달랐다. 서로 혼인하지 않았다. 같은 무사사회의 구성원이라도 완전히 다른 세계에서 생활하는 존재들이었다.

게이하이 세계에서도 아시가루와 주겐은 엄격하게 구별되었다. 아시가루는 전투원으로 분류되는 존재였다. 그래서 묘지를 사용할 수 있었고 대도가 허용되었다. 그러나 주겐은 무사사회에서 잡역에 종사하는 존재로 어디까지나 서민 신분이었다. 그래서 묘지도 사용할 수 없었고 대도도 허용되지 않았다.

막부나 각 번에 직속한 무사는 주군을 직접 알현할 수 있는 자격이 부

쇼군을 알현하는 다이묘들

여된 오메미에御目見 이상과 주군을 직접 알현할 수 없는 그 이하의 존재로 구별되었다. 에도 막부에서 하타모토旗本는 쇼군을 알현할 수 있었으나 고케닌御家人은 그렇지 못했다. 하타모토는 대개 지교知行라고 해서 쇼군으로부터 영지를 하사받았다. 고케닌은 내내 현물로 봉록을 받았다. 오메미에 이상의 무사들도 조정에서 부여한 관위, 영지의 생산량, 맡은 바 직분 등에 따라 신분의 차별이 있었다. 오메미에 이하의 존재도 직분과 봉록의 차이에 따라 차별이 엄격했다.

　다이묘를 섬기는 무사는 가신 또는 가추家中라고 했다. 막부에 직속한 하타모토·고케닌은 지키산直參이라고 했다. 하타모토·고케닌은 다이묘와 대등하다는 의식을 갖고 있었다. 그들은 다이묘의 가신을 바이신陪臣 또는 마타모노又者라고 부르며 멸시했다. 무사가 개별적으로 거느리는 종자는 와카토若党·주겐中間이라고 불렸다.

　막부나 각 번에 속하지는 않았으나 무사로 분류되는 존재로 로닌牢人과 고시鄕士가 있었다. 로닌은 이른바 무사의 실업자들이었다. 그들은 생업에 종사하지 않고 생활하면서 다시 무사사회로 복귀할 수 있는 기회를 엿보는 자들이었다. 그러나 17세기 말 이후 로닌이 다시 무사사회로 복귀할 수 있는 가능성은 거의 없었다.

고시란 직접 또는 간접으로 농업에 종사하면서 농촌에 거주하는 무사였다. 고시는 몇 부류로 구분되었다. 첫째, 농촌에 집단으로 거주하는 아시가루足輕들이었다. 둘째, 원래 무사 신분이었으나 농촌에 거주하게 된 자들이었다. 셋째, 막번 권력이 묘지·다이토의 특권을 부여한 자들이었다. 고시는 무사에 준하는 신분과 격식을 부여받고 행정의 말단기구에 편성되었다.

3) 의무와 부담

무사는 주군으로부터 영지나 봉록을 받는 대신에 부담의 의무를 지고 있었다. 가장 중요한 부담은 군역이었다. 군역은 가마쿠라 막부鎌倉幕府 때부터 부과되었으나 도요토미 정권 때 일정한 기준이 정해졌다. 1616년 에도 막부는 처음 군역령을 내렸고, 이어서 1633년과 1649년에도 군역령을 내렸다. 거기에서 다이묘 영지의 생산량을 산술적으로 표시한 고쿠다카石高를 기준으로 다이묘가 부담해야 하는 군역 내용이 규정되었다.

1649년의 군역 규정에 따르면, 200석의 무사는 말을 타고 5명의 종자를 거느리고 주군의 소집에 응해야 했다. 5명의 종자 중에 한 명은 전투원의 성격을 지닌 사무라이侍였으며, 나머지는 말의 고삐를 잡는 우마쿠치토리馬口取 1명, 갑옷을 관리하는 고추모치甲冑持 1명, 창을 드는 야리모치槍持 1명, 기타 옷가지와 우산 등의 짐을 지는 고니다小荷駄 1명 등이었다. 500석의 무사는 11명의 종자, 1,000석의 무사는 21명의 종자, 3,000석의 무사는 56명의 종자를 거느려야 했다. 특히 600석 이상의 무사는 반드시 회승총으로 무장한 아시가루를 거느리고 출진해야 했다. 규정에 따라서 종자들에게 무장을 갖게 하는 것도 무사의 책임이었다.

평상시에도 지정된 군단에 편성되어 주군의 성을 경비하는 일, 주군이 외출할 때 경호하는 일, 특별한 임무를 띠고 에도성江戶城의 경비에 임하거나 교토 천황 궁전을 경비하는 임무를 수행하기도 했다. 이런 일을 수행하는 것을 반야쿠番役라고 했다. 능력이 있는 무사는 특별히 발탁되어 행정을 담당했다. 막부와 여러 번의 직제에서 무사 본연의 임무인 경호·경비를 담당하는 자를 반가타番方, 행정을 담당하는 자를 야쿠카타役方라고 했다.

행정을 담당하는 일은 군역에 준하는 의무였으므로 특별히 봉록이 증가된다든지 하는 일은 없었다. 봉록은 그대로 유지하면서 중책에 임명되는 경우도 있었다. 에도 전기에는 상급 역직役職에 취임하는 경우 그 지위에 걸맞게 봉록이 상향 조정되는 것이 일반적이었다. 봉록은 가록家祿을 의미했기 때문에 한번 정해지면 고정되었다. 막번 권력은 신분이 낮은 무사 중에서 능력이 있는 자를 발탁해 행정을 담당하게 하고 싶어도 재정적인 부담이 커서 망설이는 경우가 많았다. 그래서 막부는 1666년에 일종의 직책 수당이라고 할 수 있는 야쿠료役料 제도를 정했고, 1723년 8대 쇼군 도쿠가와 요시무네德川吉宗가 역시 같은 성격의 다시다카足高 제도를 정했다. 다시다카 제도의 도입으로 막부는 재정적인 부담 없이 능력 있는 무사를 발탁해 행정을 맡길 수 있었다.

3. 무사도의 형성

중세사회에서 무사는 모노노후もののふ, 쓰와모노つわもの 등으로 일컬어졌다. 근세사회에 들어와서 무사라는 칭호가 정착되었다. 중세사회에서는 '활을 가진 사람의 관습', '궁시弓矢의 길'이라고 일컬어졌던 무사사회의 관습 또는 도덕이 근세사회에 들어와서 무사도라고 일컬어지게 되었다. 무사도라는 말이 정확하게 언제부터 사용되게 되었는지는 확실하지 않지만 17세기 전기부터 사용되었을 것으로 여겨진다.

1) 야마가 소코의 사도론

야마가 소코山鹿素行는 병학자이며 유학자였다. 호조 우지나가北条氏長에게 병학을 배웠고 하야시 라잔林羅山에게 유학을 배웠다. 소코는 일본에서 가장 먼저 주자학을 비판하고, 공자·맹자에게 직접 배우자는 이른바 고학古學을 제창하기도 했다. 주자학을 비판한 것이 문제가 되어 유배생활을 하기도 했다.

소코가 말하는 무사의 윤리는 유학의 영향을 많이 받았다. 전투자로서의 자세보다는 인문적 교양을 갖춘 사대부의 윤리 또는 위정자로서의 마음가짐에 대해 이야기했다. 그렇기 때문에 소코가 체계화한 무사의 윤리는 일반적으로 사도士道라고 해서 전통적인 무사도와는 구별되었다.

소코는 주군 개인에게 복종하는 것이 진정한 충성이라고 생각하는 무사들에게 더 포괄적이고 관념적인 대상을 제시했다. 소코는 다음과 같은 논리를 전개했다. 주군이란 만민을 위해 설정된 정치적인 기관이며, 만민은 주군 개인의 소유물이 아니다. 충성이란 주군을 이익 되게 하는 것이 아니라 국가를 위해 행동하는 것이다. 만민이 모여서 주군을 세우고, 주군이 있고 나서 국가가 성립되었다면 만민은 국가의 근본인 것이다. 요컨대 무사는 마땅히 국가, 즉 다이묘가 속해 있는 번藩이나 다이묘의 가문, 나아가 무사사회를 위해 일해야 마땅하다는 것이다.

다이묘 가문이 국가의 기관이라는 관념으로 설명되었을 때, 문제가 되는 것은 주군이 주군답지 않았을 때 신하의 처신 방법이었다. 맹자의 방벌론을 어떻게 해석하고 적용할 것인가 하는 문제가 제기될 수 있었다. 소코는 다음과 같은 논리를 전개했다. 주군이 주군답지 않다면 신하가 주군을 폐할 수 있다. 단 신하된 자가 자신의 이해관계에 따라 잘못된 판단으로 주군을 폐해서는 안 된다. 군신관계의 변경이라는 일보다 큰일은 없다. 신하에게 도덕성이 갖춰져 있고, 공론이 지지하고, 무사사회 구성원이 압도적으로 동조할 경우에 한해 용인되는 행위인 것이다.

소코는 비록 조건을 붙이기는 했으나 기본적으로는 방벌론에 동조하고 있었다. 일본은 절대적인 충성이 미덕으로 강조되는 나라였다. 방벌론을 정면으로 거론한다는 것 자체가 어려운 일이었다. 그런데도 소코는 정치적으로 민감한 부분인 군신관계의 변경에 대해 말하는 것을 회피하지 않았다. 소코는 일본 무사들이 충성의 의미를 다시 생각하는 계기를 마련해 주었다.

2) 야마모토 쓰네토모의 『하가쿠레』

『하가쿠레葉隱』는 히젠 번肥前藩 나베시마가鍋島家의 가신 야마모토 쓰네토모山本常朝가 구술하고 같은 번의 무사 다시로 쓰라모토田代陳基가 기록한 것으로 쓰네토모가 죽기 3년 전인 1716년에 탈고되었다.

『하가쿠레』는 흔히 죽음의 미학이 반영된 무사도서라고 일컬어진다. 이 책을 비판하는 사람이나 매료된 사람이나 모두 쓰네토모의 사상을 죽음과 헌신이라고 이해하고 있다. 그 말은 맹목적으로 죽음을 찬미하는 것으로 이해되기도 한다. 하지만 그것은 쓰네토모의 정신세계를 깊이 인식하지 못했기 때문에 일어나는 오해일 뿐이다.

『하가쿠레』는 결코 맹목적인 충성을 강요한 책이 아니다. 쓰네토모는 무사들에게 조건 없이 충성을 다할 것을 요구하면서도 무사로서의 명예를 소중히 하라고 말했다. 주군의 명령과 무사의 신조가 충돌했을 때, 주군에게 재고를 당당하게 요청할 수 있어야 한다고 말했다. 주군 개인에게 절대적으로 충성해야 하지만 주군의 가문이기도 한 번藩의 안정과 번영을 위해 헌신하는 것이 더 큰 의미의 충절이라고 했다.

쓰네토모는 무사로서의 정신을 중요시했다. 자립적이고 인격적으로 완성된 무사라면 주군 가문의 번영을 위해 헌신할 수 있어야 한다고 했다. 자신의 출세나 자기 가문의 안일보다도 주군 가문의 앞날을 염려하는 마음을 항상 잊지 않고 생활할 것을 요구했다.

강렬한 자의식이 없는 무사는 주군의 가문을 위해서 결코 도움이 되지 않는다. 쓰네토모는 일의 내용을 알려고 하지 않고, 파급효과를 깊이 생각하지 않고, 오로지 주군의 명령을 따르는 무사를 증오했다. 그는 신념이 확고한 무사만이 주군의 가문을 위해 신명을 바칠 수 있다고 생각했다. 쓰네토모는 무사도·충군·효행·자비라는 네 가지 항목의 서원誓願을 남겼다. 그중 무사도 항목에는 "남에게 지지 않는다." "약한 모습을 보이지 않는다."는 서약이 "주군에게 헌신한다."는 서약의 앞에 나온다.

쓰네토모가 말하는 무사도란 전투원으로서의 명예를 의미했다. 전투에 임해서는 가장 먼저 적진을 향해 돌진할 것, 싸움이 일어나면 뒷일을 생각하지 말고 오직 싸울 것, 동료가 궁지에 처했을 때 외면하지 말

것, 한 번 약속하면 반드시 이행할 것, 미련을 남기지 말 것, 매사에 목숨을 돌보지 않고 처신할 것 등을 강조했다.

쓰네토모는 무사란 항상 죽음을 각오하고 있어야 한다고 말했다. 죽음을 각오한 무사는 두려움이 없는 무사다. 이미 욕망에서 자유로워진 무사다. 그런 무사는 강한 무사다. 삶에 미련이 없기 때문이다. 죽음을 각오한 무사는 이미 삶의 자유로운 경지에 도달한 자이다. 그래서 일생 실수 없이 주군 가문을 위해 봉사할 수 있는 것이다. 쓰네토모는 죽음을 강요한 것이 아니라 이상적인 무사의 길을 말했던 것이다.

3) 다이도지 유잔의 『부도쇼신슈』

다이도지 유잔大道寺友山은 17세기 말에서 18세기 초에 걸쳐 활동한 병법가였다. 『부도쇼신슈武道初心集』는 다이도지 유잔이 쓴 에도 시대를 대표하는 무사도에 관한 책이다. 1720년경에 탈고되어 마쓰시로번松代藩에서 간행되었다.

『부도쇼신슈』는 주로 청년 무사들을 위한 책이었다. 무사가 지켜야 할 예의범절, 대인관계, 마음가짐 등에 대해 상세하게 기술한 지침서라고 할 수 있다. 당시 이 책은 청년 무사들의 필독서였다.

유잔은 일본의 전통적인 무사도를 경시하는 풍조를 비판했다. 아무리 지식이 많고 인문적 교양을 갖추었어도 무사도를 갖추지 못했다면 진정한 무사가 아니라고 했다. 비록 글을 제대로 읽지 못하더라도 무사도를 잊지 않고 살겠다는 각오만 있으면 훌륭한 무사라고 했다. 평화 시대의 나약한 무사보다는 전국 시대의 기풍을 이어받은 강한 무사야말로 진정한 무사라고 했다. 그래서 유잔은 무사를 '사士'라고 하지 않고, '무사' 또는 '무문武門'이라고 했다. 무사의 정신을 무도武道 또는 무사도라고 했다.

『부도쇼신슈』의 내용은 『하가쿠레』보다는 강력하지 않았다. 예를 들면 『하가쿠레』는 무사가 행동할 때 그것이 의로운 것인지 그렇지 않은지를 생각하는 것을 경계했지만, 『부도쇼신슈』는 무사가 의와 불의 이 두 글자를 마음에 새기고 오로지 의를 택하고 불의한 행동을 삼가야 한다는 것을 잊지 않는다면 무사도는 살아 있는 것이라고 했다. 유잔은 의와 불의를 명확하게 분별해서 행동하도록 충고했던 것이다.

유잔은 무사를 정신의 성숙단계에 따라서 상·중·하 3단계로 구분했다. 하급의 무사는 남의 눈을 의식해 의를 행하고, 중급의 무사는 사악한 생각이 일어나지만 결국에는 양심에 따라서 의를 행하고, 상급의 무사는 선과 악 사이에서 방황하지 않고 자연스럽게 의를 행한다고 했다. 이 부분에서도 선과 악을 분별하고 있다. 모든 분별을 뛰어넘는 길을 제시한 『하가쿠레』와 달랐다.

하지만 유잔은 항상 죽음 각오하는 것이 무사의 숙명이라고 강조하는 것을 잊지 않았다. 그는 『부도쇼신슈』의 권두 「총론」에서 매일매일 일거수일투족 죽음을 잊지 말고 생활하라고 훈계했다. 마치 『하가쿠레』를 읽고 있는 것 같은 착각이 들 정도로 숙연해진다. 그러나 죽음을 생각해야 하는 이유가 삶에 대한 미련을 경계했던 『하가쿠레』와 사뭇 달랐다. 유잔은 항상 죽음을 생각하는 긴장감 속에서 생활하면 무병, 장수, 재난의 극복 등 많은 복덕이 있다고 했다.

유잔은 전투원으로서의 태도와 정신을 강조했지만 평화 시대의 무사를 위해 학문을 권유했다. 난세의 무사는 무예를 수련하느라고 학문을 할 시간이 없어서 문맹이 많았지만 평화 시대의 무사는 책을 읽고 글을 배우면서 무예를 연마하는 것이 좋다고 했다.

『부도쇼신슈』는 문무관文武觀에서도 『하가쿠레』와 근본적으로 달랐다. 『하가쿠레』는 일본 전통적인 무사도의 관점에서 무사의 길을 말했다. 야마모토 쓰네토모가 말하는 무사도는 나베시마 가문의 무사도였다. 그러나 『부도쇼신슈』에는 그러한 관념이 없다. 무사에게 사서四書 · 오경五經 · 칠서七書 등 유학 경전의 학습을 권유했다.

『부도쇼신슈』는 난세와 치세, 무치와 문치, 이상과 현실 등을 시야에 넣고 전통적인 무사도를 재구성했다고 할 수 있다. 단지 전투원으로서의 무사상만을 제시한 것이 아니라 평화 시대의 무사상, 서민을 교도해야 하는 위정자로서의 무사상도 아울러 제시했다.

4. 무사의 정신세계

1) 충성

충성은 무사에게 요구되는 가장 중요한 덕목이었다. 무사사회의 상하관계는 충성이라는 관념을 기본 축으로 하고 있었다. 무사사회가 발전하고, 쇼군将軍 권력이 점차로 강화되면서 주종관계는 주군의 지배력이 강화되는 방향으로 전개되었다. 무사는 자신의 몸을 주군과 그 가문에 바치는 것이 당연하다는 생각이 저항감 없이 수용되었다.

무사가 주군에게 충성을 서약하는 순간 무사의 목숨은 주군의 손에 달려 있었다. 다이도지 유잔은 『부도쇼신슈』에서 무사의 몸과 마음은 주군의 것이기에 자기 몸을 함부로 해서는 안 된다고 했다. 특히 사사로운 일로 싸움을 하는 것은 매우 불충한 일이었다. 무사는 사사로운 싸움에 말려들지 않기 위해 평소 신중해야 하고, 예의를 지켜야 하고, 양보하는 습관을 들이는 것이 중요했다.

주군과 그 가문은 공이고 무사 개개인은 사였다. 주군에게 헌신한 무사는 사적인 감정을 앞세우거나 자기주장을 내세워서는 안 되었다. 멸사봉공해야 했다. 진정한 무사라면 주군의 은혜에 감사하고, 아무리 어려운 상황에서도 주군을 위해 목숨을 버린다는 각오로 일 해야 했다.

유잔은 『부도쇼신슈』에서 무사들에게 다음과 같이 타일렀다. 진정한 무사라면 설령 주군이 모순된 말을 해도, 이유 없이 질책을 해도 공순한 자세로 경청해야 한다. 주군이 할 말이 있으면 하라고 해도 절대로 고개를 들고 변명을 해서는 안 된다. 말대답을 하는 것은 주종의 예의에 벗어난 무례한 일로서 그 죄가 가볍지 않다.

주군에게 진심으로 예의를 다해야 충성스러운 무사였다. 잠잘 때도 주군이 있는 방향으로는 다리를 뻗지 말아야 하고, 주군이 있는 쪽으로 창끝과 칼끝이 향하지 않도록 조심해야 했다. 주군과 관련된 이야기를 들을 때나, 자신이 주군과 관련된 이야기를 할 때는 누워있다가도 일어나 앉고, 앉아 있을 때라도 자세를 바르게 해야 했다. 주군의 편지를 받거나 읽을 때는 반드시 무릎을 꿇어야 했다.

충성스러운 무사라면 설령 주군이 경제 사정이 좋지 않아 봉록을 주지 못하거나 감봉하더라도 불만을 표시해서는 안 되었다. 일본에서는 예부터 주군이 궁핍하면 가신들이 돕고, 가신이 어려움에 처하면 주군이 돕는 아름다운 습속이 있었다.

무사는 경제력에 따라 부하를 거느리고, 신분에 걸맞게 주택을 단장해야 했다. 신분이 높은 사람은 최고품의 비단옷을 입어야 마땅했다. 외출을 할 때는 신분에 따라 종자를 거느려야 했다. 소비도 신분에 걸맞게 하는 것이 바람직했다. 그렇게 처신하지 않으면 주군의 체면을 손상하는 일이라고 여겼다.

무사들은 목숨을 대가로 주군에게 영지를 하사 받거나 봉록을 받는 존재였다. 평상시에는 특별히 할 일이 없는 실업자와 같은 존재였지만, 일단 유사시에 적과 싸우다 죽거나, 주군이 위기에 처했을 때 주군의 안위를 지키는 존재였다. 그래서 주군은 전시 뿐만 아니라 평상시에도 무사에게 봉록을 주었다. 봉록은 대대로 무사 가문에게 주어지는 것이었다. 가문이 이어질 수 있는 것도 주군의 은혜였다. 그렇다면 무사는 당연히 주군과 그 가문을 위해 목숨을 바쳐야 한다.

무사는 원래 전투원이었다. 평상시에는 경비·경호를 하거나 행정을 담당하지만, 비상사태가 발생하면 가장 먼저 주군을 위해 목숨을 바친다는 각오로 살아야 했다. 그래서 평상시에도 무예 연마를 게을리 하지 않았다. 무사는 항상 경제력에 걸맞게 종자를 거느리고, 말을 먹이고, 무구와 마구를 준비해 두었다. 전쟁이 일어났을 때 군수품을 구입하는 군자금도 준비해 두어야 했다.

2) 의리

의리는 본래 정의로운 도리를 의미하지만 일반적으로 사람늘이 마땅히 지켜야 할 올바른 도리를 말한다. 그런데 일본인들은 곧잘 "의리보다 괴로운 것은 없다."라고 말한다. 일본인들이 말하는 의리에는 의무감이 짙게 배어 있다는 것을 알 수 있다.

의리는 주군과 신하의 관계, 무사 상호 관계를 더욱 결속시키는 역할을 했다. 또한 의리는 무사들의 자존심을 높이고 의협심을 강화하는 데 기여했다. 의리는 무사를 무사답게 하는 가치였다. 무사를 서민과 구별하는 지표였다.

일본 무사들은 여러 덕목 중에서 의리를 가장 중요시했다. 무사들은 의리를 무사도의 본질이며 중핵으로 여겼다. 의리를 말할 때 자주 예로 드는 사료 중의 하나가 호조 우지쓰나北条氏綱의 유언장이다. 우지쓰나는 1541년에 작성된 유언장 제1조에서 오로지 의리를 지키라고 당부했다. 의리에 어긋나면 넓은 영토를 지배해도 수치스러운 일이고, 비록 멸망해도 의리를 지키면 후세 사람들에게 부끄럽지 않다고 했다. 우지쓰나는 "의를 지키고 멸망한 것과 의를 저버리고 영화를 누린 것은 하늘과 땅 차이"라고 단언했다. 의리를 저버리고 이득을 취하면 천벌을 면할 수 없다고 경고했다.

에도 막부 8대 쇼군 도쿠가와 요시무네德川吉宗도 의리의 중요성을 강조했다. 요시무네는 말했다. "승부에 구애되지 마라. 의를 등지고 이겨도 이긴 것이 아니다. 의에 부합한다면 져도 진 것이 아니다." 요시무네도 의리를 무사도의 중핵이라고 여겼던 것이다.

무사가 할 수 없이 다른 다이묘를 섬기게 되었을 때는 전에 섬기던 주군과 그 가문의 이야기는 하지 않는 것이 도리였다. 『부도쇼신슈』도 그 점을 강조했다. "잠시라도 봉록을 받았다면 그 가문과는 특별한 인연이 있었을 터이다. 봉록을 받아 생활하고 자식을 양육할 수 있었다면 큰 은혜를 입은 것이다. 단 하루라도 섬긴 주군의 이야기를 입에 올리지 말아야 한다. 더구나 세상에 알려지지 않은 이야기까지 자기만 알고 있다는 듯이 자랑하며 떠드는 것은 의리를 소중히 여기는 무사가 할 짓이 아니다. 설령 전에 섬긴 주군이 막부의 법을 어겨서 처벌을 받았다고 해도 자세한 이야기는 하지 말아야 한다. 다른 사람이 물어보아도 나쁜 일은 한 마디도 입에 올려서는 안 된다."

주군도 가신에게 의리를 지켜야 했다. 주종관계를 맺은 이상 능력이 부족하거나 불성실한 부하가 있어도 그를 업신여기거나 미워하지 말아야 했다. 심지어 법을 어긴 부하까지도 자비심으로 포용하는 것이 무사단을 이끄는 지도자의 의리였다.

은혜를 입으면 반드시 보답하는 것이 예부터 전해 내려온 불문율이었다. 주군과 가신의 관계에서는 말할 것도 없고, 동료나 친구 간에도 신세를 지면 반드시 보답하는 것이 무사의 의리였다.

의리라는 말속에 강제성이 내포되어 있었다. 그래서 무사는 함부로 은혜를 구걸하지 않았다. 가능하면 누구에게도 신세를 지지 않으려고 노력했다. 또한 정에 끌리지 않으려고 노력했다. 주군으로 섬겨야 되겠다고 결심을 하지 않은 이상 함부로 경제적 도움을 받지 않았다. 경제적 도움을 받거나 정이 두터워지면 무사의 의리상 반드시 보답해야 했기 때문이다.

유잔이 『부도쇼신슈』에서 말했다. "의를 지키고 불의를 멀리하지 않으면 무사도는 성립하지 않는다." 의리야말로 무사도의 본질이며 뼈대와 같다. "의는 곧 선이다. 불의는 곧 악이다. 의를 행하지 않고 불의를 행하는 것은 무사답지 않다."

또 유잔은 다음과 같은 취지의 말을 했다. 인간은 의리를 실천하고 선을 행하는 것을 어려워한다. 불의에 마음을 두고 악한 일에 눈을 돌리기 쉽다. 그렇다고 선과 악, 의리와 불의를 전혀 구별하지 못하는 사람은 없을 것이나, 스스로 생각해도 불의인 줄 알면서 행하는 것은 무사답지 못하다. 그런 무사는 마음이 나약하고 비겁한 자이다. 무사라면 불의를 멀리하고 의리를 소중히 여겨야 하는 것이다. 무사도는 수치심을 자각하는 것에서 출발했다. 수치심은 본질적으로 양심에 비추었을 때 일어나는 것이다. 정신단계가 얕은 무사는 세상의 눈이 두려워 의를 실행했지만, 정신 단계가 높은 무사는 스스로 양심에 비추어 보고, 나아가 그것조차 초월한 자연의 경지에서 행하는 것을 이상으로 한다.

비젠備前 오카야마 번岡山藩 영주 이케다 미쓰마사池田光政는 그의 어록에서 다음과 같이 말했다. "의리를 실천할 때 양심에 비추어 부끄럽지 않다면 세상 사람들의 눈을 의식할 필요가 없다. 의리에 부합한다면 두려워하지 말고 그것을 실천하면 그만이다. 오로지 의리를 실천한다면 이기고 지는 것에 구애되지 않아도 되고, 다른 사람의 비방이나 눈앞의 치욕에 신경 쓸 필요가 없다." 의리는 도덕을 초월하는 고결한 가치였던 것이다.

 무사는 자기 일은 자기가 처리하는 것이 원칙이었다. 다른 사람의 신세를 지는 것을 싫어했다. 무사가 남에게 부탁을 했을 때는 피치 못할 사정이 있는 경우였다. 무사는 그런 사정을 잘 알고 있었다. 그래서 무사는 다른 사람이 자기를 믿고 일을 부탁하면 그 청을 매정하게 거절하지 못했다. 그래서 무사사회에 가케코미駆込み 관행이 불문율처럼 전해져 내려오고 있었다. 가케코미란 목숨의 위협을 느낀 자가 무사의 저택으로 피난해 도움을 요청하는 것을 말한다.

 쫓기는 자가 무사 저택으로 피난해 숨겨줄 것을 요청했을 때, 집 주인이 그의 요청을 응낙하는 것으로 가케코미가 실현되었다. 무사는 아무 인연도 없는 '범인'을, 더구나 살인자일지도 모르는 사람을 왜 숨겨주었을까? 그 이유를 사료에서는 "무사도로써 감추어 준다." "망명한 자를 거두어 주는 것을 의리라고 한다." "무사의 체면" "의리로써 감추어 준다." 등으로 간단하게 표현되어 있다. 당시 무사들에게는 너무도 당연한 일이었기에 굳이 길게 설명할 필요가 없었을 것이다.

 싸움 중에 어쩔 수 없이 상대방을 살해한 자는 범인이 아니라 명예를 지키고 정의를 실현한 자였다. 즉 무사도를 실천한 자였다. 무사들은 그것에 공감했고 그래서 숨겨주었다. 약자를 보호하는 것은 무사의 의무였다. 상황이 급박해 피난을 요청하면 우선 숨겨주고, 예의를 갖추어 융숭하게 대접했다. 그것은 단지 도덕적인 차원의 문제가 아니었다. 가케코미 관행에는 무사도에 어긋나지 않은 이상 그것을 받아들이지 않을 수 없는 강제성이 내포되어 있었다. 무사도라는 이름의 강력력이었다.

 일단 무사가 숨겨주기로 약속한 피난자는 어떠한 압력이 있어도 끝까지 보호했다. 설령 상대가 공권력이라도 굴복하지 않고 피난자를 보호하는 것이 무사의 의리였다. 의리는 충성이라는 가치와는 다른 것이었다. 그것은 무사의 독립성과 자존심에 뿌리를 두고 있었다. 그런 의미에서 의리는 무사가 마지막까지 지켜야 하는 신성한 가치였다.

3) 용기

의와 용은 따로 떼어서 생각할 수 없는 개념이다. 의가 있음으로써 용이 작용하고, 용이 있음으로써 비로소 의가 드러난다. 의가 뼈라면 용은 살이요, 의가 정태적이라면 용은 동태적이다. 맹자는 "의를 보고 행하지 않으면 용이 아니다."라고 했고, 『논어』에는 "용만 있고 의가 없으면 세상을 어지럽힌다."라는 말이 있다. 아무리 마음속에 의가 내재해 있어도 용의 기운을 타지 않으면 의미가 없다. 의는 용을 타고 작용해 비로소 완성된다.

무슨 일을 하려고 할 때 용기가 없으면 이룰 수 없다. 인내하는 것도 욕되는 일을 침는 것도 모두 용기가 필요하다. 위험을 무릅쓸 때도 용기가 필요하고, 평생 공부를 계속할 때도 용기가 필요하다. 사악한 것을 물리칠 때도 용기가 필요하고, 정의를 실현할 때도 용기가 필요하다. 용기는 우리의 일상생활에서도 필요하다. 용기는 모든 행동의 근본인 것이다.

충의용忠義勇의 덕목을 겸비한 무사가 가장 이상적이었다. 용은 앞에서 살펴본 충·의의 덕목과 함께 무사가 반드시 갖추어야 하는 덕목이었다. 오히려 용은 충·의의 덕목보다도 무사를 무사답게 하는 덕목이었다. 유잔은 『부도쇼신슈』에서 충·의보다 용의 중요성을 강조했다. 용은 무사의 마음속에 깃들어 있다가 행동으로 표출되었다. 유잔은 평소의 근무 자세나 생활 태도를 보면 용기 있는 무사와 그렇지 않은 무사가 마치 거울에 비추는 것처럼 확연하게 구별된다고 했다.

용기 있는 무사는 선을 힘써 행하고 악을 단호히 멀리한다. 주군을 받들 때는 충성을 다하고 틈을 내어 무예를 연마한다. 평소에 건강에 유의하고 언젠가는 큰 공을 세우겠다는 집념을 불태운다. 모든 욕망을 억누른다. 그 밖에 모든 면에서 어려움과 유혹을 극복하는 근성이 있다. 이런 사람이라야 용기 있는 무사라고 할 수 있다.

그럼 용기 없는 무사는 어떠한가? 그들은 겉으로는 주군을 받드는 척하나 사실은 공경하지 않는다. 금지 사항을 지킬 수 있는 자제력이 없고, 가지 말아야 할 곳에 출입하며, 하지 말아야 하는 짓을 한다. 매사 자신의 이익만을 좇으며, 무예 연마를 게을리 한다. 낭비가 심하나 정작 주군을 위한 지출에는 인색하다. 무구와 마구를 점검하려 하지 않는다. 무절제한 생활을 한다. 이 모두가 인내심이 부족하고 나약한 마음이 일어난다는 징표이며 용기 없고 비겁한 무사라는 증거이다.

에도 시대의 무사들은 어릴 때부터 『겐페이조스이키源平盛衰記』나 『다이헤이키太平記』와 같은 이야기를 들으며 컸다. 무사의 어머니들은 아이들에게 젖을 먹이면서 군기물에 등장하는 미나모토노 요시쓰네源義経, 벤케이辯慶, 구스노키 마사시게楠木正成, 고지마 다카노리児島高德 등과 같은 용장들의 이야기를 들려주었다. 영웅담은 무사 집안 어린이의 자장가이기도 했다.

에도 시대 무사의 자제들은 담력을 기르는 놀이를 했다. 밤중에 공동묘지나 처형장에 갔다 오는 내기를 하는 것이 가장 일반적인 놀이었다. 담력을 기르는 놀이는 훈련의 일환이었다. 일본인은 용기 없는 무사도 훈련을 거치면 용사가 될 수 있다고 믿었던 것이다.

무사는 아들에게 일찍부터 칼을 채워주었다. 4~5세에 나무로 칼을 만들어 채워주었고, 글을 배우러 다닐 나이가 되면 정식으로 칼을 차게 했다. 칼은 아이의 신체조건에 맞게 특별히 제작했다. 아이들은 밖에 나가 놀 때도 몸에서 칼을 떼어놓는 법이 없었다. 아이들이 칼을 차게 되면 자연히 칼 쓰는 법에 관심을 갖게 마련이다. 무사는 그런 아들에게 우선 칼로 베어 죽일 수 있는 것부터 훈련하게 했다. 개나 고양이가 '첫경험'의 대상이 되었다.

극기는 가장 높은 단계의 용기라고 할 수 있다. 무사사회에서 보편적으로 강조된 것은 과묵이었다. 친한 친구를 만나도 쓸데없는 잡담은 하지 말라고 훈계했다. 말하지 않아도 상관없다면 한마디도 않는 것이 좋다고 가르쳤다. 과묵은 긴장감을 잃지 말라는 의미에서 강조되었다. 언제 어떠한 상황에서 생사를 가르는 싸움을 해야 할지 모르는 것이 무사의 숙명이었다. 바로 앞에 앉아 있는 친구가 언젠가는 적이 될 수도 있었다. 그래서 자신을 드러내지 말아야 했고, 마음을 놓아서는 안 되었다.

과묵은 약한 모습을 보이지 말라는 말과 상통한다. 무사가 살고 싶다는 말을 하거나 나약한 심정을 토로하는 것은 금물이었다. 금전 이해관계에 관한 말, 남녀의 색욕에 관한 말, 의식주에 대한 욕망, 안락을 바라는 말, 이런 것들 모두가 생명에의 집착에 뿌리를 두고 있는 말이었다. 그래서 무사가 입에 올려서는 안 되는 말이었다. 무사는 무엇보다도 미련에 끌리는 마음에 자기를 내맡기지 않기 위해서 과묵해야 했다.

무사에게 과묵이 강조되는 이유는 단지 그뿐만 아니었다. 실은 무사에게 과묵은 공격적인 자세를 의미했다. 여럿이 자리를 같이 했을 때에도 두리번거리지 않고 태산처럼 좌정해 다른 사람이 말을 걸어도 열 번에 한 마디 정도 응대하는 무사는 빈틈이 없는 무사이다. 다변하고 산만한 무사는 허점이 많게 마련이다. 돌연히 이변이라도 발생한다면 허점이 많은 무사는 낭패를 볼 것이고, 긴장감을 잃지 않는 무사는 신속하게 상황에 대처할 수 있을 것이다.

말 한 마디를 무겁게 아는 무사는 강한 무사이다. 그는 어떠한 장애에도 굴하지 않고 반드시 승리하는 진정한 강자의 모습을 보여줄 것이다.

진정한 승리는 살고 싶은 마음에 쏠리는 자기 자신에게 이기는 것이다. 자기 자신에게 이기는 자는 다른 사람과의 대결에서도 이길 수 있는 것이다. 『하가쿠레葉隱』에는 이긴다는 것은 내편을 이기는 것이고, 내편을 이기는 것은 나를 이기는 것이라는 말이 있다. 자기 자신을 이기는 것이 승리의 출발점이라는 말이다.

무사는 싸우면 승리해야 했다. 승리해야 명예도 지킬 수 있었다. 미야모토 무사시宮本武蔵는 검술을 배우는 것도 싸움에서 이기고 전투에서 승리하기 위해서라고 했다. 주군과 자기 자신의 명예를 드높이기 위해서 승리해야 한다고 말했다. 『부도쇼신슈』도 다른 사람보다 탁월하지 않으면 훌륭한 무사가 아니라고 단언했다. 승리는 무사의 삶의 목표였다. 전투에서 적에게 승리해야 함은 물론이고 일상생활에서도 동료들에게 승리해야 했다. 그래서 무사는 항상 임전의 정신을 강조했다.

임전의 정신은 긴장감을 잃지 않는 정신이다. 다이도지 유잔은 『부도쇼신슈』의 첫머리에서 다음과 같이 말했다. "무사는 정월 초하루 아침에 떡국을 먹으려고 젓가락을 들 때부터 그해 섣달 그믐날 밤까지 매일 낮 매일 밤 죽음이라는 두 글자를 마음에 담고 사는 것을 한시도 잊지 말아야 한다." 무사는 수시로 무기와 군수품을 점검해야 했다. 언제 어느 때 출진 명령이 떨어질지 모르기 때문이다. 특히 도검은 적의 뼈를 벨 수 있을 정도로 예리한 것을 준비해 두어야 했다.

임전의 정신은 곧 승부 정신이었다. 무사가 잠시도 몸에서 칼을 떼어 놓지 않았던 것도 바로 승부의 정신을 잃지 않기 위해서였다. 승부의 정신을 잃지 않는 무사는 친구와 담소할 때, 잠자리에 들었을 때, 손님을 접대할 때, 가족과 식사할 때, 심지어 변소에 갈 때나 목욕할 때도 도검을 휴대했다. 승부의 정신을 간직하면 저절로 죽음을 각오하는 마음에 도달할 수 있는 것이다.

무사는 언제나 죽음을 각오하고 살아야 했다. 삶에 미련을 두지 말아야 했다. 그래야 죽음을 두려워하지 않기 때문이다. 죽음을 두려워하는 자는 무사의 자격을 상실한 것이다. 무사사회에서는 죽음에 대한 자세, 죽음을 각오하는 마음이 가장 중요시 되었다. 무사도라는 것은 곧 죽는 것이라는 극단적인 표현도 무사사회의 이런 토양에서 생성된 것이었다.

5. 무사의 관행

1) 복수

무사들 사이의 사적인 싸움을 겐카喧嘩라고 했다. 무사의 명예가 손상되어 수치심을 느꼈을 때 겐카로 발전하는 경우가 많았다. 겐카 당사자가 같은 장소에서 동시에 죽었다면 하나의 사건으로서 끝났다. 하지만 겐카에는 승자가 있고 패자가 있게 마련이다. 승자가 일단 이긴 후에 그 자리에서 자결했다면 사건은 또 그 단계에서 끝났다. 그런데 승자가 행방을 감춘다면 사건은 복수로 이어졌다.

일본에서 복수를 의미하는 가타키우치敵討는 배를 갈라 죽는 셋푸쿠切腹와 함께 무사사회의 오랜 관습이었다. 동서고금을 통해 여러 나라에서 복수가 행해져왔지만, 700여 년 간에 걸친 무사정권의 역사를 가진 일본에서는 특히 복수가 많이 행해졌을 뿐만 아니라 그 의미가 강조되었다.

유명한 복수 사건은 대부분 무사정권 시대에 일어났다. 무로마치 시대에는 복수를 하기 위해 전쟁을 일으킨 적도 있었다. 소가曾我 형제의 복수 사건도 무로마치 시대에 일어났다. 사회적으로 복수를 장려하는 분위기였다. 에도 시대에도 복수는 당연한 것으로 여겨졌다. 복수의 마음자세와 복수를 행할 때 도와주는 사람, 즉 스케다치助太刀를 활용하는 방법 등에 대해 기술한 책들도 있었다. 가부키歌舞伎 같은 연극

사투를 벌이는 무사들

에서 복수 사건을 소재로 한 작품을 상연했다. 학자들도 복수 사건과 관련된 역사를 쓰고 시를 지었다. 일본인들은 그만큼 복수에 관심이 많았다.

복수를 하려면 일정한 조건을 갖추어야 했다. 첫째, 복수는 눈에는 눈이라는 원칙에 입각하고 있었다. 즉 살인자의 생명을 거두어야 했다. 둘째, 복수를 하는 사람은 반드시 제3자여야 했다. 피해자의 가족, 친척 등이 원한을 갚는 것을 말했다. 셋째, 복수는 분명한 목적이 있어야 했다. 위 조건을 갖추고 있다고 해도 특정한 상대를 살해하지 않으면 복수라고 할 수 없었다.

복수는 죽음을 죽음으로 갚는 것이었다. 중상을 입었어도 살아있다면 복수의 조건이 성립되지 않았다. 물론 그 자리에서 죽지 않았어도 후일에 겐카가 원인이 되어 죽었다면 조건이 성립되었다. 자결을 해도 상관없었다. 극단적인 경우 겐카 현장으로 달려온 가족에게 복수를 부탁하기 위해 자결을 하는 경우도 있었다. 하지만 살해되었어도 복수가 성립되지 않는 경우가 있었다. 조이우치上意討의 경우 복수가 성립되지 않았다. 조이우치는 주군이 가신을 살해한 경우 또는 주군이 부하에게 명령해서 살해한 경우를 말한다. 주군의 명령으로 자결을 한 경우도 마찬

가지였다.

　이런 경우도 생각해 볼 수 있다. 어떤 무사의 친부가 막부에 직속한 고급무사 하타모노旗本에게 살해당했다. 하타모토는 가신들을 많이 거느리고 있기 때문에 도저히 접근할 수 없었다. 그래서 편의상 일단 그 하타모토의 부하가 되었다. 그런 다음 틈을 보아 원수를 갚은 경우이다. 이런 경우, 친부가 살해된 시점에서는 아직 주종관계를 맺지 않았기 때문에 복수가 성립되었다. 하지만 단 하루만이라도 주종관계를 맺은 이상 복수는 성립되지 않았다. 이미 오래 전에 복수의 허가가 났다고 하더라도 주군을 살해한 죄를 면할 수 없었다.

　무사도의 꽃은 하타시아이果し合い라는 말이 있었다. 하타시아이는 결투라는 말인데, 결투를 했을 경우도 복수를 할 수 없었다. 결투는 무사 간에 맺은 신사협정이었다. 무사가 결투를 결심했을 경우 직접 상대방을 방문해 합의하는 것이 가장 당당한 것이었다. 그러나 대부분이 서장을 보내어 결투를 신청했다. 서장에는 장소와 시간 등이 기재되어 있었다. 물론 결투의 신청을 받아들이느냐 거부하느냐는 상대편의 자유였다. 그러니 받아들이지 않았을 경우 겁생이라는 소문이 났다. 이것은 무사로서 죽는 것보다 치욕스러운 일이었다. 그래서 결투는 대부분 성립되었다. 무사의 결투에는 무사도의 규약이 있었다. 규약을 위반하지 않고 결투가 행해지면 복수는 일어나지 않았으나 한쪽 편에서 규약을 어겼을 경우 복수로 발전했다.

　무사사회에서 오랫동안 복수가 행해지면서 불문율이 성립되었다. 천황의 궁궐, 에도성의 성곽 내, 역대 쇼군의 묘소와 위패가 모셔져 있는 곳 등 신성한 장소에서 복수를 해서는 안 되었다. 또 복수를 하는 사람은 피해자의 아랫사람이어야 한다는 것도 불문율이었다. 아버지의 원수는 아들이 갚을 수 있고, 형의 원수는 동생이 갚을 수 있고, 주군의 원수는 가신이 갚을 수 있었다. 하지만 아버지가 아들을 위해, 형이 동생을 위해, 주군이 가신을 위해 복수를 할 수 없었다. 복수는 1회에 한한다는 것 또한 불문율이었다. 가사네카타키우치重敵討, 즉 복수를 한 자를 보복하는 행위는 금지되었다.

합법적으로 복수를 하려면 반드시 막부의 허가가 필요했다. 복수를 결심하면

복수하는 무사(삽화)

먼저 막부에 복수를 청원해 공식적으로 장부에 등록해 놓을 필요가 있었다. 정식으로 등록하지 않은 복수는 인정되지 않았다. 사적으로 복수를 할 수는 있었겠지만, 그것은 법을 어기는 것이었다. 사적으로 복수를 해서 성공했다고 해도 복수를 행한 자는 그 자리에서 자결을 하지 않는 한 범죄자가 되었다.

복수를 해야 하는 상황이 발생하면, 무사는 주군에게 보고하고 정식으로 사직서를 냈다. 친부가 살해되었을 경우에는 구두로 보고하고 떠날 수 있었다. 친부 이외의 경우에는 사직서가 수리될 때까지 기다려야 했다. 하지만 친부의 경우가 아니면 허가가 나지 않는 것이 보통이었다. 복수에 가담하는 스케다치도 똑같은 절차를 거쳤다. 허가가 나면 목적을 달성하고 돌아올 때까지 휴직으로 처리되었다. 기약 없는 휴직이었던 셈이다. 언제 복수를 하고 돌아올지 아무도 알지 못했다. 운이 좋으면 빨리 목적을 달성할 수 있었지만, 사정이 여의치 않으면 평생 걸려도 목적을 달성하지 못할 수도 있었다.

2) 할복

중세 시대의 무사는 전쟁에서 패색이 짙어지면 장렬한 최후를 맞이했다. 『기케이키義経記』에 소개되어 있는 사토 타다노부佐藤忠信의 자결 장면은 역사상 가장 장렬한 장면 중의 하나였다. 전쟁에 승산이 없다고 판단한 타다노부는 죽을 장소를 물색해 자결을 감행했다. 타다노부는 투구와 갑옷을 벗어 놓고, 웃옷을 벗고, 칼로 배를 열십자로 갈라 창자를 끄집어낸 다음 칼을 입에 물고 앞으로 넘어져 죽었다.

전쟁에서 패했을 때 무사단 전원이 자결을 하는 경우도 있었다. 집단 자결 장면 중에서 가장 널리 알려진 것은 『다이헤이키太平記』에 소개되어 있는 호조씨北条氏 일족의 자결 장면이었다.

전국 시대와 에도 시대에도 무장이 패전에 임박하면 자결을 선택하는 경우가 많았다. 1583년 8월 오다 노부나가織田信長의 공격으로 궁지에 몰린 아자이 나가마사浅井長政는 처자식을 피신시키고 자결했다. 1583년 4월 시바타 가쓰이에柴田勝家는 도요토미 히데요시의 공격을 받아서 에치젠越前의 키타노쇼北庄에서 농성했는데 상황이 불리하게 전개되자 부인과 함께 자결했다.

무사는 명예를 소중히 했다. 맡은 바 책임을 다하지 못한 것도 불명예였다. 그래서 무사는 소임을 다하지 못했을 때 자결을 생각했다. 특히 정해진 기한 내에 주군의 명령을 수행하지 못했을 때 자결을 선택했다. 그것이 설령 본인의 잘못이 아니고 불가항력에 의한 것이더라도 자결을 해서 주군에게 용서를

할복하는 무사(삽화)

비는 것이 보통이었다.

　무사의 명예가 심각하게 손상되었을 때, 누명을 썼을 때, 무사는 억울함을 호소하거나 결백을 증명하기 위해 자결을 선택하는 경우가 많았다. 무사는 명예를 목숨보다 소중하게 생각했다. 실제로 무사들은 "결백을 밝히다." "수치를 씻다."는 말을 자주 사용했다. 일본인들은 무사가 죽음으로 결백을 증명하면 그것을 믿었다. 무사의 자존심을 존중했기 때문이다.

　무사사회에는 주군을 따라 죽는 순사殉死 풍습이 있었다. 생전에 모시던 주군을 저승에서도 계속해 모신다고 생각하면서 죽었다. 순사는 무사가 스스로 죽기로 작정하고 자결하는 것이다. 순사할 때 대부분 셋푸쿠切腹, 즉 배를 스스로 갈라서 죽는 방법을 택했다. 셋푸쿠라는 자결방법은 다른 세계에서는 찾아보기 힘들다.

　무사정권 시대 성립기의 순사는 대부분이 전장에서 행해졌다. 전장에서 주군이 죽으면 부하는 주군의 시신을 수습한 다음 그 자리에서 순사했다. 물론 주군이 병사했을 때 순사하는 가신도 있었다. 무로마치 시대 호소카와 요리유키細川頼之가 병사하자 그의 가신 미시마 게키三島外記가 순사했다. 평소에 요리유키는 용맹할 뿐만 아니라 지략이 뛰어났던 게키를 친구의 예를 갖추어 대했다. 게키는 주군의 그런 은혜에 보답하고자 순사의 길을 택했다고 전해진다.

　에도 막부가 성립된 뒤에도 순사는 한동안 무사사회의 당연한 관행으로 이어졌다. 에도 시대 초기에 순사한 사람의 수는 상상 이상으로 많았다. 도쿠가와 이에야스는 개인적으로 순사를 반대했지만 무사사회의 풍습에 제동을 걸지는 못했다. 그런데 17세기 중엽에 이르면 진심으로 주군을 위해 순사하는 가신이 드물었다. 형식적으로는 순사의 관행이 이어지고 있었지만 그 순수성이 의심스러웠다. 아키나이바라商腹라는 말이 생겨날 정도였다. 아키나이바라란 주군이 죽으면 순사하는 것이 자기 가문의 번영에 얼마나 득이 되는지 따져보고 죽는다는 것이었다. 순사 본래의 의미가 퇴색했다. 1663년 5월 막부가 순사를 금지했다. 일본 역사에서 순사가 공식적으로 자취를 감추게 된 것이다.

형벌로서의 셋푸쿠는 무사의 신분에 한했다. 서민이 아무리 셋푸쿠를 원해도 허용되지 않았다. 그런 의미에서 셋푸쿠는 무사의 특권이기도 했다. 따라서 작법이 엄정했다. 하지만 작법은 관행이기 때문에 성문화되지 않고 구전으로 전해졌다. 그래서 셋푸쿠의 방법은 때와 장소에 따라 달랐다.

에도 시대 초기에는 주로 사원에서 셋푸쿠가 행해졌다. 셋푸쿠가 결정되면 죄인을 사원으로 이송해 그곳에서 최후를 맞이했다. 에도 시대 중기부터는 무사의 셋푸쿠가 확정되면 연고에 따라 일단 다이묘의 저택에 연금되고, 그곳의 특정한 방이나 마당에서 형을 집행하는 것이 일반적이었다. 형의 집행 장소, 장소의 크기, 시설물 등은 죽는 자의 신분에 따라서 결정되었다.

대개 형의 집행은 사방 4간 정도의 공간을 마련하고, 그 중앙에 셋푸쿠를 하는 자리를 마련했다. 셋푸쿠를 하는 무사는 형을 집행하는 검사 檢使와 마주했다. 그 거리는 약 2~3간이었다. 셋푸쿠를 행하는 자리에 하얀 면포를 깔았다. 면포를 까는 방법은 죽는 자의 신분과 평판에 따라 달랐다. 다타미 畳 위에 면포만 깔면 무사가 셋푸쿠를 했을 때 피가 다타미에 스몄다. 그래서 다타미 위에 모포 2매를 깔고 그 위에 다시 면포를

사형집행장의 할복 장면

까는 것이 보통이었다. 셋푸쿠 자리를 중심으로 사방에 백지를 바른 병풍을 둘렀다. 병풍의 뒤에 형 집행에 필요한 그릇이나 도구를 준비해 두었다.

막부는 형의 집행을 감독하는 검사를 파견했다. 보통 오메쓰케大目付와 메쓰케目付가 임명되는 것이 관례였다. 검사가 형집행장에 임석하면, 죄인은 먼저 검사에게 목례를 한 다음 웃옷을 벗고 아랫배를 드러냈다. 단도를 손에 쥐고 배꼽 위쪽의 배를 왼쪽에서 오른쪽으로 갈랐다. 배를 찌르는 깊이는 2센티미터를 넘지 않는 것이 작법이라고 알려져 있었다. 경험으로 볼 때, 그보다 깊이 찌르면 배를 가르기 어렵기 때문이었을 것이다. 그러나 에도 시대 중기부터는 배를 가르기 전에 가이샤쿠닌介錯人이 목을 쳐주는 것이 관행이었다.

가이샤쿠닌은 죄인이 심란하지 않도록 집행을 도와주는 자를 말한다. 그중에서 특히 죄인의 목을 쳐주는 자를 말했다. 가이샤쿠닌의 역할은 무엇보다도 죄인이 편안한 마음으로 죽을 수 있도록 배려하는 것이 중요했다. 사전에 죄인과 인사를 해서 안심시키는 절차가 있었다.

가이샤쿠닌은 죄인이 자리에 앉으면 칼을 빼어 칼집은 밑에 내려놓았다. 칼날이 죄인에게 보이지 않게 하고 죄인의 왼쪽 뒤에 섰다. 셋푸쿠용 단도가 죄인 앞에 놓이면 칼을 높이 쳐들어 목을 칠 준비에 들어갔다. 죄인이 손을 뻗어 칼을 집으려는 순간 목을 치는 것이 관행이었다. 죄인의 목이 떨어지고, 검사가 그 목을 확인하면 형의 집행이 종료되었다.

제17장

가세이 문화

1. 19세기 초·중반의 정치

　18세기 이후 에도의 인구가 100만 명이 넘으면서 문화의 중심이 교토·오사카에서 에도로 옮겨졌다. 17세기 말에서 18세기 초까지 교토·오사카의 조닌町人들이 겐로쿠 문화를 꽃피웠고, 18세기 말에서 19세기 초에 걸쳐서 에도의 조닌들이 가세이 문화化政文化를 꽃피웠다. 겐로쿠 문화는 건전하고 활기에 넘쳤지만, 가세이 문화는 퇴폐적이고 무기력한 분위기가 팽배해 있었다.

　마쓰다이라 사다노부松平定信가 권좌에서 물러난 후, 11대 쇼군 도쿠가와 이에나리德川家齊가 19세기 전반 약 30년간 정치를 직접 관장했다. 그는 1837년에 쇼군의 지위를 아들 이에요시家慶에게 물려주고 나서도 오고쇼大御所의 자격으로 정권을 장악했다. 이와 같이 50여 년 간에 걸친 이에나리의 치세를 오고쇼 시대라고 한다.

1817년 8월 11대 쇼군 이에나리는 측근인 미즈노 타다아키라水野忠成를 로주老中에 임명했다. 새로운 측근으로 다누마 오키쓰구田沼意次의 4남 다누마 오키마사田沼義正가 임명되었다. 미즈노 타다아키라가 로주에 임명되면서 강직한 인물이 막부의 정치에서 소외되었다. 쇼군 이에나리는 정치에 관심을 두지 않았다.

19세기 전반은 국내외적으로 정치가 긴박하게 돌아가던 시대였다. 하지만 쇼군 이에나리의 측근 중에 탁월한 인물이 없었다. 정치는 부패하고 치안은 문란해졌다. 간세이 개혁으로 일시적으로 호전되었던 막부의 재정은 오고쇼 시대에 매년 50만 냥이 넘는 적자를 기록했다. 정치 담당자는 재정난을 극복하기 위한 대책도 내놓지 못했다. 화폐를 개악해 재정을 충당하는 것이 고작이었다.

19세기 중반에 극심한 흉작이 계속되면서 사회가 극도로 혼란해졌다. 12대 쇼군 도쿠가와 이에요시德川家慶의 신임을 얻은 미즈노 타다쿠니水野忠邦가 로주老中에 취임해서 개혁을 단행했다. 개혁은 상업 자본을 억제하고 농촌경제를 부흥시키는 방향으로 추진되었다. 이 개혁을 덴포 개혁天保改革이라고 한다.

미즈노 타다쿠니는 막부의 재정을 재건하고 하타모토旗本·고케닌御家人을 구제하는 정책도 추진했다. 물가를 안정시킬 수 있는 대책도 강구했다. 값비싼 과자·요리·의복·장신구·분재 등의 매매가 금지되었다. 대중 예능의 흥행장도 통제의 대상이 되었다. 500여 개소에 달하는 흥행장을 15개소로 제한했다. 극장에서 상연하는 작품 수도 제한했다. 강도 높은 개혁이 추진되었다. 하지만 개혁은 기대할만한 성과를 올리지 못하고 2년여 만에 중단되었다.

19세기 중엽은 격동의 시대였다. 미국은 중국 무역과 포경업 기지를 확보하기 위해 일본을 개국시키려고 했다. 그 임무는 미국의 동인도함대 사령관 페리M. C. Perry에게 맡겨졌다. 1853년 6월 페리가 이끄는 4척의 군함이 에도 만에 모습을 드러냈다. 당시 막부의 정치를 총괄하는 로주의 지위에 있던 인물은 아베 마사히로阿部正弘였다.

페리는 막부에 필모아M. C. Fillmore 미국 대통령의 국서를 제시하면서 개국을 요구했다. 막부는 전례를 깨고 미국의 국서를 수리했다. 그러자 일단 물러간 페리는 1854년 정월 다시 군함 7척을 이끌고 에도 만에 나타났다. 막부는 페리에게 굴복했다. 다이묘와 무사의 대부분이 개국에 반대했지만 막부는 1854년 3월에 미국과 화친조약을 체결했다. 막부가 미국의 압력에 굴복해서 개국하자, 그 후 일본 국내에서는 더 이상 막부에 기대할 수 없다는 분위기가 확산되었다. 에도 막부의 권위가 급속도로 붕괴되었다.

2. 국학의 발전

국학國學은 유학과 불교의 도덕과는 다른 일본 고유의 사상을 연구하는 학문이었다. 국학은 신도 사상과 일본사 연구에 자극을 받아서 형성되었다. 국수주의적인 경향의 복고사상으로 외국을 배척하는 경향이 강한 사상이었다.

국학은 17세기 말에서 18세기 초에 활동한 가다노 아즈마마로荷田春満, 18세기 전반에 활동한 가모노 마부치賀茂真淵, 18세기 후반에 활동한 모토오리 노리나가本居宣長, 19세기 전반에 활동한 히라타 아쓰타네平田篤胤 등 4명의 학자를 거치면서 발전했다.

신관神官의 아들 가다노 아즈마마로는 고어와 고전을 연구하면서 일본에는 유학·불교와는 다른 독자적인 고도古道가 있다고 주장했다. 그의 학문의 근간을 형성한 것은 국수주의 사상이었고, 학문의 골격을 이룬 것은 국사·율령·전범典範·와카和歌·신도였다. 국학은 아즈마마로에 의해 유학·불교와 대립하는 사상으로 정립되었다.

역시 신관의 아들인 가모노 마부치는 아즈마마로에게 배웠다. 시인이기도 했던 마부치는 『만요슈万葉集』의 본질에는 의지와 도리로는 제어할 수 없는 정이 내재되어 있으며, 유학·불교가 도달할 수 없는 정을 자연스럽게 표현한 것이 『만요슈』의 정신이라고 했다. 마부치는 일본 고대의 정신은 작위가 없는 무위자연의 세계였다고 주장하면서 유학·불교를 배격했다.

국학의 4대인물 - 가다노 아즈마마로, 가모노 마부치, 모토오리 노리나가, 히라타 아쓰타네(시계 방향)

가모노 마부치의 뒤를 이어 모토오리 노리나가가 국학을 대성했다. 노리나가는 고대어의 해석을 통해 일본 고대 정신을 파악하려고 했던 마부치의 해석학적 방법을 배운 후, 35세 때부터 『고지키古事記』를 본격적으로 연구하기 시작했다. 그의 관심은 시가에 한정되지 않고 산문의 세계, 즉 인간의 일상생활에까지 관심을 기울이기 시작했다. 노리나가는 마부치의 해석학적 방법을 비판적으로 수용하면서 비로소 『고지키』 연구가 가능하게 되었고, 국학의 기본적인 사고가 확립되었다. 노리나가는 1798년에 역작 『고지키덴古事記伝』을 완성했다.

모토오리 노리나가의 문헌학적 연구는 반 노부토모伴信友에 의해 계승되었다. 그러나 노리나가의 신도설을 발전시킨 것은 히라타 아쓰타네平田篤胤였다. 아쓰타네는 노리나가의 학문 영역 중에서 오직 고도 분야만을 계승했고, 그것을 신학화하는 데만 관심이 있었다. 아쓰타네는 유학·불교·신도·크리스트교를 연구해 복고신도復古神道라는 독자적인 사상체계를 완성했다. 이것을 히라타 신도라고 한다.

히라타 아쓰타네가 남긴 저서 중에서 가장 주목되는 것은 1806년에 편찬된 『본교외편本教外篇』이다. 이 책은 히라타가 그 후에 저술한 신도 관련 저서의 근본이 되는 것이었다. 그런데 『본교외편』은 명나라 말기 중국에서 편찬된 크리스트교 저서를 번역한 것이었다. 상권의 제2부는 1625년에 중국에서 간행된 『삼산론학기三山論學記』, 제3부는 역시 1608년에 중국에서 간행된 『기인십편畸人十編』을 발췌하거나 보완해 의역한 것이었다. 다른 부분도 『기인십편』 부록의 찬송가를 비롯한 크리스트교 관련 문서를 옮겨 놓은 것이 적지 않았다. 요컨대 히라타 신도의 사상은 크리스트교의 영향을 많이 받은 것이었다.

히라타 아쓰타네는 마테오 리치의 『천수실의』를 비롯한 크리스트교 관련 서적을 탐독하고, 천지 창조 및 창조주 사상, 내세관, 영혼 불멸의 사상 등의 영향을 받아서 독자적인 신학체계를 세웠다. 그는 천계天界와 명계冥界의 두 세계가 있는데, 인간이 죽으면 즉시 유명대신幽冥大神 앞으로 끌려가 생전의 행위에 의해 심판을 받고, 천계나 명계에서 영원히 생존한다고 주장했다. 우리가 사는 현세는 임시 존재하는 세계이고, 내세야말로 진실한 세계라고 말했다. 히라타는 영혼은 사당이나 묘지에 안주해 멸망하지 않고, 또 영혼은 인간이 받들어 모실수록 커진다고 주장하는 등 황당한 내용이 많았다. 일본 고대의 신들이 중국이나 외국으로 옮겨 가서 성인이 되거나 그 나라의 문화를 발달시켰다고 주장하기도 했다.

히라타 신도는 다신교적, 현세적, 주정적이었던 모토오리 노리나가의 신도설을 일신교적, 내세교적, 윤리적, 국가적 색채가 강한 신도설로 변화시켰다. 아쓰다네는 일본의 신은 세계의 모든 신들을 거느리는 본신本神이고, 신도는 세계의 모든 종교의 으뜸이 되는 본교本敎라고 주장했다. 그것은 무로마치 시대 후기에 성립된 반본지수적설反本地垂迹說이 성립된 이래 일본 신도사상의 전통을 계승한 것이었다.

아쓰타네에 이르러 편협한 국수주의 경향을 띠게 된 국학은 농촌을 중심으로 확산되었다. 신관·승려·지방 호족들 중에 그의 사상에 공명하는 사람들이 많았다. 문인이 1,000여 명에 이르렀을 정도였다. 아쓰타네의 문인 중에는 해외에서 전래된 것은 모두 나쁘다고 생각하는 사람들이 많았다.

3. 양학의 발전

에도 시대에는 네덜란드만이 일본과 교류할 수 있었다. 그래서 양학을 난학蘭學이라고 했다. 난학 연구가 본격적으로 시작된 것은 8대 쇼군 도쿠가와 요시무네 시대였다. 요시무네는 개혁을 추진하면서 농지를 확대함과 동시에 농업기술의 향상을 꾀했다. 그 과정에서 서양 과학기술의 도입을 장려했다. 서양 과학기술은 주로 한문으로 번역된 서양 서적을 통해 일본에 소개되었다.

8대 쇼군 요시무네의 후원으로 난학을 연구해 『오란다모지랴쿠코和蘭文字略考』·『오란다고야쿠和蘭語訳』등의 저서를 남긴 아오키 곤요靑木昆陽는 난학 연구의 전기를 마련했다. 그는 막부에 구황작물로 감자의 재배를 건의했고, 직접 감자에 관한 연구서 『반쇼코蕃薯考』를 저술했다.

18세기 후반에 난학에 대한 관심이 고조되었다. 아오키 곤요에게 네덜란드어를 배운 의사 마에노 료타쿠前野良沢는 1771년 3월 스기다 겐파쿠杉田玄白와 함께 인체 해부를 시도했다. 두 사람은 네덜란드어로 써진 해부학 교재를 참고하면서 실제로 인체를 해부한 결과 서양 해부서의 내용이 정밀한데 놀랐다. 두 사람은 4년에 걸친 각고의 노력 끝에 해부학 서적을 번역했다. 이 책은 1774년에 『가이타이신쇼解体新書』라

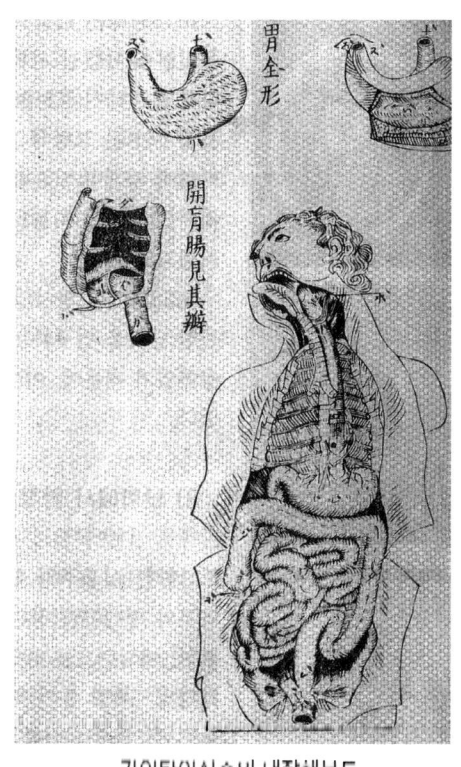

가이타이신쇼의 내장해부도

는 제목으로 출판되었다. 『가이타이신쇼』의 간행은 일본인이 한문으로 번역되지 않은 서양 서적을 최초로 번역했다는 점에서도 획기적인 의미를 갖는다.

  난학은 마에노 료타쿠와 스기다 겐파쿠의 제자 오쓰기 겐타쿠大槻玄沢가 에도에 시란도芝蘭堂를 설립하고 제자들을 교육하면서 급속도로 발전했다. 겐타쿠는 『주테이카이타이신쇼重訂解体新書』를 출간했고, 1783년 난학 입문서 『란가쿠카이테이蘭学階梯』를 비롯한 네덜란드어 관련 저서를 출간했다. 『란가쿠카이테이』는 난학 연구의 의의 및 역사를 소개하고, 초보적인 네덜란드어 문법을 설명한 것이다. 난학의 지침서로서 널리 보급되었다. 1796년 이나무라 삼파쿠稲村三伯는 일본 최초의

난일蘭日 사전『하루마와게波留麻和解』를 간행했다. 이 사전에는 약 8만 단어가 수록되었다.

의학이 발달하면서 외과 · 내과 · 안과 · 산부인과 등 전문 의학과 함께 해부학 · 생리학 · 병리학 등 기초 의학도 일본에 소개되었다.『가이타이신쇼』의 간행으로 발전의 기틀을 마련한 서양 의학은 비약적으로 발전했다. 1792년 우다가와 겐즈이宇田川玄隨가 일본 최초로 네덜란드 내과 전문서를 번역해『세이세쓰나이카센요西説内科撰要』라는 제목으로 출판했다. 서양의 내과학설이 일본에 처음 소개된 것이다.

천문학 분야에서는 18세기 말 네덜란드어 통역관 모토키 료에이本木良永가『신세이텐치니큐요호新制天地二球用法』를 저술해 코페르니쿠스의 지동설을 일본에 소개했다. 그의 제자 시즈키 타다오志筑忠雄는『레키쇼신쇼曆象新書』를 저술해 뉴턴의 만유인력설과 태양의 운동 법칙을 소개했다. 아사다 고류麻田剛立는 오사카로 진출해 독학으로 천문학을 공부했다. 막부가 그에게 막부의 공식 달력 정향력의 개정을 명령했다. 아사다 고류는 제자들과 함께 달력 개정 작업을 했다. 그의 문하에 야마가타 반도山片蟠桃가 있었다.

시란도 출신 야마무라 사이스케山村才助는 외국 지리서『조테이사이란이겐增訂采覽異言』을 저술했다. 매우 정밀한 지도도 출판되었다. 미토 번의 나가쿠보 세키스이長久保赤水는 경도와 위도를 표시한『니혼요치로테이젠즈日本輿地路程全図』를 작성했다. 이노 타다타카伊能忠敬는 일본 열도의 지도 작성 작업에 들어갔다. 이노는 1800년 홋카이도 일대의 측량을 시작으로 13년간에 걸쳐 일본의 모든 해안을 실측하고『다이니혼엔카이요치젠즈大日本沿海輿地全図』를 완성했다.『이노즈伊能図』라고도 하는 이 지도는 1821년에 다카하시 가게야스高橋景保가 완성해 막부에 헌상했다.

난학자들은 서양의 지식과 학문을 깊이 알면 알수록 그것이 형성된 서양의 사회구조·사상·문화에 관심을 갖게 되었다. 막부가 처음에 난학을 용인한 것은 서양의 기술적·실용적 지식을 수용해 봉건체제를 강화하기 위해서였다. 막부는 난학자들이 눈뜨기 시작한 서양의 합리주의 정신과 시민사회 사상을 용인할 수 없었다. 막번 체제 비판으로 발전할 수 있는 가능성이 있었기 때문이다. 막부는 난학을 통제했다.

네덜란드를 유일한 통로로 하던 난학은 막말에 이르러 시야를 넓혔다. 영국·프랑스·독일의 학문성과를 받아들이면서 비로소 양학洋学이라고 불릴 수 있게 되었다. 1855년에 양학소洋学所가 설립되었다. 1858년에 서양 의사들이 에도의 간다神田에 종두소種痘所를 설립했다. 종두소는 훗날 도쿄 대학으로 발전했다. 하지만 국제 정세가 긴박하게 전개되면서 양학은 군사학을 중심으로 발전했다.

4. 무예

1835년 미토 번水戸藩의 번주 도쿠가와 나리아키徳川斉昭는 무사들에게 검술, 창술, 포술, 마술, 궁술, 유술, 수영 등 7가지 무술을 배우도록 했다. 1843년에 간행된 『신센부주쓰류소로쿠新撰武術流祖録』에는 병학兵學, 사술, 마술, 검술, 창술, 포술, 유술 등 7가지 무술이 소개되어 있다. 이러한 무술이 무사의 기본 교양이 되었다. 그밖에 축성, 공수空手, 수리검手裏剣, 단도술, 봉술, 침투술 등도 중요한 무예였다.

에도 막부가 성립되기 전에는 아직 검술이나 유술이 전문화되지 않았었다. 모두 병법이라고 불렸다. 단 궁술과 마술은 중세 시대부터 독립된 무예로 전문화되어 작법과 비전이 전수되었다. 중세 시대의 무사가 '말을 타고 활을 쏘는 자'를 의미했기 때문에 일찍부터 원칙이 확립

유술(상) 창술(하)   궁술(상) 마술(하)

대포 사격연습

되었던 것이다.

17세기 중엽에 검술, 창술, 유술이 전문화되었다. 17세기 전반에는 히키타류疋田流의 히키타 도요고로疋田豊五郎, 야규류柳生流의 야규 무네요시柳生宗巌, 니텐류二天流의 미야모토 부사시宮本武蔵 등을 비롯해 여러 유파의 검술가들이 활동했다. 그중에서 야규 무네요시는 에도 막부 쇼군 가문의 검술사범이 되어 검술을 체계화시켰다. 창술 분야에서는 호조인류宝蔵院流의 이소노 노부모토磯野信元, 유술 분야에서는 다케우치류竹内流의 다케우치 히사모리竹内久盛, 세키구치류関口流의 세키구치 우지나리関口氏業 등이 유파를 형성했다.

17세기 말이 되면 평화시대가 정착되면서 사치풍조가 만연했다. 자연히 무사의 기풍도 쇠퇴하기 시작했고, 막부는 무사들이 사사로이 싸우는 것을 금지했다. 무사들이 사활을 걸고 대결할 수 없게 되었다. 검술도 규칙을 정해 판정하는 것이 일반적이었다. 그 결과 무술도 비밀주의를 지키며 활력을 잃어버렸고, 형식적인 기술을 가르쳐 생계의 수단으로 삼는 사범들이 늘어났다.

18세기 말부터 러시아, 영국, 미국 등의 선박이 일본 근해에 출몰했다. 외국 선원들이 연료와 식수를 구하러 일본 열도에 상륙하는 경우도 있었다. 그러자 각 번은 다투어 번교藩校를 설치하고 무사들에게 무술을 연마하도록 했다. 막부도 페리가 내항한 다음 해인 1854년부터 무사의 자제들에게 검술, 창술, 포술, 수영 등의 무술을 본격적으로 가르치는 강무소講武所를 설립했다. 각 번도 해안 방위를 강화하고 무사들에게 포술을 익히도록 했다. 그러나 1837년 7월 미국의 범선 모리슨호가 가고시마 앞바다에 나타났을 때, 가고시마 번鹿兒島藩의 포대가 수백 발의 포탄을 발사했지만 단 한발도 명중시키지 못했다.

5. 연극

겐로쿠 시대 이후 18세기 중엽까지 닌교조루리人形淨瑠璃가 성행했다. 다케모토자竹本座와 도요타케자豊竹座가 번영했다. 특히 다케모토자의 다케다 이즈모竹田出雲는 『요시쓰네센본자쿠라義經千本櫻』, 『가나데혼추

가부키 추신구라의 개막 장면

신구라仮名手本忠臣蔵』 등 명작을 창작해 유명해졌다. 그러나 이즈모가 사망한 후 닌교조루리는 쇠퇴기를 맞이했다. 닌교조루리의 최후를 장식한 것은 이즈모의 제자 지카마쓰 한지近松半二였다.

닌교조루리가 쇠퇴하면서 연극의 중심은 가부키로 옮겨지게 되었다. 가부키는 에도에서 유행하기 시작했다. 가부키는 조루리의 기다유부시를 도입해, 연극에 음악을 접목시키면서 서민에게 더욱 애호되었다. 1890년대 극장의 구조가 정비되었다. 에도에서는 나카무라中村 · 이치무라市村 · 모리타森田 등의 극장이 번영했다. 극장의 무대장치도 개발되었다. 회전무대가 설치된 것도 이 무렵이었다.

그러나 가부키는 연극으로서 전체적인 통일성을 상실하고, 각 장면의 연출 또는 배우의 연기에 편중되는 경향이 있었다. 가부키가 대중을 너무 의식하게 되면서 나타난 현상이었다. 가부키가 각본의 우열보다는 주연 배우에 의존하게 되면서 연극적인 면에서 발전이 지체되었다.

1780년대를 대표하는 가부키 배우는 초대 나카무라 나카조中村仲蔵였다. 그는 주연을 맡으면서도 직접 무용을 했다. 나카조의 영향으로 극무용이 유행했다. 19세기 초에 유명 배우가 많이 출현했다. 이치카와市川 · 오노에尾上 · 나카무라中村 · 사와무라沢村 · 이치무라市村 등의

에도의 가부키 극장 앞

종가가 설립되었다.

전문적인 작가도 출현했다. 1780년대를 대표하는 작가는 초대 사쿠라다 지스케桜田治助였다. 그는 에도 가부키의 전통을 세운 인물이었다. 관객이 이해하기 쉬운 대사를 썼고 기발한 연출을 선보였다. 1794년 교토에서 활동하던 나미키 고헤이並木五瓶가 에도로 진출해서 작품 활동을 했다. 그는 에도풍 가부키 형식에 교토풍 가부키 형식을 접목시킨 인물이었다.

19세기 초에 쓰루야 난보쿠鶴屋南北가『도카이도요쓰야카이단東海道四谷怪談』을 비롯한 작품을 써서 전성기를 맞이했다. 난보쿠의 작품 중에서도 특히 괴기물이나 퇴폐물이 인기를 끌었다. 난보쿠는 극을 빠른 템포로 전개시키고 무대장치를 신속하게 바꾸어서 연극이 다음 차례로 자연스럽게 연결되도록 했다. 여러 종류의 장치를 총동원해서 극의 박진감을 더했다. 난보쿠가 사망한 후에 걸출한 작가가 출현하지 않았으나 19세기 중엽에 가와다케 모쿠아미河竹默阿弥가 출현해『시라나미고닌오토코白浪五人男』,『산닌키치사쿠루와노하쓰카이三人吉三廓初買』등 도둑을 주인공으로 하는 작품을 써서 메이지 시대 가부키로 발전하는 징검다리 역할을 했다.

6. 미술

에도 후기에 그림을 애호하는 사람들의 수가 증가했다. 회화 중에서 서민이 가장 애호한 것은 풍속화인 우키요에浮世絵였다. 우키요에는 회화보다는 판화에서 독자적인 세계를 펼쳤다. 초기의 판화는 흑백으로만 표현되었다. 그런데 점차로 기법이 개발되어 1765년 스즈키 하루

노부鈴木春信가 다양한 색깔을 사용하는 니시키에錦絵를 제작했다. 니시키에는 화가·조각가·인쇄 기술자가 공동으로 작업했다.

우키요에 판화는 미인, 배우, 스모 선수, 꽃이나 새, 무사, 풍경 등 실로 다양한 소재를 택했다. 1760년대에 하루노부의 미인 배우를 소재로 한 작품이 인기를 끌게 되었다. 그는 허리가 가는 미인을 잘 그렸다. 도리이 기요나가鳥居清長, 가쓰카와 슌쇼勝川春章, 우타가와 도요쿠니歌川豊国 등이 배우들을 소재로 많은 작품을 남겼다. 그중에서 가쓰카와 슌쇼는 배우의 개성을 사실적으로 묘사한 작품을 남겼다. 1790년대에 이르러 기타가와 우타마로喜多川歌麿가 색다른 미인화를 선보였다. 그는 오쿠비大首라는 반신상 작품을 많이 남겼다.

스즈키 하루노부의 삽화

같은 시기에 도슈사이 샤라쿠東洲斉写楽가 홀연히 등장했다. 그는 배우나 스모 선수를 소재로 많은 작품을 남기고 모습을 감추었다. 샤라쿠는 배우의 개

기타가와 우타마로의 미인도

성이나 특징을 다소 과장되게 표현하는 것을 특기로 했다. 뒤이어 우타가와 구니사다歌川国貞가 활약했다. 구니사다는 퇴폐적인 그림을 많이 그렸다.

19세기 중엽에 주로 풍경화를 소재로 가쓰시카 호쿠사이葛飾北斎와 안도 히로시게安藤広重가 활약했다. 시바 고칸司馬江漢에게 양화기법을 배운 호쿠사이는 기발한 구상과 객관적인 묘사에 출중한 재능을 보였다. 호쿠사이는 「후가쿠산주롯케이富嶽三十六景」와 같은 명작을 남겼다. 안도 히로시게는 서민의 감정을 주관적으로 표현할 수 있는 재능이 있었다. 그는 「도카이도고주산쓰기東海道五十三次」・「에도메이쇼햣케이江戸名所百景」와 같은 명작을 남겼다.

도슈사이 샤라쿠의 인물도

우키요에와 품격이 다른 그림으로 남화南畵가 있었다. 남화는 중국 남화의 계통을 이었다. 남화는 남종화南宗畵의 의미로 기법이 간결하고 정취가 있는 화면이 특색이었다. 문인 취향의 그림이기에 문인화라고도 했다. 1720년경에 남화가 일본에 전래되었다. 기온 난카이祇園南海를 비롯한 유학자가 취미로 남화를 그리기 시작했다. 남화가 회화의 한 분야로 자리를 잡게 된 것은 18세기 중엽에 활약한 교토의 이케노 다이가池大雅의 영향이었다. 그는 중국의 화풍과는 다른 독특한 문인화를 남겼다. 지금의 오이타 현大分縣 지역인 분고豊後의 다노무라 지쿠덴田能村竹田은 다이가의 화풍을 계승했다. 지쿠덴은 담백하면서도 우아한 화

가쓰시카 호쿠사이의 후가쿠산주롯케이

풍을 선보여 문인화의 정점에 도달했다. 지금의 히로시마 현広島縣 동부 지역인 빈고備後의 우라가미 교쿠도浦上玉堂도 문인화에 조예가 깊었다. 지쿠텐과 교쿠도의 그림은 격식에 얽매이지 않고 자유분방하면서도 신선했다. 에도에서는 교토·오사카에서보다 조금 늦게 다니 분초谷文 晁가 독특한 화풍을 형성하면서 가노파狩野派에서 독립했다. 그는 남화와 북화의 기법을 절충하고 그 위에 다양한 화법을 접목시켰다. 다니 분초의 제자 와타나베 가잔渡辺崋山은 청淸의 화법에 서양화의 기법을 접목시켜「다카미센세키조鷹見泉石像」와 같은 인물화와 서민의 갖가지 표정을 스케치한「잇소햐쿠타이一掃百態」와 같은 작품을 남겼다.

문인화와 다른 계통의 그림으로 사생화가 있었다. 사생화의 작가로 18세기 후반에 활동한 마루야마 오쿄円山応挙가 있었다. 그는 청의 사생화를 모방하면서 그 위에 서양화의 원근법과 입체 묘사법을 접목해 일본적인 사생화의 기틀을 마련했다. 그의 화풍을 잇는 유파를 마루야마파円山派라고 한다. 마루야마파에 뿌리를 둔 마쓰무라 겟케이松村月渓는 문인화와 마루야마파의 사생을 종합해 새로운 그림 양식을 창조했다.

그 유파를 시조파四条派라고 한다. 시조파는 사생에 서정미를 가미한 필치를 특색으로 했다. 오늘날 전통적인 일본화라고 하는 그림은 대개 시조파 작가들의 작품이다.

양화도 회화의 한 분야로 자리를 잡았다. 전국 시대에 서양의 선교사가 일본에 전래한 종교화는 난학이 뿌리를 내리면서 나가사키를 중심으로 발전했다. 유화를 그리던 히라가 겐나이平賀源内는 아키타파秋田派로 불렸다. 우키요에에서 전환한 시바 고칸은 히라가 겐나이의 영향을 받아서 1783년에 일본 최초의 동판화를 제작했다. 마루야마파의 기법을 익힌 아오도 덴젠亜欧堂田善도 동판화 제작에 탁월한 재능을 보였다. 서양화는 사생화에도 많은 영향을 미쳤다.

7. 서민의 생활

도시 서민의 생활은 신분계층에 따라 큰 차이가 있었다. 중·하급 무사의 생활은 여전히 곤궁했다. 특히 하급 무사는 부업으로 겨우 생계를 유지할 수 있었다. 무사의 부업으로 화초 재배, 분재, 금붕어 기르기, 우산 제작, 붓 제작 등이 있었다. 무사의 가족들이 협력해서 베틀

머리를 손질하는 일을 하던 가게

을 놓고 옷감을 짜는 경우도 있었다.

상층 조닌들은 비단옷을 입고, 고급 생활용품을 소지하고, 유흥가에 출입하며 거금을 소비하는 사람들이 많았다. 그러나 대부분의 조닌은 검소한 생활을 했다. 도시 주변에 방대한 빈민층이 거주하는 지역이 형성되었다. 무사 사회의 봉공인, 상점의 점원, 목수, 토수, 행상, 부정기적인 일당 노동자 등이 도시 주변에 거주했다.

목욕탕의 휴게실 풍경

도시에는 목욕탕과 이발소가 많았다. 서민이 오락을 즐길 수 있는 시설도 있었다. 가부키 극장을 비롯해 주로 역사 이야기나 인물 이야기를

에도의 산노마쓰리山王祭

들려주는 고단講談, 만담의 일종인 라쿠고落語 등을 관람할 수 있는 시설도 있었다. 특별한 기술이나 재능을 보여 주는 소규모 시설도 있었다. 사원이나 도시에서 열리는 스모 경기도 서민들의 구경거리였다. 교토의 기온마쓰리祇園祭・에도의 간다마쓰리神田祭・오사카의 덴진마쓰리天神祭 그리고 각 지역에서 열리는 다양한 축제가 서민에게 볼거리를 제공했다.

농민들은 도시에서 생활하는 조닌들과 다른 사회적 공동체 속에서 삶을 영위했다. 농촌에서는 순수한 개인생활이라는 개념이 성립되지 않았다. 공동생활이 당연한 삶의 방식이었다. 농사를 지을 때 뿐만 아니라 여러 사람의 힘이 필요할 때 서로 협력했다. 농촌에서는 협동 작업을 할 때 요령을 피우거나 게으름을 피우는 것은 도덕적으로 용서할 수 없는 행위였다. 그런 사람에게는 촌락에서 집단으로 벌칙을 가했다.

농촌의 일상식은 쌀이 반 정도 섞인 잡곡밥이나 죽이었다. 쌀에 밤・피・보리는 물론 무말랭이・시래기・감자・나무 열매 등을 섞어서 밥을 지어 먹었고 부식으로는 맑은 장국 정도가 고작이었다. 저녁 일을 할 때는 보릿가루, 쌀가루, 메밀가루 등을 뜨거운 물이나 차에 타서 마셨다.

명절에는 찰떡을 하고, 쌀밥으로 주먹밥을 만들고, 우동을 마련했다. 또 술을 빚거나 식혜를 만들었다. 물론 그것은 사람이 먹기 위한 것만은 아니었다. 조상의 혼령을 맞이하기 위해 쌀밥과 둥근 찰떡을 준비했다. 명절이나 축제일에는 자반・전복・다시마를 반드시 준비했다. 신에게 기원할 때 바다의 신비한 힘을 빌리기 위해서였다.

서민은 도시와 농촌을 막론하고 관습적으로 생활 속의 신앙에 지배되고 있었다. 풍년을 기원하는 농민은 논과 물의 신령을 섬겼다. 지역마다 특별한 효험이 있다고 알려진 신령이 신앙의 대상이 되었다. 갖가지 민간신앙도 성행했다. 도로변에 서있는 도소진道祖神, 복을 가져다

꽃놀이 가는 사람들

준다고 알려진 시치후쿠진七福神은 대표적인 민간신앙이었다. 경신庚申 신앙도 널리 전파된 민간신앙이었다. 이것은 경신에 해당하는 날 밤에 친구나 동료들이 함께 모여 이야기를 하면서 밤을 지새우는 모임이었다. 이런 모임은 사교와 오락의 장으로서도 의미가 있었다.

현세이익을 추구했던 서민은 진국적으로 영험이 있다고 알려진 사원과 신사에 참배하며 여행했다. 특히 성행한 것은 이세 신궁伊勢神宮 참배였다. 이세 신궁에는 천황의 조상신 아마테라스오미카미天照大神가 모셔져 있었다. 이세 신궁 참배는 서민의 평생소원이기도 했다. 에도 시대 중기 이후, 이세 신궁 참배는 일정 기간마다 오카게마이리御蔭参 또는 누케마이리抜参라는 열광적인 유행 현상으로 나타났다. 유행이 번지기 시작하면 자식은 부모에게, 아내는 남편에게, 봉공인은 주인에게 보고하지도 않고 가출해서 이세로 향하는 오카게마이리 대열에 합류했다. "오카게데사おかげでさ, 스루리토나するりとな, 누케타토사ぬけたとさ"라고 노래를 부르고 춤을 추면서 수십만 인파가 이세로 가는 길을 메웠다.

이세 신궁을 참배한 후, 교토·오사카는 물론 사누키讚岐의 곤피라金

比羅도 일정에 넣어 여행을 하는 것이 일반적이었다. 젊은이들은 전국의 영산·명산을 찾아 기도하기도 했다. 쓰가루津軽의 이와키산岩木山, 동북 지방의 조카이산鳥海山, 사도佐渡의 킨포쿠산金北山, 아이즈会津의 이이모리야마飯盛山, 호쿠리쿠北陸의 하쿠산白山 등이 특히 유명했다. 영산·명산을 찾아 기도하는 것은 현세구복 이상의 의미가 있었다. 여행을 하면서 어려움을 겪는 것 자체가 통과의례의 일종이었다.

제 4 부

근현대의 문화

제18장

메이지 문화

1. 메이지 시대의 정치

　1867년 정월 9일 메이지 천황明治天皇이 14세의 나이에 즉위했다. 그러자 토막파討幕派, 즉 에도 막부江戶幕府를 타도하고 천황을 중심으로 하는 정치체제를 수립하자는 무리들이 정치의 주도권을 장악했다. 그들은 무력으로 에도 막부를 타도하기로 의견을 모았다. 1867년 12월 9일 사쓰마薩摩·도사土佐·아키安芸·오와리尾張·에치젠越前의 5개 번 병사들이 궁문을 삼엄하게 경비하는 가운데 왕정복고王政復古를 선언하는 대호령大號令을 발포했다. 천황을 중심으로 하는 신정부가 수립되었다.

　신정부는 에도 막부를 폐지했다. 그러자 1868년 정월 조슈 번長州藩과 사쓰마 번을 중심으로 하는 신정부군과 막부군이 교전했다. 보신전쟁戊辰戰爭이 시작되었다. 신정부는 쇼군 도쿠가와 요시노부를 조적朝敵으로 선포했다. 2월 9일 토벌군을 에도로 보냈다. 토벌군의 실질적인 지휘관은 사이고 다카모리西郷隆盛였다. 신정부군은 각지에서 구막부 세력을 무찌르고 에도로 진격했다. 쇼군 요시노부는 항전하지 않았다. 같은 해 4월 신정부군은 아무런 저항 없이 에도성을 접수했다.

신정부군이 에도성을 접수하자, 구막부의 해군 부총재였던 에노모토 다케아키榎本武揚가 군함 8척을 이끌고 탈주했다. 에노모토는 도중에서 1,600여 명의 보병을 태우고 홋카이도北海道로 향했다. 에노모토는 하코다테箱館의 고료카쿠五稜郭에 본부를 두고 몰락한 사족들을 규합해서 공화국을 수립할 계획을 세웠다.

아이즈 번会津藩을 비롯한 동북 지방의 여러 번이 신정부군에 저항했다. 신정부군은 동북 지방의 여러 지역을 차례로 제압했다. 1868년 9월 격전 끝에 아이즈번을 항복시키고 동북 지방을 평정했다. 1869년 2월 신정부는 군대를 홋카이도로 보냈다. 4월 상순에 신정부군이 홋카이도에 상륙해 전투를 벌였다. 격전 끝에 5월 18일 에노모토가 항복하면서 보신전쟁이 끝났다. 국내의 통일이 달성되었다.

1868년 7월 신정부는 수도를 교토에서 에도로 옮기고, 지명을 에도에서 도쿄東京로 변경했다. 9월에는 연호를 메이지明治라고 하고, 1세1원제一世一元制를 채택했다. 10월에는 에도성을 천황의 궁전으로 정했다. 12월에는 서구 열강이 신정부를 일본의 유일한 정부로 승인했다. 1869년 3월 천황이 도쿄로 행행하고 정부도 옮기는 사실상의 천도를 단행했다.

1870년 10월 이와쿠라 도모미岩倉具視·오쿠보 도시미치大久保利通·기도 다카요시木戸孝允를 중심으로 한 이와쿠라사절단岩倉使節團이 구미 순방길에 올랐다. 조약개정의 가능성을 타진하고 서구 여러 나라를 시찰하는 것이 목적이었다. 일본의 정부는 산조 사네토미三条実美·사이고 다카모리·이타가키 다이스케板垣退助 등 소위 국내잔류파가 운영했다. 국내잔류파 중에서 특히 사이고 다카모리가 정한론에 불을 지폈다.

1873년 6월 조선 정부가 부산에서 일본인의 밀무역 단속을 강화했다는 보고가 있었다. 일본 정부는 이 사건을 조선침략을 위한 좋은 구실로 이용하려고 했다. 대외강경론자들을 자극해 정한론으로 발전시켰다. 1873년 9월 이와쿠라사절단이 귀국한 후, 정한을 둘러싼 논쟁이 일어났다.

1875년 9월 일본은 조선의 강화도를 침략했다. 강화도 사건은 오쿠보 도시미치가 정국의 주도권을 장악할 수 있는 절호의 기회였다. 1876년 정월 구로다 기요타카黑田淸隆가 전권대사에 임명되었다. 구로다는 군함 5척을 이끌고 조선으로 건너왔다. 구로다는 조선 정부에 대해 강경한 태도로 일관했다. 일본 정부는 조선 측이 협상에 응하지 않는다면 전쟁으로 돌입할 준비를 하고 있었다.

조선의 대응은 강경론과 유화론으로 양분되었지만, 결국은 일본의 상경한 태도와 청국의 타협 권고에 따라 일본 측의 요구를 수용하기로 의견을 모았다. 1876년 2월 강화도조약이 체결되었다. 이 조약은 조선을 자주국으로 규정했다. 이 조약에 따라 조선은 부산을 비롯한 3개 항을 개항했다. 강화도조약은 치외법권을 인정한 불평등조약이었다.

1880년부터 정부는 본격적으로 헌법제정 준비에 착수했다. 1882년 3월 정부는 이토 히로부미伊藤博文의 유럽 파견을 결정했다. 정부 수뇌부는 독일의 헌법을 모범으로 한다는 방침을 정했다. 독일의 정세가 일본과 흡사하다는 이유였다. 이토 히로부미가 독일에서 헌법이론과 운용법을 배우고 귀국한 후, 정부는 헌법을 기초하고 제도를 개정하는 작업에 착수했다.

정부는 1884년 3월부터 각종 제도의 개혁을 단행했다. 입헌정치의 기반을 다지기 위해서였다. 1886년경부터 독일의 법학자인 뢰슬러 K.F.H. Roesler의 지도하에 헌법 초안을 기초했다. 헌법 초안은 1888년 4월에 완성되었다. 1889년 2월 11일 천황이 구로다 기요타카 총리대신에게 신헌법을 수여하는 형식으로 「대일본제국헌법大日本帝國憲法」이 공포되었다. 제국헌법과 아울러 황실전범皇室典範・중의원 의원선거법・귀족원령이 공포되었다.

일본은 조선의 지배권을 강화하기 위해 청일전쟁을 일으켰다. 1894년 7월 청국・일본의 군대가 충돌했다. 8월에는 일본이 청국에 선전을 포고했다. 개전에 즈음해 일본의 외무대신 무쓰 무네미쓰陸奧宗光는 영국을 비롯한 서구 열강이 전쟁에 간섭하지 않는다는 것을 확인했다. 일본 국내에서는 정부와 민당民黨이 정쟁을 즉시 중단했다. 정부의 증세 정책・군비증강 정책에 반대하던 민당이 오히려 앞장서 임시군사비 지출을 승인했다. 일본은 열강의 예상을 뒤엎고 육군과 해군이 모두 연전연승했다. 청일전쟁은 일본의 압도적인 승리로 막을 내렸다.

1904년 2월 일본이 러일전쟁을 일으켰다. 일본이 러시아에 선전을 포고했다. 같은 해 8월 인천 앞바다의 황해해전에서 일본이 제해권을 확보하고, 만주의 남단을 주요 전투지역으로 해서 싸웠다. 1905년 정월 노기 마레스케乃木希典가 이끄는 제3군이 뤼순旅順을 함락시켰다. 한편, 1905년 5월 도고 헤이하치로東鄕平八郞가 이끄는 일본해군이 대한해협에서 러시아 함대를 격파했다. 전쟁은 일본에 유리하게 전개되었다. 그러나 일본군은 병력의 보충, 물자의 보급, 재정 등 여러 면에서 한계상황에 직면해 있었다. 전쟁을 계속하는 것이 곤란하다고 판단한 일본은 미국에게 중재를 요청했다. 때마침 러시아도 혁명의 기운이 고조되어 정치상황이 혼란스러웠다. 러시아는 미국 대통령 루스벨트 Theodore Roosevelt의 휴전 제안을 받아들였다. 일본과 러시아는 강화조약을 체결했다.

1905년 8월 제1차 한일협약을 체결했다. 1905년 9월 포츠머스조약이 조인되자, 일본 정부는 한국을 보호국으로 삼기로 하고, 10월에 조약안을 각의에서 의결했다. 일본 외무대신은 이토 히로부미를 한국 황실위문 특파대사로 삼을 것을 천황에게 건의했다. 천황은 이토에게 역사적인 임무를 부여했다.

1905년 11월 17일 밤, 이토는 한국의 대신들을 한 사람씩 불러서 찬반을 물었다. 참정대신 한규설, 탁지부대신 민영기, 법부대신 이하영은 반대했다. 외부대신 박제순은 침묵으로 찬성의 뜻을 표했다. 군부대신 이근택, 학부대신 이완용, 내부대신 이지용, 농상공부대신 권중현이 찬성했다. 이토는 다수가 찬성했으므로 조약안이 가결되었다고 선언했다. 밖에서 기다리던 하야시 공사는 박제순 외부대신과 함께 조약안에 서명했다. 11월 18일 새벽 1시였다.

1907년의 제3차 한일협약으로 일본이 조선을 사실상 직접 지배하게 되었다. 1909년 봄에 일본은 한일합병 계획을 세웠다. 일본 최고 실력자들이 한일합병 방침을 결정한 것은 4월 10일이었다. 7월 6일에 일본 각의에서 '조선합병 실행에 관한 건'을 의결했다. 그리고 곧 천황의 재가를 얻었다. 한일합병 방침이 정해진 것이다.

1909년 10월 26일 안중근安重根이 하얼빈에서 이토 히로부미를 사살했다. 일본은 이토의 피살을 계기로 한국의 식민지화 작업에 박차를 가했다. 1910년 7월 일본은 육군대신 데라우치 마사다케寺内正毅에게 제3대 한국 통감을 겸임하게 했다. 7월 8일 일본 각의에서 한일합병 후의 시정방침 13개조가 확정되었다. 8월 22일 일본은 수십 척의 군함을 한국에 파견해 시위에 들어갔다. 그리고 일본군이 한국 왕궁을 포위한 가운데 한일합병조약 조인식이 있었다. 합병조약은 8월 29일 양국『관보』에 동시 공포되었다.

2. 서양문화의 수용

1) 문명개화

에도 시대 무사는 대도帶刀, 즉 크고 작은 두 자루의 도검을 허리에 차고 다녔다. 대도는 무사의 신분을 상징하는 것이었다. 일본 무사에게 대도가 무엇이었는지는 메이지 시대 초에 불붙었던 폐도론廢刀論을 둘러싼 논쟁에서 극명하게 표현되었다. 「폐도에 관한 건의서」는 1869년 5월 외국관권판사 모리 아리노리森有礼가 당시의 국회에 해당하는 공의소에 제출했다. 이 의견서에서 모리는 본래 도검이란 호신을 위한 무기로서 나라가 매우 어지러웠을 때는 필요한 것이었으나 이제 새 시대가 되었으니 대도의 의미가 없어졌다고 주장했다.

하지만 무사들이 대도의 의미를 중요하게 생각하는 관념은 메이지 초기까지 뿌리 깊이 남아 있었다. 무사가 생각하는 도검은 단순한 무기가 아니었다. 도검은 오랜 세월동안 무사의 인격과 동일시되었다. 도검은 무사의 혼이라고 생각했다. 메이지 시대까지도 도검을 차지 않으면 무사의 자존심을 손상하는 것이라고 생각하는 자들이 많았다. 이러한 분위기에서 모리의 건의가 수용될 리 만무했다. 각 번을 대표하는 의원들은 폐도를 적극 반대했다. 「폐도에 관한 건의서」는 출석의원 만장일치로 부결되었다. 분노한 사족들이 모리를 암살하려고 했다. 모리는 한동안 몸을 숨기지 않으면 안 되었다.

그러나 신분 철폐를 단행한 정부는 무리를 해서라도 봉건시대의 상징인 대도 관행을 부정하려고 결심했다. 야마가타 아리토모山県有朋는 "문명의 시대에 도검은 흉기에 지나지 않는다."고 주장하며 폐도의 불가피성을 역설했다. 이윽고 정부는 사족들의 반대를 무릅쓰고 폐도령을 공포했다. 폐도에 반대하는 사족들의 반란이 전국에서 일어났다. 하

문명개화의 상징 도쿄 긴자 거리
그림 / 아사이 컬렉션 소장

지만 정부는 반란을 진압하고 폐도령을 관철시켰다.

1872년 산발령을 내렸다. 산발령은 큰 저항 없이 관철되었다. 정부는 민중에게 서양인과 같은 머리 모양을 장려했다. 당시 상투를 자른 머리 모양을 잔기리 머리라고 했다. 관리들은 일본에도 개화의 바람이 불고 있다는 것을 서양인에게 보여주고 싶었다. 그런데 서양인이 상투를 틀고 있는 일본인을 보면 "일본이 아직 봉건시대를 벗어나지 못했다."고 생각할 것 같았다. 그래서 잔기리 머리를 장려했다.

1868년 도쿄의 외국인 거류지인 쓰키지築地에 호텔이 세워졌다. 이 호텔은 메이지 초기의 대표적인 서양식 건축물이었다. 1874년 정부는 도쿄 긴자銀座에 기와로 지붕을 덮은 이층집 300호를 건설해 상인들에게 불하했다. 이것을 시작으로 서양식 건물이 잇달아 세워졌다. 당시 세워진 서양식 건물의 대부분은 관청과 학교였다.

1867년 군복이 도입되었다. 군인은 평상복으로 양복을 입었다. 군인이 양복을 입으면서 민중도 양복을 입기 시작했다. 관청에서 양복을 예복으로 정했다. 전통적인 일본 옷은 제례 때나 입는 옷이 되어버렸다. 양복이 개화기에 어울린다고 여기는 사람들이 많았다. 양복을 입으면 당연히 구두를 신어야 했다. 1870년부터 도쿄의 제화공장에서 구두가 생산되기 시작했다.

문명개화로 일본인이 육식을 즐기게 되었다. 그렇다고 전근대 일본인이 육식을 하지 않았다는 것은 아니다. 일본인들도 닭, 토끼, 사슴 등의 고기는 먹었다. 하지만 가축을 식용하는 것을 매우 꺼렸다. 불교의 영향이 컸다. 그런데 문명개화 바람이 불면서 육식이 유행했다. 1870년대 일본에서 유행했던 것은 소고기 냄비요리였다. 냄비에 소고기를 넣고 간장이나 된장으로 간을 해 끓여먹었다.

정부는 종래의 태음력을 태양력으로 바꾸었다. 태음력이 태양력으로 바뀌면서 1872년 12월 3일을 1873년 정월 1일로 정했다. 달력에서 26일이 사라진 것이다. 태양력을 도입하면서 시각의 표시도 1일 24시간제로 통일했다. 관청에서는 일요일을 휴일로 정했다. 음력으로 기리던 명절이나 절기도 그대로 양력 날짜로 바꾸었다. 예를 들면 음력 정월 초하룻날 쇠던 설은 양력 정월 1일에 쇠면 되고, 음력 4월 8일 석가탄신일은 그대로 양력 4월 8일에 기리면 된다는 식이었다. 천황이 정하면 일본인은 따랐다.

2) 국제교류

정부는 재정난에 시달리면서도 고등교육 중시 정책을 일관되게 추진했다. 일본 고등교육의 기반을 다진 인물은 메이지 초기 미국에서 초빙된 프리도린 베르벡H.Fridolin Verbeck이었다. 베르벡은 1869년 4월에 일본 최초의 관립 대학이라고 할 수 있는 가이세이학교開成学校의 교수로 임명되었다. 베르벡은 오쿠마 시게노부大隈重信에게 구미사절단의 파견을 건의했고, 다이가쿠大学 동교東校에 독일 의학을 도입하라고 진언했다.

정부는 새로 제정한 학제를 실시하기 위해 머레이David Murray를 초빙했다. 그는 문부성 외국인 고문의 자격으로 1873년에 내일했다. 머레이는 1811년 귀국할 때까지 일본 교육제도의 확립, 외국인 교사의 선발 등에 공헌했다. 그는 특히 여성교육의 필요성을 역설했고, 여성교사 양성이 시급하다고 주장했다. 1874년에 도쿄에 여자사범학교가 설립되었다.

1871년 8월에 3년 기한으로 초빙된 미국인 스콧Marion M. Scott은 미국식 사범교육 도입에 공헌했다. 1878년에 초빙된 미국인 리랜드George A. Leland는 일본의 체육 발전에 기여했다. 1879년에 문부성 음악담당 외국인으로 초빙된 미국인 메이슨Luther W. Mason도 일본 음악교육의 기반 확립에 기여했다.

도쿄대학이 성립되었을 당시 교수진은 모두 외국인이었다. 의학부는 전부 독일인 교수가 교육을 담당했다. 그들은 의학 뿐만 아니라 약학 · 동식물학 · 이화학 · 수학 등도 강의했다. 다른 학부의 교수는 영국 · 미국 · 프랑스 · 독일에서 골고루 초빙되었다.

문부성 이외의 태정관 · 공부성 · 사법성을 비롯한 관청에서도 외국인 교사나 고문을 초빙했다. 초빙된 외국인 교사나 고문은 1875년 당시 530여 명에 달했다. 초빙된 외국인들은 건축가, 인쇄 분야의 기술자, 화학 · 물리 분야의 이론과학자, 동물학자, 의학자, 법률가 등 다양한 분야의 전문가들이었다. 초빙된 외국인에게는 당시로서는 파격적인 봉급이 지급되었다.

1869년 정부는 해외유학을 공인했다. 다음 해에는 「해외유학생규칙」을 제정해 유학을 장려하는 방침을 정했다. 정부는 유학생에게 언행을 각별히 조심하고, 일본인의 자긍심을 훼손하는 행위를 엄금하라고 지시했다. 일본인이 가장 많이 유학했던 국가는 미국이었고 영국·프랑스가 그 뒤를 이었다. 유학생 업무는 문부성 소관이었다. 1873년 당시 해외유학생은 373명이었고, 그중에서 250명이 국비유학생이었다.

1873년 3월「해외유학생규칙」이 정비되었다. 같은 해 12월 문부성은 해외유학생 전원을 귀국시켰다. 문부성은 새로운 규칙에 따라 제1회 유학생 11명을 가이세이학교 학생 중에서 선발했다. 미국으로 9명, 프랑스와 독일로 각각 1명씩 유학하게 하고, 유학 기간은 5년으로 정했다. 유학생들은 대부분 국비를 지급받았다. 국립학교 졸업생 중에서 선발된 유학생은 귀국 후에 관계에 진출하는 것이 보장되었다.

3) 외국사상의 소개

문명개화와 함께 외국의 사상이 도입되었다. 초기에는 영국의 공리주의와 프랑스의 공화주의가 일본에 소개되었고, 이어서 미국의 크리스트교 사상을 중심으로 하는 인도주의와 독일의 국권주의가 차례로 소개되었다. 이러한 사상을 소개한 계몽사상가들이 활약했다.

아담 스미스, J. S. 밀, 맬서스, 리카도 등 자유·평등을 외쳤던 영국의 공리주의 사상은 후쿠자와 유키치福沢諭吉와 나카무라 마사나오中村正直, 그리고 다구치 우키치田口卯吉 등에게 영향을 미쳤다. 후쿠자와 유키치는 일본 최고의 계몽사상가로『세이요지조西洋事情』,『가쿠몬노스스메学問のすすめ』,『분메이론노가이랴쿠文明論之概略』등의 책을 저술했다. 나카무라 마사나오는 J. S. 밀의『On Liberty』를 번역해『지유노리自由

之理』라는 제목으로 출간했고, 또 스마일즈의 『Self Help』를 번역해 『사이고쿠릿시헨西国立志編』이라는 제목으로 간행했다.

루쏘·보르테르·몽테스키외 등의 천부인권사상을 주류로 하는 프랑스의 공화주의는 가토 히로유키加藤弘之·이타가키 다이스케板垣退助·오이 겐타로大井憲太郎·우에키 에모리植木枝盛 등이 일본에 소개했다. 나카에 조민中江兆民은 루쏘의 명저 『민약론』의 해설서인 『민야쿠얏카이民約訳解』를 저술했다. 급진적인 인민주권주의 사상에 근거한 『민야쿠얏카이』는 번벌정치를 공격하고 자유민권운동 사상을 고취하는 데 영향을 미쳤다. 가토 히로유키는 『신세이다이이真政大意』와 『고쿠타이신론国体新論』을 저술했다.

크리스트교 정신에 입각한 미국의 사회·인도주의 사상은 도시샤대학同志社大學의 설립자인 니이지마 조新島襄에 의해 일본에 소개되었다. 사회·인도주의 사상은 도시샤에서 공부한 언론가이며 역사가인 도쿠토미 소호德富蘇峰와 도시샤 졸업생으로 1901년 사회민주당을 창립한 정치가인 아베 이소오安部磯雄 등에게 영향을 미쳤다. 노 니시카와 고지로西川光二郎와 우치무라 간조内村鑑三 등에게 감화를 주었다.

비스마르크와 슈타인 사상의 영향을 받은 독일의 국권주의도 일본에 소개되었다. 국권주의는 정부가 방침을 정하는 데 큰 영향을 미쳤다. 프랑스의 공화주의를 일본에 소개한 적이 있는 가토 히로유키는 1876년 무렵부터 독일의 국권주의 사상의 영향을 받아서 국가유기체설을 주창했다. 그는 1882년 이전의 저작을 절판하고, 천부인권론을 부정하는 『진켄신세쓰人權新説』를 저술해 민권주의 사상과 대립했다.

3. 계몽사상

1) 후쿠자와 유키치의 사상

후쿠자와 유키치는 일찍이 나가사키長崎에서 네덜란드어를 배우고 학교를 열어 후진을 양성하고 있었다. 그런데 1853년 페리가 내항한 후, 요코하마横浜에서 미국과 영국 사람들을 접한 것을 계기로 영어를 공부하고, 에도 막부江戸幕府가 서구로 파견한 사절단을 따라 해외여행을 하면서 견문을 넓혔다. 그 후 『세이요지조』라는 책을 출간해서 서양 여러 나라의 문물을 소개했다.

후쿠자와의 사상을 엿볼 수 있는 대표적인 저서는 『가쿠몬노스스메』라고 할 수 있다. 후쿠자와는 이 책의 첫머리에 『미국독립선언서』의 일절을 소개하면서 다음과 같이 썼다. "하늘은 사람 위에 사람을 만들지 않았고 사람 밑에 사람을 만들지 않았다고 한다. 따라서 하늘에서 사람이 생겼다 함은 만인이 모두 평등하며, 태어나면서부터 귀천상하貴賤上下의 차별이 없다." 이 대목은 사람들이 자주 인용하는 글귀이다. 이것은 전근대 사회의 신분차별에 대한 비판이며 인간은 평등하다는 것은 선언한 말로 평가되고 있다.

그 후 사람은 태어나면서부터 평등하다는 천부인권론이 후쿠자와 사상의 근본이 되었다. 서양에서 17세기에 발달한 천부인권론은 서구 자유주의의 기본적 신조가 되었다. 후쿠자와도 서구 여러 나라를 견문하고 외국서적을 통해서 이런 견해에 도달했다고 할 수 있다. 후쿠자와는 프랑스의 역사가이며 자유주의 정치가였던 토크빌A.H. Tocqueville, 영국의 역사가 버클H.T.Buckle, 영국의 철학자이며 사회학자 스펜서 H.Spencer, 미국의 정치가 웨이랜드F.Wayland 등의 저서를 읽고 그들의 영향을 받았다.

당시 후쿠자와는 후진국인 일본이 가능하면 빠른 시간 내에 서구 열강과 같은 문명국이 되기를 바라고 있었다. 그러기 위해서는 일본인의 정신구조는 바꾸어 놓아야만 했다. 그래서 일본과 서양을 비교하면서, 서양에는 있고 일본에는 없는 것이 무엇인지 탐구했다. 후쿠자와는 "동양에는 없는 것은 유형의 것은 수리학이고, 무형의 것은 독립심"이라는 결론에 도달했다. 후쿠자와는 일본의 봉건사회의 기본적인 신분질서라고 할 수 있는 귀천貴賤·존비尊卑 관념을 타파하고, 서민의 비굴한 노예근성을 불식시키지 않고서는 서양 문명에 근접할 수 없다고 확신했다. 후쿠자와는 봉건사상을 타파하는 것이 자신에게 주어진 임무라고 생각했다. 봉건제도를 '부모의 원수'라고 선언할 정도였다.

후쿠자와의 바람은 일본이 서구 열강과 어깨를 나란히 하는 단계로 발전하는 것이었다. 그래서 개인과 국가의 독립에 지대한 관심을 보였다. 『가쿠몬노스스메』에서 다음과 같이 말했다. "독립의 기력이 없는 자는 나라를 생각하는 것이 깊고 절실하지 않다." 그래서 "외국에 대해서 우리나라를 지키려면 자유독립의 기력을 전국에 충만"하게 해야 한다고 역설했다. 『분메이이나카몬도文明田舍問答』라는 통속시에서 다음과 같이 말했다. 서구 여러 나라가 "민권을 높이고, 국헌國憲을 세워 독립의 세력을 넓히고" 있으니, 일본도 이러한 풍조에 따르지 않는다면 "좀처럼 서양 여러 나라의 강성함에 맞서 다른 나라에 머리를 조아리지 않는 독립의 발판이 마련되지 않는다." 후쿠자와는 봉건적 의타심과 쌍을 이루는 낡은 애국심, 즉 '군주에 충성하고 부모에 효도'하는 봉건도덕을 배척하고, 새로운 애국심, 즉 '자주애국'이라는 근대적 윤리를 함양하려고 힘썼다.

후쿠자와의 자유주의적 사고는 봉건적 특권의식 타파를 겨냥하고 있지만, 그의 민족주의는 일본에 대한 서구 여러 나라의 정치·경제적 압박에 초점이 맞춰져 있었다. 『분메이론노가이랴쿠』에 나타난 후쿠자와의 기본입장은 "나라의 독립은 목적이고, 오늘날의 문명은 그 목적에 도달하기 위한 수단"이었다. 후쿠자와의 봉건주의 비판은 서구 열강의 동양 진출에 대한 위기의식과 밀접하게 관련되어 있었던 것이다.

후쿠자와는 당시의 국제관계를 약육강식의 논리로 인식했다. 그는 『쓰조쿠콧켄론通俗国權論』에서 국제관계를 "죽이느냐, 죽느냐 아니면 멸하느냐, 멸함을 당하느냐의 두 길밖에 없다."고 말했다. 제국주의 논리를 적극적으로 수용했던 것이다. 그가 말하는 국제관계는 "백 권의 만국공법은 몇 정의 대포만 못하고, 여러 권의 화친조약은 한 상자의 탄약만 못"했다. "대포와 탄약은 있는 도리를 주장하기 위해서 준비하는 것이 아니라 없는 도리를 만들기 위해서" 필요한 것이었다.

후쿠자와는 일본이 서구 열강의 위압에서 벗어나는 길은 정치의 안정과 국론을 통일한 다음 군사력을 강화해 해외로 진출하는 것이라고 믿었다. 그는 "국내 정치의 기초가 확고해지고 안정되면 눈을 해외로 돌려 국권을 진흥할 계책을 강구해야 할 것"이며, 국권의 확장은 이 시대를 사는 "우리들의 필생의 목적"이라고 강조했다. 그가 말하는 국권 '확장'의 대상은 아시아였고, 그의 '계책'은 무력을 바탕으로 한 침략이었다. 후쿠자와는 아시아 침략론을 동양정략론東洋政略論의 논리로 포장했다.

후쿠자와의 동양정략론의 요지는 대략 다음과 같다. 서구 여러 나라가 동양으로 진출해서 일본을 정치·경제적으로 위압하고 있다. 그런데 국민이 봉건의식을 타파하지 못하고 그 속에서 헤매고 있어서는 도저히 난국을 헤쳐 나갈 수 없다. 무슨 수를 써서라도 온 국민이 지덕을 연마해서 서양이 위압에 대응해야 한다. 한 나라의 근대화는 동시에 이웃한 여러 나라의 독립과 근대화를 의미하기도 한다. 그럴 경우 일본이 지도적인 입장에서 이웃 나라의 독립과 근대화를 이끌어야 한다. 후쿠자와의 동양정략론은 일본의 아시아맹주론을 골격으로 하고 있었던 것이다.

후쿠자와의 아시아맹주론은 일본이 앞장서서 '야만'의 세계인 아시아를 서양의 침략으로부터 보호할 의무가 있다는 것이다. 그는 말했다. "동양의 여러 나라 중에 문명의 중심이 되고 다른 나라의 수장이 되어 서양 여러 나라와 맞설 수 있는 것은 일본밖에 없지 않는가? 아시아의 보호는 우리의 책임이라는 각오가 있어야 한다." 후쿠자와가 말하는 일본 주변의 아시아 국가인 한국과 중국을 '보호'하는 일은 무력을 앞세우는 것이었다. 후쿠자와는 다음과 같이 생각하고 있었다. 어차피 중국은 서양 여러 나라에 의해 분할될 것이고, 그때 일본은 "이를 수수방관할 것이 아니라 앞장서서" 중국을 침략해야 한다. 한반도는 "일본을 지키기 위한 방어선"이다. 반드시 일본이 지배해야 하는 나라다. 요컨대, 후쿠자와가 생각하는 중국과 한국은 일본이 무력을 앞세워 침략해야 하는 지역이었던 것이다.

후쿠자와의 해외팽창론은 탈아론脫亞論의 논리로 발전했다. 후쿠자와는 말했다. "일본의 국토는 아시아 동쪽에 위치해 있지만, 국민의 정신은 이미 아시아의 고루함을 벗어나서 서양의 문명으로 옮겨졌다." 그런데 중국과 한국은 여전히 '야만'의 상태에 머물고 있다. 더구나 그 나라는 머지않아 멸망할 것이다. 이런 상황에서 일본은 어떤 길을 택해야 하는가? 후쿠자와는 말했다. "일본은 이웃나라가 개명되는 것을 기다려 그들과 함께 아시아의 번영을 도모할 여유가 없다." 그래서 아시아 여러 나라와 연대를 꾀할 것이 아니라 "오히려 그 대열에서 벗어나 서양의 문명국과 진퇴를 같이하고, 중국이나 한국을 이웃 나라라고 해서 특별히 대할 필요가 없다." 후쿠자와는 '야만'의 단계에 머무는 한국·중국과 결별하고, '문명국'인 서양 편에 서서, 서구 열강의 침략주의 방식으로 한국·중국을 침략해야 한다는 뜻을 분명히 했던 것이다.

2) 가토 히로유키의 사상

후쿠자와 유키치와 함께 가토 히로유키가 저명한 계몽사상가로 활약했다. 가토는 효고 현兵庫縣 출신으로 막말의 사상가였던 사쿠마 쇼잔佐久間象山의 문하생이 되어 병학을 배웠고, 훗날 에도 막부가 세운 양학교인 반쇼시라베쇼番所調所에서 근무하면서 일본 최초로 독일어를 공부했다. 1877년에는 도쿄대학의 전신인 개성학교의 총리가 되었고, 1890년에는 도쿄제국대학 총장이 되었다.

가토는 메이지 초년까지 프랑스의 공화주의를 일본에 소개하면서 자유주의적인 입장을 취했다. 1862년 그의 나이 26세 때 『도나리구사鄰草』를 출간했다. 이 책은 서구 입헌정체의 개요를 설명한 것이다. 가토는 서양 여러 나라에는 의회가 있어서 정부의 독주를 견제하고 감독하는 제도가 있다고 소개했다. 가토가 이 책을 쓴 목적은 에도 막부의 정치를 개혁할 필요가 있다는 것을 에둘러 표현하기 위해서였다. 이 책은 일본에서 처음으로 입헌정체를 논한 책이라고 할 수 있다.

가토는 1868년에 『릿켄세타이랴쿠立憲政体略』라는 책을 출간했다. 이 책은 『도나리구사』의 내용을 보다 구체적으로 탐구한 것이었다. 또 『신세이다이이真政大意』를 저술해서 천부인권사상을 소개했다. 가토는 1874년에 『고쿠타이신론国体新論』을 저술했다. 그는 이 책에서 다음과 같이 말했다. "군주도 사람이고 국민도 사람이다. 결코 다르지 않다. 그런데 군주 홀로 권리를 독점해서 하늘과 땅이 벌어진 것처럼 차이가 난다는 것은 어찌 된 일인가? 이렇게 미개하고 열등한 나라에 태어난 국민이야말로 다시없는 불행이라고 해야 할 것이다." 과격한 표현으로 천부인권론에 입각한 정치이론을 전개했다. 또 가토는 말했다. "국가에서 가장 중요한 것은 국민이다. 국민을 위해 군주가 있고 정부가 있다." "국가는 국민의 안녕과 행복 추구를 가장 중요한 목적으로 하고,

군주와 정부는 오로지 이 목적을 달성하기 위해 존재해야"한다고 주장했다.

그런데 비스마르크와 슈타인 사상의 영향을 받은 독일의 국권주의가 일본에 소개되면서 가토의 사상이 크게 변화하는 계기를 맞이했다. 가토 히로유키는 1876년 무렵부터 국가유기체설을 주창했다. 그는 1882년 이전의 저작을 절판하고, 천부인권론을 부정하는 『진켄신세쓰』를 저술해 민권주의 사상과 대립했다. 이 책에서 가토는 적자생존과 자연도태는 국제간의 원리이기 때문에 강한 나라는 발전하고 약한 나라는 멸망한다고 하면서 민권 운운하지 말고 우선적으로 국권을 강화해야 한다고 역설했다.

가토는 그가 오랫동안 심취했던 천부인권설을 스스로 부정했다. 훗날 가토는 다음과 같이 변명했다. "그동안 버클의 저서를 탐독하고, 이른바 형이상학이라는 것이 황당무계하다는 것을 처음 알았고, 그때부터 다윈의 진화론을 지지하는 독일의 생물학자이며 철학자인 헷켈 E.H.Haeckel의 서책을 읽으며 스스로의 우주관과 인생관이 크게 변화했다."

4. 종교

1) 신도

1868년 에도 막부가 멸망하고 근대국가가 성립되었다. 메이지 정부는 명실상부한 왕정복고를 실현하기 위해 제정일치를 선언했다. 진기칸神祇官을 설치하고 많은 국학자와 신도가神道家를 등용했다. 왕정복고

王政復古의 사상적 배경이 되었던 히라타 아쓰타네平田篤胤의 국수주의적 신도神道가 부각되었다. 신도가 중에서 오쿠니 다카마사大国隆正, 후쿠하 비세이福羽美靜, 야노 겐도矢野玄道 등의 인물이 정부에 등용되었다. 이들은 모두 배타적인 복고신도를 신앙하는 인물이었다.

메이지 정부는 신불분리神佛分離 정책을 추진했다. 이 정책은 정부가 천황의 신권적 권위를 확립하기 위해 추진한 종교정책이었다. 정부는 천황을 신격화하는 작업에 착수했다. 천황의 생일인 천장절天長節이나 초대 천황으로 받들어지는 진무神武의 즉위일을 기념하기 위한 기원절紀元節이 일본의 가장 중요한 국경일로 정해졌다.

1868년 3월 정부는 신불분리령을 공포했다. 이 법령은 불교를 배척하는 신관神官이 신도의 독립성을 강화하기 위한 목적으로 제정한 법령이었다. 정부는 여러 신사에 소속된 승려를 환속시키고, 불상을 예배의 대상으로 하지 말라고 명령했다. 전국의 신사에 안치되어 있던 불상과 구비하고 있던 불구佛具를 모두 없애도록 했다.

1869년 정부는 신도의 포교를 담당하는 선교사를 두었다. 1870년에는 대교선포大敎宣布의 조칙을 내려서 신도의 포교를 선교사에게 명령했다. 정부는 신도를 국교로 정하고, 불교를 신도에 종속시키고, 크리스트교를 배격하려고 했다. 그러나 이러한 계획은 크게 성과를 거두지 못했다. 특히 신도를 국교로 정하고 크리스트교를 배격하려던 정부의 계획은 서구 열강의 반대로 폐기되었다.

하지만 메이지 정부는 신사神社를 보호했다. 전국의 신사를 관사官社와 제사諸社로 나누고, 관사는 다시 관폐사官弊社와 국폐사, 제사는 다시 부사府社·현사縣社·향사鄕社·촌사村社로 구분해 신사의 지위와 서열을 정했다. 각 신사의 격식에 따라 신관의 직제도 정했다. 관사의 경비는 국가가 부담했고, 제사의 각종 경비도 지방자치단체에서 지원하도록 했다. 국민에게 신사에 지원하는 경비를 강제로 부과했다.

2) 불교

메이지 정부가 신불분리령을 내리자, 전국 각지에서 사원·불상·불경 등을 불태우고 파기하는 폭거가 일어났다. 민중은 무사정권 시대를 통해 권력의 보호를 받으면서 특권적 지위를 누려오던 승려에 대한 반감과 봉건적 폐단을 타파하는 풍조에 휩쓸려서 불교를 배척하는 폭거에 가담했다. 이것을 폐불훼석廢佛毀釋이라고 했다.

폐불훼석 사건을 계기로 불교계도 각성했다. 정토진종淨土眞宗의 시마지 모쿠라이島地黙雷를 비롯한 승려들이 불교를 신도에 종속시키려는 정부의 대교원大敎院 제도에 반대했다. 승려들은 대교원분리건백大敎院分離建白을 교부성敎部省에 제출했다. 1875년에 정토진종의 4개파가 대교원에서 이탈했다.

불교가 대교원에서 분리되면서 호법운동이 본격적으로 전개되었다. 호법운동은 크리스트교를 비판하면서 시작되었다. 불교 지도자들은 크리스트교가 사교邪敎라는 점을 신도들에게 알리는 운동을 전개했다. 1887년경 국수주의가 힘을 얻자, 야마오카 뎃슈山岡鐵舟·노리오 고야타鳥尾小弥太가 대일본국교대도사大日本國敎大道社를 세우고, 오우치 세이란大内靑巒이 존황봉불대동단尊皇奉佛大同團을 결성해서 크리스트교를 공격했다. 불교계는 불교야말로 충군애국忠君愛國을 실천하는 종교라는 점을 부각시키려고 노력했다.

승려들의 호법운동 결과 불교는 종교의 중심으로 부활했다. 하라 탄산原坦山·이노우에 엔료井上円了·난조 분유南條文雄 등은 불교의 철학적 연구를 심화시켰다. 조동종曹洞宗의 승려이면서 도쿄대학에 처음으로 인도철학 강좌를 개설한 불교학자 하라 탄산은 『신세이짓켄로쿠心性実験録』를 비롯한 많은 불교 관련 저술을 남겼다. 이노우에 엔료는 국수주의의 입장에서 크리스트교를 비판했다. 이노우에는 동양문명은 불교 속에 있다고 주장했고, 교육칙어 보급과 미신타파에 앞장서기도 했다. 승려이면서 범어학자·교육자이기도 했던 난조 분유는 불경연구에서 선구적 업적을 남겼다.

3) 크리스트교

메이지 정부가 수립된 후에도 크리스트교는 여전히 금지되었다. 1868년 3월 정부가 일반 민중에게 제시한 5개항의 방침이라고 할 수 있는 「5방의 게시五榜の掲示」에도 크리스트교는 사교라고 명기되어 있었다. 에도 시대 말기에 우라가미무라浦上村(지금의 나가사키 시長崎市)에서 비밀리에 종교 활동을 하던 크리스천을 막부가 체포해 구금한 사건이 있었다. 이 사건을 우라가미쿠즈레浦上崩れ라고 했다.

메이지 정부는 에도 막부로부터 우라가미쿠즈레 사건으로 체포되어 구금된 크리스천을 인계받았다. 정부는 1871년까지 크리스천 3,400여 명을 34개 번藩에 분산시켜 감시하면서 크리스천들에게 신앙을 버리라고 강요했다. 이 사실이 외국에 알려지자 일본과 외교관계를 맺은 서구 열강이 이의를 제기했다. 그러자 메이지 정부는 구금한 크리스천들을 고향으로 돌아가게 했다. 1873년 정부는 「5방의 게시」에서 크리스트교 금지 조항을 삭제했다.

크리스트교 금지가 해제되자 천주교와 기독교 선교사들이 앞을 다투어 일본으로 건너와서 전교활동을 전개했다. 특히 삿포로농학교札幌農學校·구마모토양학교熊本洋學校에서 외국인 교사의 영향을 받은 청년들이 기독교 신자가 되는 경우가 많았다. 구마모토양학교에서 공부한 에비나 단조海老名弾正·고자키 히로미치小崎弘道 등이 크리스트교에 귀의했다. 그들은 훗날 일본 신교의 지도자가 되었다. 삿포로농학교 출신인 우치무라 간조內村鑑三는 훗날 무교회 신앙을 열었다.

훗날 일본 크리스트교 교회의 대표적인 목사가 되었던 우에무라 마사히사植村正久도 요코하마橫浜에서 신자가 되기를 서약했다. 우에무라는 1887년 이치반초교회一番町敎會를 세웠다. 그는 평생을 목사로 봉직하면서 합리적 자유주의 신학과 정통파 복음주의 신앙의 확립을 위해 노력했다.

크리스트교도는 계몽사상가·자유민권운동가 등과 함께 일부다처제 관습에 반대하고, 공창제도 폐지를 주장하는 등 풍속교정 운동에 힘을 기울였다. 남성의 방종을 용인하는 봉건적 관습은 좀처럼 없어지지 않았으나 일부다처제가 도덕적으로 부정되었던 데에는 크리스트교의 영향이 컸다.

4) 신흥종교

일본인들이 사찰·신사나 영산·명산을 찾아서 기도하는 목적은 신불神佛의 가호를 입기 위해서였다. 신앙생활의 목적은 현세구복에 있었다. 일본인은 신불의 가호를 입어서 일상생활이 순조롭게 풀리기를 염원했다. 상업이 번창하고, 질병을 고치고, 가내가 평안할 수 있도록 신불에게 빌었다.

현세구복을 추구하는 일본인의 요구에 부응해 막말에는 특정한 신이나 교주를 섬기는 신흥종교가 일어났다. 구로즈미 무네타다黑住宗忠가 창시한 흑주교黑住敎, 여성 교주 나카야마 미키中山みき가 창설한 천리교天理敎, 가와테 분지로川手文治郎가 창설한 금광교金光敎 등이 대표적인 신흥종교였다. 신흥종교는 모두 사회가 극도로 혼란한 막말에 성립되었다는 공통점이 있었다.

19세기에 성립된 여러 신흥종교 중에서도 흑주교가 가장 빠른 시기에 등장했다. 1814년 11월 11일 아침 지금의 오카야마 현岡山縣 오카야마 시에 살던 구로즈미 무

흑주교 교회소

네타다가 떠오르는 태양을 향해 절을 할 때 자신과 신이 하나가 되는 체험을 하고 불치의 병이 나았다.

그 후 무네타다는 주문으로 사람들의 병을 치료했다. 그는 주문을 외우는 행위는 곧 마음을 치료하는 종교행위라고 말했다. 또 신체·마음·집안의 부조화는 근본적으로 같은 원인에서 비롯된다고 보았고, 그것을 해결하는 것이 자신의 가르침이 지향하는 것이라고 했다. 무네타다는 자신을 추종하는 자들과 함께 태양을 숭배하고, 설교를 하고, 주문을 외우는 집회를 열었다.

1850년 무네타다가 사망한 후 제자들이 교단의 조직을 정비했다. 신도 규칙과 조직 운영규약이 성문화되고, 설교소가 건립되고, 신도명부가 작성되었다. 1862년에 무네타다를 받드는 신사가 교토에 건립되면서 발전의 기틀을 마련했다.

신흥종교 중에서 천리교가 가장 번성했다. 1838년 지금의 나라 현奈良縣 덴리 시天理市의 미시마三島에 살던 평범한 주부 나카야마 미키는 자신의 몸에 신이 내리는 체험을 했다. 미키는 자신의 몸에 깃든 신을 덴리오노미코토天理王命라고 했다.

미키는 신이 자신에게 전하는 진리를 널리 인간들에게 전하고자 종교 활동을 개시했다. 신이 미키에게 전한 가르침을 요약하면 다음과 같

다. "인간이 지향해야 하는 것은 만물의 구세주가 인류를 창조한 뜻을 지키는 일이다. 그 뜻은 모든 인간이 구세주의 존재를 믿고, 바른 마음으로 서로 돕고, 모두 활기차게 살려고 노력하는 것이다. 모든 인간이 기쁘게 사는 것이 구세주가 인류를 창조한 목적이다. 그것은 구세주의 기쁨이기도 하다."

천리교 교당

미키는 덴리오노미코토의 뜻을 천리天理, 즉 하늘의 뜻이라고 했고 종교의 명칭도 천리교라고 했다. 미키는 재산을 팔아 가난한 사람들을 돕고, 봉건적인 습속을 타파하는 데 앞장섰다. 메이지 정부의 탄압에도 불구하고 천리교 교세는 날로 확장되었다. 그러자 메이지 정부도 천리교를 정식 종교로 인정하지 않을 수 없었다.

금광교는 1859년 지금의 오카야마 현岡山縣 아사쿠지 군浅口郡 곤코초金光町에 사는 농부 가와테 분지로川手文次郎에 의해 창시되었다. 분지로는 어느 날 원래 절기의 신인 곤진金神에게 기도를 하다가 그 신의 계시를 받았다.

곤진은 예부터 인간에게 벌을 주는 악신으로 알려져 있었다. 그런데 분지로가 지성으로 받들자 복을 주는 신으로 변했던 것이다. 그 후 곤진은 분지로의 몸에 깃들었고, 스스로를 천지만물을 생육하는 존재라고 주장했다. 분지로는 평생 자신의 말을 인간들에게 전하라는 곤진의 명령에 따라 종교 활동에 전념했다. 1867년 분지로는 스스로를 살아 있는 신 금광대신金光大神이라고 칭했고, 이것이 종교의 정식 명칭이 되었다.

금광교 교리의 근본은 신과 인간이 서로 돕고 힘을 합해서 이상사회를 실현하자는 것이었다. 즉 인간이 신의 존재를 믿고 그 말에 따른다면 신의 절대적인 힘에 의해 이상사회가 건설된다는 것이다. 금광교에서 받드는 신은 천리교

곤진의 말씀을 전하는 가와테 분지로

에서 받드는 신과 그 성격이 거의 비슷하다는 것을 알 수 있다. 그러나 금광교의 신은 인간에게 일방적으로 요구하는 것이 아니고 협력을 구했다. 바로 이점이 다른 종교와 다른 점이었다.

5. 학술

1) 인문과학

영국과 프랑스 계통의 철학 대신에 독일의 이상주의 철학이 발달했다. 도쿄대학 교수인 이노우에 데쓰지로井上哲次郎도 독일 유학파로 독일의 관념론 철학을 일본에 소개하려고 노력했다. 그러나 교토대학京都大學 교수인 니시다 기타로西田幾太郎는 동서철학을 융합한 위에 순수 경험이라는 독자적인 체계를 확립했다.

사학·인류학도 독일과 미국에서 영입한 외국인 교사의 지도에 힘입어 발달했다. 사학에서는 초기의 문명사 대신에 독일의 실증주의 사학

이 주류를 이루었다. 일본사 분야에서는 시게노 야스쓰구重野安繹와 구메 구니타케久米邦武가 도쿄대학 사료편찬소의 전신인 수사국修史局에 근무하면서『다이니혼시료大日本史料』의 공간에 힘썼다. 구메 구니타게는 1891년에「신도神道는 제천祭天의 고속古俗」이라는 논문을 발표해 면직되었다. 동양사 분야에서는 나카 미치요那珂通世가『지나통사支那通史』를 저술해 동양사의 아버지라고 불리게 되었다. 그는 일본기년日本紀年의 오류를 밝혀내기도 했다. 서양사 분야에서는 쓰보이 구메조坪井九馬三와 미쓰쿠리 겐파치箕作元八가 선구자가 되었다.

법학도 처음에는 서양인 교사들의 지도로 발달했다. 법전이 편찬되면서 법학의 연구가 활발하게 진행되었다. 대륙법 계통에서는 우메 겐지로梅謙次郎와 도미이 마사아키富井政章, 영미법 계통에서는 호즈미 노부시게穗積陳重가 배출되었다.

경제학 분야에서는 다구치 우키치田口卯吉·후쿠자와 유키치福沢諭吉 등이 영국의 자유주의 경제학을 일본에 소개했다. 오시마 사다마스大島貞益·후쿠다 도쿠조福田徳三는 독일의 보호무역주의를 옹호하는 역사학파의 이론을 일본에 소개했다. 사회문제가 발생하면서 독일식 강단사회학講壇社會學이 뿌리를 내렸다. 가나이 노부루金井延·구와타 구마조桑田熊蔵가 사회정책을 제창했다. 마르크스주의도 소개되었다.

2) 자연과학

정부가 추진하는 부국강병·식산흥업의 목적을 달성하기 위해서도 자연과학의 발달은 불가결한 것이었다. 정부는 일찍부터 외국인 교사를 초빙해 선진국의 학문을 일본에 이식시키려고 노력했다. 정부의 지원으로 연구기관도 설립되었다.

근대적인 학문연구는 도쿄대학을 비롯한 관립학교를 중심으로 뿌리를 내렸다. 1890년대가 되자 외국인 학자의 지도를 받은 일본인 연구자들이 각 분야에서 자주적으로 학문을 연구할 수 있을 만큼 성장했다. 각 분야별로 전문적인 학회가 설립되고 전문잡지가 간행되었다. 대학의 강의는 대부분 외국인 교수들이 맡았던 시기도 있었으나 점차로 유학생활을 마치고 귀국한 일본인 학자가 대학 강단에 서게 되었다. 일본인 학자가 성장하면서 독창적인 연구가 진행되기 시작했다.

의학 분야에서는 1890년에는 기타자토 시바사부로北里柴三郎가 파상풍의 혈청요법을 발견했고, 1892년에는 전염병연구소를 설립했다. 그는 후에 기타자토연구소를 설립했다. 전염병연구소에서 연구에 몰두하던 시가 기요시志賀潔는 1897년에 적리균赤痢菌을 발견했고, 나아가 한센씨병 연구에도 세계적인 업적을 남겼다. 노구치 히데요野口英世도 저명한 세균학자로 성장했다. 그는 1900년에 도미한 후 미국과 덴마크에서 연구했고, 1904년에 록펠러의학연구소에서 일했다. 노구치는 훗날 황열병黃熱病 연구로 세계에 널리 알려지게 되었다. 하타 사하치로秦佐八郎도 세계적인 학자로 성장했다. 그는 일찍이 독일에 유학해 그곳의 고호연구소에서 면역학을 연구하고, 1910년에 매독의 화학요법제인 살발산을 발명했다.

생물학 분야에서는 모스Morse를 비롯한 외국인 학자가 초빙되어 일본의 학생들을 가르쳤다. 모스에게 배운 후 다시 독일로 유학해 와이즈만에게 배운 이시카와 지요마쓰石川千代松는 생식소生殖素를 연구했다. 일본 동물학의 기초를 확립한 이시카와는 『동물학강의』, 『진화신론』 등의 저서를 남겼다. 마키노 도미타로牧野富太郎를 비롯한 식물연구자들은 새로운 종류의 식물을 발견하고 분류하는 업적을 남겼다.

물리학은 일찍이 영국과 독일에서 유학한 다나카 다테아이키쓰田中館愛橘에 의해 개척되었다. 그는 일본에서 중력·지자기·지진학을 개척했다. 특히 일본 전토의 지자기측정을 완성했다. 일본 현대 물리학의 원류로 일컬어지는 나가오카 한타로長岡半太郎가 배출되었다. 자기의 굴절 연구로 두각을 나타낸 나가오카는 1903년에 유핵원자모형이론有核原子模型理論을 발표했다.

화학 분야에서는 1884년에 미국으로 건너가서 연구를 했고, 1901년에 아드레날린의 추출에 성공한 다카미네 조키치高峰讓吉가 유명했다. 1901년에 유럽으로 건너가서 단백질을 연구하고 귀국한 후 1907년에 도쿄대학 교수로 임용된 스즈키 우메타로鈴木梅太郎는 1910년에 비타민 B1의 일종인 오리사린의 추출에 성공해 비타민학설의 기초를 확립했다. 그는 특히 응용화학 분야에서 많은 업적을 남겼다.

지진학과 천문학 분야에서도 일본인 학자의 업적이 두드러졌다. 지진학 분야에는 세키야 기요카게関谷清景와 그의 제자 오모리 후사키치大森房吉가 저명했다. 천문학 분야에는 지축변동의 새로운 방식인 Z항을 발견한 기무라 히사시木村栄, 천문대의 창설에 진력한 히라야마 신平山信이 있었다. 지질학 분야에는 오가와 다쿠지小川琢治가 유명했다. 오가와는 『수리지리학』을 저술했고, 일본열도의 구조에 관한 연구에 전념했다.

수학 분야에서는 근대 수학의 개척자인 기쿠치 다이로쿠菊池大麓를 비롯해 후지사와 리키타로藤沢利喜太郎, 다카기 테이지高木貞治 등이 유명했다. 군사학 분야에서는 시모세 화약으로 널리 알려진 시모세 마사치카下瀬雅允, 군함 설계의 권위자인 히라가 유즈루平賀讓가 특히 유명했다.

6. 예술

1) 미술

 공부성工部省 산하의 공부대학교工部大學校에 미술과가 설치되고, 이탈리아의 화가 폰타네지A. Fontanesi, 그리고 이탈리아의 조각가 라게자V. Raguza가 초빙되었다. 그들은 일본 근대미술의 개화에 큰 영향을 미쳤다. 에도 시대 말기에 막부가 설립한 양학연구기관인 반쇼시라베쇼蕃書調所에서 서양화를 배운 다카하시 유이치高橋由一는 메이지 초기를 대표하는 서양화가로 성장했다.

 1887년에 도쿄미술학교東京美術學校가 설립되었다. 학교에는 회화 · 조각 · 미술공예 학과가 설치되었다. 도쿄미술학교가 설립되면서 미술계가 활기를 띠게 되었다. 일본의 전통적인 어용화가 계열인 가노 호가이狩野芳崖와 하시모토 가호橋本雅邦가 도쿄미술학교 교수로 취임했다. 가노와 하시모토는 새로운 기법을 개발하면서 일본 미술 운동의 쌍벽을 이루었다.

 1890년 오카쿠라 덴신岡倉天心이 도쿄미술학교 교장으로 취임했다. 오카쿠라 덴신은 일찍부터 일본 미술의 가치를 인식하고 있던 인물이었다. 오카쿠

悲母觀音 / 가노 호가이의 작품

라 덴신과 교수들의 지도로 요코야마 다이칸橫山大觀·히시다 슌소菱田春草·시모무라 간잔下村觀山 등이 배출되었다.

오카쿠라 덴신은 1897년에 일어난 도쿄미술학교 소동으로 교장 직을 사임했다. 이때 오카쿠라를 지지하는 교수들이 함께 사직했다. 1898년 오카쿠라는 하시모토 가호·요코야마 다이칸·히시다 슌소 등과 함께 일본미술원日本美術院을 설립했다. 그때부터 일본미술원에서 개최하는 전람회를 원전院展이라고 했다. 한편, 1907년부터 문부성이 미술전을 개최했다. 문부성이 직접 미술을 통제하고 진흥하기 위해서였다. 그 후 문부성이 개최하는 전람회는 문전文展이라고 했다.

오카쿠라 덴신은 미국으로 건너가 활동했다. 오카쿠라는 1904년부터

松並木 / 요코야마 다이칸의 작품

1913년까지 보스톤미술관 동양부장을 겸임하면서 1903년에 『동양의 이상東洋の理想』, 1904년에 『일본의 자각日本の目覚め』, 1906년에 『차의 책茶の本』(The Book of Tea) 등을 간행했다. 오카쿠라는 동양의 정신과 일본 문화를 해외에 소개하는 데 앞장섰다.

일본 서부 지역 화단도 발전했다. 1880년에 교토부화학교京都府畵學校가 창립되었다. 교토에서는 에도 막부 후기 시조파四条派의 전통을 계

승하면서 서양화의 기법을 도입한 다케우치 세이호竹内栖鳳와 그 문하생 하시모토 간세쓰橋本関雪・쓰치다 바쿠센土田麦僊 등이 활약했다. 그리고 에도 시대 중기 이래 사생을 기조로 하는 일본화의 일파인 마루야마파円山派에서 가와바타 교쿠쇼川端玉章와 야마모토 슌쿄山元春挙가 배출되었다. 가와바타는 1909년에 가와바타양학교川端洋學校를 설립했다.

2) 음악

메이지 시대 초부터 일본의 전통 음악보다 서양 음악이 널리 연주되기 시작했다. 처음으로 서양 음악을 배운 것은 궁내성宮内省의 아악부雅樂部 단원들과 군악대의 대원들이었다. 학교교육이 실시되면서 문부성은 소학교 교육에 서양의 가요를 모방한 창가唱歌를 도입했다.

1887년에 도쿄음악학교東京音樂學校가 설립되면서 전문적인 음악교육이 실시되었다. 1890년 도쿄음악학교 초대 교장에 이자와 슈지伊沢修二가 취임했다. 미국에서 유학한 경험이 있는 이자와는 문부성 관리로 근무하면서 『소학창가집小學唱歌集』을 편찬하는 등 서양음악을 일본 학교에 보급하는 데 힘썼다. 도쿄음악학교에서 미우라 다마키三浦環가 배출되었다. 미우라는 모교의 교수로 재직하면서 일본 최초로 국제적인 가수로 활동했던 인물이었다.

청일전쟁과 러일전쟁을 거치면서 유행하기 시작한 군가도 음악 보급에 크게 기여했다. 당시 일본인이 활동사진이라고 했던 영화와 축음기가 수입되면서 음악의 보급이 더욱 촉진되었다. 1909년에는 히비야음악당日比谷音樂堂이 세워졌고, 1910년에는 도쿄필하모닉이 조직되었다. 서양 음악 정기연주회가 개최되었다. 작곡가로 다키 렌타로滝廉太郎・

야마다 고사쿠山田耕筰 등이 활약했다.

3) 연극

연극 분야에서는 개화주의자들이 연극개량회演劇改良會를 설립해 서양의 연극을 도입하려고 노력했지만 만족할만한 결실을 맺지 못했다. 그러나 가부키歌舞伎는 국수주의가 발흥하면서 더욱 발전했다. 가부키는 에도 시대 말기부터 활약하던 가와타케 모쿠아미河竹黙阿弥가 잔기리모노散切物·가쓰레키모노活歷物 등의 작품을 발표했다. 1889년에는 도쿄에 가부키자歌舞伎座가 설립되었다. 9대 이치카와 단주로市川団十郎·5대 오노에 기쿠고로尾上菊五郎·초대 이치카와 사단지市川左団次 등의 명배우가 출현하면서 전성기를 구가했다.

가와카미 오토지로川上音二郎가 소시시바이壯士芝居라는 연극을 선보였다. 쇼세이시바이書生芝居라고도 하는 소시시바이는 수도 정치소설을 극화해서 무대에 올렸다. 소시시바이는 신파新派라고 일컬어졌다. 가와카미에 이어서 이이 요호伊井蓉峰가 출현해 신파극을 확립했다. 러일전쟁 때는 전쟁극을 상연했고, 그 후에는 『곤지키야샤金色夜叉』·『호토토기스不如帰』와 같은 가정극을 상연했다. 신파극은 러일전쟁 후에 전성기를 구가했다.

1906년 유럽에서 귀국한 시마무라 호게쓰島村抱月의 제안으로 문학·미술·연극 등의 개선과 보급을 목적으로 문예협회文藝協會가 설립되었다. 1909년에는 문예협회의 부속기관으로 연극연구소가 개설되었다. 문예협회는 1911년에 조직을 정비해 순수한 연극단체로 재출발했다. 쓰보우치 쇼요坪内逍遥가 문예협회 회장으로 취임해서 배우의 양성에 힘썼다.

문단에서 자연주의가 유행하면서 신극新劇이라고 하는 서양 연극이 뿌리를 내렸다. 자유극장自由劇場이라는 극단이 신극 운동의 선구가 되었다. 자유극장은 유럽에서 유학하고 돌아온 가부키 배우 2대 이치카와 사단지와 극작가 오사나이 가오루小山內薫가 창립했다. 자유극장은 1909년 11월 일본에서 처음으로 서양 연극을 상연했다. 그 후 자유극장은「햄릿」,「인형의 집」등을 무대에 올리며 신극 발전에 공헌했다.

7. 사회운동과 반체제 지식인

1) 사회문제와 노동운동

1880년대 일본에서 산업혁명이 일어나면서 자본주의가 발달했다. 하지만 일본 노동자의 생활은 비참했다. 일본 노동시장에 저임금·장시간 노동이 정착되었다. 30만이 넘는 공장노동자 중 3분의 2가 방적·제사 부문에 종사하는 여성노동자들이었다. 하루 12시간 노동에 임금은 8전이 보통이었다. 참고로 당시 공장 기숙사의 하루 식비가 6전이었다.

1897년 4월 전국적인 노동조합의 결성을 선도하는 것을 목적으로 직공의우회職工義友會가 결성되었다. 직공의우회는 같은 해 7월에 오카야마 현岡山縣 출신 노동운동가 가타야마 센片山潛과 손을 잡고 노동조합기성회를 결성했다. 노동조합기성회는 노동자에게 직접 호소하는 방식으로 노동운동을 전개했다.

노동조합이 결성되면서 노동운동이 민중의 관심사가 되었다. 노동자의 비참한 생활을 고발하고 사회개혁의 필요성을 제기하는 언론이 등장했다. 여러 언론 중에서도 고토쿠 슈스이幸德秋水가 영향력을 행사했던 『요로즈초호万朝報』, 자유주의자 시마다 사부로島田三郎가 관여했던 『마이니치신분每日新聞』이 대표적인 것이었다. 진보적 언론은 노동자의 처우개선을 위한 공장법을 제정해야 한다고 외쳤다.

1897년 공장법이 마련되었다. 하지만 그것은 10세 이하의 아동노동 금지와 부인을 밤 10시부터 새벽 4시까지 작업에 투입하는 것을 금지하는 것이었다. 회사는 10세부터 14세까지의 소년공도 10시간까지 일을 시킬 수 있었다. 성인 남자의 노동조건과 권리에 대한 규정은 없었다. 아동과 부인에 관한 규정도 10년간 유예기간을 두었다. 더구나 공장법은 노동자를 15명 이상 고용하는 공장에 한해 적용했다.

그럼에도 자본가와 공장주들은 공장법의 실시를 맹렬하게 반대했다. 자유주의적 지식인들까지도 공장법의 실시에 반대했다. 제2차 야마가타 아리토모山県有朋 내각은 법안의 의회 상정마저 거부했다. 그래서 법안이 의회를 통과하는 데 상당한 진통을 겪었다. 1911년이 되어서야 겨우 공장법이 성립되었다.

노동운동이 활성화되자 정부의 탄압이 시작되었다. 제2차 야마가타 내각은 1900년 3월 치안경찰법治安警察法을 공포했다. 이 법은 정부가 이전에 마련한 치안입법을 집대성한 것이었다. 치안경찰법은 농민운동과 노동운동을 근절시킬 목적으로 제정된 것이었다. 이 법에 따르면 파업은 물론 노동조합 결성도 사실상 불가능했다. 노동자가 노동조건의 개선을 요구하는 것만으로도 6개월 이하의 금고형 또는 30엔 이하의 벌금형에 처해졌다. 이러한 법이 의회에서 아무런 반대 없이 통과되었다.

치안경찰법이 제정되고 정부의 탄압이 강화되자 노동운동이 타격을 입었다. 노동조합기성회에서 탈퇴하는 사람이 늘어났다. 자진해서 해산하는 철공조합 산하단체도 있었다. 그동안 노동자를 대변하던 잡지

『노동세계勞動世界』의 간행도 어렵게 되었다. 노동운동가들 사이에서도 분열이 일어났다.

정부의 탄압으로 노동운동은 일시적으로 쇠퇴했으나 1901년부터 다시 활기를 띠었다. 철공조합을 비롯한 노동조합의 회원도 증가하기 시작했다. 가타야마 센이 주도한 요코하마 대집회에 노동자 2,000여 명이 결집했다. 1901년 4월 3일 무코지마공원向島公園에서 열린 노동자 간친회에 4만 명에 가까운 노동자가 참가했다. 이 행사는 실질적인 노동절 행사였다.

2) 사회운동과 사회주의자

1896년에는 독일의 국가사회주의를 신봉하는 도쿄대 교수 가나이 노부루金井延·구와타 구마조桑田熊蔵를 중심으로 하는 사회정책연구회가 성립되었다. 1897년에는 다루이 도키치樽井藤吉가 사회문제연구회, 정치가인 시마다 사부로·경제학자 다구치 우키치田口卯吉가 사회학회, 다음 해인 1898년에는 가타야마 센·고토쿠 슈스이·아베 이소오阿部磯雄가 사회주의연구회를 결성했다. 한편 1899년에 요코야마 겐노스케橫山源之助가 공업노동자와 소작인의 실태를 조사해 『일본의 하층사회日本之下層社會』라는 명저를 저술했다.

사회주의에 경도된 지식인들이 활동을 시작했다. 1900년에 사회주의협의회, 1901년 5월 18일 일본 최초의 사회주의 정당인 사회민주당이 결성되었다. 하지만 사회민주당은 신청서를 낸 다음 날 금지되었다. 치안경찰법에 저촉되었기 때문이다. 하지만 사회민주당의 결성은 일본 사회주의운동발전사의 분기점이 되었다.

1903년 고토쿠 슈스이와 사카이 도시히코堺利彦가 헤이민사平民社를 창립했다. 그들은 주간 『헤이민신분平民新聞』을 발행해 러일전쟁에 반대하는 비전운동을 전개했다. 1905년 정월 정부는 『헤이민신분』을 폐간했다. 또 독실한 크리스쳔 우치무라 간조內村鑑三는 인도주의의 입장에서 평화론을 주창했다. 그러나 일본인은 그들의 반전론에 귀를 기울이려고 하지 않았다.

1906년 정월 일본사회당이 결성되었다. 일본 최초의 합법적인 무산정당이라고 할 수 있는 일본사회당은 국법의 범위 내에서 사회주의를 주장한다는 당칙黨則을 정했다. 그러나 고토쿠 슈스이는 무정부주의 입장에서 직접 행동해야 한다고 주장했다. 그는 의회를 통해 사회주의를 실현하자는 의회주의파와 대립했다. 1907년 2월 일본사회당이 해산했다.

러일전쟁이 시작되자 대다수의 일본인은 전쟁에서 일본이 승리하면 일본경제가 비약적으로 성장할 것이고, 그러면 당연히 생활도 좋아질 것이라고 확신했다. 그러나 러일전쟁이 끝난 후, 민중의 생활은 오히려 전쟁 전보다 어렵게 느껴졌다. 민중은 정부를 비난하기 시작했고, 대나수 언론들도 정부를 공격하는 데 앞장섰다. 그러자 정부는 대내적으로는 사회주의운동을 탄압하고, 대외적으로는 한국을 빠른 시간 내에 식민지화해서 정국을 전환시키려고 했다. 특히 한국에서 반일 의병투쟁이 전개되고 있었기 때문에 일본 정부는 더욱 조급했다.

1908년 6월 제1차 사이온지 긴모치 내각은 이른바 적기사건赤旗事件을 일으켰다. 이 사건은 사회주의자들이 출옥한 동지들을 환영하기 위해 도쿄 간다神田에 있는 긴키관錦旗館에 모였을 때 '무정부공산無政府共産'이라고 쓴 적기를 앞세우고 혁명가를 부르면서 거리를 행진했다는 이유로 사카이 도시히고·오스기 사카에大杉栄 등이 검거된 사건이었다.

1908년 7월 출범한 제2차 가쓰라 타로桂太郎 내각은 1910년에 대역

사건大逆事件을 일으켰다. 이 사건은 고토쿠 슈스이·미야시타 다키치宮下太吉·간노 스가管野スガ 등이 천황의 암살을 계획했다는 죄목으로 1910년 5월에 체포된 사건이었다. 정부는 이 사건을 기화로 전국 각지에서 사회주의자와 무정부주의자들을 체포해 26명을 대역죄로 기소했다. 미야시타 다키치를 비롯한 4명은 천황 암살계획을 인정했다. 하지만 다른 사람은 명확한 증거가 없었다. 그럼에도 다음 해 1911년 정월 비공개로 진행된 재판에서 24명에게 사형, 2명에게 징역형을 선고했다. 정부는 24명의 사형수 중에서 12명은 천황이 자비를 베푸는 형식으로 무기징역으로 감형하고, 고토쿠·미야시타·간노 등 나머지 12명은 사형시켰다.

간노 스가는 12명의 사형수 중 유일한 여성이었다. 그녀는 교토 출신의 여성혁명운동가로 고토쿠 슈스이의 내연의 처였다. 불우한 가정에서 성장한 그녀는 한 때 작가를 지망하기도 했다. 1904년에 사카이 도시히코를 만나기 위해 헤이민사에 들렀다가 사회주의자가 되었다. 1908년에 적기사건으로 검거되었으나 무죄로 석방되었다. 그러나 결국 대역사건에 연루되어 고토쿠 슈스이와 함께 사형을 당했다.

제19장

다이쇼 문화

1. 다이쇼 시대의 정치

제1차 세계대전이 일어났을 때, 일본에서는 제2차 오쿠마 시게노부 大隈重信 내각이 집권하고 있었다. 독일은 전통적으로 우호관계를 맺고 있는 일본의 움직임을 주시했다. 당시 베를린에서 일본이 러시아의 배후를 침략한다는 소문이 돌았다. 그러나 1914년 8월 8일 일본의 가토 다카아키 加藤高明 외무대신은 "일본은 일영동맹조약에 따라 중립을 선언하지 않을 것이다"라는 담화를 발표했다. 8월 15일 일본은 독일에 동북아시아에서 물러갈 것, 중국의 조차지를 일본에 양도할 것 등을 내용으로 하는 최후통첩을 보냈다. 회답 기한이 끝난 8월 23일 일본은 독일에 선전을 포고했다.

개전 당시 칭다오 青島에는 5,000명이 넘는 독일 병력이 집결해 있었다. 일본은 제18사단을 주력으로 하는 부대를 동원했다. 육군이 약 5만 명, 해군이 4척의 전함과 다수의 순양함을 투입해 칭다오를 점령했다. 일본 해군은 남태평양의 독일령 섬들도 차례로 점령했다. 이리하여 일본은 남서 해양으로 진출할 수 있는 거점을 확보했다.

1918년까지 일본은 전쟁특수를 누렸다. 일본경제가 비약적으로 발전했다. 그러나 경제발전으로 인한 부작용도 있었다. 물가가 폭등했다. 1918년 8월 도야마 현富山縣에서 어부의 아내들 약 200명이 미곡상과 자산가를 습격했고, 쌀값 인하를 요구하며 경관과 충돌했다. 이 사건이 발단이 되어 도야마 현 각지에서 쌀값 인하를 요구하는 소동이 일어났고, 전국 각지에서도 소동이 발생했다. 9월 중순까지 계속된 폭동은 전국의 38개 시, 153개 초町, 177개 무라村에서 발생했다. 이 소동에 참가한 자는 일본 인구의 4분의 1에 달했다.

1918년 9월 일본 역사상 처음으로 중의원 의원이 수반이 된 하라 다카시原敬 내각이 성립되었다. 정국의 일신을 희망했던 민중은 '평민재상'이 이끄는 정당내각의 탄생을 환호했다. 하지만 하라 다카시는 자본가와 기득권 세력을 위한 정치를 했다. 서민의 불만이 쌓였다. 급기야 1921년 11월 하라 다카시는 도쿄역 앞에서 철도원에게 암살되었다.

하라 다카시 총리대신이 암살된 후, 다카하시 고레키요高橋是清가 후계자로 추천되었다. 1921년 11월 다카하시 고레키요는 입헌정우회 총재가 되어 내각을 구성했다. 그러나 다카하시는 하라 다카시와 같은 지도력을 발휘하지 못했다. 내무대신·문부대신·철도대신 등 당의 간부들과 대립했다. 1922년 5월 다카하시 내각이 붕괴되었다.

이어서 가토 도모사부로加藤友三郞가 입헌정우회의 지지를 배경으로 총리대신이 되었다. 그러나 그는 재직 중에 사망했다. 1923년 9월 관동대진재關東大震災가 일어난 다음 날, 야마모토 곤베에山本權兵衛 내각

이 출범했다. 야마모토 내각은 계엄령과 치안유지령을 발동하고, 기한에 쫓기는 수표나 어음에 대한 지불유예령을 내리는 등 재난극복에 부심했다. 하지만 1923년 12월 도라노몬 사건虎ノ門事件으로 총사직했다.

1924년 정월 원로인 사이온지 긴모치西園寺公望는 추밀원 의장인 기요우라 게이고清浦奎吾를 총리대신으로 추천하고 조각을 귀족원 간부에게 일임했다. 그러자 육군·해군·외무대신을 제외하고 모든 대신이 귀족원 출신 중에서 선발되었다. 민중은 기요우라 내각을 '귀족내각'이라고 비난했다. 기요우라 내각은 같은 해 5월에 실시할 총선거를 공명선거가 될 수 있도록 노력하겠다고 선언했다. 그러나 기요우라 내각은 정당내각의 출현을 방해하기 위해 성립된 내각이었다.

의회 내에서 정당 내각을 요구하는 목소리가 비등했다. 비정당 내각이 3대나 계속되었기 때문이었다. 각 정당들은 귀족원 내각의 배격과 정당내각의 실현을 목표로 단결했다. 중의원에서는 입헌정우회·헌정당·혁신클럽의 세 정당이 서로 제휴했다. 입헌정우회 총재인 다카하시 고레키요·헌정회 총재인 가토 다카아키加藤高明·혁신클럽 당수인 이누카이 쓰요시犬養毅 등 소위 호헌3파護憲三派가 '귀족내각' 타도와 보통선거 즉시 실시를 슬로건으로 내걸고 헌정옹호운동을 전개했다.

제15회 총선에서 호헌3파가 284석을 얻어 압승했다. 여당인 정우본당은 불과 114석을 차지하는데 그쳤다. 6월 10일 제1당인 헌정회 총재 가토 다카아키를 총리대신으로 하는 내각이 성립했다. 육군과 해군대신 이외에는 전각료가 호헌3파의 당원으로 구성되었다. 다카하시 고레키요 입헌정우회 총재는 가토 내각의 농상대신으로 입각했고, 이누카이 쓰요시 혁신클럽 당수는 체신대신으로 입각했다. 이리하여 호헌3파 내각이 성립되었다. 그 후 1932년 5월에 이누카이 내각이 붕괴하기 전까지 입헌정우회와 헌정회가 중의원 의석의 다소에 따라서 내각을 조직하는 관행이 정착했다.

2. 다이쇼 데모크라시

　제1차 세계대전 후 민주주의 사상이 유럽을 중심으로 확산되었다. 그러한 움직임은 일본에도 영향을 미쳤다. 특히 쌀소동 이후 일본사회는 문화면에서도 정치면에서도 일찍이 예상하지 못했던 격동의 시기를 맞이했다.

　민중은 정치를 움직일 수 있을 만큼 성장했다. 1914년 3월 야마모토 곤베에 내각이 야당의 공격과 대중운동의 압력으로 붕괴되었다. 민중은 군벌관료의 독재에 반대하고 민주화를 요구하기 시작했던 것이다. 이러한 움직임은 제1차 세계대전 이후에 활발해진 노동운동을 배경으로 했다. 민주화를 요구하는 시대적 조류는 정치에 직접적인 영향을 미쳤다.

　1916년 10월 군벌의 지지를 배경으로 데라우치 마사타케寺内正毅 내각이 성립되었다. 데라우치는 조슈長州 출신 육군 원수로 육군대신과 초대 조선총독을 역임한 실력자였다. 그는 관료를 중심으로 초연주의 내각을 구성했다. 정부가 정당의 언동에 제약되지 않고 초연하게 정책을 실현해 나간다는 것이 초연주의였다. 그것은 결과적으로 정당과 민중의 요구를 무시하는 것이었다. 실제로 데라우치 내각은 야당과 민중의 뜻을 존중하지 않았다. 대외적으로 대륙침략 정책을 추진하고 대내적으로 민본주의民本主義 풍조를 압살하기 위해 언론을 탄압했다. 노동운동의 탄압도 강화했다. 그 결과 데라우치 내각은 쌀소동이라는 전대미문의 국민적 저항에 부딪쳐 총사직하지 않을 수 없었다.

　1916년에 창당된 헌정회憲政會는 이미 민중의 힘을 자각하고 있었다. 헌정회는 미쓰비시三菱 재벌의 지원을 받는 정당임에도 불구하고 헌정옹호와 내각책임제를 주장하면서 "국가의 정치를 항상 국민적 기초 위에서 운용한다."고 선언했다. 헌정당 당수는 데라우치 총리대신이 설립한 임시외교조사위원회에도 불참했다. 물론 헌정회가 정부와 대립각을 세운 것은 정권을 장악하기 위한 책략이기도 했지만, 민중이 군벌에 염증을 느끼고 있다는 것을 간파했기 때문이다.

이 무렵 민본주의라는 말이 유행했다. 민본주의는 "입헌" "헌정"이라는 말과 함께 데모크라시를 의미하는 신조어로 사용되기 시작했다. 그러나 민본주의라는 말이 명확하게 정의되었던 것은 아니었다. 민본주의가 정확한 의미를 갖게 된 것은 도쿄대학 교수 요시노 사쿠조吉野作造가 일본의 국체國體를 전제로 데모크라시를 민본주의로 번역하면서부터였다. 요시노는 천황제와 모순되지 않는 범위 내에서 민주화를 주장했다. 참고로 국체는 일본의 국가 및 민족의 본질을 의미하는 용어다. 국체론은 에도 시대 중기 이후에 성립된 복고사상의 내용이 발전한 것으로, 일본과 일본 민족의 본질은 '만세일계萬世一系의 천황'의 전통적 권위에 뿌리를 두고 있다는 주장이다. 근대에 이르러 초국가주의의 이론적 근거가 되었다.

요시노는 『주오코론中央公論』 1916년 정월호에 「헌정의 본의를 설해 유종의 미를 거두는 길을 논함」이라는 제목으로 논문을 발표해 주목을 끌었다. 요시노는 이 논문에서 정치의 목적과 방침의 결정, 정치체제와 그 운용에 논의의 축을 두고 유럽 각국의 역사·사회를 사례로 들면서 민본주의론을 전개했다. 그는 입헌정치의 근본을 이루는 것이 민본주의인데, 민본주의란 일반 민중의 이익과 행복을 목표로 하고 민중의 의사를 존중하는 정치라고 강조했다. 또 그는 부국강병론을 구시대의 유물이라고 단언하면서 "새로운 국가생활에서 가장 중요한 것은 인간의 능력을 자유롭게 전개하는 것"이라고 주장했다.

요시노는 민본주의 관점에서 전제적인 제도의 개혁과 민중의 권리 신장에 힘을 기울였다. 또 국가주의 세력의 뿌리라고 할 수 있는 군부를 비난했다. 군대가 통수권의 독립을 방패로 내각도 마음대로 움직이는 또 하나의 정부가 되고 있다고 지적했다. 귀족원의 개혁과 추밀원의 폐지도 요구했다. 일본제국주의 침략, 특히 조선의 식민지화, 중국 침략, 시베리아 출병 등에 대해서도 비판했다.

하지만 요시노는 제국헌법을 정면으로 비판할 수 없었다. 주권이 민중에게 있는 민주주의는 군주국 일본에 적합하지 않다고 물리쳤다. 민본주의는 주권의 존재가 아니고 주권의 운용 차원의 개념이라고 했다. 요컨대 주권이 천황에 있다는 것을 전제로 민중을 위한 정치, 민중의 의견을 중시하는 정치를 강조했다. 보통선거, 정당내각제 등은 천황제 아래서도 할 수 있는 것이라고 했다. 특히 요시노는 선거를 중요시했다. 투표는 국민의 운명을 가르는 것이며, 국가를 위해 하는 것이라고 역설했다. 이런 주장은 겨우 목소리를 내기 시작한 민중의 공감을 이끌어냈다.

1918년 12월 요시노는 게이오대학慶応大學 교수이며 경제학자 후쿠다 도쿠조福田德三와 함께 여명회黎明會를 조직해 민본주의 사상의 보급에 힘썼다. 여명회는 세계의 대세에 역행하는 위험한 사상을 없애야 한다고 주장하는 단체였다. 여명회는 군벌관료에 대항하는 세력에게 이론적 근거를 제시했다. 민본주의는 호헌운동護憲運動과 보통선거운동을 통해 더욱 확대되었다. 다이쇼大正 시대의 이러한 데모크라시 풍조를 다이쇼 데모크라시라고 한다.

3. 사상과 학문

1) 사상의 신경향

메이지 시대는 부국강병 이념이 모든 국민에게 아무런 저항 없이 수용되었던 국가주의 시대였다. 그러나 다이쇼 시대에 접어들면서 국가주의가 무조건 인정되지 않게 되었다. 문화주의, 인도주의, 인격주의 등 새로운 경향의 사상이 나타났다.

문학 분야에서 시라카바파白樺派 작가들은 인도주의 입장에서 인간의 고뇌를 있는 그대로 표현하려고 노력했다. 예를 들면, 무샤노코지 사네아쓰武者小路実篤는 노동의 실상을 묘사하며 "형제를 위해서 일하는 것이 자기를 위한 것이고, 자기를 위해 일하는 것이 형제를 위한 것이다."라고 말했다. 그는 그러한 노동이 가능한 사회를 꿈꾸었다. 무샤노코지가 추구했던 인류애의 정신은 러시아의 문호 톨스토이의 인도주의 영향을 받았다. 그것은 국가주의 정신과 맞서려고 했던 것은 아닐시라도 국가주의와 다른 차원이었다.

시라카바파 작가들의 인도주의 정신은 반드시 그들만의 전유물이 아니었다. 마르크스주의자로 일본프롤레타리아작가동맹 위원이었던 에구치 칸江口渙은 국가 · 민족을 단위로 하는 민족적 특질을 문화의 최고 가치로 여겼던 전통주의 문학에 대해, 전통에서 벗어나 최고의 휴머니티를 지향하는 "세계인주의 문학"을 추구해야 한다고 주장했다.

다이쇼 시대 철학을 지배했던 경향성은 인격주의 · 문화주의였다. 철학자이며 미학자였던 아베 지로阿部次郎에 따르면, 인격주의란 "인격의 성장과 발전을 가장 높은 가치로 여기고, 이러한 가치와 연관해서, 다른 모든 가치의 의의와 등급을 정해 행동하는 것"을 의미했다. 즉 인격주의는 다른 모든 가치를 규정하고 측정하는 궁극의 척도가 되는 것이다. 이런 관점에서 보았을 때, 당연히 국가도 지고의 가치로 자리매김 될 수 있는 대상이 아니었다.

아베 지로에 따르면, 국가는 힘에 의해 통합된 하나의 단체이며 사회였다. 그런 의미에서 국가는 하나의 '사실'에 지나지 않으며, 국가주의란 이러한 '사실'의 규범성을 주장하는 것이었다. 그렇다면 부국강병을 최고의 목적으로 하는 국가지상주의, 그것의 대외적인 침략이라고 할 수 있는 제국주의에 대한 윤리적 근거가 무엇인지 캐묻지 않을 수 없는 것이다.

인격주의의 관점은 문화주의에도 적용되는 것이었다. 문화주의는 자연주의와 대립하고, 하나의 틀로 인간의 사상·생활의 방향을 결정하려는 전제주의專制主義를 부정하고, 평화를 위협하는 군국주의와 대립하는 개념이었다. 철학자 구와키 겐요쿠桑木嚴翼는 다음과 같이 말했다. "내가 말하는 문화주의는 요즈음 유행하는 데모크라시, 항구적인 평화, 국제연맹, 세계개조 등과 같은 모든 것을 포함하고 있다." 문화주의 관점에서 본 국가는 이미 지고의 지위를 상실하고 있었던 것이다.

메이지 시대를 지배했던 부국강병의 이념은 다이쇼 시대에 인류, 인격, 문화 등 보편적 이념으로 바뀌어가고 있었다. 부국강병 이념의 퇴조 경향은 정치사상 분야로 확산되었다. 특히 이러한 경향은 제1차 세계대전 후에 두드러졌다. 1920년 정월 요시노 사쿠조는 부국강병을 유일한 이상으로 하는 시대는 이미 끝났다고 선언하고, 『주오코론中央公論』에 잇달아 논문을 발표해서 '국민생활의 일신'과 '정치학의 혁신'을 외쳤다.

물론 부국강병 이념의 퇴조가 곧 국가주의 그 자체의 부정을 의미하는 것은 아니었다. 인격주의·인도주의·문화주의를 제창한 학자나 사상가들도 국가주의를 부정하지 않았다. 다이쇼 시대에도 국가주의는 여전히 사상적 주류를 형성하고 있었다. 그러나 문화주의·인격주의·인도주의는 국가주의 내부에 서서히 스며들고 있었다. 이리하여 다이쇼 시대의 국가주의는 메이지 시대의 그것과는 다른 독특한 이미지를 형성했다. 메이지 시대의 국가주의는 일본제국을 유일하고 절대적이라고 믿는 신념이었고, 일본제국 본위의 행동을 그대로 도덕적으로 긍정하는 입장이었다. 그러나 다이쇼 시대의 국가주의는 국내적으로는 정치를 인도주의로 선도하고, 국제적으로는 인류 상호간의 도덕주의에 뿌리를 둔 것이어야 한다는 주장이 설득력을 얻고 있었다.

1917년 러시아혁명을 계기로 일본에서도 마르크스주의 운동이 뿌리를 내렸다. 1922년에 러시아의 코민테른은 당시 러시아에 망명한 가타야마 센片山潛에게 국제공산당 일본지부를 결성하게 했다. 이때부터 무산계급운동은 정치에 대항하는 방향으로 전환하면서 대중화를 지향했다. 1922년에 일본노동총동맹은 "노동자계급의 실력으로 노동자계급의 해방과 자유를 쟁취해 새로운 사회를 건설하자."는 강령을 발표했다. 사회혁명을 지향하는 노동운동이 세력을 얻으면서 마르크스주의 사상이 확산되었다.

2) 국가사회주의의 대두

다이쇼 시대의 우익운동은 주로 사회주의 운동에 대한 반동으로 일어났다. 제1차 세계대전 기간 동안 일본은 전쟁특수로 경제적 호황을 누렸다. 하지만 1918년에 전쟁이 끝나면서 일본경제가 불황에 직면하게 되었다. 1920년 3월부터 경제혼란이 본격화되었다. 기업이 잇달아 도산했고 실업자가 증가했다. 전국에서 노동쟁의와 소작쟁의가 빈번하게 일어났다.

1920년 5월 일본 최초의 노동절 행사가 도쿄의 우에노上野 공원에서 개최되었고, 15개 노동단체가 결집해 노동조합동맹회를 결성했다. 같은 해 12월 오스기 사카에大杉栄·사카이 도시히코堺利彦가 일본사회주의동맹을 발족시켰다. 야하타제철소八幡製鐵所를 비롯한 조선소 노동자들이 투쟁에 돌입했다. 전국 각지에서 노동쟁의가 발생했다.

사회주의자들의 활동과 노동쟁의·소작쟁의를 지켜본 보수성향의 일본인들이 우익운동을 전개했다. 우익운동은 노동쟁의에 조직적인 개입과 방해, 노동조합 분열, 부락민의 해방운동 반대, 사회주의자에 대한 테러 등으로 표출되었다. 재벌, 보수성향의 정치인, 군부 등이 우익운동을 지원했다. 대표적인 단체로는 다이쇼적심단大正赤心團, 황도의단皇道義團, 관동국수회關東國粹會, 대일본국수회大日本國粹會, 적화방지단赤化防止團, 대일본정의단大日本正義團, 철혈사鐵血社 등이 있었다.

다이쇼 시대에 결성된 우익단체는 표면적으로는 국체호지國體護持, 적화방지, 정치혁신 등을 주장했지만, 우익단체 회원 중에는 자본가들의 앞잡이가 되어 그들의 신변을 보호하고 노동쟁의에 개입하거나 사회주의자와 재일조선인들에게 테러를 가하는 자들이 적지 않았다. 또 정치단체를 조직해서 소송을 남발하고 고관을 암살하는 등 폭거를 감행하기도 했다. 그래서 일본인들은 국가주의 단체를 폭력단으로 인식하게 되었다.

그러나 우익단체들이 모두 부패하거나 타락한 것은 아니었다. 국가개조와 현상타파를 주장하는 유존사猶存社와 같은 우익단체가 활동을 시작했다. 유존사는 1919년 8월에 노장회老壯會의 우파 사상가 미쓰카와 가메타로満川亀太郎를 중심으로 결성된 국가주의운동 단체였다. 미쓰카와는 유존사를 결성하면서 중국의 신해혁명에 가담한 경력이 있는 기타 잇키北一輝를 영입해서 국가개조의 지도자로 삼으려고 했다. 미쓰카와의 계획에 공감한 오카와 슈메이大川周明가 중국의 상하이로 가서 기타 잇키를 설득했고, 기타 잇키는 『일본개조법안대강日本改造法案大綱』

을 집필하고 귀국했다.

기타 잇키는 『일본개조법안대강』 사상에 입각해서 일본의 정치·경제적 조직을 개조해야 한다고 주장했다. 기타가 말하는 개조란 천황대권을 발동해서 3년간 헌법 정지, 국회 해산, 화족제도 폐지, 계엄 중 보통선거를 통한 국가개조 의회 소집, 황실재산의 국가 귀속 등 이었다. 또 일본국민 한 가구의 재산한도, 한 가구가 소유할 수 있는 사유지의 한도, 개인의 생산업 한도 등을 구체적으로 정하고, 그것을 넘는 것은 국가가 직접 경영해야 한다고 주장했다.

유존사는 기타 잇키의 저서 『일본개조법안대강』의 선전에 힘쓰면서 혁명 일본의 건설, 일본국민의 사상적 충실, 일본국가의 합리적 조직, 민족해방운동, 전투적 동지의 정신적 단련 등의 강령을 제시하고 국가사회주의 실현을 목표로 활동했다. 유존사는 도쿄제국대학, 교토제국대학, 게이오대학, 와세다대학, 삿포로농학교, 다쿠쇼쿠대학拓殖大学 등의 대학에 학생단체를 설립하도록 지원했다. 그중에 도쿄제국대학의 히노키이日の会는 기시 노부스케岸信介가 결성한 단체였다.

유존사의 정신을 계승한 단체로 국가주의자 오카와 슈메이가 결성한 행지사行地社가 있었다. 유존사가 해산한 후, 1924년 4월에 창립한 행지사는 사회교육연구소를 설립하고 월간지 『일본정신연구』를 발행해 일본주의, 대아시아주의 사상을 전파했다. 1925년에는 교토·오사카를 비롯해 전국 주요 도시에 지부를 설립했다. 또 도쿄제국대학과 교토제국대학 내에 학생행지회를 설립했다. 그리고 기관지 『닛폰日本』을 발행했다.

오카와 슈메이의 사상은 그가 1926년에 저술한 『일본 및 일본인의 길日本及日本人の道』에 가장 잘 드러나 있다. 오카와는 일본의 역사적 특수성을 강조하고, 일본인의 도덕적 가치를 높게 평가했다. 그는 국가가 주관하는 통제경제 체제를 확립해야 한다고 역설했다. 오카와는 인맥

을 활용해서 육군의 중심부, 특히 참모본부의 중견간부와 교류하면서 그들에게 국가사회주의 사상을 전파했다.

오카와 슈메이는 도쿄제국대학 재학 중에 참모본부의 위탁을 받아 독일어 번역을 전담하면서 고이소 구니아키小磯国昭, 오카무라 야스지岡村寧次, 이타가키 세이시로板垣征四郎, 도이하라 겐지土肥原賢次, 타다 하야오多田駿 등 유능한 장교들과 교류했다. 훗날 고이소는 조선총독과 총리대신을 지냈고, 오카무라·이타가키·도이하라·타다는 육군대장이 된 인재들이었다. 특히 이타가키와 도이하라는 패전 후 A급 전범으로 사형에 처해진 인물이었다.

1923년부터 본격적으로 활동하기 시작했던 대화회大化會도 유존사의 정신을 계승한 우익단체였다. 대화회는 검도, 유도, 스모 도장을 차려놓고 신체를 단련하기도 했다. 1924년 6월에 대행사大行社가 설립되었다. 이 단체는 시미즈 유키노스케清水行之助가 고토 신페後藤新平를 비롯한 거물 정치인의 후원으로 설립한 우익단체였다.

3) 학문의 발달

시민사회가 형성되면서 니시다 기타로西田幾多郎의 『선의 연구善の研究』와 같은 철학 서적이 많은 독자를 확보했다. 제1차 세계대전 이후부터 중등교육을 받은 사람들의 수가 급격히 증가했다. 지식인들이 사회로 진출하면서 방대한 독자층을 형성했던 것이다. 니시다 기타로는 이어서 『자각에서의 직관과 반성自覚における直観と反省』이라는 저서를 출간해서 독창적인 사상체계를 수립했다. 구와키 겐요쿠桑木嚴翼는 칸트의 철학을 본격적으로 일본에 소개했다. 도모나가 산주로朝永三十郎가 『근세에서의 나의 자각사近世における我の自覚史』를 저술했다. 도모나가

산주로는 신칸트파를 형성했다.

이상주의 · 인도주의 경향은 일본인에게 커다란 영향을 미쳤다. 아베 지로阿部次郎의 『산타로의 일기三太郎の日記』, 구라타 햐쿠조倉田百三의 『사랑과 인식의 출발愛と認識との出発』 · 『출가한 사람과 그의 제자出家とその弟子』 등의 교양주의적 인생론이 지식인들에게 호평을 얻었다.

도쿄대학 교수 미노베 다쓰키치美濃部達吉는 『헌법촬요憲法撮要』라는 책을 저술했다. 미노베는 거기에서 천황기관설天皇機關說을 주장했다. 이것은 통치권은 국가에 있고 천황은 그 최고기관으로서 통치권을 행사하는 존재라는 헌법학설이었다. 미노베 다쓰키치는 천황주권설을 주장하는 같은 도쿄대학 헌법학자 호즈미 야쓰카穗積八束 · 우에스기 신키치上杉愼吉 등과 격렬한 논쟁을 전개했다. 특히 우에스기 신키치는 정당정치를 부정하는 대표적인 우익사상가였다. 천황기관설은 요시노 사쿠조의 민본주의와 함께 다이쇼 데모크라시의 유력한 이론이 되었다.

법제사 분야에서는 나카다 가오루中田薰가 출현했다. 나카다 가오루는 1902년 25세에 도쿄대학 조교수에 취임한 이래 일본 고대 · 중세의 장원莊園에 대한 연구, 근세 · 근대에서의 비교법제사比較法制史 연구 등 괄목할만한 업적을 쌓아 일본 법제사학을 정립했다.

경제학 분야에서는 후쿠다 도쿠조福田德三를 비롯한 독일계 자유주의 경제학의 입장에 선 학자들이 주류를 이루었다. 사회주의운동이 활발하게 진행되면서 마르크스주의 경제학 연구도 성행했다. 교토대학 교수 가와카미 하지메河上肇는 1919년에 『사회문제연구』를 발간하고 마르크스의 저서를 번역하는 등 왕성한 저술활동을 했다. 다카바타케 모토유키高畠素之는 1920년부터 1925년에 걸쳐서 마르크스의 저서 『자본론』을 번역했다. 1928년에서 1935년에 걸쳐서 개조사改造社에서 세계 최초로 『마르크스 · 엥겔스전집』 33권이 간행되었다. 편집은 사키

사카 이쓰로向坂逸郞·오모리 요시타로大森義太郞가 담당했다.

동양사 분야에서는 시라토리 구라키치白鳥庫吉와 나이토 고난內藤湖南과 같은 학자들이 배출되어 건실한 실증주의 학풍을 세웠다. 가쿠슈인대학学習院大學의 교수였던 시라토리 구라키치는 근대적 역사연구법으로 아시아 전역, 특히 중앙아시아와 동북아시아 여러 민족의 역사 연구에 큰 업적을 남겼다. 그의 연구는 일본제국주의의 대륙침략에 크게 기여했다. 나이토 고난은 1907년부터 교토대학에서 동양사강좌를 담당하면서 중국사 발전과정에 관한 독자적인 견해를 제시했다.

일본사 분야에서는 와세다대학早稻田大學 교수 쓰다 소우키치津田左右吉가 『고지키古事記』·『니혼쇼키日本書紀』를 실증적으로 연구해 신대설화神代說話는 객관적인 사실이 아니라는 것을 논증했다. 그의 저서 『문학에 나타난 우리 국민사상의 연구文学に現はれたる我が国民思想の研究』는 노작으로 손꼽힌다. 일본 문화사 연구를 개척한 니시다 나오지로西田直二郞는 『일본문화사서설』을 저술했다. 1932년에서 1933년에 걸쳐서 노로 에이타로野呂榮太郞·오쓰카 긴노스케大塚金之助·야마다 모리타로山田盛太郞 등에 의해 『일본자본주의발달사강좌』가 간행되었다.

민속학 분야에서는 야나기다 구니오柳田国男가 많은 업적을 남겼다. 야나기다 구니오는 특히 민간전승에 관심을 기울였다. 일찍부터 일본 전국을 유람하면서 민간에 전승되는 이야기나 문화를 발굴했고, 연구자들의 결집을 위해 잡지 『향토연구鄕土硏究』를 간행해 민속학을 발전시켰다. 야나기 무네요시柳宗悅는 무명의 장인이 제작한 생활용품 속에서 민중의 소박한 미를 발견하려는 민예운동을 제창했다. 그는 특히 조선의 청자·백자의 미적 가치를 발견하고 일본에 널리 소개한 것으로 유명하다.

4. 문학과 예술

1) 문학의 신경향

러일전쟁 후 자연주의 문학이 문단을 지배했다. 자연주의의 이면에는 자유분방한 개성을 구가하는 사람들이 있었다. 하지만 개성의 표출은 대역사건大逆事件에 의한 사상의 탄압으로 천황제와 대결할 수 있는 길이 차단되었다. 그래서 문학과 예술의 세계에 몰입할 수밖에 없었다.

다이쇼 시대의 사조를 문학에 가장 잘 반영하고 있었던 것은 잡지 『시라카바白樺』를 중심으로 모인 가쿠슈인대학学習院大學 출신 문학자들이었다. 그들은 자연주의에 대항하며 자아를 존중하고, 인간의 가능성을 신뢰하는 인도주의・이상주의의 기풍을 지닌 청년들이었다. 그들을 시라카바파白樺派라고 했다. 시라카바파는 모순 속에서 살아가는 지식인들의 고뇌를 있는 그대로 직시하려고 했다. 그들의 태도는 당시의 지식인들에게 깊은 감명을 주었다. 무샤노코지 사네아쓰武者小路実篤・시가 나오야志賀直哉・아리시마 다케오有島武郎 등이 대표적인 인물이었다.

시라카바파보다 조금 늦게 아쿠타가와 류노스케芥川竜之介・기쿠치 칸菊池寛・구메 마사오久米正雄 등이 이지적이며 기교적인 작품을 『신시초新思潮』에 발표하면서 활동했다. 이들을 신시초파라고 했다. 아쿠타가와 류노스케는 인간의 심리를 예리하게 묘사하면서 현실 문제를 파헤치는 단편을 많이 발표했다. 특히 역사 현상에 근대적 해석을 가미해 역설적인 인간관을 보여주려는 이지적인 작품을 많이 남겼다. 기쿠치 칸은 원래 희곡 작가였으나 1918년에 『무메이삿카노닛키無名作家の日記』라는 작품을 시작으로 소설을 쓰기 시작했다. 구메 마사오는 평이한 문체로 어떻게 살 것인가를 추구한 장편소설을 주로 신문에 발표해서 많은 독자를 얻었다.

　사회주의자 오스기 사카에大杉栄・아라하타 간손荒畑寒村 등은 1912년에 문예잡지『긴다이시소近代思想』를 창간해 민중예술의 필요성을 역설했다. 그들을 선구로 하는 노동문학은 하야마 요시키葉山嘉樹에 의해 대성되었다. 하야마의 작품『우미니이쿠루히토비토海に生くる人々』는 프롤레타리아 문학 최초의 업적이 되었다.

　1920년에는 프롤레타리아 문학잡지『다네마쿠히토種蒔く人』가 창간되었고, 1924년에는『분게이센센文芸戦線』이 창간되었다. 1920년대 말기에는 전일본무산자예술동맹全日本無産者藝術同盟이 결성되어 고바야시 다키지小林多喜二・도쿠나가 스나오德永直 등이 활동했다.

　고바야시 다키지는 시가 나오야志賀直哉에 사숙해 창작을 시작했고, 1927년경에 프롤레타리아 문학 운동에 참가했다. 1928년에는 정부의 공산당 탄압을 그린『1928年3月15日』을 발표해 실력을 인정받았고, 1929년에는『가니코센蟹工船』을 발표해 유명해졌다. 노동자 출신인 도쿠나가 스나오는 노동현장의 경험을 그린 작품『타이요노나이마치太陽のない街』를 전일본무산자예술동맹의 기관지『센키戦旗』에 연재해 일약 프롤레타리아 작가로 인정을 받았다.

　전문 교양을 갖춘 지식인들을 독자로 하는 대중문학이 발달했다. 순수문학에서 방향을 전환한 기쿠치 칸은 현실주의적인 인생관에 입각해 대중과 소통하는 기법으로 많은 작품을 남겼다. 구메 마사오도 점차로 통속소설로 이름을 날렸다.

　독자층이 늘어나고 대중소설의 기반이 형성되자『분게이슌주文芸春秋』등의 문학잡지에도 대중작가들의 작품이 소개되었다. 유명한 작가로는 시라이 교지白井喬二・나오키 산주고直木三十五・요시카와 에이지吉川英治・오사라기 지로大仏次郎 등이 있었다.

　스즈키 미에키치鈴木三重吉는 아동 문예잡지『아카이토리赤い鳥』를 창

간해 동화의 세계에 새로운 바람을 불어넣었다. 스즈키는 동화·동요의 창작운동을 제창했다. 시마자키 도손島崎藤村·아쿠타가와 류노스케芥川竜之介를 비롯한 문학자들이 스즈키 미에키치를 후원했다. 『아카이토리』는 단순히 이야기를 하는 단계에서 근대적인 아동문학의 세계로 수준을 한 단계 높이는 데 기여했다.

2) 미술과 연극

일본화 분야에서는 메이지 시대에 이어서 요코야마 다이칸橫山大観·시모무라 간잔下村観山·다케우치 세이호竹内栖鳳 등이 활약했다. 요코야마 다이칸·시모무라 간잔 등은 메이지 말기에 미술진흥을 위해 설립된 문전文展을 탈퇴하고, 1914년에 일본미술원을 부흥해 새로운 바람을 일으켰다.

문전은 문부성에서 주최하는 미술 전람회였다. 이에 대해 일본미술원에서 주최하는 미술 전람회를 원전院展이라고 했다. 요코야마 다이칸을 비롯한 일본화가들이 일본미술원을 부흥하고 원전을 개최하자 문전도 변화를 모색했다. 문부성은 제국미술원帝國美術院을 설립했다. 그 후 제국미술원에서 주최하는 미술 전람회를 제전帝展이라고 했다.

요코야마 다이칸은 독자적인 수묵화 양식을 개발했다. 시모무라 간잔은 야마토에大和絵·린파琳派·송원화宋元畵를 두루 연구하면서 온건한 절충화법을 형성했다. 교토 화단의 중진이었던 다케우치 세이호는 숙달된 필력으로 시조파四条派의 전통적 기법을 근대화했다.

서양화는 문전의 양화부를 중심으로 발전했다. 그러나 1914년에 이시이 하쿠테이石井柏亭·아리시마 이쿠마有島生馬가 문전을 탈퇴해 니카회二科会를 조직했다. 그 후 니카회는 다이쇼 시대의 혁신적인 경향을 망라하는 유력한 재야단체가 되었다. 니카회는 1930년에 독립된 미술협회로 발전했다. 니카회에는 기시다 류세이岸田劉生・야스이 소타로安井曾太郎・우메하라 류사부로梅原竜三郎・쓰다 세이후津田青楓 등도 참여해서 중진 화가를 많이 배출했다.

다이쇼 시대 말기에는 입체파・미래파 등으로 불리는 새로운 화풍이 일어났다. 이 시기에 화풍도 객관적인 묘사보다는 내면적인 묘사에 초점을 맞추는 경향으로 변화했다. 새로운 화풍은 야수파野獸派의 영향을 받았다.

연극 분야에서도 새로운 바람이 불었다. 가부키 분야에서는 모리타 간야森田勘弥・나카무라 기치에몬中村吉右衛門 등이 활약했다. 모리타 간야는 전통적인 가부키 뿐만 아니라 창작극에서도 두각을 나타냈다. 나카무라 기치에몬은 특히 전통적인 시대물에서 능력을 유감없이 발휘한 가부키 배우였다.

신극 분야에서는 1913년 시마무라 호게쓰島村抱月가 마쓰이 스마코松井須磨子와 함께 예술좌藝術座를 설립했다. 예술좌는 당초 예술지상주의 입장을 취했다. 그러나 예술좌는 점차로 예술성과 함께 대중성을 중요시하게 되었다. 예술좌는 톨스토이 원작『부활復活』을 상연해 크게 성공하면서 신극 보급에 기여했다.

예술좌를 탈퇴한 사와다 쇼지로沢田正二郎가 신국극新國劇을 시작했다. 신국극은 도쿄의 메이지좌明治座에서 무사들의 결투를 주제로 하는 시대물을 상연해 확고한 기반을 확립했다. 메이지좌는 검술을 내세운 시대극뿐만 아니라 전기극傳記劇과 외국 작품을 번안한 연극을 상연하기도 하면서 신국극을 대중오락으로 승화했다.

1924년 오사나이 가오루小山内薫・히지카타 요시土方与志 등이 전용극장을 구비한 쓰키지소극장築地小劇場을 설립했다. 쓰키지소극장은 순수 예술주의 입장에서 서구 여러 나라의 연극을 상연했다. 오사나이는 사실주의, 히지카타는 표현주의를 추구했다. 쓰키지소극장은 신극을 꿈꾸는 청년들의 메카가 되었다.

한편, 1920년대 중반에 프롤레타리아 연극이 발흥했다. 1926년에는 아오노 스에키치青野季吉·사사키 다카마루佐々木孝丸가 일본 최초의 프롤레타리아 극단이라고 할 수 있는 전위좌前衛座를 설립했다. 이어서 1927년에 프롤레타리아극장, 1928년에 좌익극장左翼劇場, 1929년에 신쓰키지극장新築地劇場 등이 설립되었다. 그러나 사회주의 계열의 극장은 정부의 탄압으로 정상적인 상연을 할 수 없게 되었다.

5. 문화의 상업화·대중화

1) 서적과 잡지

제1차 세계대전 후, 세계적인 민주주의 풍조와 자본주의의 발전은 도시를 중심으로 하는 시민사회의 형성을 촉진했다. 민중의 영향력이 커지면서 시민문화가 번영했다. 다이쇼 시대의 문화는 한마디로 대중문화大衆文化라고 할 수 있었다. 대중문화를 선도한 것은 도시의 지식인 계층이었다.

메이지 초기의 출판계는 출판업자가 소매점을 겸하는 경우가 많았다. 1887년에 일본 최초의 전문출판사 하쿠분칸博文館이 창업했다. 그 후 유히카쿠有斐閣·산세이도三省堂·가와데쇼보河出書房·다이니혼도쇼大日本図書·신초샤新潮社·주오코론샤中央公論社·고단샤講談社 등의 출판사가 창업했다.

1920년대에 이와나미쇼텐岩波書店·헤이본샤平凡社·슈후노토모샤主

婦之友社·가이조샤改造社·쇼가쿠칸小学館·분게이슌주샤文芸春秋社 등이 창업했다. 1920년에 전국서적상조합연합회, 1924년에 일본잡지협회가 성립되어 여러 출판사가 간행한 서적을 전국의 서점에 공급했다.

다이쇼 시대는 문화가 상업화되는 시기이기도 했다. 수십만 부씩 판매되는 대중잡지의 출현이 그것을 상징했다. 1917년에는『슈후노토모主婦の友』, 1920년에『후진클럽婦人クラブ』이라는 여성잡지가 창간되었다. 잡지를 읽는 여성이 급증하면서『슈후노토모』는 20만 부 이상 팔리는 기록을 세웠다.

1923년 정월에 창간된 월간지『분게이슌주文芸春秋』는 주로 도시 봉급생활자들이 부담 없이 읽을 수 있는 문학잡지였다.『분게이슌주』는 발행부수 10만부를 자랑하는 잡지로 성장했다.

1925년에는 고단샤에서 보다 보수적인 생각을 가진 농민이나 중소기업가를 대상으로 한 월간지『킹キング』이 발간되었다. 이 잡지의 편집은 주로 에피소드에 초점이 맞춰져 있었다.『킹』에는 전통적인 도덕과 입신출세주의가 주입되어 있었다.『킹』은 발행부수 70만부를 돌파하는 인기를 누렸다.

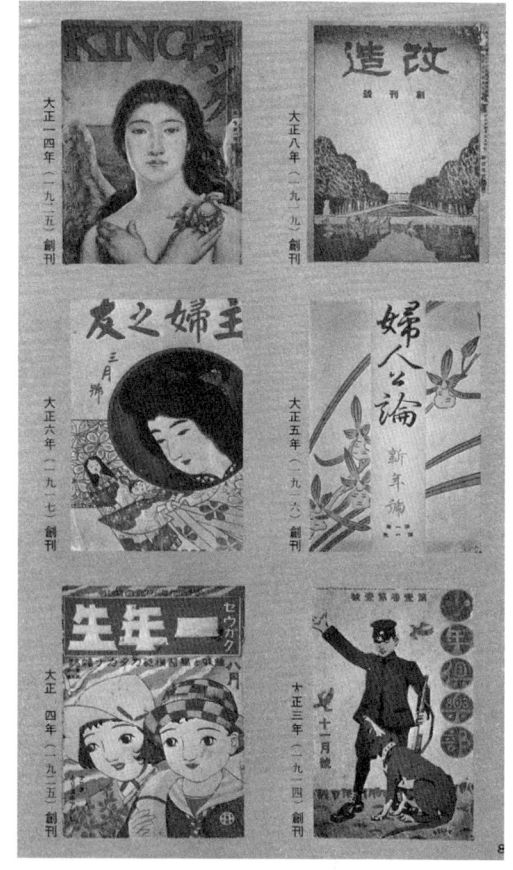

다이쇼 시대에 발행된 잡지들

주간지도 탄생했다. 일본 최초의 주간지는 1922년에 창간된 『슈칸아사히週刊朝日』였다. 『슈칸아사히』는 독자들이 저렴한 가격에 구매해서 재미있게 읽을 수 있는 주간지였다. 잡지는 소중하게 보관하는 책이 아니라 가볍게 읽고 버리는 소비품의 일종이 되었다.

대중에게 인기가 있는 작가가 출현하면서 대중문학이라는 장르가 확립되었다. 특히 시모자와 칸子母沢寛은 신센구미新選組의 실상을 충실하게 묘사해 대중의 호평을 얻었다. 그의 대표적인 작품 『신센구미시마쓰키新選組始末記』는 1928년에 출간되었다.

2) 영화와 음악

1912년 7월 일본 최초의 영화사라고 할 수 있는 일본활동필름주식회사가 설립되었다. 1914년에는 천연색활동사진주식회사가 설립되었다. 이 시기에 오노에 마쓰노스케尾上松之助가 주연한 검객 영화와 여성역할을 전문으로 하는 배우 다치바나 데이지로立花貞二郎가 주연한 「카츄샤」가 선풍적인 인기를 끌었다. 당시는 무성영화였기 때문에 활동변사活動辯士라는 영화 설명자의 능력이 흥행에 영향을 미쳤다.

1920년대에 쇼치쿠키네마합명회사松竹キネマ合名會社, 국제활영주식회사國際活映株式會社, 제국키네마연예주식회사帝國キネマ演藝株式會社, 마키노영화제작소マキノ映畵製作所 등이 설립되었다. 이 시기에 미국식 제작 시스템과 촬영기법이 도입되었다. 특히 마키노영화제작소는 사실적이고 박진감 넘치는 시대극을 제작해 영화 제작기술의 혁신에 앞장섰다. 1927년에는 일본 최초로 발성영화가 제작되었다. 1930년에 접어들면서 무성영화가 자취를 감추었다.

1920년대 후반에는 사회문제가 심각하게 전개되어 영화계에서도 쟁의가 빈발했다. 공산주의자들이 영화제작에 깊숙이 개입하자 정부는 소위 '경향영화傾向映畵'를 적극적으로 탄압했다. '경향영화'는 만주사변滿洲事變이 일어난 후 파시즘이 고개를 들면서 자취를 감추었다.

1910년 전후에 엔카演歌, 즉 애조를 띤 유행가가 등장했다. 엔카의 유행은 대중가요의 서양화를 부채질했다. 서양식 음악이 보급되었다. 제1차 세계대전 후에는 세계적인 음악가가 일본에서 공연했다. 일본에서도 작곡가 야마다 고사쿠山田耕筰와 지휘자 고노에 히데마로近衛秀麿가 음향악단을 조직했다. 대중은 레코드 음악을 감상하기 시작했다. 1914년에 제작되어 일본 유행가의 신시대를 열었던 「카츄샤의 노래」가 실린 레코드는 약 2만 장이 팔렸다.

일본 레코드 제작의 역사는 1907년에 창립한 일미축음기주식회사日米蓄音機株式會社로 거슬러 올라가는데, 레코드가 급속도로 보급된 것은 1920년대 중반이었다. 이때 외국에서 레코드 제작 기술이 도입되었고, 외국 회사와 제휴한 대규모 레코드회사가 설립되었다. 레코드 원판을 수입해 국내에서 대량으로 생산할 수 있게 되었다.

1927년에 제작된 프랑스 원곡 「몸바리」와 「하부노미나토波浮の港」는 10만 장 이상 팔렸다. 1929년에 제작된 「도쿄행진곡」을 시작으로 영화의 주제곡이 선풍적인 인기를 끌었다. 「도쿄행진곡」을 부른 사토 지야코佐藤千夜子는 일본 최초의 유행가 가수라고 할 수 있다. 1931년에 팔린 레코드는 1,600만 장이 넘었다.

3) 신문과 라디오

언론매체가 문화의 대중화에 기여했다. 신문이 급속하게 성장했다. 최신 인쇄시설을 갖추고 수송체계가 합리화되었다. 운영형태도 대규모 영리사업으로 변신했다. 신문의 발행부수도 증가했다. 1916년에는 『도쿄마이니치신분東京每日新聞』이 17만부, 『도쿄니치니치신분東京日日新聞』이 27만부, 『오사카아사히신분大阪朝日新聞』이 26만부, 『오사카마이니치신분大阪每日新聞』이 45만부를 발행했다. 1923년에는 『오사카아사히신분』이 58만부, 『오사카마이니치신분』이 92만부를 발행했다. 『호치신분報知新聞』, 『요로즈초호万朝報』, 『고쿠민신분国民新聞』, 『지지신포時事新報』 등과 같은 신문도 20만부 이상 발행했다.

1920년대 중반에 오사카 자본이 설립한 『도쿄아사히신분東京朝日新聞』과 『도쿄니치니치신분』이 종이, 광고료 등에 관해 영업협정을 맺고 경쟁적으로 판매를 확장했다. 1924년에 『도쿄아사히신분』은 41만부, 『도쿄니치니치신분』은 69만부, 『요미우리신분読売新聞』은 5만부를 발행했다. 1920년대 중반부터 유력지의 독과점 현상이 나타났다.

1920년부터 미국에서 라디오 방송이 시작되었다. 일본도 라디오 방송을 위한 준비작업에 들어갔다. 1922년 2월 실험용 방송시설을 설치하고, 법을 정비하고, 체신성遞信省이 나서서 도쿄·오사카·나고야名古屋 등 대도시에 공익법인을 설립했다. 1925년 3월 사단법인 도쿄방송국이 일본 최초로 시험방송을 실시한 후 7월 12일 본방송을 개시했다. 라디오 시대가 개막된 것이다. 오사카방송국과 나고야방송국도 송신을 개시했다. 약 20만 명이 방송국과 계약을 맺고 방송을 청취했다.

1926년 8월 정부는 3개 방송국을 해산하고 사단법인 일본방송협회를 설립했다. 일본방송협회는 전국적인 방송망 건설에 착수해서 1928년 11월에 거의 완성했다. 히로시마広島·구마모토熊本·센다이仙台·삿포로札幌·가나자와金沢에 방송국을 두고, 교토京都와 후쿠오카福岡에 스튜디오를 설치했다. 1928년부터 일본식 씨름 스모相撲가 실황으로 방송되면서 방송을 청취하는 인구가 급증했다.

6. 식민지 조선의 문화통치

1) 문화통치의 실상

1919년 3.1독립운동이 일어난 후, 2대 조선총독 하세가와 요시미치 長谷川好道가 경질되고, 같은 해 9월 사이토 마코토斎藤実가 조선총독으로 부임했다. 사이토는 이제까지의 무단통치를 문화통치로 바꾸겠다고 선언했다. 그는 헌병경찰제도의 폐지, 언론·출판·집회의 자유 보장, 조선인 관리의 증원, 조선의 전통문화 존중, 경제의 발전과 교육의 쇄신 등 혁신적인 정책을 제시했다. 그러나 식민지 조선인은 사이토 총독의 약속을 믿지 않았다.

사이토는 취임하자마자 강우규姜宇奎 열사의 폭탄세례를 받았다. 사이토는 다음과 같은 편지를 일본에 보냈다. "일반 조선인의 감정은 의외로 험악하다. 누구나 독립을 꿈꾸고 있다. 발칙한 놈들이 기회를 노려 음모를 꾸미고, 폭탄으로 총독 이하 고관을 죽이고 총독부를 불태우려고 한다. 일본에 반역한 죄인을 지사로 받들고, 옥사한 놈의 장례식에 1만 명이 넘는 추모객이 따른다. 그러나 천장절天長節에 일장기를 게양하는 놈은 거의 없다."

식민지 조선인이 총독부를 믿지 않았듯이, 사이토 총독을 비롯한 일본인 관리들도 조선인을 믿지 않았다. 1919년 9월 1일에 열린 도지사 회의에서 정무총감은 다음과 같이 훈시했다. "무질서한 자유사상을 창도唱導하고, 방종한 평등주의를 구가하고, 문화운동의 가면을 쓰고 언론을 가지고 작란하고, 남몰래 독립운동을 선동해 곧잘 민심을 동요시키는 자가 없다고 할 수 없다. 이것은 실로 일선융합日鮮融合의 본지에 배치되는 행동일 뿐만 아니라 사회질서를 파괴하고 민중의 행복을 저해하는 자로서 총독부는 도지사들과 함께 단호하게 그들의 경거망동을 배제하는 데 실책이 없기를 기대한다." 총독부는 "언론을 가지고 작란하는 자"와 "독립운동을 선동하는 자"에 대한 탄압을 강화했다.

사이토 총독은 기존의 무단통치 방식을 수정한다고 선언했다. 교사가 도검을 차는 것을 폐지하고, 사이토 자신도 군복 대신 양복을 입었다. 하지만 그는 여전히 현역 해군대장 신분이었다. 헌병경찰제도는 폐지했지만 총독이 경찰을 직접 지휘했다. 경찰 수도 문화통치가 실시된 지 3년간 4배로 증원되었다. 헌병기관도 증강되었고 형무소도 새로 지었다. 문화통치의 실상은 무단통치를 제도적으로 강화한 것에 불과했다.

언론·출판·집회의 자유는 "질서 및 공안公安의 유지에 방해가 되지 않는 한" 보장되는 예외규정이 많은 '자유'였다. 일상적인 감시와 탄압 속에서의 '자유'에 지나지 않았다. 일본제국주의에 충성할 만한 "사상이 건전한 조선인"에 한해 군수나 교감으로 승진시켰다. 일제에 등용된 조선인 관리나 교원 중에는 같은 민족을 탄압하는 데 앞장선 자들이 적지 않았다. 조선의 전통문화 존중도 일본인의 관점에서 보았을 때 좋은 점을 살리고 나쁜 점을 버리는 것이었다. 경제의 발선이란 식민지 조선의 경제를 일본 경제에 예속시키는 것이었다. 교육의 쇄신이란 조선인을 일본인에 동화시키는 작업이었다.

문화통치 시기에 조선어 신문과 잡지가 잇달아 발행되었다. 대표적인 신문으로 『동아일보』와 『조선일보』가 있었다. 하지만 신문은 삭제·압수·발행금지·정간을 되풀이했다. 하지만 조선인은 극도로 제한된 '자유'를 최대한 이용해 활발한 문화 활동을 했다. 문학 분야에서는 최남선崔南善과 이광수李光洙가 쌍벽을 이루며 활약했다. 음악 분야에서는 홍난파洪蘭坡가 활약했다. 하지만 문학자도 음악가도 조선총독부의 심기를 살피며 활동하지 않을 수 없었다.

문화통치 시기에 공립학교 수가 증가했다. 하지만 공립 보통학교(지금의 초등학교) 취학률은 20퍼센트에도 미치지 못했다. 1920년대 말

식민지 조선에 거주하는 일본인은 약 50만 명이었고, 조선총독부는 일본인 자제들의 교육을 위해 중학교 21개교를 설치했다. 중학교는 한성, 부산, 대구, 인천, 대전, 광주 등 일본인들이 많이 거주하는 도시에 세워졌다. 그러나 2,000만 명이 넘는 조선인을 위한 중학교는 26개교에 지나지 않았다. 일제의 조선통치에 협력하는 "사상이 건전한 조선인"은 그들의 자제를 일본인이 다니는 중학교에 입학시키기 위해 노력했다. 식민지 조선에 세워진 유일한 대학인 경성제국대학 학생의 4분의 3이 일본인이었다.

2) 신사의 건립

일본인들은 어디서나 거류지가 형성되면 반드시 신사를 건립했다. 신사는 일본인들의 정신적 통합을 상징하는 장소였다. 일본인들은 이미 조선의 수도인 한성에 모여살기 시작한 1892년경에 신전神殿을 건립하고 일본 천황의 조상신인 아마테라스오미카미天照大神를 제신으로

이세 신궁 정전

받들었다. 청일전쟁 후인 1897년 일본은 조선으로부터 남산 북쪽 산기슭을 영구히 사용할 수 있는 권리를 얻었고, 그곳에 왜성대공원倭城臺公園을 조성했다. 재조선일본거류민은 왜성대공원에 이세 신궁伊勢神宮과 같은 모양의 신전을 건립하고, 1898년 11월에 아마테라스오미카미를 제신으로 모시는 의식을 거행했다.

1905년 을사보호조약이 체결되고 일본이 사실상 한국을 지배하기 시작하자, 일본에서 한반도에 신사를 건립해야 한다는 여론이 조성되었다. 1906년에 한반도와 지리적으로 가까운 규슈九州와 정한론의 본거지인 야마구치 현山口縣의 신사 관계자 약 100여 명이 모여서 관서신직연합회關西神職聯合會를 결성하고, 한국에 신사를 건립해 줄 것을 한국통감부에게 건의했다. "일본의 국민적 교화의 기초를 확립"하고 "일한융화日韓融和"의 목적을 달성하기 위한 것이라는 명분을 내세웠다. 아시즈 고지로葦津耕次郎를 중심으로 하는 관서신직연합회의 대표단이 이토 히로부미伊藤博文 한국통감을 만나 조선신사의 건립을 촉구했다. 그때 아시즈가 이토 히로부미에게 한 말이 『아시즈고지로쓰이소로쿠葦津耕次郎追想錄』에 기록되어 있다. "폐하의 뜻이기도 한 일한 양민족의 융합친화를 위해 이토 히로부미 당신이 온힘을 다해 움직여주기 바란다. 그러기 위해서는 조선 2,000만 민족의 모든 조상신을 합사合祀하는 신사를 건립하고, 당신이 제주가 되어 경신숭조敬神崇祖의 대도를 (한국인에게) 가르쳐줘야 한다. 이것이 메이지 대제明治大帝의 뜻인 것이다."

'밑에서부터의 운동'을 수용하는 형식으로, 일본 정부는 식민지에 신사를 건립한다는 계획을 구체화했다. 1915년 10월 조선총독부는 신사사원규칙神社寺院規則을 발령했다. 이 법령은 1913년 내무성이 마련한 신사에 관한 법령에 준거한 것이었다. 신사사원규칙의 발령 목적은 "신사·사원의 남설濫設을 방지"하고, 그 "체재와 유지방법을 정해서 신사·사원의 존엄을 실추시키지 않기 위한" 것이었다. 1916년 8월에는 경성신사의 창립을 허가했다. 그 후 경성신사 경내는 점차 확장되었다.

부산에는 용두산신사가 설립되었다. 용두산은 조선시대 왜관이 자리하고 있던 곳이었다. 1678년 3월 왜관을 관리하던 쓰시마对馬 영주가 용두산에 조그만 신사를 마련하고 부산에 입항하는 일본 상선의 안전을 기원했다. 그런데 일본이 사실상 한국을 지배하기 시작한 1907년 일본인들은 용두산신사를 경성신사와 동등한 권위를 갖는 신사로 승격시키는 운동을 전개했다. 하지만 그들의 노력은 결실을 맺지 못했다. 신사의 창건 유래가 경성신사는 "공립"이었지만, 용두산신사는 "사립"이었기 때문이다.

용두산신사

1915년 소선총독부가 신사사원규칙을 발령한 후, 조선의 각지에 신사가 창건되었다. 1916년에 함흥신사·전주신사·평양신사, 1917년에 광주신사, 1918년에 강원신사 등 각 도에 한 곳씩 일본 정부가 직접 제사를 관장하는 신사가 창건되었다.

3·1운동을 강압적으로 탄압한 일본 정부는 1919년 7월 조선신사를 창립했다. 1920년에 남산의 정상 일대 20만 평과 경내지 7,000평을 천황의 직영지로 편입시키고, 총공사비 150만 엔을 마련해 신사의 조영

조선신궁으로 올라가는 계단

에 착수했다. 1925년 10월 천황이 칙사를 파견해 진좌식을 거행했다. 이때 조선신사가 조선신궁朝鮮神宮으로 승격되었다. 조선신궁은 천황의 조상신 아마테라스오미카미天照大神와 메이지 천황明治天皇을 제신으로 모셨다.

조선신궁

조선신궁은 소위 내선일체內鮮一體 정책의 방향을 상징하는 것이었다. 일본 정부는 3·1운동을 겪으면서 무단통치의 한계성을 인식하고, 조선인을 진정한 일본인으로 만들어야 조선통치가 안정될 것으로 판단했다. 그런데 내선일체 정책은 반드시 힘에 의한 통치를 의미하지 않았다. 무단통치로 조선인을 강제로 굴복시킬 수는 있어도 조선인의 마음을 얻게 할 수는 없었다. 내선일체 정책의 가장 중요한 목적의 하나는 조선인의 의식을 개조하고, 문화의 수준을 높여서 일본인에 동화시키는 것이었다. 그래야 조선인이 일본문화를 저항감 없이 수용할 수 있고, 조선인이 진정한 일본인으로 거듭날 수 있는 것이었다.

조선신궁은 단지 대륙을 침략하기 위한 첨병의 역할을 담당했던 것도 아니었고, 한민족을 위압하기 위해 설치된 지배의 도구도 아니었다. 조선신사 조영은 그보다 더 철저하게 한민족을 일본인에 동화시키고, 황민화皇民化시키기 위한 원대한 계획 아래 추진된 것이었다.

제20장

쇼와 문화

1. 쇼와 시대의 정치

　일본의 경제가 심각한 경제상황에 직면해 있던 1926년 12월 다이쇼 천황大正天皇이 사망하고, 쇼와昭和 시대가 개막되었다. 다나카 기이치田中義一 내각은 경제위기를 타개하기 위해 외교정책의 전환을 모색했다. 1927년 6월 일본은 중국 각지의 일본 외교관, 육·해군 대표, 만철 수뇌를 도쿄로 불러들여 동방회의東方會議를 열었다. 동방회의에서 만주·몽고를 중국에서 분리하는 정책이 채택되었다. 그 목적을 달성하기 위해서라면 언제라도 군대를 파견한다는 방침을 정했다.
　1930년경에 세계공황의 여파가 일본을 덮쳤다. 일본경제는 불황의 늪에 빠졌다. 특히 농촌경제는 파산 상태였다. 만주를 침략하는 것이 일본의 경제난을 일거에 해결할 수 있는 계기가 될 수 있다는 분위기가 조성되었다. 1931년 9월 18일 밤 관동군은 펑톈奉天 근교의 류탸오후柳條湖에서 만주사변을 일으켰다. 일본 정부는 사태 불확대 방침을 정했으나 관동군은 이것을 무시하고 계속 침략을 감행했다. 일본 정부는 결국 만주사변을 승인했다.

1932년 3월 만주를 점령한 관동군이 만주국 건국을 선언하고, 일본이 북경에서 탈출 시킨 청의 마지막 황제 푸이溥儀를 집정執政에 앉혔다. 일본은 부의를 꼭두각시로 내세우고 사실상 만주를 지배했다. 군사·외교는 물론이고 내정의 실권도 관동군과 일본인 관리가 장악했다. 일본은 만주국을 정식으로 승인했다. 일본의 행동은 국제여론의 비난을 받았다. 그러자 일본은 국제연맹에서 탈퇴했다.

1937년 7월 7일 중일전쟁이 일어났다. 7월 25일 조선에서 파견된 일본군 제20사단이 화북에 도착해서 중국군과 충돌했다. 7월 26일 일본 본토에 주둔하는 제5·제6·제10사단의 파병이 결정되었다. 7월 28일 전열을 가다듬은 일본군은 선전포고도 없이 총공격을 개시했다. 8월 4일에는 베이징과 톈진天津을 점령하고 이어서 상하이上海를 공격했다. 일본군은 순식간에 중국의 심장부를 장악했다. 일본군은 화력·조직력·전투력 모든 면에서 중국군을 압도했다. 하지만 중국인은 결사적으로 항전했다.

1940년 7월에 성립된 제2차 고노에近衛 내각은 독일·이탈리아와 제휴를 강화하는 한편, '대동아공영권' 건설의 기치를 내걸고 남방 진출을 도모했다. 같은 해 9월에 일본은 프랑스령 인도차이나반도 북부에 군대를 주둔시켰다.

1940년 9월 일본은 독일·이탈리아와 함께 삼국동맹조약을 체결했다. 그 목적은 미국이 제2차 세계대전에 참전하는 것을 저지하기 위해서였다. 그러나 일본의 동남아시아 침략과 삼국동맹 체결은 오히려 미국을 자극했다. 일미관계가 급속하게 냉각되었다. 미국은 전략물자인 철강의 대일 수출을 금지했다.

1941년 4월에 일본이 소련과 중립조약을 체결했다. 그리고 인도차이나반도 남부를 침략했다. 그러자 미국이 긴장했다. 미국·영국은 국내의 일본자산 동결을 결정했다. 미국은 필리핀에 극동군사령부를 설치하고, 영국·중국과 협력해 일본에 대한 경제제재를 강화했다.

1941년 8월에는 대일 석유수출을 금지했다. 미국·영국·중국·네덜란드가 소위 ABCD포위망을 구축해 대일 경제봉쇄를 강화했다. 미국의 대일 석유 수출 전면금지와 경제봉쇄는 일본에 큰 충격을 안겨주었다. 미국과의 전쟁이 불가피하다는 여론이 순식간에 고조되었다.

1941년 12월 8일 새벽 일본군은 미국·영국의 기지에 대한 총공격을 개시했다. 야마모토 이소로쿠山本五十六가 이끄는 일본의 연합함대는 선전포고도 없이 하와이의 진주만을 기습공격 했다. 미국의 전함 4척이 침몰되고 4척이 격파되었다. 미국 항공기 250기가 파괴되었다. 태평양전쟁이 시작된 것이다.

진주만 공격과 동시에 일본군은 남방작전을 개시했다. 일본군은 항공부대의 지원을 받으며 말레이시아 반도 동부에 상륙했다. 12월 10일에는 해군의 항공부대가 말레이시아 해전에서 영국의 동양함대 주력을 괴멸시켰다. 중국 각지의 영국 조계租界도 일본군이 장악했다. 12월 25일 일본군이 홍콩을 점령했다.

연합군은 1942년 8월부터 대규모 반격작전을 개시했다. 일본군이 점령한 남태평양의 여러 섬들을 차례로 공략하면서 북상했다. 1945년 3월부터 오키나와沖縄 본도에 대한 연합군의 공습과 함포사격이 본격화되었다. 4월 6일 일본이 아끼던 세계 최대의 항공모함 야마토大和 이하 10척의 함선이 편도 연료만 넣고 출진했다. 그러나 다음 날 연합군 항공기의 공격으로 전함 야마토를 비롯한 연합함대는 제대로 싸워보지도 못하고 규슈의 서남방에서 침몰하고 말았다. 6월 23일 절망한 오키나와 주둔군사령관이 자결했다. 오키나와를 사수하던 약 10만 명의 일본군은 미군의 상상을 초월하는 화력 앞에서 거의 전사했다.

8월 6일 8시 15분 B-29폭격기 1대가 히로시마広島 상공에 나타나 원자폭탄 1개를 투하했다. 원자폭탄은 1,500미터 상공에서 섬광을 발하며 낙하해 580미터 상공에서 폭발했다. 시가지는 뜨거운 광선과 폭풍으로 파괴되었다. 8월 9일 나가사키長崎에서 같은 비극이 되풀이되었다.

1945년 8월 14일 쇼와 천황昭和天皇은 어전회의에서 자신의 신변보장을 내세운 외무성의 안을 지지하는 "성스러운 결단"을 내렸다. 포츠담선언을 수락하는 형태로 항복한 것이다. 8월 15일 정오 천황은 라디오를 통해 일본의 무조건 항복 사실을 국민에게 알렸다.

제2차 세계대전이 끝났다. 일본의 영토는 러일전쟁 이전의 상태로 한정되었다. 타이완은 중국의 지배하에 들어갔다. 지시마千島 열도와 사할린은 소련이 지배하게 되었다. 일본이 점령했던 남양제도는 미국이 위임통치하게 되었다. 오키나와沖縄는 미국을 시정권자로 해서 국제연합이 신탁통치하기로 했다. 한반도는 분할되었다. 38도선 이북은 소련이 점령하고 이남은 미국이 점령했다. 일본은 연합국이 점령하는 모양을 갖췄으나 실제적으로 미국이 단독으로 점령했다. 연합국군최고사령관 맥아더는 간접지배 방식으로 일본을 통치했다.

1950년 6월 한반도에서 전쟁이 발발했다. 미국은 일본에 극동방위 임무를 분담시킬 필요가 있다고 판단했다. 그래서 일본의 재무장을 추진했다. 일본을 국제사회에 복귀시키기 위한 대일강화조약의 체결도 서둘렀다. 1952년 4월부터 일미안전보장조약이 발효되었다.

한국동란이 정점에 달했을 때, 일본경제는 이미 불황에서 벗어나고 있었다. 실질 GNP, 1인당 국민소득, 민간소비 등 주요 경제지표가 거의 전전 수준을 회복했다. 『경제백서経済白書』가 '이미 전후가 아니다.'

라고 선언할 만큼 일본의 경기는 최고조에 달해 있었다. 그 후 일본의 고도경제성장은 1970년대 초반까지 지속되었다.

1972년 7월 자유민주당 임시대회 결선투표에서 다나카 가쿠에이田中角榮가 후쿠다 다케오福田赳夫를 물리치고 총재로 선출되었다. 다나카 내각이 성립되었다. 다나카 총리대신은 1972년 9월에 중국을 방문했다. 일본의 다나카 총리대신과 중국의 주은래周恩來 수상이 일중공동성명을 발표했다. 일본은 중화인민공화국을 중국을 대표하는 유일한 국가로 승인했다. 일본과 중화민국(타이완) 사이에 맺었던 일화평화조약日華平和條約은 폐기되었다.

1974년 12월 미키 다케오三木武夫 내각이 출범했다. 1975년 12월 미키 총리대신은 기업의 헌금을 규제하고, 정치자금 공개를 의무화하는 「정치자금법」 개정을 공포했다. 1976년 각의에서 방위비를 해당년도 국민총생산액의 1퍼센트 이내로 한다는 원칙을 정했다.

1976년 12월 후쿠다 다케오福田赳夫 내각이 성립되었다. 후쿠다 내각은 경제정책을 중시했다. 엔고円高 경향을 이용해 불황을 극복하고, 1978년 8월에는 일중평화우호조약을 체결했다. 이무렵 일본상품이 세계시장으로 물밀듯이 수출되었다.

1982년 11월 나카소네 야스히로中曾根康弘 내각이 성립되었다. 일찍부터 개헌의 필요성을 주장해 온 나카소네는 국가주의의 복권과 군비확충 노선을 확립하기 위해 '전후정치의 총결산'을 제창했다. 나카소네 내각은 중기방위력정비계획에 따라 군사비돌출형예산을 편성했다. 1985년 9월 각의에서 결정된 중기방위력정비계획(1986~1990)에 대잠수함초계기 100대, 이지스함 도입, 초지평선OTH 레이더 배치 등이 포함되었다.

일본의 군사대국화는 당연히 전쟁을 포기하는 것으로 되어 있는 「일본국헌법」과 그와 관련한 법규와 상충하는 면이 있었다. 그래서 일본

정부는 신국가주의를 국민에게 침투시키고, 천황과 일본적 가치를 이용하려고 했다. 1985년 9월 문부성은 전국 교육위원회에 국기 게양과 국가 제창을 철저하게 시행하도록 지시했다. 국가주의 사관이 주입된 교과서를 만들려는 움직임도 활성화되었다. 1985년 8월 15일 나카소네가 총리대신으로서는 처음으로 야스쿠니 신사靖国神社에 공식으로 참배했다.

1988년 9월 오랫동안 췌장암으로 투병생활을 하던 쇼와 천황昭和天皇이 중태에 빠졌다. 매스컴은 연일 천황의 용태를 긴급 뉴스로 전했다. 의료진은 수십 명의 자원자 중에서 선발된 청년들의 혈액 중에서 혈소판만 추출해 수혈했다. 관공서에는 천황의 쾌유를 기원하는 기장소記帳所가 설치되었고, 각종 축제·연주회·운동회·망년회가 취소되거나 축소되었다. 가까스로 해를 넘긴 천황은 1989년 정월 7일에 사망했다.

2. 태평양 전쟁 전의 일본사회

1) 국가사회주의의 발흥과 우익세력의 동향

쇼와 시대에 들어서면서 국가사회주의가 우익운동의 주류로 급부상했다. 1927년 기타 잇키北一輝의 사상을 계승한 육군사관학교 출신 니시다 미쓰구西田稅가 사림장士林莊을 결성하고 우익세력과 접촉하면서 청년장교와 기타 잇키의 만남을 주선하는데 힘썼다. 니시다는 육군사관학교 재학 중에 기타 잇키의 『일본개조법안대강』을 읽고 감명을 받은 경험이 있었다. 같은 해 7월 니시다는 육군사관학교 졸업식에서 「천검당규약天劍黨規約」을 배포해 청년장교들에게 국가주의사상을 전파했다.

당시 일본사회에서 가장 큰 힘을 가진 집단이 군부였다. 더구나 이 시기는 군부 내에는 미국이 주도한 군비축소에 동의한 정치인에 대한 반감이 고조되어 있었고, 오랜 시일에 걸친 군부 내 파벌경쟁이 더욱 심화되고 있었다. 농촌의 궁핍과 경제공황이 불러온 사회불안이 군인의 혁신의욕을 부채질했다. 우익세력은 군부의 힘을 이용해서 비상수단으로 국가를 개조하려는 뜻을 품고 있었다.

1929년 3월 마쓰모토 시松本市에 본부를 둔 신주국민당信州國民黨이 설립되었다. 이 단체는 안으로 "비일본적, 비국민적"인 무산정당을 탄압하고, 밖으로는 전 인류를 일본의 지배하에 두기 위해 싸우겠다고 선언했다. "유색인종의 최선봉에 서서" "침략적인 백색인종 세력"을 무찌르고, "인류의 해방전쟁"에 앞장서 "이 세계를 횡행활보橫行闊步하는 강적을 도륙하고 전 인류를 완전히 황민화皇民化하는 날까지 우리들의 결사적인 전투는 계속되지 않으면 안 된다."고 외쳤다. 신주국민당은 1929년 11월에 일본국민당으로 개칭했다. 일본국민당에 오누마 쇼小沼正, 히시누마 고로菱沼五郎 등 행동파 국가주의자들이 합류했다.

1930년 육군의 중견 간부는 사쿠라회桜会를 조직해 국가개조를 의논했다. 100명이 넘는 중좌 이하 회원이 모였다. 그들은 일본인의 정신을 돌보지 않고 오로지 정권의 유지와 사리사욕에 몰두해 있는 위정자들을 성토했다. 위로는 천황의 눈을 가리고 아래로는 국민을 얕보는 자들을 질타했다. 그리고 정국의 부패가 정점에 달했다는 사실에 인식을 같이했다.

사쿠라회와 비슷한 성격을 지닌 단체로 니시다 미쓰구가 결성한 천검당이 있었다. 천검당은 다음과 같이 선언했다. "우리 당의 목적은 위로는 천황에게서 통치의 대권을 빼앗고 아래로는 국민 위에서 불의하고 교활하게 설치는 망국적 무리들로부터 국가를 탈환하는 것이다."

헌법을 정지하고, 의회를 해산하고, 전국에 계엄령을 펴고, 새로운 국가를 건설하는 것이 천검당의 목적이었다.

1931년에 들어서면서 국가의 혁신을 부르짖는 분위기가 더욱 짙게 조성되었다. 3월에 사쿠라회 간부, 육군성 군무국장, 참모본부 제1부장, 우익 성향의 민간인, 사회민주당 당원 등이 모여서 쿠데타를 모의했다. 민간인과 사회민주당 당원이 민중을 동원해 의회를 포위하면 혼란을 틈타 육군 간부들이 계엄령을 선포하고 군대를 의회에 난입시킨다는 계획이었다. 쿠데타가 성공하면 육군대신 우가키 가즈시게宇垣一成를 수반으로 하는 군부 내각을 수립하는 것이 목적이었다. 그러나 쿠데타는 우가키의 변심으로 미수에 그쳤다. 이것이 3월사건이었다.

1931년 10월 사쿠라회 장교들과 우익 민간인들이 협심해서 만주사변에 호응하는 형태로 쿠데타를 결행하기로 모의했다. 쿠데타가 성공하면 아라키 사다오荒木貞夫 중장을 수반으로 하는 군부 내각을 수립한다는 계획을 세웠다. 그러나 계획이 사전에 유출되어 실패로 끝났다. 이것이 10월사건이었다. 이 사건 주모자들은 형식적으로 헌병대에 구속되었으나 헌병대장 관사에서 술과 음식을 대접받고 귀가했다. 10월사건의 관대한 처분은 훗날 군부 쿠데타를 조장하는 원인이 되었다.

일본국민당 당원 오누마 쇼와 히시누마 고로는 니치렌종日蓮宗 승려 이노우에 닛쇼井上日召로부터 니치렌 신앙과 국가혁신사상을 배웠다. 당시 이노우에는 이바라키 현茨城縣에 있는 니치렌종 사원 입정호국당立正護國堂 주지였다. 이노우에는 해군의 과격파 장교들과 교류하면서 폭력적 개조 이외에 다른 길이 없다고 역설했다. 1932년 이노우에가 혈맹단을 조직했다. 테러를 감행해 국가개조의 실마리를 만들기 위해서였다.

1932년 2월 오쿠라대신을 역임한 이노우에 준노스케井上準之助, 3월에는 미쓰이 합명회사 이사장 단 다쿠마團琢磨가 암살되었다. 이노우에는 오노 쇼, 단 다쿠마는 히시누마 고로에 의해 살해되었다. 오노와 히시누마가 체포되면서 혈맹단의 암살계획이 세상에 알려졌다. 혈맹단원 12명이 체포되었다. 우두머리 이노우에 닛쇼를 비롯한 3명은 무기징역, 나머지는 징역형에 처해졌다.

혈맹단은 국가혁신이라는 목표를 달성하기 위해 한 사람이 한 명씩 죽인다는 계획을 세웠다. 혈맹단에는 농촌 청년, 초등학교 교사, 학생 등도 포함되어 있었다. 그들의 암살 예정자 명부에는 이노우에 준노스케와 단 다쿠마 이외에도 원로 사이온지 긴모치西園寺公望를 비롯한 정계·재계 인사 20여 명의 이름이 올라 있었다.

2) 사상·학문의 자유 탄압

1933년 4월 하토야마 이치로鳩山一郎 문부대신은 교토대학 총장에게 같은 대학 법학부 교수 다키가와 유키토키滝川幸辰의 파면을 요구했다. 다키가와 교수의 저서와 강연 내용이 마르크스주의 학설에 입각한 것으로 일본의 전통적인 도덕규범에 위배된다는 이유였다. 교토대학 법학부 교수회의에서는 문부성의 요구를 거부하기로 의결했다. 하지만 다키가와 교수는 1933년 5월에 학교를 떠났다. 다키가와 사건으로 교토대학 교수들이 분열했다. 학생운동이 경찰의 탄압을 받았고 대학의 자치가 붕괴되었다.

코민테른은 천황제 타도를 목표로 했다. 그러나 공산당이 천황제 타도를 외치면 외칠수록 군주제에 익숙한 일본인들은 공산당을 외면했다. 특히 국수주의가 기승을 부리는 1930년대에 들어서면서 공산당에 대한 일본인의 반감이 고조되었다. 정부도「치안유지법」을 앞세워 공산당을 노골적으로 탄압했다. 간부들이 잇달아 검거되면서 일본공산당은 괴멸에 가까운 타격을 입었다. 경찰에 체포되어 장기간 가혹한 조사를 받은 공산당원 중에는 공산주의 이론을 비판하면서 전향하는 사람이 줄을 이었다.

1933년 6월 형무소에 수감되어 있던 일본공산당 중앙위원장 사노 마나부佐野学가 전향한다고 선언했다. 이어서 일본공산당 간부들이 잇달아 전향 의사를 밝혔다. 1933년 7월까지 50일 간 548명의 공산당원이 전향했다. 일단 전향한 공산당원들은 우익의 혁신론에 동조하고, 군국주의를 찬양하고, 일본제국주의의 대륙침략에 협조했다.

전향하지 않은 공산주의자 앞에는 정부의 탄압과 우익세력의 폭력이 기다리고 있었다. 1934년에는 『일본자본주의발달사강좌』 간행의 중심인물 노로 에이타로野呂栄太郎가 경찰에 체포되어 살해되었다. 노로는 마르크스주의 경제학을 연구하면서 소위 강좌파講座派 이론을 주도한 학자였다. 일본공산당 당원이기도 했던 그는 1932년부터 지하활동을 하면서 공산당 중앙부의 재건을 위해 노력하던 중이었다.

1935년에는 미노베 다쓰키치美濃部達吉의 천황기관설天皇機關説이 다시 문제가 되었다. 군부와 국가주의 단체가 천황기관설이 국가체제에 위반되는 학설이라고 미노베를 공격하기 시작했다. 천황기관설은 일찍부터 국가주의자들의 공격을 받고 있었다. 미쓰이 고시三井甲之, 미노다 무네키箕田胸喜 등과 같은 국가주의자들은 1925년에 『겐리닛폰原理日本』이라는 잡지를 창간해 학계의 사상을 공격하는 데 앞장섰다. 1935년 2월 귀족원 의원 기쿠치 다케오菊池武夫는 국회에서 천황기관설이 국체에 반하는 것이라고 규탄했다. 정우회 의원들이 기쿠치의 발언을 적극 지지했다. 그들의 목적은 오카다 게이스케岡田啓介 내각을 붕괴시키는 것이었다. 사이토 마코토斎藤実와 오카다 게이스케는 모두 해군 장로 출신이었다. 그들이 연이어서 총리대신이 되자 육군에서 불만이 터져 나왔다. 그래서 육군 출신 의원들이 작심하고 오카다 내각을 붕괴시키고자 했다. 그래서 정국을 흔들 수 있는 소재로 해묵은 천황기관설을 다시 꺼내들었던 것이다.

육군의 급진파, 정우회 국회의원, 민간 우익단체, 재향군인회 등은 천황기관설 배격운동을 전국으로 확산시켰다. 천황기관설을 따르는 헌법학자를 불경죄, 즉 천황의 존엄성을 훼손했다는 죄목으로 고발하기도 했다. 시류에 편승한 우익 국회의원들은 미노베의 학설을 단속하라고 외쳤다. 천황기관설을 공격하는 분위기가 고조되자 정부는 미노베의 저서를 발매금지하고 "통치권의 주체는 천황에 있다."고 하는 소위 국체명징國體明徵에 관한 성명을 발표했다. 오카다 내각은 원래 천황기관설에 반대하는 입장은 아니었지만, 집요한 공격이 계속되자 천황기관설을 배격하는 성명을 발표하지 않을 수 없었다. 천황기관설이 공식적으로 부정된 것이다. 중의원과 귀족원에서도 통치권의 주체는 천황 개인에게 있다는 결의를 만장일치로 채택했다. 정당이 입헌정치의 근본을 부정하는 결의안을 채택한 것이다. 당시 귀족원 의원이던 미노베 다쓰키치는 의원직을 사퇴했다. 이 사건으로 대학에서만큼은 인정되던 학문의 자유가 탄압을 받았다.

1937년에는 야나이하라 타다오矢內原忠雄 사건이 일어났다. 도쿄대학 교수 야나이하라는 일본의 식민정책을 실증적으로 연구하면서 식민정책 강좌를 담당했다. 그는 1937년에 군부의 전쟁정책을 비판한 논문을 『주오코론中央公論』에 게재했는데, 도쿄대학 경제학부 내 국가주의 성향 교수들이 야나이하라의 사상이 의심스럽다며 사직할 것을 강요했다. 문부성도 총장에게 야나이하라 교수를 추방하라고 압력을 가했다. 결국 야나이하라는 사직하고 말았다.

3) 군부파시즘의 확립

만주사변 후, 군부의 발언권이 강화되자 육군 내부에서 황도파皇道派와 통제파統制派가 정치적인 주도권을 놓고 치열한 암투를 벌였다. 황도파는 원래 조슈長州 출신의 육군 지배에 대항하기 위해 조슈 출신이 아닌 우에하라 유사쿠上原勇作를 중심으로 형성된 파벌이 훗날 전국의 청년장교를 포함한 인맥으로 발전했다. 이 파벌에 속한 대표적인 인물은 아라키 사다오荒木貞夫, 마사키 진자부로眞崎甚三郎 등이었다.

통제파는 육군성과 참모본부의 청년장교를 중심으로 결성된 파벌이었다. 그들은 국가총동원계획의 실현을 가장 중요한 목표로 했다. 이 파벌에 속한 대표적인 인물로 나가타 데쓰잔永田鉄山・와타나베 조타로渡辺錠太郎・도조 히테키東条英機 등이 있었다.

아라키 사다오가 이누카이 쓰요시 내각과 사이토 마코토 내각에서 육군대신을 역임하면서 황도파가 득세했다. 하지만 1934년에 성립된 오기다 게이스케 내각의 육군대신에 취임한 하야시 센주로林銑十郎 등이 황도파의 월권을 저지하려고 했다. 이때부터 황도파를 견제하는 세력을 통제파라고 불렀다.

황도파는 '천황의 친정'과 '상무정신을 숭앙하는 일본' 등의 관념론을 기초로 하는 정치개혁을 주장했다. 천황기관설 배격의 선봉이 되기도 했다. 황도파의 정신주의는 쿠데타를 통한 국가개조를 꿈꾸던 청년장교들의 지지를 기반으로 했다. 그러나 황도파의 정신주의는 관념에 치우쳐 있었다. 통제파는 황도파의 애매한 정신주의를 비판했다. 통제파는 황도파 청년장교들의 국가개조 계획을 군의 질서를 어지럽히는 행위라고 공격했다. 황도파 장교들이 위기감을 느꼈다.

1936년 2월 26일 새벽 도쿄에서 황도파 장교가 약 1,400명의 병력을 동원해 반란을 일으켰다. 반란군은 총리대신 관저, 육군성, 경시청 등을 점거했다. 도쿄의 일부 지역이 반란군의 수중에 들어갔다. 총리대신 오카다 게이스케岡田啓介는 기적적으로 난을 피할 수 있었다. 하지만 오쿠라대신 다카하시 고레키요高橋是淸·내대신 사이토 마코토斎藤実·교육총감 와타나베 조타로가 살해되었다. 시종장 스즈키 간타로鈴木貫太郎, 내대신을 역임한 마키노 노부아키牧野信顕 등은 중상을 입었다. 반란군은 '간신군적奸臣軍賊'을 처단하기 위해 궐기했다고 선언했다.

반란군은 '쇼와유신昭和維新'을 외치며 육군 상층부에 국가개조의 단행을 요구했다. 하지만 해군·정계·재계가 반란을 지지하지 않았다. 천황이 직접 반란의 진압을 명령했다. 29일에는 도쿄 주변 부대에게 동원령을 내려서 반란군을 토벌했다. 반란군 주도자는 자살하거나 체포되었다. 하사관 이하는 귀순했다. 반란을 주도한 장교와 민간인 기타 잇키北一輝·니시다 미쓰구西田税가 사형에 처해졌다.

이 사건으로 황도파가 일시에 몰락했다. 하지만 2·26사건을 일으킨 주동자의 행동에 동조한 육군 장교들은 처벌되지 않았다. 육군은 여전히 오만했다. 1936년 3월 5일 히로타 고키広田弘毅가 총리대신에 내정되어 조각에 착수하자 군국주의에 편승한 세력이 활개를 치기 시작했다.

히로타 총리대신은 육군대신에 데라우치 히사이치寺内寿一 대장을 내정했다. 육군성은 재빨리 히로타 총리대신의 조각 방침과 입각 내정자 명단을 입수했다. 데라우치 대장은 입각 예정자 중에서 군부가 자유주의자로 분류한 인물, 천황주권설을 신봉하지 않는다고 판단한 인물을 일일이 실명으로 거론하면서 그들의 입각에 반대했다. 데라우치 대장은 전직 육군대신을 차례로 방문해 의견을 구한 후 3월 6일 오후 군부의 뜻을 전하고 입각을 사퇴했다. 히로타 총리대신은 군부의 압력에 굴복하고 말았다. 육군의 요구를 모두 수용했다.

히로타 내각이 성립되면서 군부 독재체제가 확립되었다. 군부의 정치적 발언권이 강화되었다. 오래 전에 폐지되었던 군부대신 현역무관제가 부활되었다. 히로타 내각은 정강에 준전시체제 확립을 목표로 하는 광의국방국가廣義國防國家 건설을 내세워서 방대한 군사예산을 편성했다. 육군은 서정일신을 요구하며 정치에 깊숙이 관여했다.

4) 전시체제 강화

일본 정부는 정계・재계・군부・정당의 대표로 구성된 전쟁수행을 위한 자문기구를 설치했다. 산업과 경제를 국가의 직접통제 아래 두었다. 정부는 전쟁수행을 위해 국민들에게 사생활을 희생할 것을 강요했다. 총력전에 대비하기 위한 준비가 완료되었다. 1937년 9월 고노에 내각은 전 국민이 전쟁에 협력하도록 교화하는 국민정신총동원운동을 전개했다.

정부는 국민정신총동원운동의 3대 목표로 거국일치・진충보국・견인지구堅引持久를 내세우고 국민정신총동원중앙연맹을 결성했다. 정부는 민간단체에도 정신운동에 참여할 것을 요청했다. 10월 말에는 재향군인회, 각종 교화단체, 일본노동조합회의 등 74개 단체가 정신운동에 참여했다. 도쿄・교토・오사카・홋카이도 그리고 전국 각 현에는 국민정신총동원지방실행위원회가 설립되고 지방관청이 협력하도록 했다. 각 부현府縣의 지사가 실행위원회 회장에 취임했고, 위원에는 자치단체장, 지방의회 의원, 각종 단체대표, 신문・방송사 대표, 실업가, 종교가, 사회사업가 등 소위 지방의 유력자와 명망가가 총동원되었다.

1938년 4월에「국가총동원법」이 제정되었다. 정부는 모든 인적・물적 자원을 전쟁수행을 위해 국가의 통제 아래 둘 수 있게 되었다. 또한 정부는 고도의 국방국가를 건설하기 위해서 의회의 동의 없이도 법령으로 인적자원을 포함한 모든 자원을 동원할 수 있는 권한을 행사할 수 있게 되었다.

1940년 10월 정부는 해산한 여러 정당원들을 흡수해서 대정익찬회大政翼贊會를 발족시켰다. 대정익찬회 총재는 총리대신이 겸임했고 지부장은 각 부현府縣의 지사가 겸임했다. 본부나 지부의 임원으로는 퇴직 군인·관료를 중심으로 하는 사회단체의 지도자가 위촉되었다. 중요한 부서는 관료들이 장악했다.

대정익찬회는 국민을 통제하고 지배하는 데 앞장섰다. 정당은 물론 모든 민간단체가 해산되고 사회생활의 전 영역이 조직화되었다. 10호 정도의 일본인을 하나의 단위로 하는 도나리구미隣組가 조직되었다. 도나리구미를 기반으로 해서 농촌에는 부락회部落會, 도시에는 정내회町內會를 두었다. 식민지 조선에서도 애국반愛國班을 말단조직으로 하는 전국 규모의 조직이 정비되었다. 말단조직은 민중의 일상생활을 서로 감시하는 역할을 했다. 정부는 조직을 통해 반공사상을 고취하고, 전선으로 이동하는 군인의 전송, 식량 배급, 군수물자 수집, 의연금 모집 등 각종 행사에 민중을 동원했다.

대정익찬회는 대일본산업보국회를 설립했다. 대일본산업보국회는 전국의 공장과 기업에 조직되어 있던 산업보국회를 통합한 것으로 회원이 450만 명에 달했다. 부인단체도 해산시켜서 애국부인회와 국방부인회에 편입시켰다. 애국부인회와 국방부인회는 다시 대일본부인회로 통합되었다. 농민단체도 해산해서 농업보국회로 편입시켰다. 그 외에 직능별로 일본연합청년단, 대일본문학보국회, 대일본언론보국회 등이 조직되었다. 모든 단체는 모두 대정익찬회의 산하단체로 편입되었다.

종교단체도 재편성했다. 종교도 어떤 식이든 전쟁에 도움이 되는 역할을 하도록 하는 것이 목적이었다. 특히 기독교를 억압해서 천황제를 찬양하고 침략전쟁에 협력하도록 강요했다. 조선에서도 기독교 신자들에게 신사참배를 강요했다. 이를 거부하는 목사나 신자들을 탄압했다. 일본의 탄압으로 문을 닫은 교회나 학교도 있었다.

「치안유지법」이 강화되었다. 전향하지 않은 사상범은 형기가 만료되어도 석방하지 않고 계속 감옥에 가두는 「예방구금제도」가 마련되었다. 「국방보안법」도 제정되었다. 이 법은 국가기밀을 탐지하거나 전파한 사람을 중형에 처하도록 하는 법률이었다. 국가의 정책을 비판한 전력이 있거나 침략전쟁에 부정적인 사람으로 분류되면 집필활동도 할 수 없었다.

3. 천황과 일본인

1) 1945년 이전의 천황

1945년 일본이 제 2차 세계대전에서 패배하기 전까지 천황 및 황실은 사실상 초법적인 존재였다. 황실과 정부가 구별되었고, 황실은 헌법과 정부의 통제를 받지 않았다.

황실의 재산도 정부의 재산에서 분리되었다. 1884년 이래 정부 소유의 일본은행·일본우선회사日本郵船會社 등의 주식, 350만 정보의 산림과 평야, 사도佐渡·이쿠노生野 등의 금은 광산이 황실재산으로 편입되었다. 의회가 개설될 즈음에 천황은 일본 최대의 재산소유자가 되어 있었다. 황실의 재산과 경비도 국회의 예산심의 대상이 되지 않았다.

천황과 그 일족의 살림을 관장하는 궁내성宮內省은 내각에서 분리된 관청이었다. 궁내대신을 장관으로 하는 궁중宮中과 정부가 명확하게 구분되었다. 또 내각제도의 발족과 함께 내대신內大臣을 두어 국새國璽와 천황의 인감을 의미하는 어새御璽를 관리하도록 했다. 내대신은 궁중 사무를 통괄하면서 천황을 보좌했다.

대일본제국헌법은 천황주권주의를 근본정신으로 하고 있었다. 헌법의 제1조에는 "대일본제국은 만세일계万世一系의 천황이 이를 통치한다."라고 되어 있었고, 제3조에는 "천황은 신성神聖해 범할 수 없다."라고 명기되어 있다. 주권은 천황에게 있으며 모든 권력은 신성불가침한 천황에게서 나오는 것으로 되어 있었다. 국민은 '신민臣民'으로 위치되었다.

천황은 통치권의 총괄자였다. 천황은 행정 각부의 관제를 정하고 관리를 임명했다. 관리는 국민의 관리가 아니라 천황의 관리였던 셈이다. 국무대신도 천황에 대해 책임을 지는 것으로 되어 있었다. 의회의 찬성 없이 공포할 수 있는 명령의 범위가 매우 광범위했다. 행정부의 권한을 의회의 상위에 두는 구조였다.

정부는 교육칙어·군인칙유와 같은 도덕적 규범을 만들어 천황제 이데올로기를 확립하려고 했다. 또 국민의 자발적인 충성을 끌어내기 위해 일본민족의 유구한 역사와 함께 했던 천황, 신성불가침한 천황의 이미지를 심고자 했다.

정부는 천황과 관련된 국경일이나 기념일을 제정해 의식을 거행했다. 천황의 탄생일을 국경일로 정하고 천장절天長節이라고 했다. 2월 11일을 기원절紀元節로 정했다. 기원절은 일본인들이 초대 천황으로 여기는 진무神武가 즉위한 날이었다. 1878년부터 1927년 사이에 10여 개의 기념일이 정해졌는데 대개 천황과 관련된 것이었다.

국경일이나 기념일에는 학교에서 의식을 거행했다. 의식을 거행할 때 교육칙어와 함께 천황과 황후의 사진인 어진영御眞影이 효과적으로 이용되었다. 식순은 전국적으로 동일했다. 식장의 좌석배치도 획일화되

었다. 의식이 시작되면 먼저 어진영에 대해 최고의 경례를 하고, 이어서 "천황·황후 양폐하 만세"를 외쳤다. 그때 식장 정면의 단상에 마련된 다카미쿠라高御座에 어진영이 안치되었다. 의식의 마지막에는 천황을 찬양하는 기미가요君が代가 제창되었다. 기미가요는 원래 천황의 치세가 영원하기를 기원하는 찬가였으나 공식석상에서 기미가요를 제창하면서 일본의 국가가 되었다.

정부는 천황의 역사성을 부각키는 사업을 추진했다. 정부는 이세신궁伊勢神宮을 성역화했다. 미에 현三重縣 이세 시에 있는 이세신궁은 천황 가문의 조상신 아마테라스오미카미天照大神를 모신 신사이다. 정부는 이세신궁 주변의 전답은 물론 민가를 포함한 모든 시설을 매수하고, 그곳을 이세신궁의 외역으로 단장했다. 천황 가문의 능묘 정비사업도 추진했다. 그 후 이세신궁과 역대 천황의 능묘는 민중이 접근하기 어려운 성지로 변신했다. 천황릉에는 예외 없이 사당을 설치해 제사를 드릴 수 있도록 했다.

1880년대부터 수학여행이 성례화되었다. 교사들은 학생들을 인솔해 천황의 궁전, 이세신궁, 야스쿠니신사靖国神社, 역대 천황릉 등 천황과 관련된 역사적인 장소를 여행했다. 이러한 역사적인 공간 및 그와 관련된 일화를 통해 천황의 이미지가 국민들의 의식 속에 각인되었다.

천황의 순행도 국민들의 의식 속에 천황의 이미지를 만드는 작업이었다. 메이지 천황은 1872년부터 1885년까지 전국 각지를 순행하면서 자신이 일본 최고의 권력자라는 것을 유감없이 과시했다. 천황은 순행지에서 민중을 직접 대면하기도 했다. 보신전쟁 때 메이지 정부에 협력한 자, 경제발전에 기여한 자, 다른 사람에게 모범이 되는 행동을 한 자, 80세 이상의 고령자, 재난의 피해를 입은 자 등을 위로하고 하사금을 내렸다. 충성심이 깊고 성실한 관리를 포상했다. 각 지방의 특산품을 구매하기도 했다.

천황의 행렬이 지나가는 도로 연변에는 남녀노소가 운집했다. 정부는 이미 천황의 행렬이 지나갈 때 땅에 엎드리지 않아도 된다고 포고했다. 하지만 민중의 가슴 속에는 천황을 신성시하는 전통이 살아있었다. 마치 신사에 공물을 바치는 것처럼, 술과 떡을 차려놓고 천황의 마차를 향해 예배하는 사람들도 적지 않았다. 천황이 휴식을 취한 장소에 사람들이 몰려들었다. 천황의 앉았던 의자를 손으로 만지고, 그 손으로

사열하는 쇼와 천황

자신의 온몸을 쓰다듬으며 무병장수를 비는 사람도 있었다. 천황이 순행할 때 황실의 상징인 국화 문장紋章이 새겨진 깃발을 앞세우고, 천황의 신성함을 상징하는 3종의 신기神器를 받들고 다녔다. 천황은 신화에 등장하는 아마테라스오미카미의 자손이라는 것을 각인시키기 위해서였다.

2) 1945년 이후의 천황

(1) 천황의 인간선언

1945년 8월 15일 일본이 무조건 항복하면서 제2차 세계대전이 끝났다. 미국을 중심으로 하는 연합국 군대가 일본 본토를 차례로 점령했

다. 같은 해 10월에는 도쿄에 연합국군최고사령관총사령부GHQ가 설치되고, 최고사령관SCAP으로 맥아더가 취임했다.

한 나라가 패전했을 경우 통수권자가 책임을 지는 것이 당연하다. 천황도 자신의 책임 문제를 진지하게 생각했다. 그러나 일본이 패전한 후, 일본을 통치한 맥아더 사령부는 쇼와 천황昭和天皇의 권위를 이용하는 것이 유용하다고 판단했다. 미국은 천황의 정치적인 권한을 박탈하는 선에서 천황제를 존속시키는 방법을 택했다.

하지만 GHQ는 초국가주의의 상징인 천황과 황실에 대해서 누구라도 비판할 수 있는 자유를 보장했다. 대부분의 황족에게 성을 사용하고 호적에 편입되게 했다. 1945년 11월 20일 GHQ는 황실재산의 동결을 명령했다. 언젠가 황실의 재산을 국유화해서 천황의 경제적 기반을 붕괴시키기 위한 전제 조치였다. 그것은 또한 천황을 신성시하는 일본 국민의 생각을 바꾸기 위한 조치이기도 했다.

1946년 정월 1일 천황이 조서를 내었다. 이 조서는 천황과 국민은 "상호 신뢰와 경애"로 맺어지는 것이며 "단지 신화와 전설"에 의한 것이 아님을 강조했다. 그리고 "천황을 살아있는 신으로 받들고 또 일본인을 다른 민족보다 우월한 민족"이라고 생각하는 것은 "가공의 관념"이라고 말했다. 이것이 소위 천황의 '인간선언'이었다.

천황의 '인간선언'은 시데하라 기주로幣原喜重郎 총리대신이 먼저 영문으로 써서 맥아더에게 보여 주고, 그것을 다시 일본어로 번역해서 천황에게 보여준 다음 천황의 이름으로 공포한 것이었다. 맥아더는 이 조서를 공포함으로써 일본의 초국가주의 사상의 근원인 천황의 신격화 사상을 무력화하는데 성공했다. 맥아더는 "천황이 일본 국민의 민주화에 지도적 역할을 수행하려고 했다."고 성명을 발표했다.

(2) 현대 일본의 천황제

천황이 인간선언을 한 후, GHQ는 새로운 헌법초안을 제시했다. 이것이 일본의회에서 통과되어 일본국헌법이 제정되었다. 1889년 2월 11일에 공포된 대일본제국헌법 제1조에 "대일본제국은 만세일계의 천황이 이를 통치한다."라고 되어 있다. 천황을 통치권자로 규정했던 것이다. 그러나 1947년 5월 3일에 발효된 일본국헌법의 제1조에는 "천황은 일본국의 상징이며 일본 국민통합의 상징이다. 그 지위는 주권이 있는 일본국민의 총의에 근거한다."라고 되어 있다. 천황은 '일본국의 상징'으로 규정되었다. 그래서 현대 일본의 천황제를 '상징천황제'라고 한다.

1945년 이전의 천황은 제국헌법체제하에서 신권적 군주의 지위를 누렸으나 전후 일본국헌법 체제하에서 천황은 상징적 존재로 위치되었다. 쇼와昭和 시대는 1926년부터 1989년까지 64년간 지속되었다. 쇼와 천황은 패전 당시까지 20년간은 신권적 군주의 지위를 누렸고, 그 후에는 상징적 존재가 되었다. 쇼와 천황의 법적 지위는 1945년 일본의 패전을 기점으로 극적인 변동을 경험한 셈이다.

일본국헌법에 규정된 천황의 국사행위는 ① 헌법개정·법률·정령·공약 등의 공포 ② 국회 소집 ③ 중의원 해산 ④ 국회의원 총선거 공시 ⑤ 국무위원 및 법률이 정하는 그 외의 관리의 임면, 전권 위임장 및 대사·공사의 신임장 인증 ⑥ 대사·특사·감형·형 집행 면제·복권 등의 인증 ⑦ 영전 수여 ⑧ 비준서 및 법률이 정하는 그 밖의 외교문서 인증 ⑨ 외국 대사·공사의 접수 ⑩ 의식 거행 등이다.

천황의 국사행위는 '내각의 조언과 승인'을 필요로 하며 '내각이 책임을 지는' 것으로 되어 있다. 이것은 정치적인 국사행위 일체를 내각이 담당함으로써 천황의 국사행위를 형식적·의례적으로 하기 위한 규정이다. 천황의 상징성은 천황으로부터 어떠한 정치성도 배제하는 것을 의미한다. 천황에게 총리대신과 최고재판소장의 임명권이 주어졌지만 이 또한 국회와 내각의 지명을 전제로 하기 때문에 형식적·의례적인 것에서 벗어나지 않는다.

현대 일본국헌법 체제하에서는 천황도 헌법의 규정에 따라야만 한다. 천황은 헌법을 존중하고 보호해야 하는 의무를 지고 있다. 황실전범도 헌법의 지배를 받게 되었고, 모두 국회의 의결을 거치도록 되어 있다. 황실 재산은 국가에 귀속되었고, 모든 황실비용은 예산에 반영되었다. 1945년 이전의 대일본제국헌법 체제하에서는 천황과 그 일족에 관련된 일을 전담하는 궁내성宮內省은 정부 조직과는 별개의 독립적인 조직이었다. 그러나 현대 일본국헌법 체제하에서 궁내성은 궁내청으로 지위가 격하되어 총리부의 관할 아래 놓이게 되었다.

패전 후에 천황의 법적 지위에 큰 변화가 있었다. 그러나 1945년 이전의 대일본제국헌법 체제하에서나 전후의 민주주의 체제하에서나 헌법 제1조에 천황에 관한 조항이 규정되어 있다. 이것은 일본에서 천황이 차지하는 정치적인 의미가 그만큼 크다는 것을 의미한다.

(3) 황실과 일본인

일본이 패전한 후, 미국을 포함한 연합국에서 일본의 천황제를 폐지해야 한다는 여론이 높았다. 그러나 일본에서는 천황제의 존속을 지지하는 여론이 압도적이었다. 하지만 미국이 원했다면 천황에게 전쟁책임을 묻고 또 천황제를 폐지할 수도 있었다. 당시 천황의 측근들도 쇼와 천황의 퇴위를 기정사실화했고, 최악의 경우 천황제 폐지까지 각오하고 있었다. 그런데 미국이 쇼와 천황에게 전쟁책임을 묻지 않았고 퇴위도 요구하지 않았다. 당시 미국은 일본에 소련의 영향력이 미치는 것을 극도로 경계하고 있었다. 일본에서 공산주의가 세력을 얻는다면 미국의 동북아시아 정책에 큰 차질이 빚어진다고 판단했다. 그래서 공산주의와 상극인 천황과 천황제를 유지시켜 일본을 미국의 영향력 아래 두기로 결정했던 것이다.

많은 문제점들이 있었음에도 불구하고, 일본국헌법이 제정되면서 상징천황제가 일본사회에 정착했다. 상징천황제는 국민주권을 전제로 하기 때문에 민주주의와 상충되지 않는 제도였다. 그러나 상징천황제의 정착에 무엇보다도 중요한 역할을 한 것은 천황과 황실의 새로운 이미지 구축이었다.

천황과 황실의 새로운 이미지는 주로 매스컴을 통해 형성되었다. 그 첫 번째 작업이 "인간선언"으로 신비의 베일을 벗어버린 쇼와 천황이 국민 앞에 그 모습을 드러내게 한 것이었다. 1946년 2월 19일 천황은 가나가와 현神奈川縣을 시찰하는 것을 시작으로 오키나와沖繩를 제외한 전국 각지를 9년에 걸쳐서 순행했다. 천황은 학교, 관공서, 부대, 공장, 산업 시설, 농촌의 민가 등을 빠짐없이 순행하면서 패전으로 허탈 상태에 빠진 국민을 위로하고 격려했다. 순행 거리는 3만3,000킬로미터에 달했다. 하루 평균 200킬로미터의 강행군이었다. 국민은 그동안 천황을 아라히토가미現人神, 즉 신이 인간의 모습으로 나타는 존재라고 생각했고, 그래서 천황을 바로 쳐다보지도 못했다. 그런데 국민은 천황을 처음으로 가까이에서 접할 수 있었다. 이러한 천황의 행보는 오히려 천황의 존재감을 대내외에 유감없이 각인시켰다.

쇼와 천황의 순행 장면은 매스컴을 통해 선전되었다. 일본인들은 쇼와 천황이 국민과 직접 소통하는 모습을 지켜볼 수 있었다. 매스컴을 통해 만들어진 쇼와 천황의 이미지는 민주적이고 근대적이며 인간적인 모습이었다. 그 후 정부는 쇼와 천황을 새로운 가치에 부합되는 이미지로 포장하기 위해 노력했다. 1945년 이전의 아라히토가미이며 군국주의체제의 통치권자라는 이미지는 사라지고 연구에 몰두하는 생물학자, 검소한 생활을 하고 평화를 사랑하는 민주주의적 천황의 이미지가 부각시켰다. 1989년에 천황의 지위에 오른 아키히토明仁 황태자도 새로운 이미지로 국민에게 소개되었다. 야구경기장에서 햄버거를 먹는 모습, 레슬링 연습장을 방문하는 모습이 보도되었다. 미국인 가정교사를 사랑으로 대하는 인간성 넘치는 황태자, 맥아더 사령관과 영어로 대화를 나눌 정도로 영어실력이 출중한 황태자로 선전되었다. 매스컴을 통해 형성된 천황과 황족의 새로운 이미지는 천황제도 민주주의와 양립할 수 있는 제도라는 인식을 국민들에게 심어주는 역할을 했다.

상징천황제의 성공적인 정착에 결정적으로 공헌한 것은 아키히토 황태자의 결혼과 텔레비전의 보급이었다. 1958년 아키히토 황태자와 쇼다 미치코正田美知子의 약혼을 계기로 매스컴은 연일 이들의 동정을 경쟁적으로 보도했다. 다음해에 거행된 결혼식은 텔레비전을 통해 전국에 생중계되었다. 쇼다 미치코가 민간인 신분이라는 점이 국민에게 신선한 충격을 안겨주었다. 그전까지 황실에서는 근친혼을 하는 것이 당연한 일이었다. 쇼와 천황도 사촌과 결혼했다. 매스컴은 황태자와 쇼다 미치코가 연애결혼을 했다는 점을 부각시켰다. 이들의 결혼이 신분을 뛰어넘는 사랑의 결실이라는 근대적이고 낭만적인 결혼 이미지를 국민에게 심어주었다. 황태자의 결

천황 아키히토

혼 후에는 황태자의 결혼생활, 출산, 육아, 교육 등이 평범한 일반인과 다르지 않다는 점이 매스컴을 통해 보도되었다. 국민들은 황실을 매우 친근한 이웃처럼 여기게 되었다.

매스컴이 만든 이미지 덕분에 천황과 황실은 국민에게 좀 더 가까이 다가갈 수 있었다. 그들은 유명 연예인보다 더 유명한 스타가 되었고, '로열패밀리'는 상류사회를 상징하는 존재로써 선망의 대상이 되었다. 천황과 황족은 친근하고, 겸손하고, 자상하고, 기품이 있는 이미지로 포장되었지만, 일반인의 입장에서는 여전히 감히 올려다볼 수 없는 특별한 존재임에 틀림이 없다.

4. 헌법과 일본인

1) 1945년 이전의 대일본제국헌법

1889년 2월 11일 기원절에 대일본제국헌법大日本帝國憲法이 공포되었다. 헌법은 천황이 내각 총리대신 구로다 기요타카黒田淸隆에게 수여하는 형식으로 공포되었다. 메이지헌법이라고도 하는 대일본제국헌법은 천황이 단독의 의지로 공포하는 형식을 취한 흠정헌법이었다. 헌법과 아울러 황실전범皇室典範·중의원 의원선거법·귀족원령이 공포되었다. 일본인들은 헌법의 내용을 전혀 알지 못했다.

제국헌법은 7장 76조로 구성되었다. 헌법의 기본원칙은 천황주권이었다. 신성불가침한 천황에게 절대적인 권한이 집중되었다. 천황이 어떠한 존재인지를 알 수 있는 헌법의 조목을 들어보면 다음과 같다.

제1조 대일본제국은 만세일계万世一系의 천황이 이를 통치한다.
제3조 천황은 신성神聖해 범할 수 없다.
제5조 천황은 제국의회의 협찬으로 입법권을 행사한다.
제11조 천황은 육해군을 통수한다.
제12조 천황은 육해군의 편제 및 상비병액常備兵額을 정한다.
제13조 천황은 전쟁을 선포하고 평화를 강구하며 아울러 제반의 조약을 체결한다.
제55조 국무대신은 천황을 보필해 그 책무에 임한다.
제57조 사법권은 천황의 이름으로 법률에 의해 재판소가 이를 행한다.

제국헌법은 주권이 천황에 있다고 명기했다. 헌법 제1조에 '일본제국은 만세일계의 천황이 이를 통치한다.'라고 되어 있었다. 천황 대권의 행사는 전시 또는 국가에 위급한 일이 발생했을 때 국민의 기본권에 우선했다. 천황은 대권으로 의회를 소집하고 해산할 수 있었고, 육해군을 통수하고, 전쟁을 선포하고, 조약을 체결할 수 있었다. 천황의 통수권은 입법·행정에서 독립되었다. 즉, 천황의 대권에 의회도 관여할 수 없었다. 천황은 긴급칙령으로 법률의 제정과 개폐도 가능했다.

제국의회는 귀족원과 중의원의 양원제로 구성되었다. 귀족원은 황족·화족 그리고 천황이 임명한 의원으로 구성되었다. 중의원은 선거에 의해 선출된 의원으로 구성되었다. 귀족원은 상원, 중의원은 하원으로 했지만 양자의 권한은 거의 대등했다. 하지만 중의원이 제출한 법안은 귀족원에서 부결할 수 있었다. 그래서 천황 대권에 해당하는 제6조의 천황 법률재가권法律裁可權 발동을 필요로 하는 사태는 발생할 가능성이 없었다. 설령 중의원에서 감세법안을 성립시켜도 귀족원에서 부결하면 그만이었다. 의회는 법률안과 예산안의 심의 이외에 다른 권한이 없었다. 다만 37조 "모든 법률은 제국의회의 협찬을 거쳐야 한다."
는 규정과 제62조 "새로운 조세의 부과 및 세율의 변경은 법률로 정한
다."는 규정이 정부의 증세정책을 속박했다.

2) 1945년 이후의 일본국헌법

(1) 일본국헌법의 제정

패전 후 일본에서는 비민주적 헌법인 대일본제국헌법을 조속히 개정해야 한다는 공감대가 확산되었다. 일본의 민주화를 추진하기 위해서는 대일본제국헌법을 전폭적으로 개정할 필요가 있었다. 1945년 10월 GHQ는 대일본제국헌법의 개정을 시사했다. 정치인과 지식인을 중심으로 헌법개정에 관한 논의가 시작되었다.

시데하라 기주로幣原喜重郎 내각은 마쓰모토 조지松本蒸治를 위원장으로 하는 헌법문제조사위원회를 설치하고, 1946년 정월에 개정초안을 만들어 GHQ에 제출했다. 그런데 일본 정부가 마련한 개정초안은 대일본제국헌법의 기본 원칙을 그대로 유지하면서 거기에 약간의 수정을 가한 것이었다. GHQ는 시데하라 내각이 작성한 헌법개정안을 거부했다.

한편, 지식인들도 독자적인 헌법개정안을 만들었다. 1945년 12월 다카노 이와자부로高野岩三郎를 비롯한 학자들이 결성한 헌법연구회에서 헌법초안요강을 작성해서 시데하라 내각과 GHQ에 제출했다. 이 초안은 천황의 정치적 역할을 국가의 의례행위에 한정하고, 국민의 자유와 권리를 보장하고, 기생적인 토지소유제와 봉건적 소작료의 폐지를 명시한 내용을 담고 있었다. 시데하라 내각은 이 헌법초안을 너무 급진적

제국헌법 공포 / 그림 도쿄대학 법학부 소장

이라고 묵살했다. 그러나 GHQ는 헌법연구회가 제출한 헌법초안요강을 참고해서 새로운 헌법초안을 작성했다.

새로운 헌법의 기초에 즈음해 맥아더 사령관은 헌법 개정의 3원칙으로 입헌군주제로서의 천황제 승인·전쟁의 포기 및 무장의 금지·봉건제도의 폐지를 제시했다. GHQ는 맥아더가 제시한 3원칙에 따라 헌법개정안을 작성했다. 맥아더는 GHQ가 작성한 헌법개정안을 시데하라 내각에 보냈다.

GHQ의 헌법개정안을 수령한 시데하라 내각은 큰 충격을 받았다. 그 내용이 너무 급진적이었기 때문이다. GHQ가 마련한 헌법개정안 내용 중에서 시데하라 내각이 가장 난감해 했던 것은 천황의 지위와 관련된 문제였다. 그때까지 일본의 정치인들은 천황을 중심으로 하는 정치체제를 당연한 것으로 여기고 있었다. 천황을 군주로 받드는 것이 일본적인 민주주의라는 관점에서 벗어나지 못하고 있었다. 그래서 시데하라 내각은 주권이 국민에게 있다는 것을 명기하고 천황을 정치에서 배제한 GHQ의 헌법개정안에 동의하지 않았다.

그러나 당시 일본 정부는 GHQ의 지령을 받아 정치를 시행하는 하급 기관에 불과했다. 결국 시데하라 내각은 GHQ와 협의를 거듭한 끝에 1947년 4월 17일 헌법개정안 초안을 발표했다. 헌법개정안 초안은 곧 제국의회에 보내졌다. 제국의회는 정부가 제출한 헌법개정 초안에 약간의 수정을 가한 뒤 가결했다. 1946년 11월 3일 일본국헌법이 공포되었고, 1947년 5월 3일 발효되었다.

(2) 헌법의 내용

일본국헌법은 전문과 11장 103조의 본문으로 구성되었다. 본문은 제1장 「천황」, 제2장 「전쟁의 포기」, 제3장 「국민의 권리와 의무」, 제4장 「국회」, 제5장 「내각」, 제6장 「사법」, 제7장 「재정」, 제8장 「지방자치」, 제9장 「헌법개정」, 제10장 「최고법규」, 제11장 「보칙」으로 구성되었다. 주요 내용을 소개하면 다음과 같다.

제1장 천황
제1조 「천황의 지위·국민주권」
  천황은 일본국의 상징이며 일본 국민통합의 상징이다. 그 지위는 주권이 있는 일본국민의 총의에 근거한다.
제3조 「천황의 국사 행위에 관한 내각의 조언과 승인」
  천황의 국사에 관한 모든 행위에는 내각의 조언과 승인을 필요로 하며 내각이 그 책임을 진다.
제4조 「천황의 권능의 한계 천황의 국사행위의 위임」
  ① 천황은 이 헌법이 정한 국사에 관한 행위만을 행하고 국정에 관한 권능은 가지지 않는다. ② 천황은 법률이 정한 바에 의해

그 국사에 관한 행위를 위임할 수 있다.

제2장 전쟁의 포기
제9조「전쟁책임의 포기 군비 및 교전권의 부인」
① 일본 국민은 정의와 질서를 기조로 하는 국제평화를 성실히 희구하며, 국권의 발동에 의한 전쟁과 무력에 의한 위협 또는 무력의 행사는, 국제분쟁을 해결하는 수단으로서는, 영구히 이를 포기한다. ② 전항의 목적을 달성하기 위해 육해공군 기타의 전력은 이것을 보유하지 않는다. 나라의 교전권은 이것을 인정하지 않는다.

제3장 국민의 권리 및 의무
제11조「기본적 인권의 향유」
국민은 모든 기본적인권의 향유를 방해받지 않는다. 이 헌법이 국민에게 보장하는 기본적인권은, 침범할 수 없는 영구한 권리로서 현재 및 장래의 국민에게 부여된다.

제9장 개정
제96조「개정의 수순 그 공포」
① 이 헌법의 개정은 각 議院의 총 議員 3분의 2 이상의 찬성으로 국회가 이것을 발의해 국민에 제안해 그 승인을 얻지 않으면 안 된다. 이 승인에는 특별히 국민 투표 혹은 국회가 정한 선거 시에 행해지는 투표에 의해 그 과반수의 찬성을 필요로 한다.

「일본국헌법」의 주된 내용은 국민주권주의를 채용하고 천황을 실권이 없는 상징적인 존재로 규정했다는 점, 원칙적으로 간접민주제를 채택하고 선거로 선출되는 양원제 형식을 취했다는 점, 기본적인 인권을 불가침한 것으로 규정했다는 점, 전쟁과 군비의 포기를 명확히 했다는 점, 계엄 및 비상사태에 관한 제도를 모두 폐지했다는 점, 헌법 개정에 중의원·참의원 의원 3분의 2의 의결에 더해 국민투표라는 직접민주주의 제도를 도입했다는 점 등을 들 수 있다. 그러나 '상징' '공공의 복지' 등 애매한 용어가 많아 해석하기에 따라서 여러 방향으로 운용할 수 있는 가능성이 있다는 문제점이 있었다.

「일본국헌법」은 노동자의 단결권과 파업권의 보장, 국민의 최저생활권 보장 등 인권사상의 내용을 반영하면서도 전쟁포기 규정이 포함되어 있는 세계적으로 유례가 없는 평화헌법이었다. 국가의 최고기관은 국회였다. 내각 총리대신은 국회의 지명으로 선출하고 천황이 임명하도록 했다. 헌법 개정과 최고재판소 재판관의 임명은 국민투표에 붙여졌다. 재판소에는 위헌입법심사권이 주어졌다.

종래의 가족제도는 가부장제로 호주가 절대적인 권한을 갖고 있었다. 호주는 가족이 혼인 등으로 호적의 변동 사유가 발생했을 경우에 대한 동의권, 가독상속·유산상속·재산증여 등에 대한 독단적인 지정권·동의권이 보장되었다. 그 결과 가족 개인의 인격이 무시되는 경향이 있었다. 가독은 장남이 상속하는 것이 원칙이었다. 따라서 장남이 존중되었다. 남존여비의 경향이 강했다.

일본국헌법이 제정되면서 남녀평등·부부평등의 관점에서 호주제도와 가독제도가 폐지되었다. 유산은 처와 모든 자손이 평등하게 상속하도록 했다. 결혼도 당사자의 의견을 존중하게 했다. 형사소송법이 전면 개정되었다. 간통죄도 폐지되었다.

(3) 헌법 제9조와 개헌을 둘러싼 논의

일본국헌법은 1947년 5월 3일 발효된 이래 한 번도 개정된 일이 없다. 그러나 개헌 논의는 헌법 1950년대 초부터 꾸준히 제기되어 왔다. 개헌의 초점은 헌법 제9조「전쟁책임의 포기 군비 및 교전권의 부인」에 맞추어져 있었다. 1952년 일본이 주권을 회복하자 보수진영에서는 일본군을 창설하는 것이 필요하다고 하면서 헌법의 개정을 요구했다. 개헌 논의는 자위대의 존재와 연관되어졌다.

1952년 샌프란시스코 평화조약이 체결되면서, 연합국에 의한 점령 정책이 종료되고 일본의 주권이 회복되었다. 그러자 보수진영에서는 헌법개정의 필요성을 제기하고 나섰다. 보수진영이 문제로 삼은 것은 천황의 지위에 관한 규정과 전쟁을 포기하고 무장을 하지 않는다는 규정이었다. 헌법개정론자들은 일본의 자립과 재건을 위해서는 헌법으로 천황을 실질적인 국가원수로 명확히 규정해야 한다고 주장했다. 천황을 일본 민족의 정신적 구심점으로 삼아야 한다는 것이었다. 또 국가의 독립을 위해서는 군대를 보유해야 하고 자위권을 행사해야 한다고 주장했다.

그러나 자민당 정권이 탄생하고, 일본이 고도경제성장기에 들어간 1955년경부터 헌법개정을 요구하는 목소리가 잦아들었다. 하토야마 이치로鳩山一郞 정권하에서 치러진 선거에서 개헌에 반대하는 세력이 중의원・참의원 의석의 3분의 1을 차지했기 때문이다. 자주적 개헌은 자민당의 정강이었지만, 그동안 평화헌법을 지지하는 국민이 증가하면서 개헌을 발의하기가 사실상 불가능하게 되었다. 그 후 적극적인 개헌론은 크게 부각되지 않았다.

하지만 헌법 제9조를 둘러싼 논쟁의 불씨는 꺼지지 않았다. 자위대의 존재와 헌법 제9조의 관계 해석이 핵심 쟁점이었다. 개헌론자들은 일본국헌법의 평화주의 이념 자체를 부정하지는 않았지만, 민족의 자주성과 현실 논리를 내세워 제9조의 개정을 주장했다. 그들은 헌법 제9조의 내용을 형해화시키는 전략을 구사했다. 즉 제9조의 기본 골격은 그대로 두면서 '전쟁이 가능한 국가'로 '해석'할 수 있는 조항을 추가하는 방안을 제시했다. 그러나 최근에는 제9조를 포함한 개헌문제가 공공연하게 논의되고 있다

미국이 평화헌법을 만들어 놓고, 일본을 재무장시킨 것은 사실상 미국이었다. 1950년 한국전쟁이 발발하자, 같은 해 7월 맥아더는 요시다 시게루吉田茂 내각에 7만5,000명의 국가경찰예비대를 창설하라고 지시했다. 일본 국내의 치안을 유지하고 유사시에 미군의 보조적 역할을 수행할 수 있도록 하기 위해서였다. 이어서 1952년 4월에는 해상경비대가 창설되었다. 일본이 주권을 회복한 1952년 8월에는 보안청이 설치되었다. 보안청은 경찰예비대와 해상경비대를 관장하는 상급기관이었다. 1954년 7월에는 방위청과 자위대가 정식으로 발족하면서 보안대는 육상자위대로, 경비대는 해상자위대로 개편되었다. 동시에 항공자위대가 창설되었다.

일본 정부는 자민당 정권이 성립된 1955년 이래 방위력 정비계획에 따라 지속적으로 군비를 강화해 왔다. 1960년에는 일미안전보장조약이 성립되었고, 그 후 미국은 일본의 방위력 증강을 사실상 용인했다. 1976년

야스쿠니 신사에 참배하는 나카소네 야스히로

미키 다케오三木武夫 내각은 각의에서 방위비는 GNP의 1퍼센트를 넘지 않도록 결의했다. 하지만 1986년 나카소네 야스히로中曾根康弘 내각은 이 한도를 교묘하게 돌파했다.

정부의 지속적인 군사력 증강은 당연히 자위대에 관한 논쟁으로 확산되었다. 즉 자위대는 창설 당시부터 전투력의 보유를 금지한 헌법에 위배된다는 것이다. 이에 대해 정부는 자위대는 국가의 자위권을 지키기 위한 최소한의 무력으로 헌법에 위배되지 않는다는 입장을 표명했다. 국가의 자위권을 발동하기 위한 무력행사는 용인되어야 한다는 주장이었다.

한편, 주권국가가 군대를 보유하는 것은 당연한 일이므로 헌법을 개정해 정식으로 군대를 보유해야 한다는 여론이 힘을 얻고 있었다. 개헌론자들은 헌법 제9조가 현실을 도외시한 지나친 이상주의라고 비판했다. 자위대 위헌론을 제기해 왔던 사회당과 공산당도 변화하기 시작했다. 1980년대에 들어서 사회당은 자위대의 실체를 인정했고, 1993년에는 자위대를 실질적으로 용인하다가 다음 해에는 자위대를 합헌으로 인정했다.

1990년대에 들어와서 일본에서는 걸프전쟁을 계기로 개헌이 논의되기 시작했다. 1997년「아사히신문」의 여론조사에 의하면 개헌에 찬성하는 사람이 46퍼센트에 달했다. 정부도 헌법개정을 위해 구체적으로 모색하기 시작했다. 같은 해 5월「헌법조사위원회설치 추진의원연맹」이 발족했다. 이 연맹에는 350명 이상의 의원들이 참여하고 있다. 1999년에는 국회에서 정식으로 헌법조사회가 설치되어 헌법개정을 구체적으로 검토하고 있다.

5. 학교교육과 일본인

1) 1945년 이전의 교육

(1) 교육 개혁과 제도의 정비

1869년 소학교 설립 방침이 정해졌다. 교토에 처음으로 소학교가 개설된 것을 시작으로 64개 소학교가 개교했다. 1870년 도쿄의 사원 건물을 개조해 6개 소학교를 세웠다. 1872년 근대적 학교법규인 학제學制가 반포되었다. 교육의 목적을 개인의 완성에 두고, 평등과 기회균등을 지향하는 의무교육 방향이 정해졌다.

학제는 전국을 8개 대학구로 나누었다. 한 대학구를 32개의 중학구로, 한 중학구를 210개 소학구로 나누어 각기 중학교와 소학교를 두기로 했다. 이 규정대로라면 전국에 대학 8개소, 중학교 256개소, 소학교 5만3,760개소가 설립되었을 것이다. 인구 6백 명에 소학교 한 곳씩 세

소학교 학습 풍경

운다는 계획은 프랑스의 학제를 모방한 것이었다. 하지만 계획은 실현되지 않았다. 학제가 너무 이상에 치우쳐 있었기 때문이다.

1879년 학제가 폐지되고 새로운 교육령이 마련되었다. 이번에는 미국의 제도를 모방했다. 지방자치를 존중하고, 지방의 실정에 맞춘 민주주의 교육제도를 채용했다. 그런데 교육 내용이 너무 서양적이고 전통을 무시한다는 비판이 많았다. 정부 내부에서도 불만이 터져 나왔다. 1880년 정부는 개정교육령을 반포했다. 교육 내용에 대한 통제도 강화되었다. 교육은 국가주의적인 경향을 띠게 되었다.

교육의 국수화와 함께 교육제도가 보완되었다. 1894년에는 고등중학교를 고등학교로 개편했다. 1886년에는 사범학교가 다시 고등사범학교와 심상사범학교尋常師範學校로 나뉘었다. 1897년 사범교육령에 따라 심상사범학교는 그냥 사범학교로 개칭하고 여자고등사범을 독립시켰다. 1902년에 히로시마고등사범廣島高等師範, 1908년에 나라여자고등사범奈良女子高等師範이 신설되었다.

1899년에는 농업·공업·상업의 실업학교를 설립했다. 「고등여학교령」과 「사립학교령」도 공포했다. 1903년에는 「전문학교령」을 공포하고, 의학·법학·어학 등의 각종 전문학교를 설치했다. 1907년에는 의무교육과정인 심상소학교尋常小學校의 교육연한을 4년에서 6년으로 연장했다. 1911년에는 소학교 아동의 취학률이 98퍼센트에 달했다.

1886년의 「제국대학령」을 공포했다. 도쿄대학의 의과·공과·문과·이과 등 각 분과대학과 대학원을 통합해 제국대학을 설립했다. 제국대학은 국가가 필요로 하는 학술연구·인재양성을 목적으로 했다. 제국대학 졸업생은 고급관료, 금융·경제계의 지도자, 고급 기술자 등 각계의 지도층을 형성했다. 1897년에는 교토제국대학이 설립되면서 제국대학의 명칭이 도쿄제국대학으로 변경되었다. 이후 1907년부터 동북東北·규슈九州·홋카이도北海道에도 제국대학이 설립되었다. 식민지 조선에도 경성제국대학이 설립되었다.

소학교령의 발표와 동시에 교과서의 검정제도가 실시되었다. 1903년에 소학교에서는 국정교과서가 사용되었다. 정치방침을 교육에 구체적으로 반영하기 위해서였다. 국정교과서는 국가가 학생들의 사상을 통제하기 위한 수단이었다. 중학교에서는 검정교과서가 채용되었다.

(2) 황민화 교육

1880년에 공포한 개정교육령은 교육 국수화의 출발점이었다. 메이지 천황이 민권사상에 대해 우려를 표명하고, 모토다 에이후元田永孚에게「유학강요幼學綱要」를 편찬하게 했다. 그것은 1882년에 초등교육 종사자에게 반포되었고, 충효와 인의를 교육의 지표로 삼았다.

1890년 10월 충군애국과 국민도덕을 기본으로 하는「교육칙어敎育勅語」가 공포되었다. 교육칙어의 내용은 '충군애국'과 '진충보국'을 골자로 했다. 즉 그것은 국민 스스로가 선조 대대로 천황에게 충성을 다 바친 '충량忠良한 신민臣民'임을 자각하게 해 일단 유사시에 목숨을 바쳐서 천황과 천황제를 수호할 것을 강조했다.「교육칙어」의 내용은 다음과 같다.

> 짐朕이 생각하노니, 아마테라스오미카미天照大神 이래 천황의 조상들이 일본을 건국해 덕정을 베풀었다. 내 신민들은 충효를 다하고, 모두 마음을 하나로 모아 대대로 미덕을 발휘하였다. 이것이 국체國體의 매우 뛰어난 점이니 교육의 근원이 실로 여기에 있다. 너희 신민臣民들은 부모에게 효도하고, 형제 사이에 우의 있으며, 부

부 사이에 돈독하고, 붕우 사이에 신의 있으며, 공검恭儉하고, 박애博愛를 실천하며, 학업에 전념하여 지능智能을 계발해 덕기德器를 성취할지라. 나아가 공익을 증진하고, 사회를 위하여 일하고, 언제나 국헌國憲을 중히 여기고, 국법을 지켜 일단 유사시에는 의용義勇을 천황에 바쳐서 천양무궁天壤無窮한 황운皇運을 부익扶翼할지라. 이것은 단지 짐의 충량한 신민일 뿐만이 아니라, 너희 조상의 유풍을 현창顯彰하는 것이기도 하느니라. 이 길은 실로 우리 황조황종皇朝皇宗의 유훈이라. 자손도 신민도 함께 준수해야 마땅할지라. 이것은 고금을 통하여 옳고, 내외에 펴서 틀리지 않는다. 짐은 너희 신민들과 함께 잘 지켜서 그 덕을 함양할 것을 원하노라.

메이지明治 23년年 10月 30日

정부는 교육칙어를 학생들에게 철저하게 주입시키는 황민화교육皇民化敎育을 실시했다. 전국의 모든 학교에 교육칙어의 등본이 하사되었다. 학교에서는 그것을 경축일의 의식으로 봉독하고, 매일 교육칙어에 예배하고, 정신교육의 근간으로 삼았다. 문부성은 1891년에 의식의 형식을 전국적으로 통일했다. 교장에 의한 교육칙어 봉독이 의무화되었다.

황민화교육이 강화되면서 교사들은 황국사관에서 벗어난 내용을 입에 올릴 수 없었다. 역사교사는 아마테라스오미카미天照大神의 자손인 진무神武가 일본의 초대 천황이 되었다는 신화를 사실로 가르치지 않으면 안 되었다. 과학 교사들조차 아마테라스오미카미의 손자가 하늘에서 땅으로 강림했다는 이야기를 부정해서는 안 되었다.

학생들에게 황민화교육을 시키려면 교사가 모범을 보여야 했다. 교육칙어를 비롯해 천황과 관련된 내용을 학생들에게 가르치려면 그만큼 교사의 인격도 고결하지 않으면 안 되었다. 소학교의 교사가 훈도訓導

라고 일컬어졌던 것이 상징하듯이, 가르치는 일은 성스러운 직업이라는 점 또한 강조되었다. 교사는 천황제 국가를 지탱하는 국민을 양성하기 위한 국가기구의 일원이라는 점에서 자부심을 갖고 있었다.

2) 1945년 이후의 교육

(1) 교육기본법과 교육의 민주화

1945년 일본이 태평양전쟁에서 패전한 후, 일본을 통치하기 시작한 GHQ의 교육개혁 방침은 ①군국주의적이고 초국가주의적인 교육을 금지하고, 인권존중 교육을 장려하고, ② 군국주의자와 점령정책에 반대하는 자를 파면하고, 전시 중에 자유주의 사상이나 반전운동에 관련되어 해직된 교육자를 복직시키고, ③ 교사와 학생에게 비판의 자유를 허용하고, 전쟁지도자가 행한 과오를 가르치며, ④ 군국주의적 색채가 강한 교과서를 폐기하고, 평화를 애호하는 시민을 위한 교과서로 교체하는 것 등이었다.

시데하라 기주로 내각은 GHQ의 지령에 따라 1946년 5월 모든 교직원을 심사해 부적격자를 교육계에서 추방했다. 전시에 일본제국주의가 파면한 교수와 교사가 교단으로 복귀했다. 같은 해 11월 천황을 신격화시키고 신도사상을 고취시키는 과목이었던 수신, 일본역사, 지리 등의 과목을 폐기하고 공민 과목을 신설했다.

일본의 교육 실태를 조사한 미국의 교육사절단이 일본 정부에 초등학교 6년·중학교 3년의 의무교육을 권고했다. 권고에 따라 의무교육이 6년에서 9년으로 연장되었다. 1946년 4월부터 미국의 학제를 모방한 6·3·3·4제의 새로운 학제가 도입되었다. 학제는 남녀공학을 원칙으로 했다. 학제의 변화에 따라 중학교, 고등학교, 대학이 설립되었다.

1947년 3월에「교육기본법」·「학교교육법」이 공포되었다. 신헌법의 이념에 따라 성립된「교육기본법」은 일본 교육의 기본방향을 정한 것이었다. 다음과 같은 이념이 제시되었다. "교육은 인격의 완성을 목표로 한다. 진리와 정의를 사랑하고 개인의 가치를 존중한다. 근로와 책임을 중시하고 자주적 정신에 넘치는 심신 건강한 국민을 육성한다."

새로운 학제는 학교의 평등화를 지향했다. 새로운 제도에 따른 고등학교는 1945년 이전의 중학교와 같은 수준이었다. 이전에는 중학교가 취업교육을 주로 하는 직업학교와 진학을 목표로 하는 보통 중학교로 구분되었다. 새로운 제도는 직업학교와 보통학교를 통합하고 학구제를 도입해서 고등학교 간의 격차를 없앴다.

국정교과서 제도가 폐지되고 검정제도가 도입되었다. 교과서 검정제도는 교육민주회의 일환으로 성립된 것이었다. 사상의 간섭을 받지 않는다는 원칙이 세워졌다. 하지만 그 후 교과서에 대한 문부성의 간섭이 강화되면서 검정제도는 오히려 교과서에 대한 국가의 통제를 상징하는 제도가 되었다. 집필자는 문부성의 '지도'에 따르지 않을 수 없었다.

교육행정도 민주화되었다. 전국의 자치단체에 교육위원회가 설치되었다. 교육위원은 주민의 직접선거로 선출되었다. 문부성 중심의 집권적 교육행정이 타파된 것이다. 교육쇄신위원회가 활동하기 시작하면서 새로운 학교·교육행정 조직이 정비되었다. 교육행정 담당자들은 주민의 의사를 교육에 반영시키려고 노력했다.

(2) 현행 일본의 교육현황

유치원 유치원 1946년 미국의 교육사절단이 유치원을 설립해 초등학교의 일부로 편입시키는 것이 바람직하다는 의견을 제시했다. 1947년 3월 「학교교육법」이 공포되면서 보육원의 성격을 지녔던 유치원이 정식 교육기관으로 인정되었다. 이전에는 보모라고 불렸던 유치원 선생을 학교와 동일하게 교유敎諭로 칭하고 자격취득 요건도 동일하게 적용했다. 1956년에 '유치원교육요령'이 정해졌다. '유치원교육요령'은 미술·음악·건강·사회·언어학습 등의 영역을 포괄하고 있다. 소학교와 일관성 있는 교육을 유지할 수 있도록 하기 위해서였다. 또 '유치원설치기준'을 정해 유치원이 갖춰야 할 인적·물적 자원의 기준을 마련했다. 1964년 문부성은 '유치원진흥계획'을 마련해 유치원을 체계적으로 정비하고 관리했다. 이 무렵부터 유치원 수가 증가하고 취학율이 급증했다.

소학교 1951년 문부성은 '학습지도요령'을 개편했다. 학교장의 교육 자율권을 강화하고 연구시간을 할당했다. 능력별 학습방식을 채택했다. 아동의 개인차와 개성에 따라 효과적인 교육을 실시하기 위해서였다. 학습활동 영역이 독서·토론·견학·조사·기록·제작에 이르기까지 다양해졌다. 시청각 교재와 도서관 시설의 확충·정비가 요구되면서 학교설비가 개선되었다. 1952년 문부성은 도덕교육을 강화하는 방침을 정하고 역사·지리·도덕 내용을 포함한 사회과목을 개정했다. 학습평가방식은 종래의 작문 일변도에서 탈피해 객관식 평가와 자율 평가법을 도입했다. 1954년에 「벽지교육진흥법」, 「학교급식법」이 제정되면서 교육의 지방 격차가 해소되고, 아동의 식생활이 크게 개선되었다. 1958년 「학교교육법」 시행규칙이 개정되었다. 도덕교육이 강화되고, 실험관찰 교육이 중시되고, 법정 수업시간이 정해지는 등 교육과정의 기준이 정비되었다. 1968년 문부성을 '학습지도요령'을 전면 개정했다. 개정된 주요 내용은 다음과 같다. ① 인격형성을 위한 기초능력을 향상한다. ② 건강과 체력을 증진하고, 창의성과 정서를 함양하고, 올바른 국가관을 형성한다. ③ 아동의 심신 발달단계와 시대적 추이에 부응하게 한다. ④ 지역과 학교 실태에 맞는 연간 표준수업시수를 정한다.

중학교 1947년에 '학교교육법시행규칙'에 따라 교과목이 필수·선택으로 분류되었다. 1958년에 '중학교학습요령'을 개정했다. 그 요점은 도덕교육의 강화, 기초체력의 충실, 과학기술교육의 향상, 지리·역사교육의 개선이었다. 1958년부터 문부성이 '학습지도요령' 개정 작업에 착수해서 1969년에 공시했다. 개정된 주요 내용은 ① 인간 형성을 위한 조화로운 교육과정 편성, ② 학습지도 내용을 엄선하고 집약할 것, ③ 학생의 능력과 수준에 맞는 교육을 실시할 것, ④ 수업시간 수를 탄력적으로 운영할 것 등이었다.

고등학교 1948년 새로운 고등학교가 설립되었다. GHQ는 고등학교에 학구제·남녀공학제·종합제의 원칙을 제시했다. 학구제는 학교 간의 격차를 해소하는 데 목적이 있었다. 남녀공학제는 지역적 특성에 따라 탄력적으로 운영하도록 했다. 종합제는 보통과와 직업과를 통합한 것이다. 1948년 문부성 지시에 따라 입학시험을 폐지하고, 출신학교의 조사서만으로 신입생을 선발했다. 조사서에는 지능검사 결과, 학력고사 성적, 성격 및 태도, 적성 등이 기록되어 있었다. 그러나 문부성은 1951년부터 고등학교의 입학고사 실시를 인정했다. 1963년부터 중학교의 보고서와 학력고사 성적에 따라 입학생을 선발하게 되었다.

단기대학 단기대학은 고등학교 교육을 마친 자에게 2~3년의 전문교육을 실시해 건전한 사회인을 육성하는 것을 목적으로 발족되었다. 단기대학의 학과 구성은 문학·어학·경제학·이공학계가 전체의 90퍼센트를 차지하고 있다. 단기대학은 4년제 대학에 비해 경제적 부담이 적으면서 직업교육을 충실하게 이수한다는 장점이 있었다. 그래서 단기대학은 일본의 고등교육기관으로서 중요한 위치를 차지하고 있다. 1964년에 「학교교육법」이 개정되면서 단기대학의 위상이 강화되었고, 졸업생이 4년제 대학에 편입할 수 있는 자격도 부여되었다. 1970년에는 단기대학이 480여 개소에 달해 전체 고등교육기관의 56퍼센트를 차지했다. 학생수는 27만 명이 넘었다. 단기대학 여학생 구성비율은 80퍼센트를 상회했다.

대학 1949년 「국립대학설치법」이 제정되고 69개의 새로운 대학이 원칙적으로 부현(府縣)에 1개교씩 설립되었다. 출신학교의 조사서, 진학적성검사, 학력검사, 신체검사 등의 자료로 신입생을 선발했다. 그러나 공립학교와 사립학교는 독자적인 시험을 통해 신입생을 선발할 수 있도록 허용했다. 문부성은 전자공학, 원자력공학, 토목, 건축, 기계, 전기공학 등의 학과를 중점 육성했고, 환경공학·안전공학·도시공학 학과의 신설을 유도했다. 1970년대에 들어서면서 정보처리, 인간관계학, 국제관계학, 관광학 등의 전문학과가 개설되었다. 대학입시제도는 학력검사 · 신체검사 · 출신학교장의 조사서를 종합해 입학생을 선발하는 방식이었다. 그러나 특정대학, 특정학부에 자원자가 몰리고, 재수생이 급증하고, 대학에서 학력고사 성적 위주로 입학생을 선발하면서 고등학교 교육이 파행으로 치닫게 되었다. 학교교육을 정상화해야 한다는 의견이 제기되었다. 그러자 문부성은 학력검사 · 신체검사 · 출신학교장의 조사서를 종합해서 입학생을 선발해야 한다는 원칙을 재확인했다. 1979년부터 국공립대학에 한해 공통문제로 1차 시험을 실시하고, 학교별로 2차 시험을 치른 다음, 1 · 2차를 종합해 합격 여부를 결정하도록 했다.

(3) 현대 일본교육의 문제점

일본도 한국과 같이 입시경쟁이 치열하다. 점수가 높아야 소위 명문대학에 진학할 수 있고, 명문대학에 진학해야 일류회사에 취직할 수 있기 때문이다. 1960년 중학교 학생들을 대상으로 전국적인 규모의 일제고사가 시행되자, 일선학교들은 학생들의 성적을 올리기 위해 노력했다. 전국을 대상으로 하는 시험은 학교간, 지역간의 성적을 비교할 수 있었기 때문이다.

입시경쟁은 전후 한 때 폐지되었던 고교입시가 1963년에 부활되면서 공립학교도 고교와 대학은 모두 입시를 치르게 되었다. 명문 사립학교는 소학교와 중학교도 시험으로 학생을 선발하는 학교가 대부분이었다. 이들 사립학교에 입학하기 위한 경쟁은 날로 치열해졌다. 1979년에는 학력고사제도가 도입되었고 1989년에는 대학입시센터 시험이 도입되었다. 대학에 입학하려면 센터 시험을 치르고 다시 대학별 본고사를 보아야 했다.

입시경쟁이 치열하다보니 일찍부터 수험준비를 시작한다. 도쿄에서는 소학교 5학년부터 수험준비를 시작하면 이미 늦다고 할 정도이다. 그래서 부모들은 유치원 입학때부터 아동에게 체계적으로 수험준비를 시킨다. 유치원부터 대학교까지 소유한 유명 사립학교들은 입시지옥에서 탈피하고 싶은 학부모들의 요구에 부응해 소학교에 입학하면 입시지옥에서 해방되어 특별한 문제가 없는 한 대학까지 진학할 수 있도록 하고 있다. 이 학교에 입학하려면 경쟁을 거쳐야 되기 때문에 입학을 희망하는 유치원생을 전문으로 하는 학원에 다닌다. 일단 중학교에 입학하면 고교 입학시험을 치르지 않아도 되는 학교도 있다. 이러한 중학교에 입학하려면 적어도 소학교 4학년부터 목표로 하는 중학교를 전문으로 하는 학원에 다니는 것이 일반적이다. 유명 사립학교에 입학하기만 하면 보다 나은 학습환경에서 대학입시를 준비할 수 있기 때문에 유명 사립학교의 명성은 날로 높아지고 공립학교는 학습분위기가 나쁜 것이 일반적이다.

(4) 교육개혁

1980년대 후반부터 본격적인 교육개혁이 추진되었다. 개혁의 목표는 국제화 시대에 적응하면서 21세기 일본을 짊어지고 나아갈 인재를 양성하는 것이었다.

1980년대에 들어서면서 일본의 교육은 위기에 직면했다. 학교폭력, 집단으로 한 학생을 괴롭히는 이지메, 등교거부, 중퇴 등의 문제가 심각하게 표출되기 시작했다. 학교생활에 적응하지 못하거나 불안·초조 현상으로 괴로워하는 학생이 급격히 늘어나기 시작했다. 실제로 학교는 진정한 교육의 장이 아니라 성적을 올리는 것을 목표로 하는 훈련장이 되어 있었다. 학생의 목표는 소위 일류 대학에 진학하는 것이고, 교사의 임무는 학생이 능력 이상의 점수를 획득 할 수 있도록 관리하는 것이었다. 일본의 학부모들은 공립학교보다 사립학교를 선호한다. 공립학교는 교육이 지나치게 획일적이며 교육환경 또한 열악한 것이 사실이기 때문이다. 공교육의 문제점이 현실화되면서 교육개혁의 필요성이 대두되었다.

  1983년 나카소네 야스히로中曾根康弘 총리대신 때 설치된 임시교육심의회는 개성을 살리고 새로운 변화에 능동적으로 대응할 수 있는 능력을 길러야 한다는 관점에서 교육제도 전반에 대한 개혁을 제안했다. 생애학습의 필요성도 제기되었다. 이에 따라서 1988년 문부성은 생애학급국을 설치하고, 다음 해인 1989년에는 '신학습지도요령'을 발표했다. 1990년대에 들어서는 생애학습과 관련한 정책이 시행되기 시작했다. 학교 교육현장에서는 '신학습지도요령'에 따른 교육이 실시되고 있나.

6. 축제와 스포츠

1) 마쓰리

(1) 의미와 성격

  마쓰리祭는 경사스러운 축제 뿐만 아니라 장례나 제사, 병을 치료하는 의례, 재앙을 초래하는 신을 달래는 의례, 부정을 씻는 의례 등을 포함하는 말이었다. 그런 의미에서 마쓰리는 엄숙한 종교 행사라고 할 수 있다. 하지만 마쓰리 기간 중에 많은 사람들이 모여 술과 음료를 대량으로 소비하면서 놀이판으로 인식되었다. 실제로 마쓰리 기간 중에는 일상에서 허락되지 않는 일탈행위도 용인되는 경우가 많다. 속옷만 입고 행렬에 참가한다든지, 남자가 여장을 한다든지, 거리에서 노래를 하며 춤을 춘다든지 한다. 그런 의미에서 마쓰리는 일상에서 억압된 감정을 비일상에서 마음껏 표출하는 축제라고 할 수 있다. 요컨대 마쓰리는 본래 종교적 의식이었으나 많은 사람이 모이는 흥겨운 분위기가 강조되면서 종교적 의미가 퇴색한 면이 있다. 하지만 지금도 마쓰리는 전통적인 격식에 맞추어 준비하고 진행된다. 엄숙한 장면과 흐트러진 장면이라는 양면성을 지니고 있다.

전국 각지에서 열리는 마쓰리는 누가 주관하는지에 따라 성격이 달라진다. 마쓰리는 크게 마을 사람들이 주관하는 것과 신사에서 주관하는 것으로 나눌 수 있다. 개방적인 마쓰리는 마을 사람들이 주관하는 마쓰리이다. 촌락이나 도시에서 열리는 마쓰리는 그 지역을 개척한 씨족의 신이나 특별한 신화를 지닌 수호신을 받드는 경우가 많다. 마을 사람들이 주관하는 마쓰리는 규모도 크지 않고 화려하지도 않다. 내용도 단순하며 참가자도 그렇게 많지 않다. 하지만 마쓰리 행사에 마을 사람들이 적극적으로 참여한다.

신사에서 주관하는 마쓰리는 전국적으로 이름이 알려진 신사나 많은 말사末社를 거느린 규모가 큰 신사가 중심이 된다. 이런 신사에서 마쓰리가 열릴 때는 전국에서 사람들이 모여든다. 근년에 이런 마쓰리가 관광의 대상이 되면서 많은 사람이 모이는 대규모 축제로 발전했다. 유명한 신사의 마쓰리 행사는 규모가 크고 화려하기로 유명하다.

(2) 절차

전국 각지에서 열리는 마쓰리는 각기 배경이나 내용이 다르다. 하지만 신을 극진하게 대접해서 복을 받고 싶다는 목적은 같다고 할 수 있다. 따라서 마쓰리는 대체로 유사한 절차에 의해 진행된다.

정화 마쓰리를 준비할 때 가장 중요시 되는 것은 정화淨化 의식이다. 마쓰리가 시작되면 제단을 설치하고 그 주위를 청결히 한다. 제단 주위에 물을 뿌리거나 고헤이御幣를 흔들어서 부정을 씻는 것이다. 고헤이는 신성한 나뭇가지나 종이를 잘라서 막대에 꿰어 늘어뜨린 의례용 도구이다. 마쓰리를 주관하는 사람 가운데 특히 신을 영접하는 역할을 맡은 사람이 자신의 몸을 정화한다. 바닷물이나 강물 또는 깨끗한 물에 들어가 몸을 씻는다.

신맞이 모든 준비가 끝나면 신을 맞이한다. 그리고 신에게 음식을 바치는 의식을 거행한다. 음식은 쌀·소금·물을 기본으로 하고 여기에 채소, 과일, 어패류, 떡 등이 추가된다. 술은 대개 청주를 쓴다. 신을 더욱 기쁘게 하기 위해 가구라神樂라는 춤과 음악을 공연하기도 한다.

순행 마쓰리에서 빠지지 않는 것이 신을 모신 가마나 수레를 앞세우고 마을을 순행하는 행사이다. 신을 맞이해서 잘 대접한 후 가마나 수레에 태우고 시내로 나간다. 신을 모시고 여러 사람이 메고 다닐 수 있도록 만든 가마를 미코시神輿라고 한다. 여러 사람이 끌 수 있도록 만든 수레는 다시山車라고 한다. 미코시는 신이 탄 작은 이동용 신전이라고 할 수 있다. 크기는 지역에 따라 다르지만 작은 것이라도 10여 명이 메야 하는 크기이다. 100여 명이 메야 할 정도로 큰 것도 있다. 미코시는 아무나 멜 수 있는 것이 아니다. 같은 복장을 한 그 지역 젊은이들만 멜 수 있다. 다시는 집 모양으로 만들어 그 위에 창을 거꾸로 꽂고 인형과 그림으로 장식한 수레이다. 다시에는 악사들이 타고 피리, 북, 징 등을 연주한다. 무동이 타고 춤을 추기도 한다. 다시에는 대개 바퀴 4개를 단다. 크기는 다양하지만 작은 것이라도 10여 명이 끌어야 한다. 100여 명이 함께 끌어야 할 정도로 큰 것도 있다. 높이도 작은 것이 5~6미터, 큰 것은 20여 미터나 되는 것도 있다. 미코시나 다시 행렬이 시내로 들어서면 마쓰리가 절정에 달한다.

마무리 일본인들은 신이 신사에 항시 깃드는 것이 아니라 천계天界에 머물다가 마쓰리 행사 때에만 강림한다고 믿고 있다. 마쓰리가 끝나면 신은 다시 천계로 돌아가야 한다. 그래서 미코시나 다시의 순행이 끝나면 신을 다시 천계로 돌려보내는 의식이 거행된다. 이것을 가미오쿠리神送라고 한다. 사람들은 별로 주목하지 않지만 이 행사는 마쓰리를 마무리하는 중요한 의식이다. 가미오쿠리 행사가 끝나면 마쓰리에 참가했던 사람들이 모여서 신에게 바쳤던 음식과 술을 나누어 먹는 잔치를 벌이다. 이것을 나오라이直会라고 한다. 나오라이는 단순한 마쓰리 뒷풀이 행사가 아니다. 신에게 올렸던 음식을 참가자들이 나누어 먹는 신성한 의식이다. 나오라이가 끝나야 마쓰리도 끝나게 되는 것이다.

(3) 3대 마쓰리

일본의 마쓰리는 집단적이며 종교적인 성격을 띠고 있다. 그것은 마쓰리의 배경에 지역사회의 대표적인 종교 시설인 신사가 있기 때문일 것이다. 일본의 마쓰리는 신사를 중심으로 준비되고 진행되는 축제인 것이다. 그 중에서도 여름에 열리는 교토의 기온마쓰리祇園祭・도쿄의 간다마쓰리神田祭・오사카의 덴진마쓰리天神祭는 일본의 3대 마쓰리로 불리고 있다.

교토의 기온마쓰리 기온마쓰리祇園祭는 일본에서 가장 유서가 깊은 축제라고 할 수 있다. 고대 조정朝廷은 야사카 신사八坂神社에 모신 스사노오素戔嗚 신을 위해 큰 제사를 지냈다. 이 제사가 970년부터 연중행사로 정착되면서 기온마쓰리가 시작되었다. 그러나 기온마쓰리는 한때 전란으로 중단되었다가 15세기 말 교토의 상공인들에 의해 부활되었다. 그 후 기온마쓰리는 국가의 행사가 아니라 서민의 행사가 되었다. 기온마쓰리 기간은 매년 7월 1일부터 7월 31일까지이다. 기온마쓰리가 절정에 달하는 것은 7월 17일의 야마보코山鉾 행렬이다. 교토에서는 다시를 야마보코라 한다. 야마보코는 31개 마을의 수호신을 태운 수레이다. 모양

기온마쓰리

이나 크기가 각기 다르다. 수레 위에 누각을 만들고, 그 지붕을 뾰족하게 하고, 하늘을 향해 창을 세우는 것이 특징이다. 일본인들은 뾰족한 창끝으로 신이 강림한다고 믿고 있다. 야마보코는 여러 층으로 만들어서 악사와 무동이 타고, 수놓은 융단, 꽃, 구슬 등으로 장식하고 100여 명의 젊은이들이 밧줄을 매어 끈다. 31개의 야마보코는 정해진 시간에 정해진 코스를 돈다.

오사카의 덴진마쓰리 덴진마쓰리天神祭는 오사카 덴만궁天満宮의 행사로 매년 7월 24일과 25일에 열린다. 덴진은 천둥과 번개를 관장하는 신이자 학문의 신이다. 덴진은 9세기 말의 외교관 스가와라노 미치자네菅原道真가 죽어서 신이 된 후에 붙여진 이름이다. 덴진은 일본 전역의 신사에 모셔져 있고 그 신사의 수는 만개가 넘는다. 마쓰리는 여러 과정을 거친다. 먼저 덴진을 모시는 덴만궁에서 신을 가마에 태우는 의식을 치른 후 배로 강을 따라 내려온다. 그 다음에는 육로로 시내를 거쳐 신사로 되돌아간다. 신이 탄 미코시를 호위하는 배와 호위 행렬이 매우 화려하다. 연주되는 음악이 흥겹고 춤도 현란하다. 미코시 행렬을 보기 위해 나온 사람들이 거리와 강변을 메운다. 덴진마쓰리는 하천이 많고 바다에 접한 오사카의 지리적 특성과 관련이 있다는 것을 알 수 있다.

도쿄의 간다마쓰리 도쿄의 간다마쓰리神田祭는 5월 15일 전후에 열린다. 장식물과 미코시가 매우 화려한 것이 특징이다. 간다마쓰리의 주신主神은 간다 신사에 모신 간다묘진神田明神이다. 이 신은 에도의 수호신이자 쇼군将軍 가문인 도쿠가와씨의 수호신이었다. 시대가 바뀌고 세

월이 흘렀어도 간다묘진은 여전히 도쿄의 수호신이며 간다마쓰리의 주신이다. 간다마쓰리는 도쿠가와 이에야스德川家康가 세키가하라関ヶ原 전투에서 승리한 것을 기념하기 위해 연 축제가 기원이 되었다. 에도 시대에는 쇼군이 직접 마쓰리에 참관할 정도로 중요한 행사였다. 간다마쓰리는 원래 31개 다시가 행렬을 지어 시내를 지나는 행사였으나 1923년 관동 대진재와 제2차 세계대전을 거치며 다시가 전부 소실되었다. 그리고 거리에 전신주가 세워지면서 높은 다시는 전선에 걸려서 거리를 누빌 수 없게 되었다. 그러자 미코시를 새로 만들어 마쓰리를 부활시켰다.

(4) 지방의 마쓰리

일본에서는 일 년 열두 달 어느 곳에선가 어떤 형태로든 마쓰리가 열리고 있다. 일본 각 지역에서 열리는 마쓰리는 유서 깊은 신사가 주관하는 전통 있는 마쓰리가 많지만 종교와는 무관한 마쓰리도 있다.

도쿄의 산자마쓰리

산자마쓰리三社祭는 매년 5월 셋째 일요일 도쿄의 아사쿠사 신사浅草神社와 센소지浅草寺를 중심으로 하는 지역에서 열리는 마쓰리이다. 이 지역은 에도 시대부터 극장과 유흥가로 번창

산자마쓰리

했다. 이야기꾼, 곡예사, 스모, 팽이 돌리기 등 서민적인 구경거리가 많은 곳이어서 항상 많은 인파로 붐볐다. 두 어부와 관음보살을 모신 3개의 큰 미코시가 중심이 되고, 이를 따르는 100여 개의 작은 미코시 행렬이 상점가를 행진할 때 산자마쓰리는 절정에 달한다.

나가사키의 오쿤치마쓰리 오쿤치마쓰리는 매년 10월 7일과 8일에 나가사키長崎 시내의 스와 신사諏訪神社 에서 열린다. 중국풍의 용춤, 커다란 우산 돌리기, 네덜란드식 코미디, 물을 뿜어대는 고래, 등짐장수의 쇼, 폭죽 등 볼거리가 많다. 가장 인기를 끄는 행렬은 황금색 비늘로 단장한 용이 긴 장대에 매달려 공중을 누비는 용춤이다. 용춤이 한바탕 분위기를 고조시킨 후 금빛으로 화려하게 꾸민 3대의 미코시가 행진하는 것으로 마쓰리가 막을 내린다.

아오모리의 네부타마쓰리 아오모리 현靑森縣의 각 지역에서는 8월 초에 네부타마쓰리가 열린다. 네부타란 대나무나 철사로 무사, 가부키 배우, 물고기, 부채 등의 모양을 만들고 그 위에 종이를 발라 색을 칠한 이동식 대형 장식물이다. 장정 30~50명이 들어야 할 정도로 큰 장식물도 있다. 7월 1일부터 6일까지 매일 밤 네부타에 불을 켜서 메고 시가지를 행진한다. 네

네부타마쓰리

부타 행렬은 장식물을 메는 사람 뿐만 아니라 피리를 부는 사람, 북을 치는 사람, 춤추는 사람 등 100여 명이 한 무리를 이룬다. 마지막 날인 7일 밤에는 네부타를 물에 떠내려 보낸다.

센다이의 다나바타마쓰리 다나바타마쓰리七夕祭는 에도 시대 초기 센다이仙台 일대의 영주였던 다테 마사무네伊達政宗가 칠월 칠석 행사를 장려하면서 시작되었다. 오늘날과 같이 규모가 큰 마쓰리는 1928년 상점가에서 불경기를 해소하기 위해 다나바타 장식으로 거리를 꾸미면서 시작되었다. 마쓰리 기간에는 화려한 다나바타 장식물이 거리 곳곳에 꾸며진다. 공원과 야외 음악당에서는 다양한 공연이 계속 열린다. 저녁에는 다나바타 춤 퍼레이드가 이어진다. 다테 마사무네의 사당에서 화려한 등불 축제가 열린다.

아키타의 간토마쓰리 매년 8월 3일부터 4일간 아키타 시秋田市에서 열리는 간토마쓰리竿燈祭는 아오모리의 네부타마쓰리, 센다이의 다나바타마쓰리와 함께 동북 지방 3대 마쓰리로 꼽힌다. 여름에 졸음을 쫓고, 흉작이나 재해를 물리치고, 사업·학업의 발전을 기원하는 마쓰리다. 간토는 높이 10여 미터의 긴 대나무에 40개가 넘는 등을 매단 장식물이다. 간토 하나의 무게가 50킬로그램이나 된다. 이러한 간토가 180여 개나 이어지며 아키타의 여름밤을 밝힌다.

효고의 나다노겐카마쓰리 나다노겐카마쓰리灘の喧嘩祭는 매년 10월 14일과 15일 효고 현兵庫縣 히메지 시姬路市의 마쓰바라하치만 신사

松原八幡神社에서 열린다. 겐카마쓰리는 싸움을 하듯이 격렬하게 부딪히는 마쓰리라는 뜻이다. 신을 모신 3대의 미코시와 일곱 마을에서 온 화려한 가마가 서로 부딪히고 뒤엉키는 모습이 장관이다. 마쓰바라하치만 신사 앞 광장에서 벌어지는 가마 싸움을 보기 위해 수만 명의 인파가 몰린다.

오하라의 하다카마쓰리 매년 9월 23일과 24일 지바 현千葉縣 이스미 시夷隅市에서 하다카마쓰리裸祭가 열린다. 이 마쓰리는 19세기 초에 시작되었을 것으로 추정된다. 하다카마쓰리는 풍어를 기원하기 위한 축제이다. 마쓰리가 시작되면 웃통을 벗은 이스미 시의 젊은이들이 미코시를 메고 바다로 뛰어들어 서로 격렬하게 밀치고 부딪힌다. 이스미 시의 18개 마을에서 미코시를 메고 온 젊은이들이 소리를 지르며 바다로 뛰어드는 모습이 장관이다.

삿포로의 유키마쓰리 1950년부터 시작된 홋카이도 삿포로 시札幌市의 유키마쓰리는 매년 2월에 개최되는 눈 축제이다. 눈으로 정교하게 만든 여러 가지 모형이 시내 여러 곳에 전시된다. 높이가 15미터에 달하는 모형도 있다. 최근에는 일본 각지는 물론 해외에서도 200만 명이 넘는 관광객이 몰려드는 축제로 자리를 잡았다.

2) 스모

일본 씨름을 스모相撲라고 한다. 일본인들은 신화 시대부터 스모 경기를 했다고 믿고 있다. 고대 일본인들도 스모를 즐겼다. 매년 7월 천황궁전에서 스모 대회가 열리기도 했다.

에도 시대江戶時代에도 스모는 민중의 대표적인 오락이었다. 스모가 민중의 인기를 끌자 스모를 전문으로 하는 자들이 등장했다. 스모를 좋아하는 여러 다이묘大名가 스모 선수를 가신으로 삼기도 했다. 이름 난 스모 선수들을 영내로 불러 스모대회를 여는 다이묘도 있었다.

사원에서도 스모대회를 열었다. 전문 선수끼리 겨루기도 했지만, 전문 선수가 그 지역 민중의 상대가 되어 기량을 뽐내면서 금전을 모으기도 했다.

1868년 메이지 정부가 수립되면서 일본 스모계는 위기를 맞이했다. 문명개화를 부르짖던 당시 스모는 벌거벗고 씨름을 하는 야만스러운 스포츠라고 매도되었다. 서민들도 스모를 외면했다. 그러나 신사에서 제례를 올릴 때 스모를 거행하고 사이고 다카모리西鄉隆盛, 이토 히로부미伊藤博文 등과 같은 정치계의 실력자들이 스모를 후원해서 겨우 위기를 넘길 수 있었다. 1909년에는 도쿄에 스모 전용경기장인 국기관國技館이 건립되면서 스모 경기에 관심을 갖는 국민들이 늘어났다.

현재는 1957년에 창립된 프로 스모의 조직인 일본스모협회와 아마추어 스모의 조직인 일본스모연맹이 일본 스모를 통괄하고 있다.

일본스모연맹은 학생·일반인의 스모를 관장한다. 일본스모연맹은 일본체육협회 산하에 있다. 1992년에는 국제스모연맹이 발족했다. 일본스모협회는 스모베야의 오야분親分과 리키시力士, 즉 스모 선수 출신으로 구성되어 있다. 이 단체는 리키시를 양성하고, 1년에 6회 열리는 오즈모大相撲를 주요 사업으로 하는 조직이다. 일본스모협회에서 스모

진료소·스모박물관 등 부속시설을 운영하고 있다.

스모 선수는 반드시 스모베야相撲部屋에 소속되어야 한다. 스모베야의 지도자가 새로 스모에 입문한 자를 일본스모협회에 등록하면 선수 자격이 주어진다. 선수는 실력에 따라 계급이 정해진다. 계급을 순서대로 적어 놓은 표를 반즈케番付라고 한다. 일본스모협회에서 정하는 반즈케에는 선수의 이름, 계급, 출신지 등이 표기된다. 가장 높은 계급은 요코즈나橫綱이다. 요코즈나 다음으로 높은 계급은 오제키大關이다. 그 다음으로 계급이 높은 순서대로 세키와케關脇, 고무스비小結, 마에가시라前頭, 주료十両, 마쿠노시타幕下, 산단메三段目, 조니단序二段, 조노구치序の口 등의 서열이 있다.

스모 선수의 세계는 엄격한 신분사회의 축소판이다. 계급에 따라서 급료, 머리 모양, 복장, 신발 등이 다르다. 주료 이상에 속한 선수만이 시합에 나갈 때 마와시廻し, 즉 특별히 제작한 샅바를 맬 수 있고, 시합에 앞서 거행되는 의식에서 마치 앞치마처럼 허리에 두르는 게쇼마와시化粧廻し를 걸칠 수 있다. 그리고 일본스모협회에서는 주료 이상이 되는 선수에게만 월급을 주고 심부름하는 부하를 붙여준다.

현재는 일본 일본스모협회가 주관하는 오즈모 대회는 년 6회 개최된다. 이 대회를 혼바쇼本場所라고도 한다. 정월·5월·9월에는 도쿄東京의 국기원에서 개최되고, 3월에는 오

오즈모 경기

사카大阪에서, 7월에는 나고야名古屋에서, 11월에는 후쿠오카福岡에서 대회가 열린다. 스모대회는 15일 동안 열린다. 스모 선수는 매일 한 차례씩 15번 승부를 겨뤄 승률이 높은 선수가

국제 스모 대회

우승한다. 단 같은 스모베야 출신 선수끼리는 대진하지 않는 것이 원칙이다.

 언론의 발달은 스모계에 큰 영향을 미쳤다. 1928년 정월의 스모 대회가 라디오 방송으로 중계 되었다. 당시 스모협회 관계자들은 스모 경기가 실황으로 중계되면 국기관을 찾는 관람객이 감소하지 않을까 염려했다. 그러나 그 반대로 스모를 즐기는 사람이 급증했다. 그러자 스모 경기도 자연히 방송시간을 염두에 두고 규칙을 개정하게 되었다. 그전에는 고무스비 이상 스모 선수의 경기 시간이 10분, 주료가 7분, 마쿠노시타 이하가 5분으로 제한되어 있었으나 스모가 실황 중계되면서 각각 4분, 3분, 2분으로 단축되었다. 지루함을 달래고 박진감을 불어넣기 위해서였다. 1953년부터 스모 경기가 텔레비전으로 중계되었다. 당시 도치니시키栃錦와 와카노하나若乃花라는 리키시가 민중의 인기를 독차지하고 있었다. 일본인들은 두 사람의 경기를 보기위해 텔레비전 앞에 모였다. 스모에 대한 관심이 높아졌다.

 쇼와 시대 초기부터 다마니시키玉錦, 후타바야마双葉山, 하구로야마羽黒山, 도치니시키, 와카노하나, 카시와도柏戸, 다이호大鵬, 기타노후지北

제20장 쇼와 문화 433

の富士, 다마노우미玉の海, 와지마輪島, 기타노우미北の海, 치요노후지千代の富士 등 뛰어난 리키시가 연속해서 등장하면서 오즈모가 안정적인 인기 스포츠로 자리매김 되었다. 1985년 새로운 국기관이 개관한 후, 스모의 인기는 높은 수준으로 안정되었고, 스모 선수들이 예능인이나 다름없는 인기를 끌게 되었다.

1980년대에 예능을 전문으로 하는 매스컴이 급속도로 발달하면서 스포츠 선수들이 취재의 대상이 되었다. 스모 선수도 예외는 아니었다. 인기 있는 리키시의 일상생활은 물론 스캔들까지 뉴스의 표적이 되었다. 스모 선수는 호사가들의 시선과 비판에 그대로 노출되었다. 스모 관계자들은 스모 선수들에게 "살아있는 문화재"로서 연습에 열중하라고 다그쳤다.

현재의 오즈모의 성황은 전근대 사원에서 개최한 간진스모의 전통을 잇고 있다. 간진스모는 흥행을 위주로 하는 스모였고, 관객을 동원하는 것이 목적이었다. 그러나 이것과 대조적으로 아마추어 스모의 관객동원력은 매우 낮다. 그것은 오즈모가 그만큼 전통을 중시하고, 관객에게 즐거움을 선사하는 장식적인 요소를 포함한 고도의 기술력과 연기력을 완성했다는 것을 의미한다고 할 수 있다.

참고문헌

개설서·통사

구태훈, 『일본고중세사』, 재팬리서치21, 2016

구태훈, 『일본근세사』, 재팬리서치21, 2016

구태훈, 『일본근대사』, 재팬리서치21, 2017

石田一良, 『日本文化史概論』, 吉川弘文館, 1968

石田一良, 『日本文化史-日本の心と形』, 東海大学出版会, 1989

林屋辰三郎, 『日本文化史』(日本史論聚1), 岩波書店, 1988

町田甲一, 『概説日本美術史』, 吉川弘文館, 1965

太田博太郎, 『日本建築樣式史』, 美術出版社, 1999

『日本歷史大系』, 全5巻·別巻1, 山川出版社, 1984~90

단행본

제1장 일본 문화의 여명

日本第四紀学会外編, 『図説·日本の人類遺跡』, 東京大学出版会, 1992

井上秀雄, 『倭·倭人·倭国』, 人文書院, 1991

泉 拓良 外篇, 『縄文世界の一万年』, 集英社, 1999

今村啓爾, 『縄文の実像を求めて』, 吉川弘文館, 1999

大塚初重, 『弥生時代の時間』, 学生社, 2004

岡田精司, 『古代の神社史』, 大阪書籍, 1985

岡村道雄, 『日本列島の石器時代』, 青木書店, 2000

佐々木高明, 『日本史の誕生』(日本の歴史1), 集英社, 1992

佐原 真, 『日本人の誕生』(大系日本の歴史1), 小学館, 1992

佐原 真, 『古代を考える 稲・金屬・戦争-弥生』, 吉川弘文館, 2002

鈴木公雄, 『縄文人の生活と文化』, 講談社, 1998

高取正男, 『神道の成立』, 平凡社, 1979

西嶋定生, 『邪馬台国と倭国』, 吉川弘文館, 1994

春成秀尓, 『弥生時代の始まり』, 東京大学出版会, 1990

平野邦雄編, 『古代を考える 邪馬臺国』, 吉川弘文館, 1998

제2장 고분 문화

井上光貞, 『日本古代国家の研究』, 岩波書店, 1965

上田正昭, 『大和朝廷』, 角川書店, 1967

江上波夫, 『騎馬民族国家』, 中公新書, 1967

近藤義郎, 『前方後円墳の時代』, 岩波書店, 1983

白石太一郎, 『古代を考える 古墳』, 吉川弘文館, 1989

白石太一郎, 『古墳とヤマト政権』, 文春新書, 1999

白石太一郎, 『古墳と古文群の研究』, 塙書房 2000

白石太一郎, 『考古学と古代史をの間』, 筑摩書房, 2004

田中俊明, 『大加耶連盟の興亡と「任那」』, 吉川弘文館, 1992

原島札二 外, 『巨大古墳と倭の五王』, 青木書店, 1981

米田雄介, 『古代国家と地方豪族』, 教育社歴史新書, 1979

和田 萃, 『古墳の時代』(大系日本の歴史2), 小学館, 1988

제3장 아스카 문화

日本仏教研究会 編, 『仏教と出会った日本』(日本の仏教1), 法蔵館, 1998

井上光貞, 『日本古代の国家と仏教』, 岩波書店, 1971

石母田正, 『日本の古代国家』, 岩波書店, 1971

鎌田茂雄, 『仏教の来た道』, 講談社学術文庫, 2003

久野 健, 『仏像の歴史』, 山川出版社, 1987

田村圓澄, 『飛鳥仏教史研究』, 塙書房, 1969

袴谷憲昭, 『日本仏教文化史』, 大蔵出版, 2005

速水 侑, 『日本仏教史』(古代), 吉川弘文館, 1986

口野 昭, 『日本古代氏族伝承の研究』, 永田文昌堂, 1971

平野邦雄, 『大化前代政治過程の研究』, 古川弘文館, 1985

제4장 하쿠호 문화

朝尾直弘 外篇, 『日本通史』(古代2), 岩波書店, 1994

家永三郎, 『上代仏教思想史研究』, 法蔵館 1966

井上光貞, 『日本古代の王権と祭祀』, 東京大学出版会, 1984

今谷 明, 『天皇家はなぜ続いたか』, 新人物往来社, 1991

上田正昭, 『日本の神話を考える』, 小学館, 1991

岡田精司, 『古代の神社史』, 大阪書籍, 1985

胡口靖夫, 『近江朝と渡来人』, 雄山閣, 1996

高取正男, 『神道の成立』, 平凡社, 1979

直木孝次郎, 『壬申の乱』(増補版), 塙書房, 1992

長山泰孝, 『古代国家と王権』, 吉川弘文館, 1992

吉村武彦, 『古代天皇の誕生』, 角川書店, 1998

황패강, 『일본신화의 연구』, 지식산업사, 1996

야마다 히데오(이근우 역), 『일본서기입문』, 민족문화사, 1998

노성환, 『일본신화와 고대한국』, 민속원학술문고12, 2010

노성환, 『한일신화의 비교연구』, 민속원, 2010

제5장 덴표 문화

青木和夫, 『日本律令国家論攷』, 岩波書店, 1992

朝尾直弘 外篇, 『日本通史』(古代3), 岩波書店, 1994

池田溫編, 『古代を考える 唐と日本』, 吉川弘文館, 1992

石上英一, 『律令国家と社会構造』, 名著刊行会, 1996

井上 薫, 『奈良朝仏教史の研究』, 吉川弘文館, 1966

狩野 久, 『日本古代国家と都城』, 東京大学出版会, 1990

狩野 久, 『古代寺院』, 吉川弘文館, 1999

笹山晴生, 『奈良の都 -その光と影-』, 吉川弘文館, 1996

東野治之, 『正倉院文書と木簡の研究』, 塙書房, 1977

吉川真司, 『律令官僚制の研究』, 塙書房, 1998

제6장 고닌 · 조간 문화

梅尾祥雲, 『秘密仏教史』(『現代仏教名著全集』9), 隆文館, 1964

岸 俊男, 『日本の古代宮都』, 岩波書店, 1993

木村茂光 編, 『平安京くらしと風景』, 東京堂出版, 1994

倉本一宏, 『摂官政治と王朝貴族』, 吉川弘文館, 2000

玉井 力, 『平安時代の貴族と天皇』, 岩波書店, 2000

橋本義則, 『平安宮成立史の研究』, 塙書房, 1995

袴谷憲昭, 『日本仏教文化史』, 大蔵出版, 2005

速水 侑, 『日本仏教史』(古代), 吉川弘文館, 1986

保立道久, 『平安王朝』, 岩波書店, 1996

제7장 국풍 문화

秋山 虔, 『源氏物語の世界』, 東京大学出版会, 1964

秋山 虔 · 山中 裕編, 『宮廷のサロンと才女』(『日本文学の歴史』3), 角川書店, 1968

今井源衛, 『紫式部』, 吉川弘文館, 1966

太田靜六, 『寝殿造の研究』, 吉川弘文館, 1987

大日方克己, 『古代国家と年中行事』, 吉川弘文館, 1993

木村茂光, 『国風文化の時代』, 青木書店, 1997

淸水 擴, 『平安時代仏教建築史の研究』, 中央公論美術出版, 1992

橋本義彦, 『平安の宮廷と貴族』, 吉川弘文館, 1996

村井康彦, 『平安貴族の世界』, 德間書店, 1968

山中 裕, 『平安時代の女流作家』, 至文堂, 1962

제8장 원정기의 문화

秋山虔編,『王朝文学史』, 東京大学出版会, 1984

五味文彦,『院政期社会の研究』, 山川出版社, 1984

田中 元,『古代日本人の世界』, 吉川弘文館, 1972

美川 圭,『院政の研究』, 臨川書店, 1996

目崎德衛,『貴族社会と古典文化』, 吉川弘文館, 1995

元木泰雄,『院政期政治史研究』, 思文閣出版, 1996

吉田 孝,『歴史のなかの天皇』, 岩波書店, 2006

제9장 가마쿠라 무사와 그 정신세계

池上英子,『名誉と順応』, NTT出版株式会社, 2000

石井 進,『中世武士の実像 - 合戦と暮しのおきて』, 平凡社, 1987

石井 進,『鎌倉武士の実像』, 平凡社選書, 1987

上横手雅敬,『鎌倉時代政治史研究』, 吉川弘文館, 1991

川合 康,『源平合戦の虚像を継ぐ』, 講談社, 1996

川合 康,『鎌倉幕府成立史の研究』, 校倉書房, 2004

川端 新,『荘園制成立史の研究』, 思文閣出版, 2000

河内祥輔,『頼朝の時代』, 平凡社, 1990

五味文彦,『武士と文士の中世史』, 東京大学出版会, 1992

藤直 幹,『武家時代の社会と精神』, 創元社, 1967

安田元久,『武士世界形成の群像』, 吉川弘文館, 1986

제10장 가마쿠라 문화와 종교

伊藤延男, 『中世和様建築の研究』, 彰国社, 1961

井原今朝男, 『日本中世国政と家政』, 校倉書房, 1995

今枝愛真, 『道元-その行動と思想』, 評論社, 1970

大橋俊雄, 『法然-その行動と思想』, 評論社, 1970

大橋俊雄, 『一遍-その行動と思想』, 評論社, 1971

大橋俊雄 校注, 『法然・一遍』, 岩波書店, 1971

川添昭二, 『日蓮-その思想・行動と蒙古襲来-』, 清水書院, 1971

黒田俊雄, 『日本中世の社会と宗教』, 岩波書店, 1990

五味文彦, 『平家物語, 史と説話』, 平凡社, 1986

五味文彦, 『吾妻鏡の方法』, 吉川弘文館, 1990

末木文美士, 『鎌倉仏教形成論』, 法蔵館, 1998

關口欣也, 『鎌倉の古建築』, 有隣堂, 1997

高木 豊, 『日蓮とその門弟』, 弘文堂, 1965

多賀宗隼, 『栄西』, 吉川弘文館, 1965

栃木孝惟, 『軍記と武士の世界』, 吉川弘文館, 2001

原田正俊, 『日本中世の禅宗と社会』, 吉川弘文館, 1998

古田武彦, 『新鸞』, 清水書院, 1970

星野元豊・石田充之・家永三郎校主, 『新鸞』, 岩波書店, 1971

山折哲雄, 『日本人と淨土』, 講談社学術文庫, 1995

山陰加春夫, 『中世高野山史の研究』, 清文堂出版, 1997

제11장 무로마치 시대 문화

網野善彦,『日本中世都市の世界』, 筑摩書房, 1996

網野善彦,『無縁・公界・楽-日本中世の自由と平和』, 平凡社, 1996

池上裕子,『戦国の群像』(日本の歴史10), 集英社, 1992

伊藤幸司,『日本中世の外交と禅宗』, 吉川弘文館, 2002

今谷 明,『室町王権』, 中央公論新社, 1990

今谷 明,『室町時代政治史論』, 塙書房, 2000

大隅和雄,『中世仏教の思想と社会』, 名著刊行会, 2005

奥田 薫,『宗祇』, 吉川弘文館, 1998

勝俣鎮夫,『戦国時代論』, 岩波書店, 1996

川上 貢,『禅院の建築』, 河原書店, 1968

川上 貢,『日本中世住宅の研究』, 墨水書房, 1967

下村 效,『侯国・織豊期の社会と文化』, 吉川弘文館, 1982

瀬田勝哉,『洛中洛外の群像』, 平凡社, 1994

平 雅行,『日本中世の社会と仏教』, 塙書房, 1992

鶴崎裕雄,『戦国の権力と寄合の文芸』, 和泉書院, 1988

永原慶二,『室町戦国の社会』, 吉川弘文館, 1992

永原慶二,『荘園』, 吉川弘文館, 1998

二木謙一,『中世武家儀礼の研究』, 吉川弘文館, 1985

村井康彦,『乱世の創造』(『日本文明史』5), 角川書店, 1991

横井 清,『中世民衆の生活文化』, 東京大学出版会, 1975

横井 清,『東山文化』, 教育社, 1979

제12장 아즈치·모모야마 문화

榎 一雄 編,『西欧文明と東アジア』, 平凡社, 1971

海老沢有道,『南蛮文化』, 至文堂, 1958

海老沢有道,『日本キリシタン史』, 塙書房, 1966

岡本良知,『南蛮美術』, 平凡社, 1965

神津朝夫,『千利久の侘びとはなにか』, 角川選書, 2006

田中健夫,『島井宗室』, 吉川弘文館, 1961

谷端昭夫 編,『茶道の歴史』(茶道学大系2), 淡交社, 2000

永積洋子 編,『平戸オランダ商館の日記』, 岩波書店, 1969-1970

芳賀幸四郎,『安土桃山時代の文化』, 至文堂, 1964

林屋辰三郎,『日本 歴史と文化』下巻, 平凡社, 1967

제13장 강에이 문화

朝尾直弘,『将軍権力の創出』, 岩波書店, 1994

今尾哲也,『歌舞伎の歴史』, 岩波書店, 2000

今田洋三,『江戸の本屋さん』, 日本出版放送協会, 1977

岡田莊司,『日本神道史』, 吉川弘文館, 2010

熊倉功夫,『寛永文化の研究』, 吉川弘文館, 1988

熊藤 昌,『江戸の都市と建築』, 毎日新聞社, 1972

中部よし子,『城下町』, 柳原書店, 1978

戸田勝久 編,『茶と文芸』(茶道学大系9), 淡交社, 2002

藤岡作太郎,『近世絵画史』, ぺりかん社, 1983

堀口捨己,『書院造と数寄屋造の研究』, 鹿島出版会, 1978

松本四郎, 『日本近世都市論』, 東京大学出版会, 1983

守屋 毅, 『「かぶき」の時代－近世初期風俗画の世界』, 角川書店, 1976

山本博文, 『寛永時代』, 吉川弘文館, 1989

제14장 봉건사회와 유학

阿部吉雄, 『日本朱子学と朝鮮』, 東京大学出版会, 1965

大桑 齊, 『日本近世の思想と仏教』, 法蔵館, 1989

衣笠安喜, 『近世儒学思想の研究』, 法政大学出版局, 1976

衣笠安喜, 『近世日本の儒教と文化』, 思文閣出版, 1990

柴田 純, 『思想史における近世』, 思文閣出版, 1991

高埜利彦, 『近世日本の国家権力と宗教』, 東京大学出版会, 1989

田原嗣郎, 『徳川思想史研究』, 未来社, 1967

尾藤正英, 『日本封建思想史研究』, 青木書店, 1961

丸山真男, 『日本政治思想史研究』, 東京大学出版会, 1952

源 了円, 『徳川思想小史』, 中公新書, 1973

渡辺 浩, 『近世日本社会と宋学』, 東京大学出版会, 1985

제15장 겐로쿠 문화

安部次郎, 『徳川時代の芸術と社会』, 角川選書, 1971

今尾哲也, 『歌舞伎の歴史』, 岩波書店, 2000

熊倉功夫 編, 『茶道文化論』(茶道学大系1), 淡交社, 2000

高尾一彦, 『近世の庶民文化』, 岩波書店, 1968

高埜利彦,『元禄・享保の時代』(日本の歴史13), 集英社, 1992

棚橋正博,『江戸の道楽』, 講談社選書, 1999

田村栄太郎,『江戸時代町人の生活』, 雄山閣, 1980

作道洋太郎,『江戸時代の上方町人』, 教育社, 1978

西山松之助,『市川団十郎』, 吉川弘文館, 1960

西山松之助 編,『江戸町人の研究』1-3, 吉川弘文館, 1973

藤岡作太郎,『近世絵画史』, ぺりかん社, 1983

森 修,『西鶴・芭蕉・近松 −近世文学の生成空間−』, 和泉書院, 1992

守屋 毅,『元禄文化』, 弘文堂, 1987

守屋 毅,『近世芸能文化史の研究』, 弘文堂, 1992

脇田 修,『元禄の社会』, 塙書房, 1980

제16장 무사와 무사도

笠谷和比古,『近世武家社会の政治構造』, 吉川弘文館, 1993

下村 效,『武士』(日本史小百科), 東京堂出版, 1993

進士慶幹,『江戸時代武士の生活』, 雄山閣, 1984

進士慶幹,『江戸時代武家の生活』, 至文堂, 1993

鈴木文孝,『近世武士道論』, 以文社, 1991

豊田 武,『苗字の歴史』, 中公新書, 1971

野口武彦,『江戸の兵学思想』, 中央公論社, 1991

平出鏗二郎,『敵討』, 中央公論社, 1990

深谷克己,『士農工商の世』(大系日本の歴史9), 小学館, 1988

山本博文,『殉死の構造』, 弘文堂, 1994

구태훈,『사무라이와 무사도』, 히스토리메이커, 2017

17장 가세이 문화

安部次郎,『徳川時代の芸術と社会』, 角川選書, 1971

今尾哲也,『歌舞伎の歴史』, 岩波書店, 2000

倉地克直,『近世の民衆と支配思想』, 柏書房, 1996

佐藤昌介,『洋学史の研究』, 中央公論社, 1980

柴田 実,『石門心学』(日本思想大系42), 岩波書店, 1971

高橋碩一,『洋学思想史論』, 新日本出版社, 1972

高尾一彦,『近世の庶民文化』, 岩波書店, 1968

田原嗣郎,『本居宣長』, 講談社, 1968

棚橋正博,『江戸の道楽』, 講談社選書, 1999

西山松之助 編,『江戸町人の研究』1-3, 吉川弘文館, 1973

西山松之助,『風俗と社会』, 吉川弘文館, 1985

芳賀 登,『大江戸の成立』, 吉川弘文館, 1980

藤岡作太郎,『近世絵画史』, ぺりかん社, 1983

宮田 登,『江戸歳時記』(江戸選書), 吉川弘文館, 1981

守屋 毅,『近世芸能文化史の研究』, 弘文堂, 1992

18장 메이지 문화

会田倉吉,『福沢諭吉』, 吉川弘文館(人物叢書170), 1974

色川大吉,『明治の文化』, 岩波書店, 1979

大浜徹也,『天皇の軍隊』, 教育社歴史新書, 1978

岡田荘司,『日本神道史』, 吉川弘文館, 2010

尾花 清,『道徳教育論』, 大月書店, 1991

加藤 寛,『福沢諭吉の精神』, PHP新書, 1997

木村 毅,『文明開化』, 至文堂, 1966

坂野潤治・大野健一『明治維新』, 講談社現代新書, 2010

坂野潤治,『近代日本の出発』, 新人物文庫, 2010

鹿野政直,『日本近代化の思想』, 講談社, 1986

高橋昌郎,『文明開化』, 評論社, 1972

田中 彰,『明治維新』, 吉川弘文館, 1994

田中新治,『教育運動史考』, 光文堂書店, 1976

玉城 肇,『日本教育發達史』, 三一新書, 1973

奈良井雅道,『文明開化』, 岩波書店, 1985

林屋辰三郎 編,『文明開化の研究』, 岩波書店, 1979

ひろた まさき,『文明開化と民衆意識』, 青木書店, 1980

藤原 彰,『天皇制と軍隊』, 青木書店, 1978

安川寿之,『福沢諭吉のアジア認識』, 高文研, 2000

山住正己,『教育勅語』, 朝日新聞社, 1980.

山住正己,『日本教育小史』, 岩波書店, 1987.

한상일,『일본 지식인과 한국』, 오름, 2000

19장 다이쇼 문화

生松敬三,『大正期の思想と文化』, 青木書店, 1971

井上 清 編,『大正期の政治と社会』, 岩波書店, 1969

井上壽一,『戦前日本の「グローバリズム」』, 新潮社, 2011

加藤周一,『日本文学史序説』(下), 筑摩書房, 1980.

金原左門,『大正デモクラシーの社会的形成』, 青木書店, 1967

金原左門,『大正期の政党と国民』,塙書房, 1973

金原左門,『昭和期への胎動』,小学館, 1983

酒井哲哉,『大正デモクラシー体制の崩壊』,東京大学出版会, 1992

田中節雄,『近代公教育』,社会評論社, 1996

辻子 実,『侵略神社』,新幹社, 2003

松尾尊兌,『大正デモクラシーの研究』,青木書店, 1966

溝江徳明,『日本文芸概説』,八千代出版, 1975

三谷太一郎,『新版 大正デモクラシー論』,東京大学出版会, 1995

차기벽 · 박충석 편,『일본현대사의 구조』,한길사, 1980

김호섭 외,『일본우익연구』,중심, 2000

20장 쇼와 문화

荒井信一,『戦争責任論 －現代史からの問い－』,岩波書店, 1995

石田 雄,『現代日本の政治過程』,岩波書店, 1958

伊藤 隆,『近衛新体制』,中央公論社, 1983

稲田正次,『明治憲法成立史』上・下, 有斐閣, 1960~1962

井上 清,『天皇の戦争責任』,岩波書店, 1991

入江 昭,『模索する1930年代』,山川出版社, 1993

大沼保昭,『東京裁判から戦後責任の思想へ』第4版, 東信堂, 1997

大浜徹也,『天皇の軍隊』,教育社歴史新書, 1978

北岡伸一,『政党から軍部へ』(日本の近代5), 中央公論新社, 1999

坂野潤治,『明治憲法体制の確立』,東京大学出版会, 1971

坂野潤治,『日本憲政史』,東京大学出版会, 2008

隅谷三喜男 編,『昭和恐慌』,有斐閣, 1974

田中新治, 『教育運動史考』, 光文堂書店, 1976

田中伸尚, 『日の丸・君が代の戦後史』, 岩波新書, 2000

玉城 肇, 『日本教育發達史』, 三一新書, 1973

長尾竜一, 『日本憲法思想史』, 講談社学術文庫, 1996

中村隆英, 『昭和経済史』, 岩波書店, 1986

中村政則, 『戦後史と象徴天皇』, 岩波書店, 1992

新田一郎, 『相撲の歴史』, 山川出版社, 1994

野原 明, 『日本の教育』, 丸善ライブラリー, 1993

長谷川正安, 『日本の憲法』第3版, 岩波書店, 1994

平田哲男編, 『戦後民衆運動の歴史』, 三省堂, 1978

藤原 彰, 『天皇制と軍隊』, 青木書店, 1978

三谷太一郎, 『近代日本の戦争と政治』, 岩波書店, 1997

安田 浩, 『天皇の政治史』, 青木書店, 1998

吉見義明, 『草の根ファシズム』, 東京大学出版会, 1987

吉田 裕, 『昭和天皇の終戦史』, 岩波新書, 1992

김양주, 『축제의 역동성과 현대일본사회』, 서울대학교출판부, 2004

윤상인 외, 『일본문화의 힘』, 동아시아, 2006

연표

57 왜의 나노코쿠 왕이 후한에 사신 파견

107 왜국 왕 후한에 조공

239 야마타이국 여왕 히미코, 위에 조공

421 왜왕 찬, 송에 조공

478 왜왕 무, 송에 사신 파견 안동대장군 칭호를 얻음

527 이와이磐井의 항쟁

538 백제의 성왕이 일본에 불교를 전함

592 소가씨 실권장악, 스이코 즉위

593 쇼토쿠 태자 섭정이 됨

596 호코지 건립

600 수에 사신 파견

603 관위12계를 정함

604 헌법 17개조 제정

607 오노노 이모코小野妹子를 견수사로 파견함. 호류지 건립

610 고구려의 승려 담징 일본에 건너감

615 쇼토쿠 태자의 법화경의소 성립

622 쇼토쿠 태자 사망

623 호류지 금당 석가삼존불상 조성

624 승정·승도·법두를 임명하고 불교를 통제함

630 일본 최초로 견당사 파견

640 미나미부치노 쇼안南淵請安·다카무코노 구로마로高向玄里 당에서 귀국

645 을사의 변. 다이카 개신

654 다카무코노 구로마로 등을 견당사로 파견함

663 일본군이 백촌강 전투에서 당·신라의 연합군에게 대패함

666 백제 유민 2,000여 명을 동부 일본에 정착하게 함

667 수도를 오미近江의 오쓰大津로 이전

668 나카노오에가 즉위해 덴지라 칭함

672 진신의 난. 아스카키요미하라궁으로 천도

689 아스카키요미하라령 22권 완성

684 후지와라쿄 천도

686 덴무 천황 사망

689 일본 최초의 호적(경인년적) 작성

692 전국의 사원 수 조사

701 다이호 율령 제정

702 지도 천황 사망

707 몬무 천황 사망

710 헤이조쿄 천도

712 『고지키』 편찬

717 민중이 조정의 허락 없이 승려가 되는 것을 금지함

718 요로율령 완성

720 『일본서기』 편찬. 후지와라노 후히토 사망

724 쇼무 천황 즉위

735 유학생 기비노 마키비吉備真備·겐보玄昉 당에서 귀국함

740 후리와라노 히로쓰구의 난

741 고쿠분지·고쿠분니지 조영의 조칙을 내림

752 도다이지 대불 개안식

754 당의 승려 간진이 일본으로 건너와 율종을 전함

781 간무 천황 즉위

784 나가오카쿄 천도

794 헤이안쿄 천도

797 사카노우에노 다무라마로를 세이다이쇼군征夷大将軍에 임명함

804 사이초·구카이가 당으로 유학함

805 사이초, 천태종을 전함

806 구카이, 진언종을 전함

814 『신찬성씨록』 편찬

822 히에이잔에 천태종 계단 설치 허가

858 후지와라노 요시후사가 권력을 독점함

884 후지와라노 모토쓰네 감파쿠의 지위에 오름

889 간무 천황의 증손 다카모치오에게 다이라씨를 사성

894 견당사를 폐지함

901 스가와라노 미치자네 좌천됨

905 『고킨와카슈』 완성

935 다이라노 마사카도平将門의 난. 『도사닛키』 성립

985 『오조요슈』 성립. 정토사상 유행

1006 『겐지모노가타리』 성립

1016 후지와라노 미치나가 셋쇼의 지위에 오름

1038 엔랴쿠지 승려들의 강소

1086 시라카와 상황이 원정을 개시함

1093 고후쿠지 승려들의 강소

1095 호쿠멘北面의 무사 설치

1132 다이라노 타다모리 중앙 정계에 진출함

1160 미나모토노 요리토모 이즈로 유배

1167 다이라 키요모리, 다이조다이진의 지위에 오름

1175 호넨이 전수염불을 제창함

1180 미나모토노 요리토모가 거병함

1185 다이라씨 멸망, 미나모토 요리토모 전국에 슈고와 지토를 설치

1189 미나모토노 요시쓰네 오슈에서 살해됨

1191 에이사이가 임제종을 전함

1192 미나모토 요리토모가 세이다이쇼군에 취임해 가마쿠라 막부 개설

1199 미나모토노 요리토모 사망

1203 호조 도키마사 싯켄에 취임함. 도다이지 남대문 인왕상 완성

1207 전수염불 금지. 호넨·신란이 유배됨

1224 신란이 정토진종 개설

1227 도겐이 송에서 조동종을 전함

1232 고세이바이시키모쿠 제정

1253 니치렌이 법화종 개설

1274 원의 1차 침입

1281 원의 2차 침입

1333 고다이고 천황 유배지에서 탈출. 가마쿠라 막부 멸망

1334 겐무로 개원. 천황의 친정

1336 아시카가 다카우지가 무로마치 막부 개설. 남북조 대립

1368 아시카가 요시미쓰 3대 쇼군에 취임함

1392 3대 쇼군 요시미쓰 남북조 통일

1397 3대 쇼군 요시미쓰 금각 건립

1467 오닌의 난

1479 렌뇨 야마시나혼간지山科本願寺 건립

1482 8대 쇼군 아시카가 요시마사 은각 건립

1497 렌뇨 이시야마혼간지石山本願寺 건립

1532 법화종의 난

1543 포르투갈 인 다네가시마 표착. 뎃포 전래

1549 크리스트교 전래

1560 오케하자마의 전투

1562 오다 노부나가, 도쿠가와 이에야스와 동맹

1568 오다 노부나가, 아시카가 요시아키를 받들고 교토로 입성

1570 포르투갈 선, 나가사키에서 처음으로 교역함

1571 오다 노부나가, 엔랴쿠지를 불태우고 승려들을 살해함

1573 오다 노부나가, 쇼군 요시아키를 교토에서 추방. 무로마치 막부 멸망

1576 오다 노부나가, 아즈치성으로 근거지를 옮김

1580 렌뇨 오다 노부나가에 항복. 영국 상선 히라도에 도착함

1582 오다 노부나가 사망. 소년사절단 출발

1586 도요토미 히데요시, 다이조다이진의 지위에 오름

1587 히데요시, 크리스트교의 포교금지

1588 히데요시, 가타나가리刀狩를 실시함. 나가사키 크리스천 추방

1592 임진왜란. 주인선제도 설치

1596 히데요시, 명의 사절 접견. 크리스천 26명을 사형에 처함

1597 정유재란

1600 세키가하라 전투

1603 도쿠가와 이에야스가 에도 막부 개설

1605 도쿠가와 이에야스, 조선통신사 영접. 히데타다 2대 쇼군에 취임함

1607 하야시 라잔 에도 막부 쇼군의 시강이 됨

1612 막부의 크리스트교 금지. 교토의 교회 파괴

1613 「공가제법도」 공포

1615 토요토미씨 멸망. 「무가제법도」·「금중병공가제법도」 공포

1616 도쿠가와 이에야스 사망

1622 겐나元和의 대순교

1623 도쿠가와 이에미쓰 3대 쇼군에 취임함

1629 자의사건. 온나가부키를 금지함

1635 「쇄국령」.「참근교대제도」 확립.「무가제법도」 개정

1639 다이묘에게 크리스트교 금지를 명함. 포르투갈 선박 내항 금지

1641 네덜란드 상관을 히라도에서 나가사키의 데지마로 옮김

1651 도쿠가와 이에쓰나 4대 쇼군에 취임함

1657 메이레키의 대화재. 대일본사 편찬에 착수

1663 순사의 금지

1680 도쿠가와 쓰나요시 5대 쇼군에 취임

1684 정향력 채용

1709 도쿠가와 이에노부 6대 쇼군에 취임. 아라이 하쿠세키 등용

1716 도쿠가와 요시무네 8대 쇼군에 취임. 교호 개혁 시작됨

1723 다시다카 제도를 정함

1783 덴메이의 대기근(1783-87)

1787 마쓰타이라 사다노부의 간세이 개혁 시작됨

1790 간세이 이학의 금, 서적 · 출판 단속함

1828 시볼트 사건

1837 오시오 헤이하치로의 난

1841 덴포 개혁. 가부나카마 해산령

1844 네덜란드 국왕, 막부에 개국을 권고

1853 페리 내항. 도쿠가와 이에사다, 13대 쇼군에 취임

1854 일미화친조약 체결. 일영 · 일러화친조약

1858 이이 나오스케 대로에 취임. 일미수호통상조약

1859 가나가와 · 나가사키 · 하코다테의 3항을 개항함

1867 에도 막부의 15대 쇼군의 대정봉환. 왕정복고의 대호령

1868 보신전쟁 개시. 연호를 메이지로 정함

1869 보신전쟁 종결. 판적봉환. 관제개혁. 에조치를 홋카이도로 개칭

1870 대교선포의 조칙

1871 친병 1만 명 징집. 폐번치현. 이와쿠라 사절단 출발

1872 학제공포. 지권 발행. 육군·해군성 설치. 태양력 채용

1873 「징병령」 공포. 메이로쿠샤 창립. 내무성 설치. 정한파 하야

1874 「민선의원설립건백서」 제출. 사가의 난. 타이완 출병

1875 애국사 결성. 신문지조례 제정. 강화도 사건

1876 「조일수호조규」 체결. 폐도령. 사족의 반란. 지조개정 반대 봉기

1877 세이난 전쟁

1878 오쿠보 도시미치 암살. 참모본부 설치

1879 유구번을 폐하고 오키나와현을 둠

1880 국회기성동맹 결성. 집회조례 제정

1881 국회개설의 조칙. 메이지 14년 정변. 경시청 설치. 자유당 결성

1882 입헌개진당·입헌제정당 결성. 오사카방석회사 설립. 임오군란(조선)

1883 「신문지조례」 개정. 로쿠메이칸 준공

1884 「화족령」 제정. 군마사건·가바산사건·치치부사건. 갑신정변(조선)

1885 후쿠자와 유키치 「탈아론」 발표. 텐진조약. 내각제도 창설

1886 「제국대학령」. 사범·중·소학교령 등 학교령 공포

1887 대동단결운동. 「보안조례」 공포

1888 추밀원 설치. 시제·정촌제 정비. 황실전범 성립

1889 대일본제국헌법 발포. 중의원 선거법·귀족원령 공포

1890 제1회 중의원 선거. 제1회 제국의회 소집. 교육칙어 발포

1891 아시오 동산 광독문제 발생. 오쓰 사건으로 조약개정 교섭 중단

1892 제2회 총선거. 「철도부설법」 공포

1894 동학농민운동(조선). 영일통상항해조약 조인. 청일전쟁 발발

1895 시모노세키 조약. 삼국간섭

1897 노동조합기성회 결성. 금본위제 확립. 대한제국 수립(한국)

1898 일본미술원 창립. 헌정당 결성

1899 「문관임용령」 개정. 보통선거기성동맹회 결성. 의화단의 난(중국)

1900 「산업조합법」·「치안경찰법」 제정. 입헌정우회 결성

1901 북경의정서 체결(중국). 애국부인회 창립. 야하타제철소 작업 개시

1902 일영동맹 조인

1903 「전문학교령」 공포. 소학교 국정교과서제도 수립

1904 러일전쟁. 한일의정서 체결. 제1차 한일협약

1905 제2차 일영동맹. 포스머스조약. 제2차 한일협약(을사보호조약)

1906 일본사회당 결성. 만주에 관동도독부 설치. 남만주철도회사 설립

1907 제1차 일러협약(이후 4차에 걸쳐서 상호특수권익 승인)

1908 6년간 의무교육실시. 아카하타 사건. 동양척식회사 설립

1909 각의에서 한일합병 확정. 안중근이 이토 히로부미 사살

1910 대역사건. 한일합병. 조선총독부 설치. 제국재향군인회 설립

1911 공장법 공포. 관세 자주권 회복. 조약개정 완성. 신해혁명(중국)

1912 우애회 설립. 조선군사령부 설치. 제1차 호헌운동

1914 시멘스 사건. 제1차 세계대전에 참가

1915 중국의 위안스카이 정부에 21개조 요구

1917 중국에 니시하라 차관 개시. 금본위제 정지. 이시이·랜싱 협정

1918 쌀소동. 시베리아 출병. 하라 다카시 내각 성립. 「대학령」 공포

1919 파리강화회의. 3.1독립운동. 베르사유조약. 시베리아 철병 개시

1920 국제연맹 발족. 전후공황. 신부인협회 설립. 일본사회주의동맹성립

1921 하라 다카시 암살. 워싱톤회의. 4개국 조약 성립. 일영동맹 폐기

1922 일본 공산당 결성. 해군군축조약. 일본농민조합 결성

1923 관동 대진재. 조선인 대학살

1924 제2차 호헌운동 개시. 호헌 3파 내각 성립. 「소작조정법」 공포

1925 「치안유지법」공포.「보통선거법」성립. 라디오 방송 실시

1926 장제스 북벌개시. 일본공산당 재건

1927 금융공황 발생. 중국 산둥성 출병. 동방회의 개최

1928 제1회 보통선거 실시. 3·15 사건. 특별고등경찰 설치

1929 4.16사건. 세계공황 일어남

1930 금본위제 복귀. 런던 해군 군축조약 조인

1931 3월사건.「중요산업통제법」공포. 만주사변 발발. 10월사건

1932 상하이사변. 만주국 건국. 5·15사건. 대일본국방부인회 결성

1933 일본 국제연맹 탈퇴. 다키가와 사건. 히틀러 독일 수상 취임

1934 푸이 만주국 황제 취임. 각의에서 워싱턴해군군출조약 폐지 결정

1935 천황기관설 문제화. 오카타 내각이「국체명징에 관한 성명」발표

1936 2·26사건. 군부대신현역무관제 부활.「국책의 기준」결정

1937 제1차 고노에 내각 성립. 중일전쟁 개시. 난징 대학살. 제2차 국공합작

1938「국가총동원법」공포.「전력국가관리법」공포. 동아신질서건설 성명

1939 미곡 배급 통제법 실시. 미국이 미일통산조약 폐기 통고

1940 정우회·민정당 해산. 일·독·이 삼국 군사 동맹 성립

1941「국민학교령」공포.「생활필수물자통제령」공포 도조 히데키 내각 성립. 일본해군 하와이 진주만 기습. 태평양전쟁 개시

1942 일본군 마닐라·싱가포르 등 동남아시아 각 지역 점령. 대동아성 설치 미드웨이 해전. 미군의 반격 개시

1943 대동아회의 개최. 이탈리아 무조건 항복. 카이로회담. 학도출진 개시

1944 마리아나 해전. 도조 히데키 내각 총사직.「학도근로령」·「여자정신대근로령」공포. 가미카제특공대 출전. B~29 일본본토 폭격

1945 미군 오카나와 상륙. 히로시마나가사키 원폭 투하. 소련 대일선전포고 일본 포츠담 선언 수락. 항복문서에 조인. GHQ의 일본통치 개시. 일본사회당 결성. 일본자유당 결성. 일본진보당 결성.「노동조합법」제정

「노동기본법」 제정.「선거법」 개정. 일본공산당 재건

1946 천황의 인간선언. 전쟁협력자 공직 추방.「일본국헌법」공포

1947 「교육기본법」・「학교교육법」 공포.「경찰법」 공포

1948 민주자유당 결성. 해상보안청 설치. GHQ「일본경제안정9원칙」발표

1949 닷지 라인 발표. 유카와 히데키 노벨물리학상 수상

1950 한국동란. 경찰 예비대 창설. 한국동란 특수

1951 샌프란시스코 대일강화회의. 평화조약・미일안전보장조약 조인

1952 일미행정협정 조인. 경찰예비대를 보안대로 개칭

1953 일미우호통상항해조약 조인. TV 방송개시

1955 제1회 원수폭 금지 세계대회(히로시마). 자유민주당 결성(보수합동)

1956 일소 국교회복. 국제연합에 일본의 가맹을 결정

1959 안보저지 통일행동

1960 미일 신안보조약 조인. 안보투쟁. 국민소득배증계획(고도성장정책)

1961 농업기본법 공포

1964 신칸센 개통. 도쿄올림픽 개최

1965 한일기본조약과 관계협정 조인

1968 오가사와라 제도 일본에 복귀

1972 오키나와 일본복귀. 일중국교 정상화. 다카마쓰총 발굴

1976 록히드 사건 발각

1982 나카소네 야스히로 내각 성립. 역사교과서검정문제 외교문제화

1985 나카소네. 야스쿠니신사 공식참배. 국영기업 민영화 추진

1987 엔고 현상 급진전. 국방비. 국민총생산액 1퍼센트 돌파

1989 쇼와 천황 사망. 헤이세이 시대 개막. 소비세 실시(세율 3퍼센트)

찾아보기

ㄱ

가나 98, 113, 114, 143, 161, 175, 176, 216, 231, 248, 298, 335, 344, 369, 398, 455
가노 에이토쿠 188, 189
가노파 172, 208, 251, 253, 303
가노 호가이 338
가라요 147
가레산스이 170
가마쿠라 막부 85, 126, 127, 128, 129, 130, 136, 137, 140, 143, 145, 154, 155, 158, 194, 262, 453
가모노 마부치 289, 290
가미 20, 32, 53, 55, 57, 58, 85, 105, 114, 139, 143, 145, 147, 148, 161, 169, 172, 229, 243, 248, 303, 304, 330, 361, 398, 424, 458
가바네 50, 58
가부키오도리 249, 250
가쓰라 이궁 206, 207
가쓰시카 호쿠사이 302, 303
가와다케 모쿠아미 300
가와테 분지로 331, 333, 334
가이바라 에키켄 226, 227

가이케이 147, 148
가이타이신쇼 293, 294
가케코미 274
가쿠몬노스스메 320, 322, 323
가타야마 센 342, 344, 355
가토 히로유키 13, 321, 326
간노 스가 346
간다마쓰리 306, 425, 426, 427
간무 천황 83, 84, 85, 451, 452
간아미 165, 166
간진 75, 78, 194, 434, 451
간진스모 194, 434
강항 223
겐로쿠 문화 204, 234, 253, 287, 444
겐로쿠 시대 238, 240, 241, 247, 249, 251, 252, 298
겐지모노가타리 98, 99, 116, 117, 142, 208, 452
겐지모노가타리에마키 117
겐카 279, 280, 429
겐페이조스이키 144, 276
겐푸쿠 107, 108
견당사 61, 77, 87, 88, 97, 450, 452
견수사 45, 450

계단원 78, 81, 87
고노 요시히로 148, 173
고다이고 천황 128, 129, 142, 158, 161, 453
고류지 49, 54, 55
고묘시 69, 71, 82
고상식 29, 81
고소데 132, 174
고시 110, 111, 116, 125, 126, 127, 138, 145, 195, 261, 262, 298, 385
고시라카와 상황 110
고신마치 174, 175
고야산 88, 90, 94, 102, 111, 153, 215
고와이 133, 174
고지키 42, 43, 65, 72, 73, 290, 360, 451
고케닌 127, 128, 129, 130, 132, 133, 134, 139, 203, 235, 255, 257, 261, 288
고쿠분지 64, 75, 87, 451
고토쿠 슈스이 343, 344, 345, 346
고학파 230
고후쿠지 62, 63, 75, 81, 82, 112, 148, 163, 214, 452
곤고부지 88, 90
곤자쿠모노가타리슈 113, 139
교겐 163, 166, 168, 174, 240, 249
교육개혁 414, 420, 421
교육기본법 414, 415, 458
교육령 411, 412

교육칙어 330, 392, 412, 413, 456
교키 77, 78, 79
교토대학 334, 359, 360, 384
교토쇼시다이 203, 204
구니쓰카미 42
구라쓰쿠리노 도리 53
구로즈미 무네타다 331, 332
구마노산 111
구마자와 반잔 229
구메 구니타게 335
구비짓켄 135
구석기 시대 19, 20, 23, 29
구세관음상 53, 54
구야 101, 102, 153
구카이 87, 88, 90, 91, 92, 93, 452
구칸쇼 143
국가사회주의 344, 355, 357, 381
국가총동원법 389, 458
국기관 431, 433
국민정신총동원운동 389
국수주의 사상 290
국풍문화 98, 118
국학 13, 141, 289, 292, 327
굴장 23
금각 164, 165, 453
금강역사상 147, 148
금광교 331, 333, 334
금교 정책 197
기기신화 42
기노시타 준안 226
기리스테고멘 258, 259, 260
기온마쓰리 306, 425

기원절 328, 392, 400
기케이키 162, 283
기쿠치 칸 361, 362
기타가와 우타마로 301
기타바타게 지카후사 142
기타 잇키 356, 357, 381, 388
기타자토 시바사부로 336

ㄴ

나가오카쿄 85, 86, 88, 451
나가타 데쓰잔 387
나이토 고난 360
나카노오에 45, 56, 451
나카다 가오루 359
나카무라 나카조 299
나카소네 야스히로 380, 408, 409, 421, 459
나카야마 미키 331, 332
나카에 도주 228
나카에 조민 321
나카토미노 가마타리 45
난학 175, 292, 293, 294, 295, 304
남도6종 76, 77
남만문화 197, 199, 200
남만병풍도 199
남학파 176
남화 302, 303
넴부쓰오도리 174
노가쿠 115, 168
노구치 히데요 336
노동운동 342, 343, 344, 350, 355
노로 에이타로 360, 385

니시다 기타로 334, 358
니시다 나오지로 360
니시다 미쓰구 381, 382, 388
니이지마 조 321
니치렌 153, 177, 214, 383, 453
니카회 363, 364
니혼쇼키 42, 43, 46, 49, 50, 73, 142, 219, 360
니혼에이타이구라 236, 238
닌교조루리 246, 247, 298, 299
닌토쿠릉 36, 37, 39

ㄷ

다도 135, 152, 168, 189, 190, 191, 192, 233, 238, 240, 241, 244, 266, 275, 277, 286, 398
다와라야 소타쓰 208, 209, 252
다이도지 유잔 267, 269, 278
다이라노 기요모리 110, 125, 138
다이라노 마사카도 115, 452
다이리 60, 66
다이부쓰요 146
다이쇼 데모크라시 350, 352, 359
다이안 77, 190
다이카 45, 46, 61, 189, 450
다이토 144, 145, 162, 170, 215, 216, 258, 259, 262
다이토쿠지 144, 162, 170, 215
다이헤이키 161, 276, 283
다이호 율령 65, 451
다자이 슌다이 233

다카무코노 구로마로 45, 450
다케모토 기다유 247
다케모토자 247, 248, 298
다케토리모노가타리 98
다쿠치 우키치 320
다키가와 유키토키 384
다키 렌타로 340
대교선포 328, 455
대역사건 345, 346, 361, 457
대의명분론 142
대일본산업보국회 390
대일본제국헌법 314, 392, 396, 397, 400, 402, 456
대정익찬회 390
대중문화 365, 449
대중잡지 366
데라우케 제도 212
덴가쿠 115, 162, 163
덴무 천황 57, 58, 59, 60, 61, 62, 63, 64, 65, 69, 75, 78, 451
덴지쿠요 146, 147
덴진마쓰리 306, 425, 426
덴표 문화 68, 72, 82, 438
도겐 149, 156, 157, 453
도다이지 64, 75, 76, 77, 78, 79, 81, 82, 87, 145, 146, 147, 148, 451, 453
도래인 35, 36, 46, 47, 50, 52, 53, 54, 55, 77
도미나가 나카모토 229
도보슈 168, 169
도사파 172, 251

도쇼다이지 75, 78, 79, 80, 82
도슈사이 샤라쿠 301, 302
도요타케자 248, 298
도요토미 히데요시 181, 183, 184, 186, 189, 191, 193, 194, 197, 199, 201, 202, 203, 215, 243, 283, 454
도조 히테키 387
도차카이 168
도코노마 168, 170, 239
도쿄대학 319, 326, 329, 334, 335, 336, 337, 351, 359, 386, 403, 411
도쿄미술학교 338, 339
도쿄음악학교 340
도쿠가와 쓰나요시 224, 226, 232, 234, 455
도쿠가와 요시무네 232, 255, 256, 263, 272, 292, 455
도쿠가와 이에야스 182, 184, 193, 199, 200, 201, 202, 203, 206, 210, 211, 215, 222, 226, 255, 284, 427, 454
도쿠토미 소호 321
동조궁 206

ㄹ

라덴 101, 121, 248
라디오 방송 369, 432, 457
레코드 368
렌가 161, 167, 175, 240, 241
로닌 221, 222, 236, 261, 262

로쿠온지 164
료안지 170, 171
럿카 168, 169, 192, 240

ㅁ

마루야마 오쿄 303
마루야마파 303, 304, 340
마스카가미 114, 161
마쓰다이라 사다노부 257, 287
마쓰리 108, 305, 306, 421, 422,
　　　423, 424, 425, 426, 427,
　　　428, 429, 430
마에노 료타쿠 293
마쿠라노소시 99
마키에 101, 121, 173, 209, 252
만다라 93, 94, 144
만세일계 351, 392, 396, 401
만요슈 57, 67, 142, 290
말법사상 102, 105, 137
맥아더 379, 395, 399, 403, 408
메이지 천황 311, 375, 393, 412
모기 107, 108
모노노베노 모리야 47
모쓰지 120, 121
모토오리 노리나가 289, 290, 291
몬무 천황 65, 68, 451
몬아미 169
묘법연화경 89, 154
묘지 119, 142, 168, 221, 258,
　　　259, 260, 262, 276, 291
묘친 149
무라사키 시키부 98, 99, 117

무라타 주코 168, 189
무로 규소 227
무로마치 막부 158, 159, 161, 162,
　　　164, 166, 168, 176, 182,
　　　183, 196, 453, 454
무샤노코지 사네아쓰 353, 361
무예 268, 271, 276, 295
문명개화 13, 316, 317, 320, 431
문예협회 341
문치정치 220, 222, 226, 235, 236
미나모토노 요리토모 125, 126,
　　　127, 130, 137, 138, 139,
　　　140, 145, 194, 452, 453
미나모토노 요시쓰네 140, 162,
　　　276, 453
미노베 다쓰키치 359, 385, 386
미륵반가사유상 53
미즈차야 246
미즈카가미 114, 143
미코시 423, 424, 426, 427, 430
민본주의 350, 351, 352, 359
밀교 88, 89, 90, 91, 92, 93, 94,
　　　102, 120, 155

ㅂ

반본지수적설 142, 143, 177, 292
반즈케 431
백제관음상 53
백제기 73
법화경 87, 89, 102, 155, 450
법화종 153, 154, 177, 214, 453
복수 162, 236, 248, 260, 279,

280, 281, 282
복신신앙 178
본지수적설 91, 142, 143, 177, 178, 292
봉오도리 174, 248
봉황당 100, 102, 103, 104, 117
뵤도인 100, 102, 103, 117, 121
부도쇼신슈 267, 268, 269, 270, 272, 273, 275, 278
부동명왕상 93, 94, 144
부케즈쿠리 131
분게이슌주 362, 366
분메이론노가이랴쿠 320, 323
비로자나대불 75
비스마르크 321, 327

ㅅ

사루가쿠 162, 163
사와무라 소주로 251
사이바라 115
사이온지 긴모치 345, 349, 384
사이초 87, 88, 89, 91, 452
사이토 마코토 370, 385, 387, 388
사카이 도시히코 344, 346, 356
사키사카 이쓰로 359
사회운동 342, 344, 468
산발령 317
산자마쓰리 427, 428
산주산겐도 111
상징천황제 396, 398, 399
섭관정치 95, 96, 114
성곽 185, 187, 188, 205, 206,

208, 281
세이다이쇼군 127, 202, 452
세이 쇼나곤 99
세이카 192, 222, 223, 226
센고쿠다이묘 177, 181, 182, 185
센노 리큐 189, 191
셋슈 172, 173
셋푸쿠 279, 284, 285, 286
소가노 에미시 45
소가노 우마코 44, 47, 48, 51
소년견구사절 197
소시시바이 341
속대 106, 107
쇼무 천황 69, 70, 71, 75, 78, 81, 82, 451
쇼소인 79, 80, 81, 82
쇼와유신 388
쇼와 진행 370, 381, 394, 395, 396, 397, 398, 399,
쇼인즈쿠리 164, 169, 170, 174, 206
쇼헤키가 187, 188, 189, 208, 209
수하미인도 81, 82
수혈식 22, 26, 38
슈가쿠인 이궁 206, 207
슈겐도 92
슈고 126, 127, 130, 159, 160, 165, 175, 182, 452
슈쿠바조로 245
스가와라노 미치자네 97, 426, 452
스기다 겐파쿠 293
스모 108, 193, 194, 195, 253,

254, 301, 306, 358, 369,
　　428, 430, 431, 432, 433
스모베야 431, 432
스에키 40, 365
스이코 44, 450
스이한 107
스즈키 미에키치 362, 363
스즈키 우메타로 337
스즈키 하루노부 300, 301
시가 나오야 361, 362
시데하라 기주로 395, 402
시라카바파 353, 361
시라카와 천황 109
시라토리 구라키치 360
시마무라 호게쓰 341, 364
시마바라 213, 214, 216, 242, 243
시마바라의 난 214, 216
시바 고칸 302, 304
시종 152, 153, 388
신공황후상 93, 94
신기관 67, 108
신기제도 66
신덴즈쿠리 99, 100, 164, 169, 174
신도 31, 32, 33, 42, 58, 59, 66,
　　91, 143, 153, 177, 183,
　　196, 197, 209, 214, 215,
　　216, 217, 218, 219, 227,
　　230, 284, 289, 290, 291,
　　292, 327, 328, 329, 332,
　　335, 371, 392, 414
신란 151, 152, 453
신마치 174, 175, 242, 243

신불분리 328, 329
신불분리령 328, 329
신불습합 91, 94, 178, 218
신파극 341
신학습지도요령 421
심상소학교 411
쓰다 소우키치 360
쓰보우치 쇼요 341
쓰와모노 137, 264
쓰케쇼인 170

ㅇ
아라이 하쿠세키 227, 455
아라히토가미 57, 58, 398, 399
아리시마 다케오 361
아마쓰카미 42
아마테라스오미카미 42, 43, 58,
　　91, 219, 307, 373, 375,
　　393, 394, 412, 413
아메노모리 호슈 227
아미타내영도 102
아베 이소오 321, 344
아베 지로 353, 354, 359
아사다 고류 294
아스카키요미하라령 64, 451
아시카가 다카우지 129, 158, 161,
　　162, 453
아시카가 요시마사 160, 168, 453
아시카가 요시미쓰 159, 160, 164,
　　166, 168, 453
아시카가 학교 142, 165, 176
아오키 곤요 292, 293

아좌태자 63
아즈마마로 289, 290
아쿠타가와 류노스케 361, 363
아키히토 399
야나기다 구니오 360
야나기 무네요시 360
야나이하라 타다오 386
야로카부키 250
야마가 소코 12, 230, 264
야마가타 아리토모 316, 343
야마다 고사쿠 341, 368
야마모토 쓰네토모 12, 265, 269
야마부시 92
야마자키 안사이 219, 227
야마타이국 25, 26, 450
야마토에 100, 117, 144, 172, 188, 208, 209, 251, 252, 363
야스쿠니신사 393, 459
야요이 토기 26, 29
야쿠시지 61, 62, 63, 75, 82, 93
양명학 227, 228, 229, 230
양학소 295
어진영 392, 393
언론매체 368
에도성 204, 205, 206, 221, 263, 281, 312
에마키모노 9, 115, 117, 118, 145
에이사이 10, 154, 155, 157, 453
엔랴쿠지 88, 112, 149, 151, 452
엔카 294, 368
여성잡지 366
연극개량회 341

영화사 367
오가타 고린 252
오규 소라이 230, 232, 237, 238
오다 노부나가 177, 181, 182, 183, 184, 185, 189, 193, 194, 196, 199, 214, 283, 454
오다 우라쿠 191
오사카성 184, 186, 191, 202, 203
오사후네 나가미쓰 148
오스기 사카에 345, 356, 362
오쓰기 겐타쿠 293
오이란 244
오즈모 431, 432, 434
오진릉 39
오카가미 114, 143
오카게마이리 307
오카와 슈메이 356, 357, 358
오카자키 마사무네 148
오카쿠라 덴신 338, 339
오쿠보 도시미치 312, 313, 456
오토기조시 167
오하시 소케이 193
와비차 168, 189, 190
와요 147
와카 48, 49, 67, 152, 161, 167, 203, 244, 248, 249, 261, 290, 341, 359, 433, 452
와타나베 가잔 303
왜성대공원 373
왜 왕권 34, 35, 36, 37, 38, 42, 43, 44, 45, 49, 52
요시노 사쿠조 351, 354, 359

요시다 신도 177
요시와라 242, 244, 245
요코야마 다이칸 339, 363
요키쿠비 135
용두산신사 374
우가키 가즈시게 383
우라가미쿠즈레 330
우익운동 355, 356, 381
우지데라 49, 64
우치무라 간조 321, 331, 345
우키요에 246, 253, 254, 300, 301, 302, 304
운케이 147, 148
원시신도 31, 32, 33, 42, 66
원정 83, 95, 100, 109, 110, 111, 113, 118, 122, 440, 452
유곽 242, 243, 244, 245, 249
유나 74, 245
유예 240, 241, 242, 244, 343, 349
유존사 356, 357, 358
유즈케 107
유직고실 141, 142
은각 170, 453
음양도 92, 105
이나무라 삼파쿠 293
이노우에 닛쇼 383, 384
이노우에 데쓰지로 334
이노 타다타카 294
이마요 115, 116, 117, 167
이마이 소큐 189, 191
이마카가미 114, 143
이세 신궁 58, 59, 142, 143, 178, 307, 372, 373
이시야마혼간지 177, 183, 214
이와주쿠 19
이이오 소기 167, 175
이즈모노 오쿠니 249
이치방노리 135
이치방쿠비 135
이치카와 단주로 251, 341
이케노 다이가 302
이케노보 센케이 169
이케바나 192
이타가키 다이스케 313, 321
이토 진사이 230, 231, 232
이토 히로부미 313, 315, 373, 431
이하라 사이카쿠 236, 238
일본개조법안대강 356, 357, 381
일본국헌법 380, 396, 397, 402, 404, 405, 406, 407, 458
일본미술원 339, 363, 456
일본스모연맹 431
일본스모협회 431, 432
일본의 하층사회 344
일본자본주의발달사강좌 360, 385
임제종 144, 154, 155, 157, 162, 176, 228, 453
잇코잇키 177, 183, 184, 214
잇코종 151, 176, 183, 214
잇키우치 135
잇펜 145, 152, 153

ㅈ

자시키 240

장육석가여래상 53
적기사건 345, 346
전문출판사 365
전방후원분 37, 38
정토교 101, 102, 103, 106, 149,
　　　　151, 152, 462
정토종 136, 137, 144, 149, 152,
　　　　154, 214, 215
정토진종 151, 152, 176, 329, 453
제국대학령 411, 456
제아미 166
제종본산본사제법도 215
제종사원법도 215, 217
조겐 145, 146, 148
조닌코켄로쿠 242
조동종 156, 157, 176, 329, 453
조몬 문화 19, 20, 21, 22
조몬 토기 21, 22, 29
조선신궁 374, 375
조세쓰 165, 171
조주기가 116, 118
조초 104, 105, 121, 122
종두소 295
주간지 367
주니히토에 107
주라쿠테이 186
주손지 120, 121
주오코론 351, 354, 365, 386
주자학 142, 217, 218, 223, 224,
　　　　225, 226, 227, 228, 229,
　　　　230, 231, 264
주작대로 60, 71, 86

지가이다나 170
지샤부교 203, 216
지카마쓰 몬자에몬 247, 248
지토 60, 61, 64, 75, 110, 126,
　　　127, 130, 451, 452
진노쇼토키 162

ㅊ

천리교 331, 332, 333, 334
천수각 185, 186, 187, 205, 221
천장절 328, 370, 392
천태종 88, 89, 91, 101, 149, 150,
　　　 153, 154, 155, 452
천황기관설 359, 385, 386, 458
천황의 인간선언 394, 458
천황제 42, 351, 352, 361, 384,
　　　 390, 392, 395, 396, 397,
　　　 398, 399, 403, 412, 414
천황주권설 359, 388
초연주의 350

ㅋ

크리스천다이묘 196, 211, 213

ㅌ

태극전 60, 66, 71, 72
태정관 64, 67, 319
토우 24
통제파 387

ㅍ

폐도령 316, 317, 456

폐불훼석 329
풍토기 73
프란시스코 자비엘 195, 198
프롤레타리아극장 365
프롤레타리아 문학 362

ㅎ

하가쿠레 265, 266, 268, 278
하니와 38, 39
하라 다카시 348, 457
하야시 라잔 217, 218, 223, 224, 226, 228, 264, 454
하이카이 167, 240, 241
하쿠호 문화 56, 61, 62, 63, 437
하타모토 203, 235, 236, 255, 257, 261, 281, 288
학교교육법 415, 416, 417, 458
학습지도요령 416, 417, 421
학제 319, 410, 411, 414, 415, 417, 456
할복 283, 285
해외유학생규칙 319, 320
행지사 357
헌법 17조 51
헌법 제 9조 407
헌법조사회 409
헤이안쿄 68, 83, 86, 87, 451
헤이조쿄 68, 69, 71, 72, 75, 79, 85, 86, 87, 451
헤이지모노가타리 144, 145
헤이케모노가타리 140, 144, 209
호국경전 63, 75
호넨 145, 149, 150, 151, 152, 452, 453
호류지 48, 49, 52, 53, 54, 55, 62, 63, 77, 79, 119, 450
호리카와 천황 109, 114
호코지 48, 52, 53, 450
혼인보 산사 193
황도파 387, 388
황민화 교육 412
횡혈식 39, 40
후류오도리 174, 248
후미에 212
후시카덴 166
후지와라노 가마타리 68
후지와라노 미치나가 96, 99, 100, 103, 114, 452
후지와라노 요리미치 96, 100
후지와라 세이카 222, 223, 226
후지와라쿄 60, 61, 68, 71, 451
후쿠다 도쿠조 335, 352, 359
후쿠자와 유키치 320, 322, 326, 335, 456
후히토 68, 69, 71, 451
흑주교 331, 332
히라가 겐나이 304
히라타 신도 291, 292
히라타 아쓰타네 289, 290, 328
히로타 고키 388
히메이 174
히메지성 187
히미코 25, 26, 450
히비야음악당 340

히에이잔 88, 89, 112, 149, 151,
　　　　 153, 155, 156, 214, 452
히타타레 132, 173, 174

구태훈

구태훈은 성균관대학교 문과대학 사학과를 졸업하였다. 일본 쓰쿠바 대학 대학원에서 일본사를 전공하고 문학 석사·박사학위를 받았다. 현재 성균관대학교 문과대학 사학과 교수로 재직하고 있다. 그동안 성균관대 동아시아역사연구소장, 『일본학보』 편집위원장, 한국일본학회 회장, 수선사학회 회장 등을 역임하였다. 저서로는 『일본역사탐구』(태학사, 2002), 『일본사 파노라마』(재팬리서치21, 2009), 『일본사 키워드30』(재팬리서치21, 2012), 『일본근세사』(재팬리서치21, 2016), 『일본고중세사』(재팬리서치21, 2016), 『일본근대사』(재팬리서치21, 2017), 『사무라이와 무사도』(히스토리메이커, 2017), 『일본제국흥망사』(히스토리메이커, 2018) 등이 있다.

일본문화사

저　자 구태훈

발행인 구자선
펴낸날 2018년 2월 25일
발행처 **주식회사 휴먼메이커**
주　소 서울특별시 서초구 강남대로 224 주얼리 A-18호
　　　 전화 : 02-2277-1055 팩스 02-556-6143
이메일 h-maker@naver.com
등　록 제2017-00006호

디자인 유　라
인　쇄 P&M123

ISBN 979-11-961612-3-1 93910
정　가 27,000원